中国图书馆人物

金晓林　乌兰山丹　陈春燕◎主编

远方出版社

图书在版编目 (CIP) 数据

中国图书馆人物 / 金晓林, 乌兰山丹, 陈春燕主编. —— 呼和浩特：远方出版社, 2018.12

ISBN 978-7-5555-1013-0

Ⅰ.①中… Ⅱ.①金… ②乌… ③陈… Ⅲ.①图书馆学家—生平事迹—中国 Ⅳ.① K825.41

中国版本图书馆 CIP 数据核字 (2018) 第 214038 号

中国图书馆人物
ZHONGGUO TUSHUGUAN RENWU

主　　编	金晓林　乌兰山丹　陈春燕
策　　划	蔺　洁
责任编辑	蔺　洁　王　叶　刘卫伟
责任校对	蔺　洁　王　叶
出版发行	远方出版社
社　　址	呼和浩特市乌兰察布东路 666 号　邮编 010010
电　　话	（0471）2236473 总编室　2236460 发行部
经　　销	新华书店
印　　刷	内蒙古爱信达教育印务有限责任公司
开　　本	170mm×240mm　1/16
字　　数	451 千
印　　张	30.5
版　　次	2018 年 12 月第 1 版
印　　次	2019 年 3 月第 1 次印刷
印　　数	1—1000 册
标准书号	ISBN 978-7-5555-1013-0
定　　价	79.80 元

如发现印装质量问题，请与出版社联系调换

编委会名单

主　　　编　金晓林　乌兰山丹　陈春燕
副 主 编　崔佳音　柴美丽
参 编 人 员　杨　君　王诗然　包爱英　陈　媛

目录

第一章 古代图书馆学家

综　述 …………………………………………………………3

周朝的老子 ……………………………………………………7

春秋的孔子 …………………………………………………14

汉朝的蔡邕 …………………………………………………20

宋朝的尤袤 …………………………………………………34

明朝的高儒 …………………………………………………39

明朝的胡应麟 ………………………………………………45

明朝的李如一 ………………………………………………53

明朝的黄虞稷 ………………………………………………56

明朝的焦竑 …………………………………………………61

明朝的祁承㸁 ………………………………………………66

明朝的宋濂 …………………………………………………72

清朝的徐乾学 ………………………………………………75

清朝的钱曾 …………………………………………………91

清朝的宋荦 …………………………………………………104

清朝的孙从添…………………………………………109

清朝的惠栋……………………………………………119

清朝的鲍廷博…………………………………………125

清朝的黄丕烈…………………………………………134

清朝的徐时栋…………………………………………146

清朝的李慈铭…………………………………………154

清朝的李文田…………………………………………163

清朝的朱学勤…………………………………………173

第二章　近代图书馆学家

综　述…………………………………………………181

戴志骞…………………………………………………187

杜定友…………………………………………………193

洪有丰…………………………………………………201

黄宗忠…………………………………………………213

来新夏…………………………………………………223

李小缘…………………………………………………228

李燕亭…………………………………………………236

刘国钧…………………………………………………240

毛　坤…………………………………………………250

皮高品…………………………………………………260

沈祖荣…………………………………………………266

汪长炳…………………………………………………272

王献唐…………………………………………………280

杨昭悊…………………………………………………287

姚名达…………………………………………………293

袁同礼…………………………………………………296

第三章　现当代图书馆学家

综　述…………………………………………………309

孟广均…………………………………………………312

吴慰慈…………………………………………………324

胡昌平…………………………………………………340

马费成…………………………………………………347

邱均平…………………………………………………355

韩继章…………………………………………………368

范并思	379
刘兹恒	394
肖希明	409
叶继元	420
王余光	432
程焕文	445
陈传夫	454
参考文献	468

第一章　古代图书馆学家

第一章 古代图书馆学家

综 述

中国的古籍文献浩瀚灿烂，古籍文献得以保存并流传至今，除了官府采缀收藏甚富，私藏图书馆学家对藏书的发展也做出了不可磨灭的贡献。

早在春秋战国时期，私藏图书馆学家已经出现了。《墨子》中记载："今天下之士，君子之书不可胜载。"又称："子墨子南游使卫、关中，载书甚多。玄唐子见面怪之。子墨子曰：'昔者周公旦，朝读书百篇，步见七十士。故周公旦佐相关子，其惨至于今。翟上无君子之事，下无耕农之难，吾安敢废此。翟闻之，同归之物，信有误者。然而民昕不钩，是以书多也。今若过之心者，忆数逆午精微同归之物，既知其耍臭。是以不教以书也。而子何怪焉？'"

《史记》中亦有记载："秦既得意，烧天下诗书。诸候史记尤甚。为其有所刺讽也。《诗》《书》之所以复见者，多藏人家。"

到了汉朝时期，私藏图书馆学家已经较为普遍，西汉末年出现了书肆。魏晋南北朝时期出现了专门建造私人图书馆的现象。当时一般士大夫恁籍稍厚收藏蓄书，或搜访求书尤力，复增充栋，少则数千卷，多则数十万卷，越接越胜，富夸琳琅，部次标签。或秘册借抄、奇书互赏。丹黄精勘，导原期源，对保存旧籍、是正舛伪，有功于社会。或藏书之有力者，辑剞刊行，公为天下，嘉惠后学，浙而商艇购藏典籍，翻旧刊新。这些早期图书馆学家的种种举措对古籍文献的保存、传播可以说是功不可没，他们对古代、近代乃至现代图

3

书馆事业的发展做出了不可磨灭的贡献。

中国自战国开始，各国君主出于维护封建法令之统一，曾采取过不准民间藏书，只准官府藏书的措施，到了秦、汉等朝，禁书律令依然存在，且有愈演愈烈之势，历史上著名的"焚书坑儒"，就是一个十分典型的例子。

清朝乾隆时期，虽然出现了显示我国古代知识分子智慧和毅力的《四库全书》，功绩不可磨灭，但实际上统治者借此对蕴藏民族思想的文化典籍展开了一场空前规模的清剿，从而完成了清代统治者推行文化专制政策的重要活动。许多珍贵著作失去了本来面目或绝迹于人间，造成了不可弥补的损失。

在历代统治者残酷的高压政策下，一些知识分子与民间志士想方设法进行藏书活动，使得不少珍贵文献得以保存下来，成为传世孤本。值得称道的是，一些私人图书馆学家，"亦有储书贻后而责与鬻厦借人者为不孝"，有的"探藏秘阁宁饱书虫靳不借闻者"，有的视藏书为积世、守视得宣者，他们视藏书重于生靠，不能不说是私人图书馆学家的功劳。这些私家藏书多则上万卷，甚至数万卷，少则也有数百卷。例如中国唐朝著名图书馆学家韦述家中聚书有两万卷，宋朝图书馆学家宋敏求藏书有三万卷，晁公武藏书有两万四千五百余卷，等等。这些图书馆学家对图书精心收藏、妥善保管。他们对图书馆事业的贡献，首先就体现在对文献典籍的保存与流传上面。

在中国古代，书籍一经移写、传刻，难免发生夺字、误字、衍字、倒字，甚至有意地窜改等种种情况。传抄、翻刻得愈多，产生的讹误就愈甚。甚至有些坊肆书商为了牟取高额利润，对某些古籍在椠本上做手脚，企图以假乱真。例如，明朝万历年间有一个刊本《云间杂识》共有八卷，只残存卷一、卷二、卷三，当时的书商为了谋利，把卷一、卷二、卷三私自改为卷上、卷中、卷下，以残本冒充全书。宋朝的洪迈就在《夷州志》中记载有类似现象："绍兴十六年，淮南转运司刊《太平圣惠方》版……募匠数十辈……嗜酒懒惰，急于求成，将字书点画多及药味分两，随意更改……"

关系人命的药方，刻工竟然也敢任意更改，何况其他！中国古代的图书馆学家们对这种现象深恶痛绝，他们因聚书较多，所以对藏书做了大量的校订工作。大多数的图书馆学家精雠密勘，使得校雠之学兴盛起来。他们补残正缺、通释典鬻，或校勘异文、疑古求真。例如宋敏求、晁公武、黄丕烈等人都以校雠精慎而著名。而王钦臣每得一书都用废纸草传之，又求别车参校，校正之后才正式誊录。

明朝末年，汲古阁的主人毛晋刻书，好征求宋本。当时有人质疑毛晋说："不过是为了读书，何必一定要求宋本？"他则回答说："不读宋本就不知唐诗的'种松皆老做龙鳞'之误为'种粉皆做老龙鳞'。"

这些图书馆学家通过如此精勤地校勘图书，减少了劣本、误本的流传。这是他们对中国图书馆事业所做出的又一贡献。

中国古代图书馆学家的藏书，有的搜求尤舟，复增充栋；有的乡邦征献，博古茸学乃至集大成者；有的好学敏求，跋涉千里或登门惜读，或辗转借抄连录副本；有的辑为丛书，化秘籍公为天下；有的毕生以抄诵秘鬻为事。

中国古代图书馆学家的私家目录，便是他们藏书发展到一定阶段的产物。私撰目录肇始于《七略》与《七录》，它们是中国古代目录学史上的重要文献。隋唐时期，目录编撰继续发展，但这个时期的私家目录流传下来的很少。宋朝到清朝，图书馆学家私刻目录有了较显著的发展，私人编目之风颇盛，传世的数量也最多。其中以宋朝晁公武的《郡斋读书志》和陈振孙的《直斋书录解题》为后世所推崇。《郡斋读书志》所著录之书，有两万四千五百多卷，为后世整理古籍、考辨存佚的重要依据。《直斋书录解题》剖立了书目使用解题和记载版本资料的体例，为解题目录的典型，在清朝《四库全书总目提要》编成之前，无一部官修目录的质与量能及此书的。

在中国古代，官府藏书比较集中，但一遇到朝代更迭、战乱，就很容易使藏书损失殆尽。例如，西汉末年王莽更始之际，天下散乱，礼乐分崩，典文残落；唐朝"安史之乱"时期，使得唐都长安以及洛阳几次遭到破坏，当时的官藏"乾元旧精，亡散殆尽，足简不藏"。

当时的私人图书馆学家藏书多则上万卷，少则数十卷，收藏比较分散，不易同时被毁灭。一旦官府藏书受到严重破坏以后，统治者便大肆在民间征集图集，私人图书馆学家的藏书便成了补充官府藏书的一个重要源泉。例如，《汉书·艺文志·序》中记载："攫兴，改秦之制，大收篇籍，广开献书之路。迄孝武之世，书缺简雕。上喟然而称曰：'朕甚闵焉。'于是建藏书之策，置写出之官，下及诸子传说皆充秘府。"

又如，隋朝初年，私书监牛弘向隋文帝上《请开献书之路表》。他说："夸私藏见书，蠹尾披览。但一时载籍，须夸大备，不可王府所无，私家乃有。"隋文帝采纳了他的建议，下令广征藏书，献书一卷，责绢一匹，校写既定，本即归主。由此，民间藏书不断上献，官府藏书很快便充实起来。

在中国古代，很多私人图书馆学家私自刻印图书。私刻亦称家刻，是指私人出资校刻刊书。由于刻书人往往名高望重，所以对于书本会进行精细的校订，或选择优秀的版本底进行翻刻。因此，他们私刻的图书质量一般是比较高的。例如，宋朝廖莹中世采堂所刻的《昌黎先生集》四十卷和《河东先生集》四十四卷。两书版式相同，被藏书家推为宋刻上品。又如，明朝著名的图书馆学家毛晋本身也是一位著名的私人刻书家，自明万历年间至清同治四十余年里，他刻书达六百余种，书版多达十万九千多片，其中以《十三经注疏》《十七史》《六十种曲》《津逮秘弗》等最为著名。这些图书馆学家用自己的收藏为雇本，对书籍进行封印，从客观上对书籍的流传、收藏和传播做出了重大贡献。

总之，中国古代图书馆学家们对中国图书馆事业的发展与兴盛做出了重大的贡献。

周朝的老子

老子,是人类最杰出的名人之一。美国数学家麦克·哈特在与各方面专家广泛交流意见并参阅了权威性资料的基础上,写出了《人类百位名人排座次》一书。他在书中列出了一百位世界名人,并按其对人类历史进程影响力的大小排出座次。值得我们海内外华人自豪的是,在这一百位名人中,有八位是炎黄子孙。其中,老子被排在第七十五位。老子留给人世的《道德经》,虽然是仅仅五千言的一本哲学书,但在中国乃至世界影响深远。

据西汉司马迁的《史记》记载,老子姓李,名耳,字聃,楚国苦县厉乡曲仁里人。署名西汉刘向著的《列仙传》则说老子字伯阳,陈国人。道教认为,"聃"和"伯阳"都是老子的字;至于其籍贯,或属之陈国,或属之楚国,这两种说法其实并不冲突,苦县本属陈国,后来陈国为楚国所灭,故苦县又属楚国。关于老子的出生年代,《史记》中没有记载。《列仙传》中记载老子生于殷时。道教典籍,如唐末杜光庭的《道德真经广圣义》、北宋贾善翔的《犹龙传》、南宋谢守灏的《混元圣纪》都说老子生于殷朝第二十二王武丁九年,岁在庚辰二月十五日卯时。唐朝尊老子为圣祖玄元皇帝,唐玄宗开元三年诏以二月十五日老子诞辰为玄元节。唐武宗继位后,又敕二月十五日玄元皇帝降生日为降圣节,休假一日。可见,老子的圣诞为二月十五日,曾被唐朝政府所确认,并被定为公共假日。

据道教典籍记载，老子于周文王时任守藏史，后来迁为柱下史。儒家始祖孔子曾师事老子。这在《庄子》《礼记·曾子问》《孔子家语》《史记》等书中都有明确记载。孔子到周王室所在地洛阳去，曾向老子求教过礼。老子告诉孔子："一个了不起的商人，深藏财货，而外表看起来好像是空无所有；一个有修养的君子，内藏道德，而外表看起来好像是愚蠢迟钝。你要去掉骄傲之气和贪欲之心，这些对你没有益处。"

据《史记》所载，孔子以"其犹龙乎"来赞叹老子的高深莫测，而后来道教的许多原理也渗入了孔子的学问中。周衰落之际，老子辞官离去，经函谷关时，关令尹喜恳请他著书传世。于是老子写下了五千余言，这就是《道德经》。《道德经》的核心思想就是"道"。在中国文化史上，"道"的最初含义就是我们所走的路。《说文解字》说："道，所行道也。"后来道的含义逐渐扩大，自然与人事所遵循途径，即规律皆称之为道，遂有天道、人道之说。至老子，始将"道"提升为一个最高的哲学范畴。老子之"道"，兼有宇宙的本原、万物存在的根据、事物发展的规律、修养的最高境界等多重含义。自从老子赋予"道"以如此至高无上的地位之后，"道"就成了中国文化中最重要的概念。道与德密不可分，二者是体与用的关系。道是德的根据，德是道在事物中的具体表现。

古人说："道之在我之谓德。"道落实到人身上，就是人的德行。一个人的所作所为，符合道的要求，就是有德。反之，就是无德。故老子说："孔德之容，唯道是从。"道的基本特性就是自然和无为。

老子说，"道法自然""道常无为而无不为"。所谓自然，就是自然而然的意思，指事物自己如此而没有外力强迫的状态。所谓无为，就是顺应事物的自然发展趋势而不强做妄为。自然是事物的理想状态，而无为则是保持这一状态的方法。老子希望人们以道为榜样，按照自然、无为的原则处理一切事务。道的运动方式就是"反"。老子说："反者道之动。"由此，老子总结出了"祸兮福之所倚，福兮祸之所伏""柔胜刚，弱胜强"等具有深刻辩证法思想的格言。在《道德经》中，老子对统治者的横征暴敛进行了猛烈抨击。他说："民之饥，以其上食税之多，是以饥。"他认为统治者应当顺应民意，体恤民情，他说："圣人无常心，以百姓之心为心。"这充分反映了老子的民本思想。老子反对贫者愈贫、富者愈富的不合理现象，主张帮助弱势群体。他说："天之道，损有余而补不足。"老子反对战争，主张和平。他说："以道佐人主者，不以兵强天下。""夫兵者，不祥之器，物或恶之，故有道者不处。"意即，有道者不会炫耀武力或发动战争，而是主张和平。

《道德经》在古代的流传过程中，形成了不同的版本。我们现在所发现的最早的版本是湖北荆门郭店楚墓出土的竹简本《道德经》，抄写时间为战国中晚期。其次则是长沙马王堆汉墓出土的帛书本《道德经》，抄写时间为汉朝初期。历史上流传最广的《道德经》版本则是河上公本和王弼本两种。河上公本属民间系统，文句简古；王弼本属文人系统，文笔流畅。其他有价值的版本还有唐代傅奕本《道德经》、唐代景龙二年易州龙兴观《道德经》碑、郭煌唐写本《道德经》、石刻唐玄宗注本《道德经》、南宋范应元本《道德经》等。历代注释《道德经》的著作不下千种，比较有影响的有汉代河上公注、魏王弼注、唐成玄英注、宋陈景元注、王安石注、苏辙注，清魏源《老子本义》等。引人注目的是，历史上还有五位皇帝亲自为《道德经》做注，他们分别是梁武帝、唐玄宗、宋徽宗、明太祖和清世祖。

老子及其《道德经》在中国历史上产生了广泛而深远的影响。在先秦时期，先后有杨朱、列子、庄子等继承和发扬老子思想，从而形成了道家学派。战国末期的道家将老子与黄帝联系起来，形成了黄老之学。两汉之际，黄老之学的清静无为思想与方仙道的神仙信仰相结合，形成了黄老道，老子被视为道的化身。东汉明帝、章帝之际，益州太守王阜作《老子圣母碑》云："老子者，道也。"桓帝延熹八年，陈相边韶作《老子铭》，说老子"与三光为终始""自羲皇以来，世为圣者作师"。东汉顺帝时，张道陵在巴蜀鹤鸣山创立天师道，尊老子为教主，以"道"为最高信仰，奉《老子五千文》为经

典。张道陵又作《老子想尔注》，认为道散形为气，聚形太上老君，即老子。可见，从道教创立伊始，老子就被奉为至尊天神。老子是道教的创始人，道教教徒数以百万计，虽在当今人口总数中占的比例极小，但有一点可以肯定，在中国，除了孔子，再没有一个能与老子相比的古代哲学家。

老子思想对中国古代政治有着深刻的影响。在中国历史上，每当社会经过大的战乱、建立一个新的王朝后，为了安定社会、恢复生产，统治者大多选择老子的清静无为思想作为政治指导思想，实行轻徭薄赋、减省刑罚、与民休息的治国政策。为史家所称道的汉初"文景之治"、唐初"贞观之治"，都是以老子之道治国的结果。老子的《道德经》是中国古代哲学家取之不尽的思想源泉。举其著者，先秦的韩非作《解老》《喻老》，以老子之道作为法家的理论依据。曹魏的王弼通过注释《道德经》，开创了玄学。唐初的成玄英等人则通过注释《道德经》，构造了重玄学。北宋的王安石又通过注释《道德经》，阐发出"与时推移，与物运转"的与时俱进的思想，从而为其变法主张做了理论铺垫。

《道德经》与中国古代养生方法有密切的关系。老子关于"道法自然""少私寡欲""柔弱不争""知止知足"等思想，是历代养生家所尊奉的生活态度。老子关于"致虚极，守静笃""守中""守一"等主张，成为静功养生的指导原则。老子关于"玄牝之门"的论述，则在道教内丹学中发展成为"玄关一窍"的理论。老子关于"谷神不死""长生久视之道"的论述，更成为道教徒追求长生成仙之道的理论依据。而大家所熟知的太极拳也深受老子的"柔弱胜刚强"思想的影响。

《道德经》对中国古代文学、音乐、绘画、建筑等领域都有着深刻的影响。《道德经》不仅是中国文化史的宝贵财富，也是整个人类文化中不可多得的遗产。近代以来，《道德经》已被翻译成数十种文字，成为版本仅次于《圣经》的文字作品。许多外国哲学家、科学家、政治家、企业家都在其思想及实践中深受《道德经》的影响。总之，《道德经》在当今世界上仍然闪耀着智慧的光芒。

老子是中国历史上伟大的思想家、哲学家，也是中国历史上第一位图书馆学家。据史料记载，早在中国的夏朝就已设有史官掌图书法令之职。据《史记》记载，中国历史上最早的国家图书馆馆长是老子。周朝的柱下吏一职到了秦朝改称御史，主管柱下方书，所以柱下吏的职责就是主管四方文书。周室东迁后，苦县属陈国，距周室不远，老子是就近担任周史官的。史官地位较高，是当时唯一掌握知识典籍的人。当时的文献典籍都保存在史官手里，很少向外流传。从殷商甲骨文收藏至周代典藉收藏来看，史官是一种文化性质的官员，他们从事王朝内外一切重要的文化活动，如记言记事、保管文书档案、写作和整理王朝史料。同时，由于既司人事，又司鬼事，故占候星历、预吉凶、祭祀天地等也是他们的工作。正因为他们保管文书档案，史官的设立和职司就成为图书馆、档案馆建立和发展的重要条件。也就是说，有了史官，就有了古代档案馆、图书馆的产生。而周代史官的图书收藏，一直被学术界公认为是图书馆的起源。

夏、商、周时代，在专门的守藏室产生之前，所有的"史"，都是既负责图书的形成，又负责图书的保管和使用。而周朝王室那个时代所产生的柱下吏管理的守藏室，职责非常明确，只负责图书的组织、保存与提供，不再负责简牍、帛书等书籍形成的任务。这是图书收藏向专门化发展的一个重大改变。而形成这一进步的直接原因，是官府简牍、帛书在逐步增多，究其根源则是社会的发展和社会分工的深化。

唐代魏征等编撰的《隋书·经籍志》认为，史官是收藏典籍的官吏，并已有分工收藏。元代马端临编的《文献通考·经籍考》称："周官外史，掌三皇五帝之书，则国家所职掌者。"清代周永年谓："守藏之吏，见于周官。老子为柱下守藏吏，固周人藏书之官也。"清代章学诚从六艺的兴起，亦说明六艺之书为"周官之旧典"。到了近代，大多数学者认为，我国图书馆的起源，应上溯到周代史官之典籍收藏。如扬昭卷认为，周代已有专官管理图书，老子是当时的图书馆馆长。1925年中华图书馆协会宣告成立时，曾称："周

官外史，掌三皇五帝之书，达书名于四方，我国之有图书馆，盖权舆于是。"商周史官是延续的，商代已有史官之设立，周代不过是更加完备和分工明确。商代甲骨文收藏应视为档案、图书的收藏。如果说甲骨文收藏比较偏重档案的成分，而且它的流传作用比较小的话，那么，周代典籍收藏已经从保管、整理、利用和管理上提供了充分的事实根据。我们可以把我国商代甲骨文之收藏，视为古代藏书的萌芽；把周代史官所收藏之简牍、帛书视为古代藏书的成型。由此可见，中国古代藏书和图书馆的起源，应该已有三千多年的历史了。

据记载，身为"周守藏室之吏"的老子一直在充分利用周朝图书馆的各类藏书。他阅读并研究了《黄帝四经》《黄帝铭》《黄帝君臣》《杂黄帝》《力牧》《伊尹》《辛甲》《周训》《太公》《鬻子》等书。老子所读的"诗""礼""书""史""乐"和"易"等诸种简牍、帛书，都是后人未经删改的多卷繁本。老子尤其精心于伏羲氏的易经八卦《连山》和黄帝时期的易经《归藏》以及周文王推演的六十四卦的易经《周易》。老子读书，精益求精，他从《三坟》《五典》《八索》《九丘》等大量典籍中吸取宇宙变化之理，创造了道家学派，成了道家的始祖。"道"，首创于《周易》，《周易》隋卦九四"有孚在，道以明"，意思就是只要有"孚"存在于内心，作为宇宙本体的"道"就会鲜明浮现。这充分表明精致客观唯心主义的"道"是派生于主观的唯心主义的"孚"的。

老子饱览周朝王室藏书数十载，潜心研究天文、地理和人世间演进的各种简牍、帛书等大量文献，从而创建了精微玄妙的"道"家学派的思想体系。老子的《道德经》与春秋之前的思想传统已有联系，与上古易学思想观念具有相似之处。

《易经》与老子都有"阴阳""刚柔"的观念以及"复"和"生"的观念，这两个思想观念，完全是因为《易经》被老子变通地使用，才在中国思想史上有了重要意义。老子的"天大""地大""人大"的观念，与《易经》的"天、地、人"三才观念，内涵一致。

老子的"无极"与《易经》的"太极"含义相同。老子与《易经》关于"天""地"连言者甚多。老子的"道生一，一生二，二生三，三生万物"和《易经》中的"太极生两仪，两仪生四象，四象生八卦"，在宇宙论上的意义相通，也可能是老子对《易经》卦象的一种解释。

老子的"无"与《易经》所说的"万物始的"始"相当，老子的"有"与《易经》所说的"万物资生的"生"相当。老子的"道生之，德畜之"中的道与德的关系，与《易经》所讲的乾与坤的关系极其相似。《易经》说"坤厚载物，德合无疆"，正可以说明"德畜之"的意义，乃老子这个观念之所本。

老子"周行而不殆"的宇宙论的观念，与《易经》的"反复其道，七日来复，天行之，及无往不复"之说相同。老子的"有无相生"的观念，与《易经》的"天地蕴，万物化醇；男女媾精，万物化生"之说相似。老子说："飘风不终朝，聚雨不终日，孰为此者？天地。天地尚不能久，而况于人乎？"这种"盈虚消息"之理，与《易经》的"天地盈虚，与时消息，而况于人乎，况于鬼神乎"相同。老子说："圣人后其身，而身先，欲先人，必以身后之"以及"不敢天下先，故能成器长"这种以退为进之理，与《易经》的"尺蠖之屈以求信（伸）也，龙蛇之蛰以存身也。"之说类似。

对待变化以及在对待中求变化，相对中求统一，乃是整个易学领域与老子的《道德经》所共同遵循的基本原理。老子思想的灵感，曾得之于易学领域，老子精心地研究了易学领域大量的典籍文献，这无疑是可以确定的。

如何利用图书馆，确实是一门大学问，图书馆学家老子从大量的藏书中汲取了上古时代的思想精华，甚至穷究其书中的深奥规律，推演书中的玄妙哲理，从而为道家学派的创立，做了重要的理论准备。老子和他的名垂千古的著作《道德经》将永远在中国乃至世界思想史上放射出灿烂的光芒。

周朝王室图书馆的大量藏书为老子成为伟大思想家提供了良好环境，而老子能充分利用其已有的条件，博览群书，潜心研究，则是他能成为享誉古今中外的伟大思想家和图书馆学家的主要原因。

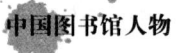
中国图书馆人物

春秋的孔子

关于孔子生平及言行的记录，除《论语》和《左传》外，也散见于《孟子》《礼记》《孔子家语》等典籍中，但第一个为孔子写出完整传记的，则是司马迁的《史记》。据《史记》中《孔子世家》记载，孔子生于鲁襄公二十二年（公元前551年），卒于公元前479年，名曰丘，字仲尼。

孔子不是一个刻板无趣的老学究，实际上他强调快乐精神，可以说是中国最早追求快乐哲学的人。历史上有关孔子的传说记载很多。据说，有一次，叶县的县尹问孔子的学生子路：你们的先生究竟是怎样一个人呀？子路当时没答上来，回来如实告诉孔子。孔子对自己做了一个精彩的自我介绍。他颇幽默地对子路说：你应该这么回答他：孔子这个人呀，他一发愤时连吃饭也会忘了吃，心中感到快乐时会把一切忧虑全忘了，连自己已经到了老境也浑然不觉！孔子的自信乐观跃然纸上。孔子对快乐的要求极为简单，他说，能吃着粗茶淡饭，喝着白水，枕着臂膊睡觉就应该感到知足和快乐。因此，他对学生颜回的"一箪食，一瓢饮，在陋巷"给予赞赏。

生活中的孔子是个极具个性的人。据说，有一次，一个叫孺悲的人来找孔子，此人也曾向孔子请教过。但那天孔子不想见他，让门人转告他称自己病了。门人才告知孺悲，孔子却在里屋拿出瑟边弹边唱起来，故意让孺悲知道："我其实很好，就是不想见你。"

孔子的性格极为自信和洒脱，他一生中其实常常会遇到碰壁、遭讥讽的境遇，但他很快便能释怀。《史记》中记载，有一次他周游列国，到郑国后，不巧和学生们走散了，一个人站在城东门口发呆。一个郑国人看见了，对正在四处寻找孔子的子贡说：东门那里站着一个人，他的额头像唐尧，后颈像皋陶，肩膀像子产，可是腰以下比禹短了三寸，落魄得像只丧家狗。子贡找到孔子后，把这些话如实转述给孔子听，孔子当即就笑了，连连说道：说我像一只丧家狗，还真是像啊！他根本没有在意。

孔子的弟子曾子曾阐述自己的生活理想是在暮春三月的天气，穿着新缝的单夹衣，约上五六个朋友去沂水边清洗面手、大声歌咏，然后慢慢走回家。孔子非常赞同曾子的想法，说：我和你一样。

孔子一生都在追求快乐和率真，憎恶虚假与伪善。他曾直言不讳地说：把怨恨隐藏起来表面上装作对人家友好的这种行为会让我感到极为耻辱。他也不喜欢粗鲁无礼的人，甚至会对这种人大发其火，用手杖打那人的小腿。

孔子出生于一个没落的贵族家庭里，小的时候生活比较贫困，年轻时曾做过管理仓库的小吏，每天的工作是核对账目。他也曾做过管理牲畜的小吏，想着如何使牛羊长得肥壮。孔子后来官至今司空和司寇，他也曾作为鲁定公的相参加过与齐国的一次会谈，凭借智慧和勇气挫败了齐国兵劫鲁定公的阴谋，还让齐国归还了鲁国的土地。不过这个记载千百年来一直受到许多学者的怀疑。学者们多数认为孔子当时在鲁国只担任过类似政府高级顾问之类的闲职，为君王或当权者提供一些国事咨询任务。不过，在当时那样一个流行政治权谋与辩才的年代，作为文人的孔子，他率真的性格注定了他无法在政治中成为一个成功者。但是孔子有他的政治理想和思想，他认为，统治者不应该为自己敛财和攫权，而要设法给民众带来福利与幸福，强调统治者应该以德行和才能的标准来选择官员，体现了他作为儒家代表的政治理想。

孔子曾说过"唯女子与小人难养也"的话，后来的许多学者据此认为，孔子不尊重女性。实际上，史料里很少有文字记载过孔子身边的女性，就连

他的妻子也从未被提及。根据记载，孔子是一子一女的父亲，他的"唯女子与小人难养也"的话，后人据此认为他轻视女性也是对孔子的误解。其实孔子所讲的女子是和淑女相对的一类女人，如同小人与君子的差别一样，君子和淑女是人格上成熟的人，而小人和女子则是不成熟的人，孔子所言的女子绝非泛指所有女性。而且，孔子在谈到子女的孝顺时也多把父母连在一起说，父和母都是在一个平等地位上的，丝毫没有对母亲的轻视。其实在儒家观念中，男主外女主内不过是性别差异所导致的社会分工不同，只有这样才能更好地张扬女性感性、温柔、善良、包容的特征。不过，在古代典籍中，还是有孔子与女性往来的唯一的一个记载，是他与声名狼藉的南子的见面。孔子周游列国第一个去见的是卫国国君卫灵公的夫人南子。她深得卫灵公宠幸，干预朝政，还与灵公宠臣弥子瑕关系暧昧，名声很不好。南子早听说过孔子大名，要求孔子去见她。南子精心打扮后坐在薄纱帐中，孔子向她行叩拜礼。事后，孔子一再解释说，他根本不愿意去见南子，只是依礼行事而已。

孔子是中国历史上伟大的思想家、教育家，是影响人类历史进程的圣哲之一，但对他作为古代图书馆学家的身份却鲜为人知。实际上，孔子是我国古代图书馆学的先驱，他丰富的目录学思想和影响深远的图书整理实践，在我国图书馆学史上占有重要的地位。

孔子系统的图书整理活动，是在他的晚年。根据史书的记载，孔子带领他的学生遍访诸侯，经过十四年颠沛流离的生活后，孔子自卫国回到鲁国，决定再不求干政诸侯，而是专心致力于教育事业。其实孔子很早就萌生了这种念头，他曾感叹过："归与！归与！吾党之小子狂简，斐然成章，不知所以裁之。"那时，孔子已是六十八岁的老人。教师育人需要相当固定和系统的教材，然而孔子生活的时代，"礼乐废，《诗》《书》缺"，没有现成的教材，孔子只好整理当时残缺又散乱的古代文献，以资教育，这也使得他在实践中形成了自己的目录学思想。

目录是目和录的合称。目是指篇名或书名，篇名也称细名、小名或小题；

书名也称总名、大名或大题。录是对目的说明或编次，也称序录或书录。因此，把一批篇名（或书名）与说明编次在一起就是目录。目录包括单书目录和群书目录两种，从我国古代目录学的发展来看，单书目录似乎比群书目录出现得早。单书目录就是对一本书的各篇篇名和说明加以编次。古人书写文章，并不是像现代人那样先立篇目，然后写内容，而只是把个人的思想见解挥洒成篇就行了。同时由于简册的书写制度，图书多是单篇流传，所以有无篇名关系不大。但是，后来渐渐有称呼某一篇文章或把许多篇合为一书而需要各篇的篇名时，单书目录就出现了。可以说，目录学也就是对文章或书籍进行分类编次的学问，其核心是文献的分类和编次工作。在整理许多散乱或单篇流传的古代文献来编写教材的过程中，孔子开展图书分类的工作就显得非常必要了。

根据史书记载，孔子曾把自己收集到的简册文献，分类编次。他将诗、书、礼、乐并为《诗》《书》作序，以教弟子三千。暮年之时他赞《易》作《春秋》，终成儒家著名的"六经"。孔子删定"六经"的过程，就是体现其目录学思想的过程。孔子的目录和图书分类思想，集中地体现在他对《诗经》和《易经》的编订中。根据记载，古代的《诗》有三千余篇，至孔子时代约有一千篇。孔子把他能见到的上千篇诗"去其重，取可施于礼义"，得三百〇五篇而订成《诗经》。在这个过程中，孔子明显尝试了目录分类办法。他不仅给《诗经》写小序，而且对《诗经》进行了三级分类。譬如，《诗经》本身是诗歌类系的第一级类目，相当于《七略》中的"诗赋略"。而三百〇五篇篇诗，以其性质与乐调分为风、雅、颂三部分，即为三个第二级类目。在"风"中又按地区民间小调细分为十五国风，共计一百六十篇。"雅"类也细分为大雅和小雅两部分，计一百〇五篇。"颂"类细分为周颂、鲁颂、商颂三部分，计四十篇。可见，《诗经》的编排，共划分了三级类目，并按照诗歌的内容属性、时间、地区、人物等因素来确立类别和先后次序，其条理清楚，毫不含糊，实际上向读者指明了学习《诗经》的门径。孔子晚年学

《易》,"韦编三绝",写了著名的《周易·序卦传》。它编次汇总了从"屯"卦到"未济"卦的六十四卦名和顺序,线索清晰,逻辑严密,合乎《易经》的理脉,是人们习《易》的指南。《序卦传》实质就是《易经》六十四卦的目录。所以近代目录学家余嘉锡认为,"目录之作,莫古于斯"。总之,孔子对《诗经》《易经》的科学分类和编排,曾被后世学者仿效。

孔子目录整理的特点,首先是他整理的目录实际上是单书目录,即他把许多单篇存在的文章加上篇名或说明而按次序编排在一起。其次是他为《诗》《书》作了小序,以叙述图书的内容、演变和特点,其目的主要是为了"辨章学术",给学习者提供研读该书的门径。最后是在《诗经》删定上他成功尝试了等级目录划分,以类编次,显得相当科学。而更重要的是,上述目录特点,绝大部分是孔子首创的。

孔子实践的目录学与中国古代传统目录学的关系极为密切。中国的图书分类,最早当推汉朝刘歆的《七略》。刘歆把国家藏书分为辑略、六艺、诸子、诗赋、兵书、术数、方技七大类。之后历代均稍有损益,直到隋唐之际才有所谓的四部分类法,就是把图书分为经、史、子、集四大类。之后,四部分类法虽稍有变动,但隋唐以来,四部分类基本成为传统目录学的定制。至清朝修《四库全书》,仍以经、史、子、集四部分类,是四部分类法的典范。从《七略》到《四库全书》的传统目录整理,其主体是群书目录编著。它最大的特点是都包含了书名、小序和解题三种因素,讲求"辨章学术,考镜源流",重视学术史,给阅读者以学习的门径。在图书文献分类上,不管实行"七分法"还是"四分法",都实行等级目录,也就是说,按照图书文献的性质、时间、人物甚至地区将图书分为一级、二级、三级或更多类目。孔子删定"六经"的过程,是我国最早一次大规模的图书文献编定活动,虽然是单书目录的编著,但与《七略》以来的群书目录编著相比,两者的联系是明显的。例如,编者大都要给文献起书名或篇名,写小序或做解题性的说明;都实行等级目录,按照图书文献的性质、时间、人物甚至地区将图书分为多级共目;它们的功能主要都是"辨章学术，考镜源流"，重视学术史，给阅读者以学习的门径。这些联系，正是通过秦汉时期的目录家，特别是通过刘向、刘歆父子继承、仿效孔子的目录思想及实践而得来的。所以说，孔子开创的目录学通过刘歆的《七略》而影响了我国古代目录学史。由此可见，孔子不仅是我国历史上伟大的思想家、教育家，而且因为他在古代图书分类活动中的先驱者的地位，使他成为名副其实的图书馆学家。

汉朝的蔡邕

蔡邕，字伯喈，河南陈留人。蔡邕的家族属世家大族。蔡氏入汉即封侯，其后子孙多有为官者。蔡邕的祖父曾任新蔡长，蔡邕的叔父蔡质历任尚书、下邳相、卫尉。虽然他的父亲没有做官，可他的母亲是司徒袁滂的妹妹。晋张华《博物志·人名考》记载，"蔡伯喈母，袁公熙妹、耀卿姑也"，袁公熙是汉司徒袁滂的字，耀卿是袁涣。《三国志·魏志·袁涣传》云："袁涣字耀卿，陈郡扶乐人也。父滂，为汉司徒。"裴松之注："袁宏《汉纪》曰：滂字公熙纯素寡欲，终不言人之短。当权宠之盛，或以同异致祸，滂独中立于朝，故爱憎不及焉。"

"光和元年二月，光禄勋陈国袁滂为司徒，二年三月免""中平二年，以司空张温为车骑将军……执金吾袁滂为副"。可见他的舅舅袁滂曾任司徒、执金吾等高官，并且，在朝中属于中立的势力，因此得以在汉末外戚与宦官交替掌权的夹缝中生存。

陈郡阳夏袁氏在东汉是非常显赫的氏族大家，其同族包括在东汉政坛中具有举足轻重地位的汝南袁氏，汝南袁氏为东汉著名的"四世三公"之家。显名于东汉至魏晋的大族泰山羊氏亦与蔡家是姻亲，蔡家与羊氏为对门九族，蔡邕的女儿也嫁给了羊氏。当时的婚配讲究门当户对，从蔡氏姻亲的地位可知，蔡氏属于名族大家。陈留蔡氏家族的声望从东汉绵延至三国、东晋之时，依然非常隆重。

蔡邕的从兄蔡睦任魏尚书,蔡睦之子蔡宏是阴平太守。蔡邕的外孙女羊徽瑜嫁给司马师,在晋朝被尊为景献皇后,他的外孙羊祜也被封为大将军。正因为出身大家,蔡邕才能够在二十多岁时"师事"历经三朝的元老胡广,被当朝司徒桥玄举荐。而他在品评人物时,也比较看重家族源流。在他的多数碑文中,往往是先追溯其祖先,多以如"玄文先生名休,字子材,南阳宛人也。其祖李伯阳,周柱下吏""公讳秉,字叔节,弘农华阳人也,其先盖周武王之穆,晋唐叔之后也"之类形式开头。从中,我们可以看到他对家族背景的强调,这是由时代潮流及其从小就受到的环境影响所决定的。

汉顺帝三年(公元132年),蔡邕出生在陈留困地蔡氏家族中。在看重家世出身的年代,他是非常幸运的。可是"早丧二亲",使得他成了"薄祜"之人。即便是出生在大家族中,但失去了父母的疼爱,蔡邕也非幸福之人。

年少的时候,蔡邕师事"《六经》典奥,旧章宪式,无所不览。柔而不犯,文而有礼"的胡广。能拜在胡广的门下,对蔡邕的经学修养和文学创作有很好的启蒙作用,也为他未来从政奠定了基础。大家子弟因为有家族的庇护,到了一定年龄就能顺利进入朝廷。

公元159年,蔡邕也被征召入京,这本来是件值得庆幸的事情。桓帝延熹二可是征召的"善于鼓琴",这对于守礼至孝、博学才高的蔡邕来说,绝非所愿。况且此时的朝中,梁翼被诛,中常侍单超、徐璜、具瑗、左馆、唐衡被封侯,开始了五侯擅权的黑暗时期。蔡邕不愿意屈居于宦官门下,因而中途称病而归,闲居乡里。十几年间,蔡邕隐于故里、修身养性。但是身在世族大家,与朝廷有着千丝万缕的联系,是不可能绝对远离政治的。他对朝廷中的腥风血雨还是非常了解,他作了《朱公叔溢议》《太尉杨秉碑》,对誓要铲除宦官的朱穆和不畏权势的杨秉的高尚品行极为赞扬,表现出他对党人的支持。经过了几次政治斗争,建宁三年(公元170年)时,政局慢慢开始走向平稳。

蔡邕在这一年被司徒乔玄征辟，由司徒征辟是名士入仕的正常途径。桥玄谦检下士、家无余财，被人所称赞。他对蔡邕非常尊敬，因此蔡邕的首次入仕是比较称心的。

此后，蔡邕出补河平长，召拜郎中，校书东观，迁议郎。他在此时期倡导并开始了熹平石经的刊刻，参与了《东观汉纪》的编纂。在政治上，蔡邕也很有主见，写了《难夏育上言鲜卑仍犯诸郡议》《上封事陈政七要书》《幽冀二州刺史久缺疏》等政论散文，发表自己对时事的见解。蔡邕是个忠心为国的人，然而他没有受到重用，不仅所提政见多未被采用，还因直言上书抨击宦官权贵而遭诬陷，与家属晃钳流放朔方，居五原安阳县。

第二年遇大赦，灵帝有之还本郡，临行又得罪了中常侍王甫的弟弟五原太守王智，王智诬告蔡邕谤讪朝廷，蔡邕乃亡命江海，避难于吴地、泰山之间。虽是过着流亡的生活，漂泊不定，却避开了纷争的政坛，也远离了浓重的经学神学氛围。此时的蔡邕，其文学、书法、音乐、哲学才情得到了抒发：在《翠鸟赋》中真实地写下了避难流离生活的忧闷和无奈，留下了"黄绢幼妇，外孙童臼"的碑文，制成了音律优美的焦尾琴，收藏了王充的《论衡》和赵晔的《细诗历神渊》。

经过了十几年的流亡生活，蔡邕的用世之心已归于平淡。然而，身不由己，中平六年（公元189年），五十七岁的蔡邕在董卓的淫威逼迫之下不得已而入朝。董卓为借助蔡邕的才名，十分看重他。邕到，署祭酒、补侍御史，又转持书御史，迁尚书，"三日之间，周历三台"，迁巴郡太守，复留为侍中。后拜左中郎将，封为高阳乡侯，待遇达到了他仕途上的最高峰。在这三年中，他对董卓的越礼行为多有规劝，也按照自己的意愿，对东汉礼制进行了一些改革。初平三年（公元192年），董卓被诛，蔡邕为之叹息，被王允下狱治死。

蔡邕是儒家学说的积极捍卫者，他同时又从庄学思想中寻求寄托，更不排斥汉末的批判思想并且加以传播，在一生中还频频打破礼制规范，追求真性情。可见，他的思想极为复杂。笼统地说，蔡邕的思想是以儒家思想为主，受时代和坎坷命运的影响,又以庄学思想为补。同时他积极吸收先进的异端思想,敢于表现自己的真心真情,在为人处事上,在文学作品中,甚至是在变幻莫测的政治里,莫不如是。他是一个在乱世之中,思想矛盾、情感丰富的人物。

朝廷争斗激烈时期,他隐于家中,坐观其变;在朝为官时,他尽量抒发己见,为国筹划;流放之时,他亦不忘修史大事,上书献十意;亡命江湖期间,他沉醉在文艺之间,修身养性;再次仕宦之后,他施展抱负,大力改革礼制。他正是用这样的儒家有为精神与责任心为指导,在宦海中沉沉浮浮,经历仕途的险恶。

蔡邕的身上除了有儒者的风范和积极用世精神,还弥漫着很浓的庄学气息,不论是其文,还是其言行,都具有飘逸旷达的风格。他的一生都在不断地从庄学中汲取养分。作为儒家学者而推崇道家思想,这是中国思想史上一个常见的现象,儒道本就相通相吸、互为补充。东汉虽然尊儒崇经,但是道家学说在此期间仍继续发展。

东汉中期开始,朝廷黑暗,党祸频繁,社会动荡,天灾不断。这一时期的道家,其思想核心已经由西汉清静无为的黄老思想转变为恬淡自然的老庄思想。庄学思想在这一时期开始得到迅速的发展,被士人所乐于接受。蔡邕身在这个时代,虽为大儒,却亦是末世失意文人,因此在他的身上同样有着庄子情怀。蔡邕的庄子情怀与他的家族有很大的关系,其六世祖蔡勋好黄老之说,弃王莽所加之官,携家眷隐居深山。他的父亲蔡棱,"亦有清白行,谥曰贞定公",家族中几代先祖都喜好道家学说。他的舅舅袁滂曾居光禄勋、司徒、执金吾等高位,却是纯素寡欲,不言人短。他的恩师胡广也奉行明哲保身之道,朝廷中流传着"天下中庸有胡公"的说法。如此的家风,如此的师风,必然会对蔡邕庄学思想的形成起到潜移默化的作用。

从蔡邕所交友朋来看,崇道之人比比皆是。他以"少尚玄虚""慕老聘清静,杜绝人事,巷生荆棘,十有余岁"的周腮为自己的知己,而"不义富

贵，譬诸浮云""洁耿介于丘园，慕七子之遗风"的圈典也以蔡邕为知己。蔡邕的庄学情怀在他的作品中表现为一股清新的气息。他二十岁所作的《琅邪王傅蔡朗碑》说："栖迟不易其志，覃食曲胧，不改其乐，心栖清虚之域，行在玉石之间。"所描述的"清虚之域""玉石之间"正是一种庄学虚无飘逸的境界。

蔡邕二十六岁作了《汝南周巨胜碑》，在文中对庄子的遁世思想做了阐述："潜心大酞，谭思德漠。遁世无闷，屡辞王寮。洋洋泌丘，于以逍遥。""遁世无闷""逍遥"正是集中体现庄子哲学思想的词语，蔡邕通过这些代表庄学精神的词汇，表达了自己适逢无道之时，虽已到创业的年纪，却依然隐于世外的苦闷心情。他沉浸在庄学中，以求遁世无闷，达到逍遥无恃的境界。

他在著名的《郭有道林宗碑》中，称赞一生不仕的郭泰"将蹈洪崖之遐迹，绍巢由之绝轨，翔区外以舒翼，超天衢以高蹐"。他认为郭泰踏寻巢父、许由两位道家隐士之路，达到了"舒翼""高蹐"的理想境界，这正是对庄子大鹏意象的应用。在他的作品中，充满了对隐居生活的憧憬，清晰地展现了他的隐逸思想。

蔡邕自幼便熟读经书，对于儒家经典运用自如。无论是他的奏章、碑文，还是赋作、诗作，都直接引用或是化用了《诗经》《尚书》《周礼》《礼记》《周易》《春秋左传》《春秋公羊传》等经典中的语句。东汉立于学官的是今文经学，从和帝起，今文经学就开始衰弱，暴露出脱离现实、解经烦琐、经文错乱的缺点。针对今文经学的这些弊端，蔡邕倡导正定今文经典并主持刊刻了熹平石经，这是他对今文经学的主要贡献，此举奠定了他在经学史上不可忽视的地位。《后汉书·蔡邕列传》云："誉以经籍去圣久远，文字多谬，俗儒穿凿，疑误后学，熹平四年，乃与五官中郎将堂路典、光禄大夫杨赐、谏议大夫马日䃅、议郎张驯、韩说、太史令单飏等，奏求正定六经文字。灵帝许之，岂乃自书丹于碑，使工镌刻立于太学门外。"《儒林列传》云："党人既诛，其高名儒士多坐流废，后遂至忿争，更相信告，亦有私行金货，定兰台漆书经字，以合其私文。熹平四年，灵帝乃诏诸儒正定五经。"蔡邕正是在党人被诛、高名儒士被流放的情况下上书奏请正定经典文字，严格策试制度，希望使有真才实学的儒生得到重用，以振兴朝政，其通经致用的观念于此可见一斑。熹平石经始刻于灵帝熹平四年（公元175年），光和六年（公元183年）刻成立于太学外，历时九年。石经立于太学之后，便成为经文的标准本，"于是后儒晚学，咸取正焉。及碑始立，其观视及摹写者，车乘日千余两，填塞街陌"，在当时产生了极大的影响。

熹平石经之后，陆续出现了魏石经、开成石经、蜀石经等经书刻石，刊刻的内容也由儒家经典扩及佛经、医书等各个领域。只可惜熹平石经历经了董卓烧毁洛阳宫室之灾，东魏时移至邺城，周大象中又迁回洛阳，隋开皇间运进长安，至唐初魏征清点时，石碑已是十不存一了。北宋时，常有石经残石出土，但今已不存，在洪适的《隶释》及各家著录中可见残石之文。至清代王敔，所录石经残文共有十二段。

1922年，在洛阳太学旧址有不少残石出土，后陆续有所出土，约有一百多块。现在我们已不能完整地看到这部恢宏的石经了，只能根据文献的记载，从残石之中窥测当时的校订刊刻情况。这次刻定的经书有《鲁诗》《尚书》《礼记》《周易》《春秋》《公羊传》《论语》七部。在《孝灵帝纪》和《儒林列传序》中称五经，在《蔡邕列传》《张驯》中称六经，而在《隋书·经籍志》中则称七经。名称的差异是因为归类不同造成的，不把《论语》算进去，这样是六经；《春秋》与《公羊传》可合称一经，这样就是五经。对这七部经文，蔡邕等人逐一进行了校订。校订的方法是把当时立于学官的今文派传习的经典作为底本，再参校各家，在校勘记中罗列出各家与底本的不同之处。从现存石经残文看，《诗经》以鲁为主，校以齐、韩；《尚书》以欧阳本为底本，参校大、小夏侯本；《礼记》宗大戴，参以小戴；《周易》主梁丘氏，载施、孟、京氏之说；《春秋》于东汉只公羊学立于学官；《公

羊传》以严氏为主，校以颜氏。这种校勘方法既达到了统一今文经典的目的，又有利于保存今文各家观点，对后世研究失传的典籍以及纠正典籍流传中所产生的讹误有很大的帮助。

蔡邕倡导刻立石经的目的是统一今文经典文字、严格考试制度，进而整顿腐败的朝政，但是，熹平石经的刻立并没有对今文经学和时政有多大的作用，今文经学继续衰微，东汉王朝也不可避免地走向了灭亡。蔡邕的出发点没有错，经学和政治是相辅相成的。政治的清明会给经学的发展提供良好的条件，经学的繁荣也会促进政治的完善，二者不可分离。只是他没有看到，政治决定经学，经学的发展最终取决于政治。

汉代是重礼、崇礼的时代，研究礼制的学者为数不少，东汉更是产生了对后世影响巨大的郑玄三《礼记》注。蔡邕极为重视礼仪，认为"国之大事，实在典祀"。他所倡导刊刻的熹平石经是集体创作，所存资料独可确定《礼记》碑上有蔡邕的名字，可知蔡邕参与了《礼记》的校定是无疑的，他对于礼学的喜好和研究程度可想而知。与马融、郑玄等礼学大师不同，蔡邕研究礼学，不是侧重于文本章句的研究，而是从实用角度出发来进行礼学研究的，无论是作《月令章句》、论明堂，还是进行宗庙迭毁、正定谥号，无一不是为了规范东汉礼制、振兴朝政。他根据东汉末年的实际情况，进行礼学研究，同时又不恪守古礼形式，应势变通。明堂是进行各项重要典礼的主要场所，是集祭祀、行政、教育等多种功能于一体的特殊建筑。明堂之制产生很早，到周朝时已经比较完善。东汉谶纬盛行，加上统治者极力推动明堂的修建，故而明堂制度在东汉得到了很好的实施。光武帝建明堂，明帝、章帝、和帝、安帝、顺帝都曾宗祀明堂。这使得明堂制度历经西汉的提倡，在东汉时达到了继周朝之后的又一次兴盛。

明堂制度，历来争论颇多，汉武帝欲建明堂时，儒士已不能通晓这一制度。蔡邕在他的《明堂月令论》中申发了自己对于明堂名称的看法，他说："取其宗祀之清貌，则曰清庙；取其正室之貌，则曰太庙；取其尊崇，则曰太室；

取其乡明，则曰明堂；取其四门之学，则曰太学；取其四面周水圆如璧，则曰辟雍。异名而同事，其实一也。"这段论述详细地列举了明堂的别称以及产生别称的依据。他认为明堂与太庙、清庙、太室、太学、辟雍，都是异名而同实。

其中，他的"明堂即为天子宗庙"学说，代表了戴德、贾逵、颖容、服虔、卢植等汉儒的观点，对后世产生了很大的影响。一千多年来，蔡邕"明堂即为天子宗庙"的观点被赞同者不断引用作为论据。蔡邕对明堂的功用也做了说明，认为明堂最主要的功能是"宗祀其祖，以配上帝者也"，是主祭上帝，配祀先祖的；第二个功能是"谨成天顺时之令"，是颁布月令的场所；第三个功能是"明前功百辟之劳，起尊老敬长之义，显教幼诲稚之学，朝诸侯选造士于其中"，是用来昭明制度、推行王政的；第四个功能是"为大教之宫"，是四学具备的朝廷的学宫。可以说他对明堂基本功能的概括，已经是比较完备了，这与他的明堂异名同实之说一脉相承。

蔡邕对明堂的构造也做了细致的描述："其制度之属，各有所依。堂方百四十四尺，坤之策也。屋圆径二百一十六尺，乾之策也。太庙明堂方三十六丈，通天屋径九丈，阴阳九六之变也，圆盖方载，九六之道也。八闼以象八卦，九室以象九州，十二宫以应十二辰，三十六户七十二牖，以四户八牖乘九室之数也。户皆外设而不闭，示天下不藏也。通天屋高八十一尺，黄钟九九之实也。二十八柱列于四方，亦七宿之象也。堂高三尺，以应三统；四乡五色，以象其行；外广二十四丈，应一岁二十四气；四周以水，象四海，王者之大礼也。"其中有些说法，诸如"九室""十二宫""三十六户七十二牖""堂高三尺"等，是继承了《大戴礼记》的说法。其他一些具体尺寸，有人认为是蔡邕对周朝明堂的推测，有人认为是对东汉明堂的记载。姑且不管哪种说法是正确的，这些数据的意义都是不容低估的。此外，蔡邕还对宗庙、正定谥号等做出了自己独有的论述。

蔡邕没有留下完整的解经之作，但从他的其他作品中，从后人对《月令

章句》的辑佚本中，尚可略观一二。"章句"这一训诂体式，在东汉时期非常盛行，是指通过解说字音、字形、词义来阐发经文的大意。蔡邕用章句体来解说《月令》，主要注重解说字词的含义，进而述说经文的大意，来规范帝王和民众的行为，使社会达到和谐的状态。

首先，蔡邕解经从名物开始，对经文中的重点词语做相应的解释。如："孟，长也。庶长称孟。言天地四时无所常适，先至者长之，月终则已，故以庶长之称为名。"蔡邕释词主要解其大意，而不重于注音。这一点和许慎、郑玄等人有着明显的不同，是由他的解经原则决定的。他说解经文的目的不仅仅是为了对文本词句进行研究，而是通经致用。以这一标准衡量，个别字词的读音情况在他看来也就微不足道了。同时，也是章句这一训诂体式决定的，章句体在解经中主要是用来注解句意、阐发思想的。

在释词的过程中，蔡邕还对一些相近的词语进行了细致的辨别，例如"虫，总名。螟，其别也。食心曰螟，食叶曰蟊，食节曰贼"，就是把螟、蟊、贼依据所吃食物的不同做了区分。而"款藏曰仓，米藏曰廪。无财曰贫，无亲曰穷，暂无曰乏，不继曰绝"，则是把仓、廪按所储粮食的不同做了区分，对贫、穷、乏、绝这四个常混淆的词语下了具有辨别作用的定义。这样的释词方法，会对后学之人起到很大的启发作用，从而使之能够更好地阐发经文大意。

其次，蔡邕对经本进行了校勘，订正了《周礼》《礼记》中的部分讹误之说。

例如，在"后妃率九嫔御"下，他说："后者，天子嫡妻也。妃，合也。嫔，妇也。御，妾也。《周礼》天子一后二妃九嫔二十七世妇八十一御妾。"在《月令问答》中，他对此做出了解释，他认为《周礼》中的"八十一御妻"当作"御妾"，依古制，可称妻者只有嫡妻一人，余者都只能称妾。他还指出"刻木代牲"是如同"三豕渡河"之类由于传写而产生的错误；"七验咸驾"应是"六验"，《周礼》《左传》皆言天子马六验，无言七者，驳斥了孔颖达疏引皇侃的"七验"之说；《记》中"三老五更"之"五更"改为"五史"，因为"更"为"变"的形误，从"嫂""瘦"的形声读音上也可看到"更"为"史"的证据。这些见解都是蔡邕从事经学研究的所得，从中我们也可以看出蔡邕作为经学家所具有的独到的校勘主张与超人的才能，这与其建议正定六经典籍的思想和目的是相同的。

再次，蔡邕注重阐发经文所含的深意，并与现实政治相联系。这一特点符合蔡邕经学研究通经致用的宗旨，使得他的经解具有很强的劝诫意味。他在对经文做了一般性阐释后，总是结合现实，对君主提出劝谏。蔡邕的这个解经特点，是其同时代的郑玄所没有的。

史学的取向决定于经学的状况，而史学家的史学观念必然要受到其经学思想的影响，蔡邕自然也不能例外。他的史学观是其经学思想的一方面体现。《东观汉记》是记载从汉光武帝到灵帝的官修纪传体史书，自明帝起开始撰写，安帝、桓帝、灵帝时各有续补，蔡邕就参加了灵帝时的这次续书活动。在《蔡邕列传》里有所记载，"邕前在东观，与卢植、韩说等撰补《后汉记》，会遭事流离，不及得成，因上书自陈，奏其所著十意，分别首目，连置章左""其撰汉事，未见录以继后史。适作《灵纪》及十意，又补诸列传四十二篇，因李傕之乱，湮没多不存"。

《东观汉记·蔡邕列传》中亦有记载："邕徙朔方，上书求还，续成十志。"《后汉书·律历志》注引蔡邕的《戍边上章》，可推知他于熹平间在东汉参与校书续史，共撰成了《灵帝纪》、十志及列传四十二篇。蔡邕所作的《灵帝纪》及四十二篇列传经汉末战乱已不见存，十志因被司马彪的《续汉书》大量吸收，南朝梁刘昭将《续汉书》的志补入《后汉书》并为之作注，使得蔡邕的这部分史志之作在《后汉书》八志中得以残存。蔡邕因袭班固之称，以志命名。相对于纪、传、表，以类相从的志的编纂有一定的难度。正如蔡邕在《戍边上章》所表述创作十志的缘由那样，他认为《汉书》十志截止到王莽，《东观汉记》只有纪传而无续志。蔡邕正是认识到志

29

的不可缺少，决心完成这一涵盖天文、地理、典章、礼仪、历法的艰巨工作。蔡邕所作的志共有七篇：《律历志》《礼志》《乐志》《郊祀志》《天文志》《车服志》《朝会志》。这七篇志尚有残文存世。蔡邕的十志上接《汉书》十志，对它进行了续写、补充、改进，使两汉的资料得到很好的衔接。由于撰于东汉当朝，十志就成为后代撰写东汉史书的学者所必用的可靠文献资料，对于全面研究东汉社会有很重要的参考作用，具有撰于后代的东汉史书所无法取代的地位，对文献的保存做出了很大的贡献。

受汉末政治腐败和经学没落的影响，东汉中后期的文学面貌，已没有了初期时那种积极面对政治的文学精神，而是呈现出失望、消沉、醉心自己内心感受的情调。蔡邕的文学创作深受这一文风转变的熏陶，同时他也是文坛的领袖型人物，他的赋作已开始呈现出艳情的格调。其作品涉及多个文体，有颂、碑文、铭文、赋、论、议、表、书、疏、文、诗、连珠。他还专门写了《独断》对当朝文体进行了归纳。他的政论之文大胆地针贬时政。从中，我们可以看出，蔡邕是汉末文学风格转变的一个积极推动者。在蔡邕的多种文体的文学创作中，碑文、诗歌、赋、政论散文取得的成就颇高。

蔡邕的文学作品，最为后人所称道的是他的碑文。这些碑文或为他的亲友恩师而作，例如写蔡朗、胡广之文；或为朱穆、郭泰、陈宴、李咸等士大夫党人所写；或为赞颂德高的隐逸之士，如周舰、李休、圈典之类。今存世的有五十多篇，在当时就受到人们的称赞。《后汉书·文苑列传》云："祖子射为章陵太守，尤善于衡。尝与衡俱游，共读蔡邕所作碑文，射爱其辞，还恨不缮焉。"后世对此也多有褒扬，《文心雕龙·诔碑篇》称其碑文"自后汉以来，碑碣云起，才锋所断，莫高蔡邕。观杨赐之碑，骨鲠训典；陈郭二文，词无择言；周胡众碑，莫非清允"；《铭篇篇》称其铭文"蔡邕铭思，独冠古今"。

蔡邕学识渊博，一生治学治艺，成就极广。他在文学、经史、天文、历法、绘画、书法以及音律等诸方面皆有高深的造诣，堪称一个全面发展的古代学人。毋庸置疑，治学上的阅读与参考需求是蔡邕成为一位图书馆学大家的主观原因。

此外，蔡邕在朝廷为官多年，以其显赫的文名与权势遍交天下名流雅士，且又在灵帝年间直接参加了校理皇家东观秘书的工作，这些都为他成为图书馆学家创造了优越的客观条件。蔡邕喜欢藏书，张华《博物志》中关于"蔡邕有书万卷"的记载，说明他的私人藏书已接近了当时皇家藏书的规模。在书籍生产尚处在"竹木刀笔"这样低水平的时代，蔡邕竟能以一人之力积得万卷藏书，这是多么难得的壮举！更加可贵的是，在文禁森严的封建社会，蔡邕求书并不为当时的政治时尚所左右。据袁松山《后汉书》与葛洪《抱朴子》记载，蔡邕在浪迹东吴时，得到了大哲学家王充的《论衡》一书。由于这部书带有强烈的反封建色彩，所以不可能受到封建当权者的认可，在中原地区也得不到传播。对于这样一部很可能会引来麻烦的"异书"，蔡邕却如获至宝，"恒秘玩以为谈助"。由于怕暴露，他把《论衡》密藏在自己的蚊帐中，轻易不肯示人。

蔡邕生逢乱世，经历坎坷，故而藏书之命运也和其主人一样令人心酸。蔡邕生前曾把所藏图书赐赠予两个人，其一即其爱女蔡文姬，其二则是"建安七子"之一的王粲。

据《后汉书·董祀妻传》记载，蔡文姬共得到蔡邕赐书四千余卷。这部分图书不久就在东汉末年的董卓之乱中散失掉了。隋代的牛弘把这次叛乱列为历史上的五大书厄之一。当时，年轻的蔡文姬正在老家陈留守寡，董卓部将李催、郭把带兵洗劫了该地。他们杀人掠女，无恶不作，所过之处无复遗类。文姬也未能幸免于难。李、郭部下的匈奴士兵看中了她的美貌与风度，终将她劫去献给了匈奴的首领左贤王。文姬的图书大约就是在这次风波中荡然无存了。

王粲是我国历史上著名的文学家，年轻时即以其卓越的才华深得蔡邕的赏识。《三国志·王粲传》和张华《博物志》中记载了蔡邕赠书给王粲的一

些情况。一次，少年王粲去拜访蔡邕，恰逢身为朝廷显贵的蔡邕正在家中大宴宾朋。听说王粲来到，他连忙起身出迎。四座见王粲生得十分瘦小，无不感到惊异。蔡邕却郑重地介绍说："此王公孙也，有异才，吾不如也。吾家书籍文章，尽当与之。"后来，蔡邕履行了自己的诺言，将其藏书载了数车赠予王粲。蔡邕的这部分图书在王氏家族中传延了数代。王粲去世时，由于他的两个儿子与魏讽之案有牵连，已于建安二十四年遭杀戮，因此这批书便由他的族兄王凯的儿子王业所继承。

王业身后，书传至他的儿子王宏与王弼。王弼是我国古代最早熟的哲学家，他仅活了二十四岁，却已写出数部极有影响的著作，成为魏晋玄学的主要创始人之一。史书称王弼有藏书万卷，说明他当是蔡邕遗书的第三代继承人。卢弼《三国志集解》云："王弼年甫弱冠，即为经学大师，当时名公巨卿，惊叹弗及。窃疑何以早慧若是？盖缘伯喈藏书万卷，尽入仲宣，尽转而归辅嗣，博览阁通，渊源授受，有自来矣！"

王弼身后，蔡邕遗书的去向已不能确考。陈登原《古今典籍聚散考》引用光聪谐《有不为斋随笔》之说，以为"蔡邕遗书，转展授受，最终在西晋末年的永嘉之乱散佚净尽"。此说可能由东晋张湛的《列子序》而发。

西晋永嘉年间，匈奴贵族刘渊率匈奴大兵进扰中原，导致西晋王朝的覆灭。这次事件与董卓之乱一样，被牛弘列入了历史上的五大书厄之中。根据张湛《列子序》的记载，张湛的父亲与刘正舆、傅颖根皆为王宏、王弼的外甥。当时，王家有万卷藏书，张父便与刘、傅二人同到王家抄录奇书。永嘉之乱体发，三人皆仓皇南逃。忙乱之中，所藏图书多被遗弃。

后来，张湛在注《列子》时，已找不到一个《列子》足本，仅在傅颖根处得到一个三卷的《列子》残本，在刘正舆处得到一个四卷的《列子》残本，最后，又在王弼女婿赵季子家得到一个六卷的《列子》残本，始得凑齐《列子》八篇之数。由是而论，史称绝嗣的王弼至少还生有一女，其女婿赵季子很可能继承了他的藏书。这些书在永嘉之乱中遭受了极大的破坏。

总之，由于社会动乱，战火频繁，蔡邕以一生心血聚得的万卷藏书相继毁于一旦，这实在是我国文化史上的一大悲剧。然而，令人欣慰的是，蔡邕的藏书在传延的过程中，在一定程度上造就了蔡文姬、王粲和王弼这样的历史风流人物，也为我国的文化史增添了瑰丽的色彩。尤其应该提出的是，蔡邕不以图书为私财，为了发挥图书的效用，他把图书赠给有才华的王粲，这在私有意识极为强盛的封建社会，实属难能可贵。

中国图书馆人物

宋朝的尤袤

在宋代众多图书馆学家中，南宋目录学家、史学家、诗人、图书馆学家尤袤是其中耀眼夺目的一位。尤袤，字延之，小名盘朗，小字季长，据《万柳溪边旧话》记载："尤叔保自晋江避难入吴，往来吴中诸郡未定，遂定居无锡许舍山中。"

尤袤是尤叔保第五代孙，故历史上一般都认为尤袤是无锡人。据《尤氏宗谱》等史书记载，尤袤生于靖康丁未二月十四日（公元1127年3月8日），据《绍兴十八年同年小录》推算为建炎丁未，这是一个误差，因为建炎年号是于丁未四月起，故尤袤生年年号还是应为靖康。

尤袤幼时就表现出聪明的天赋，五岁便能作诗句文献。《万柳溪边旧话》中载："公曰：此天上麒麟，吾不如也。十岁亲授以经。蒋偕，施多同以神童荐于有司。年十五以词赋为诸士冠。毗陵自置郡以来，未有举进士。第一人者，文简公，二十二岁名冠南宫，廷拟状元，因不呈卷秦桧，易以王佐。"《无锡金匮县志》记载尤袤"少从喻樗、汪应辰游，得杨时之学。绍兴十八年耀进士第"。据考，尤袤为绍兴十八年第三甲第三十七名进士。而《四库提要》在"全唐诗话十卷"条目下则称："尤袤为绍兴二十一年进士。"从尤袤出生年月日期来推算，二十二岁中进士，确应是绍兴十八年。另外，《绍兴十八年同年小录》以及《尤氏宗谱》《宋史》等史料均认为尤袤为绍兴十八年进士，同时，《四库提要》在其他有关条目下均记载尤袤为绍兴十八年进士。《宋史》列传中记载："上已属疾，国事多并，袤积忧成疾，请告，不报。疾笃乞致仕，又不报，遂卒，年七十。"又云："遗奏大略，劝上以孝事两宫，以勤康庶政，察邪按，护善类。又口占遗书别政府。明年，转正奉大夫致仕。赠金紫光禄大夫。"在《宋史新编》中也有相同的记载。说明尤袤年七十卒于位。

尤袤喜欢读书。不管什么书，只要是他没读过的，总要千方百计找来阅读。而且，凡是他读过的书都要做笔记，并写有批语作为读书心得。自家所设有的书籍，则要多方搜集抄录保存。尤袤年轻时在太学读书，因辞赋作得好，在同学中很有名气。南宋绍兴十八年（公元1148年）中进士，曾先后任泰兴令江东提要、秘书丞、国史院编修官、实录院检讨官、迁著作郎、太子侍读等职，后官至礼部尚书。尤袤虽常在外做官，然而在无锡却有一个专门读书及藏书之所——万卷楼。

该楼原为尤氏的父亲在九龙山所建，初名"依山亭"，后因尤袤喜欢东晋文学家孙焯的《遂初赋》，故将"依山亭"改名为"遂初堂"，自号遂初居士，时人则称他为遂初先生。尤袤博学多识，每日公退回家，便闭门谢客，不与外人来往，躲进书房里专心致志地读书、抄。他的子女、家人深受其影响，也都是些爱读书抄书的人。他们经常按尤袤的指点，抄写各种图书。尤袤非常重视并勤于书籍校勘。他校勘过许多图书，其中至今尚可见于记载的有《战国策》《山海经》等。

尤袤藏书始于何时已无从考索，但据《尤氏古迹考》所辑录的地方志材料可以了解到，遂初书院在尤袤以前就建立了。不过，悉心搜集至以藏书富名天下，还是在尤袤时期。

《遂初堂书目》是尤袤的传世之作，据统计，尤袤登记入册的图书共三百一十三部。尤袤酷好藏书，并将搜集到的书籍藏于遂初堂内。他的藏书从不外借于人，图书被他保护得很好。日积月累，遂初堂的藏书竟达万卷。

宋代大藏书家陈振孙在其《直斋书录解题》中说"遂初堂藏书为近世之冠",可见尤袤的藏书是十分丰富的。为了探讨学问,广收图书,尤袤结交甚广。他经常与诗人杨万里、陆游以及著名学者朱熹、陈亮、李焘等名家来往,所谈多是图书问题。

杨万里曾将所著《西归集》《朝天集》赠送给他。由于尤袤为官清廉,关心民间疾苦,颇有政绩,深得光宗称誉,特御书赐"遂初堂"匾额。尤袤又颇有文才,诗词同杨万里、范成大、陆游同负盛名,被誉为"中兴四将",史称为"南宋四大家"。

由此,遂初堂名声大振。尤袤去世三十年后遂初堂又遭火厄,因而不传子孙。到明代中叶,尤氏的十四世孙尤质在惠山山麓向阳处,仿照明代建筑格式重建,即今江苏无锡惠山东麓舳万古楼。尤袤的诗集早已亡佚,后人无从知之。直到清代,其后人尤侗辑录散失民间尤氏的作品,得诗五十九首及文四十六篇,汇集成《梁溪遗稿》卷,而尤袤的主要著作《梁溪集》五十卷和《内外制》三十卷,今已散佚。

尤袤收藏图书具有以下特点。

一是抄本多。由于尤袤曾长期担任国史院编修及侍读、侍讲之职,有机会借阅三馆秘阁之书,故能更多地抄录到一些罕见藏书。加之他又有弟子、儿女、婢仆等人协助抄写,所以抄录的图书特别多。

二是多善本。尤袤对善本书的收藏极为重视。遂初堂所收藏的善本书,光是经他标注的就有二十一种版本、四十七部之多。其中许多书,如旧监本诸经、川本史书、杭本及旧杭本经史等,都是善本及宋刻中的上品。遂初堂所藏高丽本《尚书》、秘阁本《山海经》、朱墨本《神宗实录》和蜀石经等,均为时下之珍本。

三是重视收藏当代史籍。由于尤袤长期官居内廷,又深得孝宗、光宗器重,使他有更多的机会阅览大量的内廷史料。他在收藏史料时,又特别重视当代史籍,故他所收藏史料的数量,单就本朝史籍就有二百八十多部,约占所收藏史籍总数的三分之一。《遂初堂书目》所载，有关史部著录书籍达九百七十八部，是所有类目中收书数量最多的。它所收录的史部书籍比国家书目《崇文总目》和晁公武的《郡斋读书志》都要多。而且，所收许多著名史籍版本齐全。

四是书法书较多。尤袤除喜欢藏书外，对研究墨迹书法，亦颇具心得。他经常同杨万里等人一起研究书法，至夜不倦。《遂初堂书目》所著录的书录、画录有三十多部，故陈振孙称他"藏书至多，法书尤富"。

尤袤对其藏书"综其藏书，剖析条流，整齐纲纪"，将各种书籍加以校勘，编撰《遂初堂书目》一卷，所著录图书合计三千一百五十余种。此书目对四部分类体系做了调整，突出本朝著作与新出现的图书，是我国现存最早的著录版本的书目，是著录图书版本的先声。

该书目分四部，分经为九门：经总类、周易类、尚书类、诗类、礼类、乐类、春秋类、论语类、小学类；分史为十八门：正史、编年、杂史、故事、杂传、伪史、国史、本朝杂史、本朝故事、本朝杂传、实录、职官、仪注、刑法、姓氏、史学、目录、地理；分子为十二门：儒家、杂家、道家、释家、农家、兵书、数术家、小说、杂艺、谱录、类书、医书；分集为五门：别集、章奏、总集、文史、乐曲，共四十四类，其中子部别立谱录一门，收集谱石、谱蟹录之无类可归者。

尤袤不仅把图书分为四十四类，而且在史部增设国史、本朝杂史、本朝故事、本朝杂传四项，首次为宋代史书剖置了类目。其中有些类目，如杂艺、谱录等是尤袤首创的。《遂初堂书目》所收图书仅著录书名，无卷数，部分款目著录作者，绝大多数也不详作者姓名，没有解题。但他对所收刻本书的不同版本予以注明，即将不同版本的图书作为著录专项，首创著录版本，故成为我国最早的版本目录。

本书目之特点在于经、史中加版本之别。但是，令后人遗憾的是，《遂初堂书目》只记书目，没有解题，并缺载卷数及撰著人，也未确记刻本地点与年月，使后人无从考证。尽管如此，尤袤的《遂初堂书目》开创了我国古代书目著录版本的先河，在中国目录学史上具有非常重要的价值和地位。

宋代的官私藏书目录完整地保存至今的很少，《遂初堂书目》是一部宋代流传下来的较古老的书目之一。此书目对考究宋代图书的流传情况，研究古代印刷史等很有价值，对研究我国古籍有很高的参考价值，是我国古代重要的目录学著作之一。

明朝的高儒

高儒，字子醇，号百川子，涿州人，书斋名为志道堂。他是明朝著名的图书馆学家。高儒虽武弁，然喜好读书，李东阳认为其："而能博极群书，旁通诗赋，且深通兵家方略。"

高儒承先祖之藏，又锐意求书，或索之于士大夫，或易诸市肆，是以其家藏书颇富。叶德辉尝谓明武人中喜藏书者唯儒与陈第二人，然第之藏书尚不及高儒（陈第著有《世善堂书目》）。通过对《大明司礼监太监高公墓志铭》与《明故昭勇将军锦衣卫指挥使高公墓志铭》等一系列高儒家族墓志铭的研究，我们了解到，高儒的叔祖父为明武宗时著名的司礼太监高凤，时人所号"八虎"之一。

凭借着高凤荫庇，高儒的伯父和父亲先后在锦衣卫得官，而高儒自己少年承袭父职，也和他这位叔祖父分不开。因为是承祖荫袭职，所以他身为藏书家却做了一位武官，所谓"叨承祖荫，致身武弁"。然而他究竟不是普通的武弁，其家素来就有读书之风，其父高荣，据《百川书志》卷十九的《兰坡聚珍集》二卷所谈"先任尚宝丞，后转锦衣积阶镇国将军。暇日取朝野交游题赠翰墨及先哲图书，手自摹勒，集成数书，此集约收三代，毕载家储，上自王公国老，下及方外闻人。书法详明，诸体攸备"，可以看出也是一位重视读书的人。

《百川书志序》中说："追思先人昔训之言，曰读书三世，经籍难于大备，亦无大阙。尔勉承世业，勿自取面墙之叹。"可以看出起码其家风素来如此，这段话最终也成为高儒作《百川书志》的动机，希望可以借此来继承遗业，慰藉父心。高儒的老师云中折桂，也是一位文武全才的人，著作有《月窟东行稿》，收录在《百川书志》的第十六卷。是以高儒在父师的影响之下，喜好读书，喜好藏书，也是情理之中的事了。

作为明代著名的藏书目录，《百川书志》自书成以来，就备受学者关注。如王士祯《居易录》中其卷十六就称："竹垞言《文渊阁书目》不识卷数，万历中，东粤人张萱官中书舍人别为《内阁藏书目录》甚详，又涿州高儒者，武弁也，家多藏书。有《百川书志》，目尤详。"

图书馆界取用的版本一般是《叶德辉观古堂丛书》校刻本，今天我们可以看得到的《续修四库全书》《丛书集成续编》（沪）《丛书集成续编》（台）等几种丛书，所选用的也都是叶德辉之后据曝书亭写本、卧雪庐本、艺风堂本等几种版本所汇校的这个本子。《百川书志》所收之书，来源大部分是高儒家藏，有父辈祖辈的收藏，也有他自己所收，所谓"先世之藏"与"数年之积"。

《百川书志》采取的分类方法是四部分类法。其中经部和史部收书较少，子部和集部收书所占比重比较大，子部占全书所收书的百分之二十七，集部甚至达到了百分之四十。这种现象应该是由于明代市民经济的繁荣、生活水平的提高以及图书印刷工艺的提高，使得自己著书的人变得更多。另外，《百川书志》的一个特别显著的现象是其收明代本朝的书的数量达到了百分之四十。对于本朝的诗文作品，特别是御制作品收得很多。除了在各类目中重视对御制作品的收录外，高儒还在集部中设置了御制文集、御制诗集这样专门的类目。此外，高儒在此目的史部中，特别是在野史、外史、小史三部中，收集了大量的戏曲和小说，这是非常值得我们注意的现象。同时，我们还可以注意到的一个现象是，高儒对于前世经典的提要一般都写得比较简略，著录事项也写得比较简单，通常只是成书年代、书名、著者、注者、卷数以及时而会有对藏书人的著录。如第七卷《司马法》下注："齐司马穰苴撰凡十五篇。"再如卷一中《尚书正义注疏》二十卷下注："孔氏传孔颖达等疏。"而对本朝的著述，高儒的提要则会写得比较详尽，如卷五史部的《状元记事》三卷，提要的字数达到了八十五字，这在《百川书志》中算是字数很多的提要了。而卷十九中记载的明高棅所著《唐诗品汇》，提要字数达到了一百七十八字，为《百川书志》中提要字数最多的一篇。这种情况还是比较明显。据钱亚新先生统计，《百川书志》中有两千一百一十二种书，但是提要仅有九百六十四篇，其中前代的提要五百三十三篇，后者为四百三十一篇。但是，这九百六十四篇提要大部分都比较简单。笔者进一步统计之后发现，这九百六十四篇提要中，四十字以上的提要总数为一百六十九篇，其中明代的提要为八十四篇，所占比例为百分之十九；而前代四十字以上的提要则为八十五篇，比例为百分之十六，在比例上明代作品高了三个百分点。可以看出，高儒对此书进行提要撰写的时候，应该还是有一定的个人倾向性，然后结合当时手中资料掌握的情况来对提要的撰写进行一个详略上的划分。

总的来说，高儒的《百川书志》的收书，其核心思想还是以传统的儒家思想为主，这样的例子我们可以从《百川书志》中找到。如在第一卷的明胡广所编的《性理大全书》七十卷中，他写道："大明永乐十三年九月……略曰先儒成书及其议论格言辅翼五经四书有裨于斯道者。"

另外，还有第六卷中邱濬的《五伦全备记》三卷，关于此书高儒说："国朝赤玉峰道人琼台邱濬撰，凡二十八段，所述尽名言，借为世劝。天下大伦大理尽寓于是，言带诙谐，不失其正；盖假此以诱人之观听，苟存人心，必入其善化矣。"可以发现，对于这两种充斥着道学气的书，高儒认为它们都有劝世的作用，对于其显而易见的缺点并没有予以指出，反而代为鼓吹。这很可以看出些端倪。不少学者都认为高儒并非传统的儒宗，所以较少受到儒宗的束缚，这一点看法是公允的。但是通过研究我们发现，高儒其持论毕竟还是以儒家思想为主，只不过相比之下，比传统的道学家和儒学家要宽泛了

不少。这里可以进一步就小史目中的赵弼的《效颦集》与《娇红记》到《双偶集》六种的提要为例来进行对比。

《效颦集》后面的提要说："汉阳教谕南平赵弼撰述，凡二十五篇。言寓劝诫，事关名教，有严正之风，无淫放之失，更兼诸子所长，文华让瞿，大意迥高一步。"而《娇红记》到《双偶集》后的提要则称："国朝贵溪樊应魁著。以上六种，皆本莺莺传而作；语带烟花，气含脂粉，凿穴穿墙之期，越礼伤身之事，不为庄人所取，但备一体，为解睡之具耳。"这里就可以看出，同是小史中的作品，高儒就认为符合名教正统思想的《效颦记》可以是"大意迥高"。而《娇红记》《双偶集》这一类有悖于正统儒家名教思想的作品的态度则是不为庄人所取的"解睡之具耳"。当然，同时也必须注意到，高儒身份有其特殊性，他既不是出身科举，也不是那种传统文人，这就在他进行收书的时候给了他很大的自由性，从而可以根据他自己的兴趣爱好对一些书进行收集编目，这也成为《百川书志》所做出的一大功绩。因此日本学者长泽规矩也在他的《中国版本目录学书籍解题》中讲道："不仅如此，野史、外史、小史中著录，而后世罕有著录之戏曲小说，尤其是杂剧传奇，已经成为今日学界研究此学之重要资料。"

出于个人喜好的原因，高儒对戏曲、小说类的作品也进行了收集，是第一部大量收集在古人看来难登大雅之堂之作品的私人藏书目录。可以看一看高儒对于《三国演义》的评价，观点也是比较值得注意的。他评价道："据正史、采小说、证文辞、通好尚，非俗非虚，易观易入。非史氏苍古之文，去瞽传诙谐之气；陈叙百年，该括万事。"可以说是非常之高的评价了，这里高儒不仅对《三国演义》中的道德观做出了肯定，而且还发现了《三国演义》的文学价值，在当时是比较可贵的。

《百川书志》沿袭的是《隋书·经籍志》以来的四部分类方法。目录只有两级，但是每部之下分得很细，达到了九十三个小类。

经部：1. 正经易；2. 书；3. 诗；4. 礼；5. 春秋；6. 大学；7. 中庸；8. 论语；

9. 孟子；10. 孝经；11. 经总；12. 仪注；13. 小学；14. 道学；15. 乐；16. 蒙求。

史部：1. 正史；2. 编年；3. 起居注；4. 杂史；5. 史钞；6. 故事；7. 御记；8. 史评；9. 传记；10. 职官；11. 地理；12. 法令；13. 时令；14. 目录；15. 姓谱；16. 史咏；17. 谱牒；18. 文史；19. 野史；20. 外史；21. 小史。

子部：1. 儒家；2. 道家；3. 法家；4. 名家；5. 墨家；6. 纵横家；7. 杂家；8. 兵家；9. 小说家；10. 德行家；11. 崇正家；12. 政教家；13. 隐家；14. 格物家；15. 翰墨家；16. 农家；17. 医家；18. 卫生术；19. 房中术；20. 卜筮家；21. 历数家；22. 五行家；23. 阴阳家；24. 占梦术；25. 刑法家；26. 神仙；27. 佛家；28. 杂艺术；29. 子钞；30. 类书。

集部：1. 秦汉六朝文；2. 唐文；3. 宋文；4. 元文；5. 圣朝御制文；6. 睿制文；7. 名臣文；8. 汉魏六朝诗；9. 唐诗；10. 宋诗；11. 元诗；12. 圣朝御制诗集；13. 睿制诗集；14. 名臣诗集；15. 诏制；16. 奏议；17. 启札；18. 对偶；19. 歌词；20. 词曲；21. 文史；22. 总集；23. 别集；24. 唱和；25. 纪迹；26. 杂集。

这样详细甚至是繁杂的分类可以说是空前的。《隋书·经籍志》的分类只有四十类，《直斋书录解题》只有五十二类，甚至后世的《四库全书总目》虽然是三级目录，但也只有四十一类。相比之下，《百川书志》的目录分类显得比较特殊。

那么，值得考虑的是，这样复杂的目录分类究竟是图书发展演变的自然结果，还是出自作者分类思想的不严谨？跟《百川书志》目录类中所记载的《宋史·艺文志》相比较我们可以发现，《百川书志》在经部中多出了孟子类、大学类、中庸类以及蒙求类；将仪注类从史部移到了经部；史部中别设杂史、御记、史评、姓谱、史咏、文史、野史、小史等类；子部中多出德行家、崇正家、翰墨家、卫生术、房中术等门类；集部中除了按朝代进行分类、还按文体裁制类型等进行了进一步的细分。而《宋史·艺文志》中集部却仅有四类，《崇文总目》只有三类，《明史·艺文志》也只有三类，即使迟至《四库全书总目》，集部的分类也只有五类，因此，《百川书志》这样的分类法在两

级分类中显得格外繁杂。可以看出，高儒的目录分类有些是有意的，例如，仪注类素来都是列在史部，他将仪注提升到经部中，有可能是他刻意想要宣扬行为礼节准则。再如格物家，作为宋明时期新兴起的学问，这个时候将其单独列一个类目也不无一定道理；将蒙求类独列一门升入经部，更显示出了高儒个人的一些思想倾向。但是更多时候的情况是，《百川书志》的很多门类并不适合当时的图书发展情况，所以周中孚在其《郑堂读书笔记》中说："以道学入经志，以传奇为外史，琐语为小史，俱编入史志。可乎？儒家外，别分德行、崇正二家，亦太从杂不伦矣。"

又其"文史"一目，在史部与集部各存一类，集部的"文史"类所载书籍内容主要是诗文评议方面，这样的类目设定在《宋史·艺文志》或是《崇文总目》都是存在的，而详考其史部的"文史"类，其中只录了《游文小史》这一部书，其时各目录中均未见到这种设定，所以许世瑛先生在其《中国目录学史》中也谈道："又史志既有文史，集志复有文史，亦无以自解也。是故后来诸家，不复依循之也。"这些批评都是非常中肯的。分类不科学，归类也就很成问题，笔者认为有些归类是很可以商榷的。如张华《博物志》，本来是应该入子部小说家中的逸闻一类，高儒却将其放在格物家类。

陈栎的《历代蒙求》本来应该和他的《历代通鉴》放在一起归入史部史评类。高儒因为别立了蒙求一类就将其放入经部蒙求类。再如李涪的《刊误》，被高儒归入仪注类，《四库全书》却被归入了杂家类，这样的例子还有许多。

总的来说，高儒的个别分类具有一定的创见性。但是，他这样的分类方法过于繁杂，略显不便，因此后来的目录著作并没有再沿用他的这个方法。

可以说，分类问题是《百川书志》一个很大的缺点。《百川书志》是明代目录学著作中的一部力作，虽然其目录划分有一定的问题，但是和它的优点和开创性来比较，还是其可取的地方更多。它对于小说、戏曲这些民俗文学的收录，更是明代目录学著作的一个惊喜，为后世的研究提供了很可贵的材料，仍然值得我们去研究、借鉴和思考。

第一章　古代图书馆学家

明朝的胡应麟

　　胡应麟（公元1551—1602年），字元瑞，一字明瑞，尝自号少室山人、石羊生，浙江兰溪人。明代嘉靖、万历年间著名的文献学家、图书馆学家。他在当时便以嗜书、藏书而著称，于世贞曾说："余友人胡元瑞，性嗜古书籍。少从其父宪使君京师。君故宦薄，而元瑞以嗜书故，有所购访。时时乞月俸，不给，则脱妇簪珥而酬之，又不给，则解衣以继之。元瑞之橐无所不罄，而独其载书，陆则惠子，水则宋生。盖十余岁而尽毁其家以为书。录其余赀以治屋而藏焉。"谢肇淛在谈到当时的图书馆学家时说："今天下藏书之家，寥寥可数矣。……士庶之家，无逾徐茂吴、胡元瑞及吾闽谢伯元者。"

　　胡应麟于万历四年（公元1576年）中举人，他凭诗文而闻世，又得以当时名士王世贞、汪道昆等人的提携，声名更盛。其中，他与王世贞兄弟交往甚密，并极其推崇世贞，他的诗论著作《诗薮》更把世贞比为仲尼，世人多低其阿谀，《明史》也将其传附于王世贞之后。胡应麟同王世贞一样，同属于"七子之派"，他们倡导"博极群书，学夸一世，开一时读书著述的风气"，为后人所称颂。在实际生活中，胡应麟的藏书之富，著述之丰，在时人中也少有出其右者，曾被喻为"读书种子"。胡应麟的父亲也是爱读书藏书之人，对书籍多有选购，每有书商携书求售，胡应麟都跟随在父亲身旁，通读所购之书。然而因家贫钱少，他们对于秩繁价重之书大多无力购买，每每遇到这

45

种情况，父子二人只能相对叹息。这段生活的经历，使年少的胡应麟在父亲耳濡目染地熏陶下，对书籍、对知识的渴求与日俱增，这对他以后建立书室、收藏书籍产生了深远的影响。胡应麟十六岁时，已挟书随父游历了大江南北，在京城其诗歌也为当时的达官名士所欣赏，纷纷折节交游，引之为上宾。胡应麟所生活的嘉靖、万历年间，天下承平日久，而江南富庶，印刷业发达，且人杰地灵，多有诗书望族，学者名士有读书藏书之风，文化积蕴深厚。

胡应麟为官宦之后，家道中落，其母虽目不识字，"而诸史百家稗官小说，下逮传奇词曲，属于耳者终身不忘。善持家，识大体"；其父颇有才识，为嘉靖年间举人。胡应麟少时即爱读书，并且偏爱读古书籍。据《少室山房类稿》卷九十二胡应麟自撰的《二酉山房记》载："始余受性版蒙，于世事百无一解。独偏嗜古书籍。七龄侍家大人侧，闻诸先生谈说文典，则已心艳慕之，时时窃取翻阅。"在十三四岁时，"其诗歌已见闻里社中"。

胡应麟幼时随父入京，京都乃是人才济济、四方书籍荟萃之地。随着年龄的增长，胡应麟收藏的图书也日益增多。当他二十余岁与母亲离开京都返乡时，已是"宦囊无锚铢，而先生妇替饵亦罄尽，独载所得书数箧，累累出长安"。从这句记叙中可以看出即便是家贫无钱，替饵罄尽，也无碍于他对书籍的痴迷。在这之后，只要他离开家乡，远游于通都大邑、文献集散之地，也是少则半月多则几月在那些地方搜书觅籍，直到钱囊空空，购尽所需之书方才罢休。当然他所选购的图书还是会受到财力的制约，只能以"用"为目的，买不得精绩巨轴，收藏者多为乙本。除去在外游历时搜寻的图书外，在他的家乡，胡应麟也觅得不少书籍。义乌皮守愚侍郎德煌参政父子曾有万卷藏书，死后这些书全部归属于胡应麟。书籍除购买外，他还通过其他途径来补充藏书，如有的图书是时人爱其才而馈赠之，"邺下宗正朱胜，最蓄书饶著述，宾客倾四方，尝晌先生秘籍数种"；有的图书是其交换所得，"龙丘童子鸣家藏书二万五千卷，余尝得其目，颇多秘轶。余笥箧所藏往往与之互易"；还有的图书是其手抄本，"亲戚交游上世之藏，帐中之秘，假归手录"。

胡应麟一生未入宦途，以一介布衣而存世，其心高孤傲，又囊空钱少，在搜访、收藏图书的过程中辛苦异常。他曾对此种经历描述道："大率穷搜委巷，广乞名流，录之故家，求诸绝域，中间解衣缩食，衡虑困心，体肤筋骨，靡所不备。"此中艰辛，自是难以详尽了。经过多年的搜访购求，胡应麟"书日益富，家日益穷"，其居住在仅能遮蔽风雨的陋室之中，然而他的藏书之富，即使是越中诸世家也无人能及。至胡应麟而立之年时，其得书已有四万余卷，并分类以藏之。"所藏之书为部四，其四部之一曰经，为类十三，为家三百七十，为卷三千三百六十。二曰史，为类十，为家八百二十，为卷万一千二百四十四。三曰子，为类二十二，为家一千四百五十，为卷一万二千四百。四曰集，为类十四，为家一千三百四十六，为卷一万五千八十。合之四万二千二百八十四卷。"史载他曾撰写过《二酉山房书目》，可惜书已不传，不能具体得知他所藏图书如何，但后人可以从其著作中窥见他关于图书分类的独到见解。

在《九流绪论》中，他记叙道："余所更定九流，一曰儒，二曰杂，三曰兵，四曰农，五曰术，六曰艺，七曰说，八曰道，九曰释。儒主传统翼教而硕士名贤之训附之，杂主饰治救偏而傍蹊末学之谈附之，兵主法制、权略而纵横、占候之籍附之，农主稼穑、蚕桑而饮撰、药饵之方附之，术主蓍龟、历算而禽星、宅相诸技附之，艺主书计、射御儿博弈、绘画诸工附之，说主风刺蒇规儿浮诞怪迂之录附之，道主冲退恬愉而房中、炉火、符篆、章醮附之，释主经典、禅观而论宗、戒律、梵观、机缘附之。"在《经籍会通二》中，他谈到"阴符""三坟"之文时又说："余意欲取此类及纬候等书，亢仓、肠冠等子，总为伪书一类，另附四部之末，亦千古经籍家一快。"

在经过长时间锲而不舍地积聚后，胡应麟为妥善安排他的图书，特地在兰溪城北后官塘思亲桥畔建了三间房屋作为藏书之处。对于书屋的构造与布置，他也是颇费了一番心思，把地基垒高以防潮，让房屋的四面开阔以保证阳光充足，屋内放置了二十四个统一规格的书架，皆高大华丽。书屋周围景

物优美，环境宜人，"旁有古极树，高接云汉，俯蔽池塘，夏日浓阴绿缉，暑气不侵"。这座藏书处初名"少室山房"，后改名为"二酉山房"，据说是因为上古有大酉、小酉二山为藏书之所，以此命名来喻胡应麟的藏书之富。胡应麟对编目在书籍保管中的作用有充分的认识。他曾根据自己的藏书编制了藏书目录《二酉山房书目》，虽然现已亡佚，但《二酉山房书目序》仍保存在其文集中，"第凡物盛必有衰，聚必有散，即前代帝王名公巨儒，竭天下之力蓄之，而一旦且散轶而不能保，则余今所得庸讵可据为已物，因略叙其意录四部书为《二酉山房书目》藏于家"。胡应麟已经清醒地意识到书籍聚散无常，因而利用目录以保管书籍。明代处于我国古代雕版印刷的高峰期，加之私人著述，为书籍的大量涌现创造了条件，并使书籍的集聚较前代容易许多。胡应麟充分认识到编目在典籍保存、访求以及反映学术兴衰等方面的重要作用，通过编制书目，"俾百世后知皇朝储蓄之富冠古绝今"，以彰显明朝藏书之盛。同时，胡应麟还清醒地认识到了官修目录与私家目录的区别，其云："第中秘尽笼天下之书，故匪一家之力，而故家上世之传、帐中之秘亦往往内府所无，其目可以互稽，难于偏举。"官修目录与私家目录各有所长，应该互为补充。就他本人而言，既编有反映个人藏书情况的《二酉山房书目》，又编有反映历代典籍情况的《经籍会通》，"余自总之岁溺志斯途，南北东西访求余二十载，经、史、子、集类次赢三万编，诵读滋深，犁然有会，间以暇日，荟萃二书并四代《艺文》、诸家目录以及儒先月旦、文士雌黄，续附胜国。皇朝制作，稍以己意列其指归，析类分门，总为一集。庶千载简帙之废兴、百氏编摩之得失，一日可以尽其大都"，说明胡应麟立志编撰一部书目以明书籍的兴废、得失，反映学术之盛衰。

胡应麟心境淡泊，少时即无意于功名，他曾对父亲的质询而答道："吾乡范（祖千）金（履祥）二先生，皆布衣耳，何仅以科名重耶？"他崇仙慕道，向往本乡黄甫禽叱石为羊山谷中，希望过一种自由而洒脱的生活，故自号为"石羊生"。当然，上有高堂，下有幼子，他不可能遁入深山做神仙，再加上身体状况不佳,自幼孱弱,他除了与二三知己交游唱和外,更多的时间是寄情于群书之中,进行深入的研究与著述。他曾在同王世贞的信中谈到他恬淡而充实的家居生活:"杜门澳谷,宿疢渐平,学步邯郸,近亦稍稍。二亲堂上,两孩膝前,兰万轴纵横案头,不腆敝帚数十卷零落筐笥,戏采弄雏之暇,拂拭遗编,刊定故业,与盆鱼酸鸡争雄长鼠穴中,聊复自快。"

胡应麟藏书之富,虽有三代相沿的积习,"吾家三世积琪,先君子酷嗜"。但更多的是其爱读书、沉心于学的结果。他主张做学问与多读书本非二途,应是相辅相成的,"博治必藉记诵,记诵必藉诗书"。他把藏书家分为两种:一种把书籍布置得华丽精美但触手如新的,讥笑他们为好事之人;一种是书籍虽也翻看,但只重表面内容求甚解的,讽刺他们如同书中的蠹虫一般,贬之为鉴赏家。对于一掷千金专购宋版图书、并"列于图绘"中的人,胡应麟认为他们只能称之为"雅尚",根本就不是藏书家。在他眼中,图书只能通过"使用"才能发挥它的价值,才有收藏的必要。"夫书聚而弗读,尤亡聚也"。胡应麟嗜书如痴,言图书于他"饥以当食,渴以当饮,诵之可以当韶故,览之可以当夷施。忧藉以解,忿藉以平,病藉以起色"。在其书房中除了书籍的陈列外,只有"湘竹枛一,不设帷帐,一琴、一几、一博山、一蒲团,日夕坐卧其中,性既畏客,客亦畏我,门屏之间,剥啄都绝,亭午深夜,焚香鼓琴,明烛隐几,经史子集环绕相向"。

胡应麟善作诗,精于校雠,学问淹博一世,他在诗歌,小说,曲论,文献的目录、辨伪、版本、编撰等方面都有很深的造诣。时人汪道昆曾赞其曰:"近则成都(杨慎)博而不核,奔山(王世贞)核而不精,必求博而核,核而精,宜其如元劝。"《四库全书》在收其文集的序言中对其学问也有很高的评论:"然其诗文笔力鸿骛又佐以雄博之才,亦颇纵横变化而不尽为风气所囿,当嘉隆之季,学者惟以模仿剽窃为事,而空赚弈陋皆所不免,应麟独能根抵基籍发为文章,虽颇伤冗杂而记诵淹博,实亦一时之翘楚矣。"胡应麟在王世贞、汪道昆去世后,"称老宿,主诗坛,大江以南皆右然宗之"。综其一生,

胡应麟著作颇丰，有六十八类一千〇二十四卷图书。这之中，较著名的有《诗薮》，为诗论之作；有《四部正讹》，是其在对前人辨别伪书的基础上，提出了系统的辨伪理论方法，是我国第一部辨伪学专著，为现代辨伪学的发展奠定了基础。

胡应麟在典藏理论方面的成就主要体现在《经籍会通》卷之中。该书"虽撷拾藏书故实而成，但是在论述收藏标准藏书鉴定、印刷术的应用对私家藏书的影响等方面，均有参考价值"。他的典藏实践与历代图书馆学家的典藏实践既有共同点，又有自己的独特之处，为我们的典藏学研究提供了宝贵经验与实例。胡应麟充分认识到书籍在保存与传播知识方面的重要作用，其云："图籍废兴，大概关系国家气运。岂小小哉！"这话说得很有概括性，也很具代表性。其他如"文章实大业，宁与富贵谋""千秋大业在竹素"等，也表达了他在这方面的认识。

胡应麟在谈论图书的聚散收藏中曾说道："夫书好而聚，聚而必散，势也，曲士讳之，达人奇之，益愈见聚之弗可亡读也。"他用"势也"一词来感叹图书即使费尽心力来收藏，最后仍然无法避免流散的命运。胡应麟认识到历代典籍聚散无常，"第凡物盛必有衰，聚必有散，即前代帝名公钜儒，竭天下之力蓄之，而一旦且散佚而不能保"。他总结了历代国家藏书的"盛聚"与"大厄"时期各八个阶段："古今书籍盛聚之时，大厄之会各有八焉，春秋也，西汉也，萧梁也，隋文也，开元也，太和也，庆历也，淳熙也，皆盛聚之时也；祖龙也，新莽也，萧绎也，隋炀也，安史也，黄巢也，金人也，元季也，皆大厄之会也。"而"东京之季，纂辑无闻；（原注：班《志》率西汉，东京甚希，他无校集者）魏晋之间，采撷未备，卓曜诸凶，摧颓余烬，于聚于厄俱未足云"则为我们构建出了一条历代书籍兴废的线索。

胡应麟对不同时期的典籍情况也进行了较为详细的论述，并注重对聚散现象的解释。如论先秦典籍流传甚少的原因，云："六经删修尼父、授受孔门，卷轴篇章类崇简要，三坟、丘、索湮没不传，以大《易》《尚书》较之，其体制居可识也。盖古文峻洁，迥异浮靡，圣笔渊玄，亡资藻饰，故卷之不盈箧笥而扩之函冒乾坤。春秋而降，诸子百家兴而道术离；楚、汉以还，骚人才士作而文学盛，此其盈缩之大都也。然泰山封禅，文字万家，合雒禅通，沿洄十纪，概征此例，则古人文籍不必尽减今时，顾世类弗传者，良由洪荒始判，楮墨未遑，竹简韦编，既非易致，灵文秘检又率难窥，重以祖龙烈焰，煨烬之中，仅存一线，汉世诸儒稍加掇拾，刘氏《七略》遂至三万余卷，考诸班氏《艺文》，西京制作才十二三耳。世以皋、夔、稷、契何书可读，然乎否耶？"同时，胡应麟充分利用历代书目考辨各时代国家藏书的卷帙，并归纳出后代典籍必然超过前代这一必然趋势："凡书籍，时代近者势易流传，而人多弃掷；时代远者迹多湮没，而世率珍藏。然夷考昔人书目，参以余所校雠，往往汉多于周，唐多于汉，而宋多于唐，何耶？周尚韦编，汉始侧理，唐犹传录，宋则印摹，难易之辩也。"他的考证得到了肯定："古今藏书数目大略，胡氏《经籍会通》考之最详。"这对我们正确认识历代典藏情况大有裨益。

除了总结聚书情况，胡应麟还从人为因素与自然灾害两个方面论述了典籍亡佚现象。众所周知，政治之祸、战乱兵火对典籍的危害是灾难性的，且涉及面广，对此，前有牛弘的"五厄"论，总结了隋代以前五个由人为因素造成的典籍散佚的灾难性时期，至胡应麟又续而为十："牛弘所论五厄，皆六代前事。隋开皇之盛极矣，未几皆烬于广陵；唐开元之盛极矣，俄顷悉灰于安史；肃、代二宗沁存加鸠集，黄巢之乱，复致荡然；宋世图史一盛于庆历，再盛于宣和，而金人之祸成矣；三盛于淳熙，四盛于嘉定，而元季之师至矣。然则书自六朝之后，复有五厄，大业一也，天宝二也，广明三也，靖康四也，绍定五也，通前为十厄矣。"这十个时期可看作是我国古代典籍厄运史的一条主线，并与其他"于聚于厄俱未足"的时期共同反映出我国古代典籍散佚的客观事实。

胡应麟通过对历代书籍聚散情况的总结，发现了古代书籍聚散无常这一

带有规律性的现象。因此,他极力主张通过读书充实自己,做既精又博的学问,并身体力行,"世有勤于聚而倦于读者,即所聚穷天下书犹亡聚也。有侈于读而俭于辞者,即所读穷天下书犹亡读也。……盖必如元瑞而后可谓之聚,如元瑞而后可谓之读也。噫!元瑞于书,聚而读之,几尽矣"。胡应麟虽无明确提出图书流通的观点,但是,我们从他的典藏实践中,可以明显看出其流通、交换的思想。"黎惟敬博雅好古,尝罄秘书俸入刻《刘梦得集》,中多是正,较他传本为精。余有元人陈君采、柳文肃二集,黎过浮徽索没水并携去,约刻成寄余。余以二集刻本溷灭,因举赠俾完此举。不三载,惟敬下世,遂并二书失之。"将自己的藏书赠予友人,目的是使书籍能够得到更好的保存和流传。"邺下宗正灌父最蓄书饶著述,宾客倾四方,尝饷余秘籍数种……黎惟敬博雅好古……龙丘童子鸣家藏书二万五千卷,余尝得其目,颇多秘帙……里中友祝鸣皋,束发与余同志,书无弗窥……右四君俱余生平同志,余筐夹笙所藏往往与互易者。"这段文字清楚地说明了胡应麟在书籍利用方面所主张的流通的思想。

明朝的李如一

　　李如一（公元1556—1603年），江苏江阴赤岸人（现属江阴市北润山），原名鹤种，字如一，后以字行，别字贯之。

　　李如一能够成为名闻一方的图书馆学家，与其祖父李诩有着直接的关系。李诩，字厚德，号戒庵老人。他僻处乡野，却酷爱读书，能诗会文，加上为人正直，乐于助人，故在当地很受人们的尊重。李诩喜聚书，其藏书处为世德堂，里面收藏的图书典籍非常多，以致窗户下面都堆得满满的，挡住了外面的光线。李诩的家境虽然比较富裕，但其乐于淡泊，不喜奢侈，余钱尽用以购书。嘉靖三十九年（公元1560年），李诩曾出资出力，参加筑城，以御楼寇。不幸世德堂藏书仍毁于后来的楼乱之中。

　　李如一虽然未能继承世德堂的藏书，却将其祖父的藏书事业发扬光大。李如一的祖父、父亲均为读书人，受他们的影响，他自小便读了不少书。考入县学后，认识了许多古文奇字，学业大有长进。李如一曾数次赴省赶考，均名落孙山，于是摒弃举业，在乡间农耕、读书。因自幼接触图书，又常闻称"此书刻印皆精"，后被影印于《四部丛刊》内。他于明正德十五年（公元1520年）刻《放翁律诗钞》四卷，中华人民共和国成立后被李一氓先生收藏，李先生撰有该书题记，载录在《一氓题跋》中。

　　李如一的祖上虽蓄有一些钱财，但李如一淡薄金钱，嗜书如命，品行一

如其祖父，每年的田地收入，除去缴纳赋税及衣食之资外，几乎全部用来购买图书。只要听说什么地方有好书，李如一总是亲自前往寻访收购，如若路途较远，则致书相询。据传，只要是珍贵的图书，李如一无论如何也要买到手。如家中一时无钱，宁肯典屋卖田。其爱书、购书之切，比其祖父有过之而无不及。李如一对图书十分虔诚。每当他得到一部善本书，总要在自家堂屋中设下香案，把所得之书端端正正地摆在供桌上，焚香肃拜。李如一求书心切，不惜代价，经过数十年的努力，终于成为江南一带有名的图书馆学大家。

  为了访书、购书，李如一变卖了大部分的家产，晚年生活非常贫困。但他并不后悔，在清贫的生活中，仍以藏书、读书为乐，精神世界十分充实。

  李如一的藏书处为得月楼，里面专门收藏珍善本图书。

  令人痛心的是，其丰富的藏书全部毁于明清换代之际的某个秋天。李如一之孙李成之于清顺治五年（公元1648年）重刻《戒庵漫笔》时撰有跋语，内中提到得月楼藏书时说："里中乘易代之变，盗贼四起，烽烟满目，余兄与侄尽遭惨祸，而数世藏书，悉归乌有！"所幸李如一编撰之《得月楼书目》另存别处，得以流传，使我们能够了解得月楼藏书的梗概。著名图书馆学家黄丕烈曾云："江阴李氏得月楼书目，各家簿录未载。江阴近在同省，亦未知李氏为谁何？余自古泉山馆借得传写一本，以备披览。此目虽云摘录，然中多罕有之书，是可珍也。"黄丕烈与李如一所处的时代相隔近二百年，可见得月楼遭毁后，后世知之者并不多。《得月楼书目》不分卷，系李如一整理家藏，并仿南宋藏书家晁公武、尤袤的体例而编成。该书目摘抄本后收入《常州先哲遗书》及《粟香丛书》中。据不完全统计，内中共著录了得月楼所藏书近二百种，每种图书主要注明卷数，间或注明册数、版本及著者，其中宋元版本有七种之多。清初诗人王士禛在《池北偶谈》中提到："《南唐书》今止传陆游、马令二本，胡恢书久不传，惟江阴赤岸李氏有之。"图书馆学家缪荃孙在刊刻《得月楼书目》时跋曰："此目止百九十余种，虽云摘录，然世间已佚之书共二十七种。"由此可见得月楼藏书之珍、之罕。

李如一的藏书思想有两大显著特点：第一是为阅读而收藏，第二是为流传而收藏。他虽身居乡村，以务农为本，但他读书非常认真。著名藏书家钱谦益为其所作墓志铭称："其读书也，殉必补，伪必正，同异必校勘，病不辍业，衰不息劳。"李如一曾经说过："天下好书，当天下人共之。"所以，凡是有人向他询问有关图书的问题，他都尽自己所知迅速给予答复。只要是读书人向他借书，他都尽力满足。钱谦益即多次向李如一借书阅读，他在《李贯之七十序》中说："余与贯之皆有好书之癖，每从借书，未尝不例皮相付也。"李如一将自己倾资所收之书，毫无保留地借给别人阅读，而不是束之高阁，视为己有财产，这种精神十分难得！得月楼就是一座私人所建的公共图书馆，而李如一则是一位尽心尽职的图书馆学家。

李如一不仅藏书丰富，同时还编辑和刊刻了一些图书，其中著名的是丛书《藏说小萃》。这部丛书所收均为明人笔记小说类著作，著者以江阴籍人士为主，陈继儒为此书写了序言。李如一还曾辑有《友乡录》《礼记辑正》两种书，因卷帙浩繁，李如一未能在生前付梓。清顺治二年（公元1645年），这两部书稿及其他文章诗赋与得月楼藏书同遭厄运。

明朝的黄虞稷

黄虞稷（公元1629—1691年），字俞邰，又字楮园，上元（今江苏南京）人，原籍晋江（今福建泉州），是明末清初著名图书馆学家和目录学家。

黄虞稷成为一代图书馆学家，深受其父黄居中的影响。黄居中（公元1562—1644年），字明立，世称海鹤先生，为南京国子监丞。黄居中志在读书治学，酷嗜藏书，聚书达六万余卷，撰有《千顷斋目录》六卷。据钱谦益《黄氏千顷斋藏书记》所云："仲子（即黄虞稷）来告我曰：虞稷之先人，少好读书，老而弥笃。自为举子，以迄学宫，修脯所入，衣食所余，未尝不以市书也。丧乱之后，闭关读《易》，笺注数改，丹铅杂然，易箦之前，手未尝释卷帙也。藏书千顷斋中，六万余卷。"受此家学熏染，黄虞稷自幼聪颖好学，学业得以猛进，"俞邰生时，先生将七十，从锦褓中熏以诗书气。年未二十，问无不知，知无不举其精义"。而且，黄虞稷滋生出对藏书浓厚的兴趣和强烈的感情，"余闻虞稷好事，过于其父。"

黄虞稷自己也承认："余小子哀聚而附益之，又不下数千卷。唯夫子之于书有同好也，得一言以记之，庶几劫灰之后，吾父子之名与此书犹在人间也。"而千顷斋藏书盛时也富达八万卷之多。可见，黄虞稷藏书主要来源于家藏。然而这丝毫未削弱黄虞稷图书馆学家的地位，因为明朝末年，"兵火焚掠，弥亘四方，今之奇书秘册，灰飞烟灭……人间之图书典记，日就澌灭"。

身遭如此艰难时世，黄虞稷依然不屈不挠、殚精竭虑地慎守先世典藏，"俞邰能读能守，又时增益所未备"，使之得以保全。个中艰辛，局外人恐怕难以体味，诚谓"积之固难，而藏之亦不易，固未可以苟然而已也"。

其实，虞稷母亲周氏于藏书守护也同样功不可没，"宜人伶仃荼苦中抚幼孤，俞邰于成立能守先世之藏书"。

黄虞稷并非仅仅消极地守书、护书，他还四处征访，广采博收，于是千顷斋藏书"岁增月益"，以至于钱谦益感慨道："黄氏之书俨然无恙，则岂非居福德之地有神物呵护而能若是欤？"其实这显然是黄虞稷以其精诚心血创造了中国图书馆学史上的神话罢了，何曾有神灵精怪相助？

黄虞稷网罗书册，特别注意广采与抄录两种方法的结合。一方面，他利用任何可能的机会从书肆、书商手中求书，尤其注重珍本秘籍，包括明代十六朝帝王将相的著作和文人墨客、平民百姓撰写的各种野史杂记，充实自家的库藏。另一方面，则继续文献的抄录工作。朱彝尊在《静志居诗话》中，对黄氏父子的求书活动有如下记述："监丞锐意藏书，手自抄撮。仲子虞稷继之，岁增月益。"当时黄虞稷与金陵图书馆学家丁雄飞交往甚密，互称书友、学友。虞稷经常去丁家借抄、借读不见之书，并与之切磋学问。后来，二人订立了我国古代图书馆学家之间实现资源共享的第一份文献《古欢社约》，明文规定："每月十三日丁至黄，二十六日黄至丁。为日已订，先期不约。要务有妨则预辞。不入他友，恐涉应酬，兼妨检阅。到时果核六器、茶不计。午后饭，一荤一蔬，不及酒，逾额者夺异书示罚。舆从每名给钱三十文，不过三人。借书不得逾半月。还书不得托人转致。"可见，黄、丁每月有两天聚首于一家，从对方那里抄借图书，读书论学，"尽一日之阴，探千古之秘"。而从"舆徒每名给钱三十文，不过三人"可推知，双方借抄图书数量当不在少数。

另外，根据文献记载，黄虞稷可能承接过某些藏书家私藏。譬如，张均衡跋《千顷堂书目》时说："《金陵朱氏家集》云：《古今书目》为黄俞邰、

龚蘅圃所得，以备史料，《千顷堂书目》盖即参取南仲公书目而成；然钱受之采明诗，从俞邰借书，得尽阅所未见，又为作《黄氏千顷斋藏书记》，是俞邰实有是书，并非悉据旧目。或桑海之际，朱氏之书与目，均为俞邰所得欤？"黄宗羲在《次族侄俞邰见赠诗》中云："秣陵焦氏外，千顷聚书多。石户栖千秘，宗人许再过。从来耽怪牒，岂以易鸣珂？况说今加富，应知有鬼诃。"可见，当时千顷堂曾经名满江南、擅名一时。

千顷堂藏书凝聚着黄虞稷父子数十春秋的心血，包括经、史、子、集四部各个门类。千顷堂藏书的特色有五。

一是卷帙浩繁。明代宁波范氏天一阁藏书为七万余卷；常熟毛氏汲古阁为八万四千卷；而黄氏父子于兵荒马乱年代亦收得八万多卷，丝毫不显逊色。

二是学与用完美结合。据周亮工《黄母周宜人七秩序》记载："尝读虞山之祝宜人六十有曰，庚子之役，俞邰将钻笔墨，从事棘闱。有从兄来分较试。母诏俞邰于庭曰：汝宜引避，有先人遗书在，当尽读之，勿躁也。俞邰谨奉命令。俞邰年加进，志加笃，读先世书益加博。江都天人之学，长沙治安之书，摩切已深，胸有成略，足以应当世之所求。"黄虞稷恪守母谕，终生致力于收藏图书与钻研学术。事实上，正是凭借丰富的家藏，他埋首书城三十余载，严谨治学，著述颇丰，有《千顷堂目录》《明史艺文志稿》《楮园杂志》《我贵轩》《朝爽阁》《史传纪年》《蝉巢》诸集，后人因之赞叹"楼以传学，楼以学名"。

三是各类目藏书都具有一定的特色和系统性。千顷堂的藏书以收明人著作为主，其中尤以集部为全，即便是《四库全书总目·别集》所收明人著作，尚不及《千顷堂书目》的四分之一。钱谦益编辑《列朝诗集》时，还要到黄虞稷千顷斋去借读明人诗文集，而且"得尽阅本朝诗文之未见者"。若将千顷堂收录的金陵文献加以汇总，完全可以称之为地方书目总汇。大量的妇女著作的收藏，体现了全新的私人藏书观念与成果。

四是善本数量众多。千顷堂藏书中不乏珍本秘籍，为使之广泛流传，黄虞稷还会同图书馆学家周在浚，共同发起征刻唐宋善本佳椠。"黄周二子胪列所藏唐宋秘本，告天下共勷盛事，公其贵且美者于世，以厌服海内好奇嗜异之心，可谓有功矣。"

他们从各自家藏中精心挑选出唐、宋秘本一百种，详加校订，编成《征刻唐宋秘本书目》一卷，希望有识之士予以刊刻。另外，据朱彝尊《曝书亭集》卷三十四《授经图序》云："是集黄徵君俞邰藏有善本，龚主事蘅圃刊之白下。"由此可见，黄家善本秘籍甚多。

五是收藏了部分外国人撰写的图书。这类图书主要集中于集部。

黄虞稷千顷堂的建制及图书管理情况，因文献无征，知之甚少。《黄氏千顷斋藏书记》："今晋江黄氏，顾能父子藏书，及于再世。一亩之宫，环堵之室，充栋宇而溢机杼者……"语焉不详，令后人难以揣测详情。当初黄居中弃官归里，构建藏书楼，名为"千顷斋"。

其后，黄虞稷使千顷斋藏书增至八万余卷，遂扩建千顷斋，并更名为"千顷堂"。黄虞稷保护藏书可谓克尽职守、兢兢业业。周亮工指出："能守先世之藏书，夏必暴，蠹必简。"晒书、防虫、灭虫、补书，成为黄虞稷日常工作的一个重要组成部分。除此之外，黄虞稷非常重视整理、辑佚与校勘藏书，而且乐此不疲，"太仓之米五升，文馆之烛一把，晓夜孜孜不废校勘"。"犹时时借人藏书，稽其异同。"《古欢社约》宗旨亦申明："或彼藏我阙，或彼阙我藏。互相质证，当有发明，次天下最快心之事也，俞邰当亦踊跃趋事矣。"

龚佳育是金陵的图书馆学家与刻书家，黄虞稷在他府第立馆，教授子弟，为其校书。龚佳育在《鹤征录》卷三记载："先生博雅能文，尤深经学。馆江宁龚方伯署中，与令子侍御蘅圃交最契。龚藏书甲浙右，所刊《授经图》《春秋纂例》诸书，经其校正者为多。"

黄虞稷的藏书印可考见的仅存于《东湖丛记》，或作"晋江黄氏父子藏书印"，或作"温陵黄俞邰氏藏书印"，均为朱文方印。黄虞稷拥有琳琅满目的藏书，却从不吝啬，而公之同好，相互研究考订。"与江左诸名士约为

59

经史会,以资浏览,及来京师,辇下士大夫辄就之借阅,无虚日。"清代藏书家曹溶也说:"昆山徐氏、四明范氏、金陵黄氏皆谓书流通而无匿不返之患,法最便。"

虞稷壮年之时闭户读书,鲜与人往来;但凡有来往者,皆志同道合的学者名流。朱绪曾在《金陵诗徵》有题为《吴远期游白下,栎园先生大会词人高士,数十年来未有之盛事也,长歌纪之》的诗作,诗云:"黄生闭户少酬酢,颇知姓字识面讹。东桥孙子老耆旧,为我指示何醍醐!"

同时代受惠于黄家藏书者不在少数,明代留心古典数学的人很多,《九章算术》非但没有新的刻本,连宋代遗留下来的旧书也渐渐散失。清初南京黄虞稷家中有《九章算术》,仅存方田、粟米、衰分、少广、商功五章。1678年,梅文鼎到南京应乡试时曾到黄家翻阅过。黄虞稷能将自家藏书慷慨出借,而不是扃镭森严,有此豁达心胸的古代藏书家实属凤毛麟角。他所提倡的藏书应外借、互通有无的主张,可视为近代民主藏书文化思想的滥觞。

黄虞稷的藏书最后也星散四方。据《静志居诗话》载:"(虞稷)坟土未干,皆归他人插架,深可惋惜也。"蒋良骐在《东华录》卷十五中记载:"(康熙二十八年)十一月,徐乾学因被指'不顾品行,律身不严',遂'上书乞归'。同时奏呈《备陈修书事宜疏》云:'更需一二相助。现在纂修《一统志》《明史》,支七品俸臣姜宸英、臣黄虞稷,学问渊博,文笔雅健,在馆十年,尚未授职。分辑《一统志》已有成绪,若得随往相助,一如在馆供职,庶编辑易成。事竣之日,仍赴史局,似为两便。'结果得到应允,黄虞稷至包山书局,刻苦搜讨,逾年竣事,竟以劳卒,年六十三。"

黄虞稷因积劳成疾,于康熙三十年(公元1691年)溘然长逝,而千顷堂亦当此后不久即"皆归他人插架"。至于其间具体细节已湮没不闻,的确深值惋惜。叶昌炽《藏书纪事诗》云:"玉笈珠囊制骆驼,郁仪未较竹居多。晋江父子藏书处,石户分明有鬼呵。

第一章　古代图书馆学家

明朝的焦竑

　　焦竑，明代著名图书馆学家、目录学家。字弱侯，号漪园、澹园，祖籍山东日照市东港区西湖镇大花崖村。因祖上寓居江宁（今江苏南京），亦称江宁人。明万历进士第一，官翰林院修撰，后曾任南京司业。明代《本朝分省物考》之《焦竑》称其"生有异质，闻道甚早，而好学，虽老不倦"，可见焦竑确有独特的资质。焦竑自幼聪慧，好学深思，性格顽强，上进心强，读书特别勤苦，加之父、兄对他严格认真的督导，因而他进步很快，成绩突出。早年先拜师督学御史耿定向，后又问惑于罗汝芳。嘉靖四十三年（公元1564年）举乡试下第，后来耿定向选十四郡名士到崇正书院深造，焦竑也被录取就学，且为之长。不久，耿定向回乡，焦竑仍跟其学习，因而学业大长，于万历十七年（公元1589年）考取了状元。"官翰林修撰，益讨习国朝典章。"

　　焦竑一生博览群书，自经、史至稗官小说，无不涉及，尤其"善为古文，典正训雅"，在当时社会士林中也算名家。他著作有《澹园集》（正、续编）《焦氏笔乘》《焦氏类村》《国朝献征录》《国乐经籍志》及《老子翼》《庄子翼》等，成名之作是《国史经籍志》五卷、附录一卷。《明史·文苑·焦传》中记载："（焦）博极群书，自经史至稗官，无不淹贯，善为古文，典正训雅，卓然名家。"《中国藏书家考略》中记载："（焦）藏书两楼，五楹俱满。"《澹生堂藏书训》也记载："金陵焦太史藏书两楼，五楹俱满，余所

61

目睹，而一一皆经校禅探讨，尤人所难。"焦竑自我评价说："拥书数万卷，日哦咏其中。"黄宗羲谈及焦竑时也称赞说："先生积书数万卷，览之略遍。金陵人士辐辏之地，先生主持坛坫，如水赴壑，其以理学倡率，王州（明王世贞）所不如也。"

可见，焦竑的藏书非常丰富，且均经过了严格的校勘。焦竑曾编撰一部两卷本的《焦氏藏书目》，其中以抄本和宋明刊本居多。焦竑把藏书楼命名为"五车楼"。"五车楼"来源于《庄子·杂篇·天下第三十三》中的"惠施多方，其书五车，其道舛驳，其言也不中"。意为读书丰富，"学富五车"一词也源于此。焦竑对收藏到的每一部书，几乎都经过了亲自校勘，并盖有"澹园焦氏珍藏""子子孙孙永保""弱侯读书记"等印章。

在江苏省南京市珠江路同仁街的街前，有一座坐北朝南的双层木结构建筑，它就是南京地区传世最久的私家藏书楼建筑——澹园藏书楼。该楼是典型明代风格的古建筑。"楼二层坐北朝南，面阔五间，进深六间，平面呈'凹'字形。"由于焦竑曾经殿试为状元及第，因此，此藏书楼在南京民间俗称为"焦状元楼"，但该楼于1994年被拆毁。焦竑的藏书曾经代表着明代南京地区私家藏书的最高水准，具有全国性的影响。这也使他成为晚明最有影响的图书馆学家，有"北李南焦"（李指齐东李开先，山东章丘人，明代戏曲家）之说。

由于焦竑没有前辈藏书可以承袭，他的丰富藏书完全依靠自己长期积累而成。其搜藏图书的方式不外乎抄写录副、购买、与朋友通过目录交流信息、请友朋代为寻求。这些在《澹园集》中有详尽记载。

焦竑去世以后，他的藏书为当时文人所关注。黄宗羲在《天一阁藏书记》中记载："余在南中，闻焦氏书欲卖，急往讯之。不受奇零之值，二千金方得为售主。时冯邺仙官南纳言，余以为书归邺仙，犹归我也，邺仙大喜。及余归而不果，后来闻亦散去。"显然当时黄宗羲凑不出"二千金"来收购这批图书，后来虽托人求购，但至"余归而不果"。在晚明的兵火动乱中，焦竑的藏书最终还是散失了。

《国朝献征录》是焦竑最重要的史学代表作之一，也是明代传记资料的汇集，史料价值颇高。该书收集的材料完整丰富。《国朝献征录》既称"献征"，说明其纂辑目的就是要"储一代之史材，以信今传后人"。所以，焦竑在该书中尽可能广泛地收录有关资料，即"累朝训录，方国纪志与家乘野史，分类别采而辑之；自禁中之副，名山之藏，通都大邑之传，毕登于简，一代史材犁然大备"。该书"凡百二十余卷，万有一千余页"，收集了明开国至嘉靖末百余年间，"自同姓诸侯王传，文臣、武臣以及四夷等传"。"若举一代王侯将相、贤士大夫、山林瓢钠之迹，巨细毕收"，多达千余人。体例以宗室、戚畹、勋爵、内阁、六卿等以下各官分类标目，没有官职的人物，则按照孝子、义人、儒林、艺苑、隐佚、寺人、释道等目分别记载，最后"以胜国群雄、四夷二传"为殿。

焦竑往往在一人传下收录有包括碑铭、实录、杂传等在内的好几种文体，例如王守仁，除收录了王世贞撰《新建伯文成王公守仁传》外，同时又收录了《封爵考》和《耿恭简集》中的有关内容。因此，《国朝献征录》这样一部"出而一代之人材政事如指诸掌，览者资之为政鉴，作者资之为史材"的著作，自然会受到士人的珍惜。

《国朝献征录》体裁最先见用于宋代杜大圭的《名臣碑传琬琰集》。该书之目，因最初是为国史的撰述拟定的，所以它的体例除无本纪部分外，其他一准正史的规模。从宗室到四夷，严整有序。为了保证整体体例的严整和材料的不重复，该书往往采用别见法，即名虽在此而传实录在彼，例如勋爵类中的韩国公李善长、魏国公徐达、忠勤伯汪广洋等，其传下皆注曰"别见中书省"，而中书省类则只录其名，事迹并不复出。在有可能的情况下，尽可能多地采录有关资料并注明出处；在多种史料并录的情况下，安排中有主有次，视情况灵活处理，一般是以一二种材料为主，全文录出，而节录其他材料的相关部分作为补充；传主事迹虽然见于他书但是记述过于分散的，则

只注明参见书目。例如卷十二"金幼孜",传记采自《实录》而文尾则注"以上并见《北征录》"。

焦竑是郑樵类例思想的追随者,即同样本着"类例既分,学术自明"的宗旨编纂书目,进而达到探求"学术之源流"的目的,同时强调类例区分的明晦正误对书籍存亡的影响。由于《国史经籍志》是在"类例不立则书亡"的思想指导下编撰的,所以特别重视分类。其类目如下。

经类计十一:易、书、诗、春秋、礼、乐、孝经、论语、孟子、总经解、小学。

史类计十五:正史、编年、霸史、杂史、起居注、故事、职官、时令、食货、仪注、法令、传记、地理、谱牒、簿录。

子类计十六:儒家、道家、释家、墨家、法家、名家、纵横家、杂家、农家、小说家、兵家、天文家(附历数)、五行家、医家、艺术家、类书。

集类计六:制诰、表奏、赋颂、别集、总集、诗文评。

每类之下,又设许多细目,计有一百〇四目。

由于是为国史编志,因此特别在卷首设立制书一类,即分类上首列制书类,以便收录御制图书及中宫著作、记注、时政等。"以当代见存,统于四部",在小类设置上,不仅多依照郑樵的《通志·艺文略》,在著录上也参照《通志·艺文略》,通收古今之图书;同时,于每类都撰有小序。在书末附有纠谬一卷,专门"驳正《汉书》《隋书》《唐书》《宋史》诸艺文志以及《四库书目》《崇文总目》、郑樵《艺文志》、马端临《经籍考》、晁公武《读书志》诸家分门之误"。对于《纠谬》,章学诚给予了很高的评价:"虽识力不逮郑樵,而整齐有法,去汰裁甚,要亦有可节取者焉。"

《国史经籍志》中,最能体现焦竑的目录学思想。焦竑继承和发扬了古代目录学"辨章学术,考镜源流"的学术传统以及郑樵讲求类例区分的目录学思想。他在《国史经籍志》每类之后附以小序,含有丰富多彩的学术内容,起到了"辨章学术,考镜源流"的目的。

焦竑不是简单地继承他人的成就，而是结合他人和自己的研究，提出对某一学术的新认识。例如，序《易》类时指出：《易》学中原"一以象数为宗"，而专以义理的"王弼之说出"，则象数之学"皆为数术之流而《易》晦矣"；序《诗》类时则指出"诗当以声论气，以义求者离性远"等，都是经过自己的研究而形成的有一定识见的看法。因此《国史经籍志》虽然仍沿一般史志的旧例，分四部诠配图书，却注重子目的划分。

诚然，由于焦竑"延阁、广内之藏"，亦无从遍览《明志》，加之"抄撮史志，多非实有其书，不足据也"，但书中焦竑对有关分类的论述，仍具有一定的参考价值。

中国图书馆人物

明朝的祁承㸁

祁承㸁（公元1563—1628年），字尔光，号夷度，自号旷翁。他生于明末浙江山阴（今浙江绍兴）的一个官宦家庭，从小就喜欢图书，是明朝著名的图书馆学家。

祁承㸁早年仕途坎坷，屡试不中，但其爱书之情与藏书之心矢志不渝。四十二岁时中进士，官至江西右参政。由于经济上的宽裕与社会活动的增加，他的藏书量迅速增加，终达十万余卷，并在故乡绍兴梅里建了旷园，在园中建"澹生堂"作为藏书之所。清人全祖望在《旷亭记》中说他："治旷园于梅里，有澹生堂，其藏书之库也；有旷亭，则游息之所也；有东书堂，其读书之所也。夷度先生精于汲古，其所抄书，多世人所未见，校勘精核，纸墨俱洁净。"为了保存藏书，祁承㸁与子孙约定：自己在世时，每月要有增益；身后，儿辈每年亦应使之增益。他的藏书印文有"山阴祁氏藏书之章""子孙永珍""旷翁手识"等。

他的藏书除经史子集外，还有元明以来的传奇（戏剧）八百余部。值得注意的是，尚有鸡林（朝鲜）的书。由此可见他的搜书之广。祁承㸁一生勤于著述，先后撰写了《牧津》《澹生堂集》《澹生堂杂著》《澹生堂书目》《澹生堂藏书约》《庚申整书小记》等几十部。

四分法自西晋荀勖在《中经新薄》中创始后，到了明末已成为一种完整的分类体系。祁承㸁对于四分法的认识主要体现在他的《庚申整书略例四则》中，他这样写道："一曰因。因者，因四部之定例也。""因"在《辞海》中有这样的释义："沿袭。"用在这里，可以看出祁承㸁仍是提倡四分法的。他认为："故前此而刘中垒之《七略》、王仲宝之《七志》、阮孝绪之《七录》，其义例不无取裁。"他认为，陆文裕的《江东藏书目》和沈节甫的《玩易楼书目》，虽然采用了十三分和十二分的分类体系，"虽各出新裁，别立义例"，但终不如四分法，这是因为四分法具有"部有类，类有目，若丝之引绪，若纲之就纲，井然有条，杂而不紊"和"简而尽，约而且详，循序仿目，简阅收藏，莫此为善"的优点。寥寥数语，中肯地评介了四分法的学术地位，从而更进一步确定了这一分类体系的历史地位。

祁承㸁还写道："一曰益。益者，非益四部之所本无也。"《辞海》中对"益"有这样的解释："增长；加多；补助。"可以认为，对原有类目进行适当的增加和补充是"益"理论的实质。在《庚申整书略例四则》一文中，他对"益"的理论做了以下注解。他举例道："似经似子无间，亦史亦玄之语，类无可入，则不得不设一目以汇收。"他又指出："书有独裁，又不可不列一端以备考。""《竹书纪年》之后，有《荒史》、有《邃古记》、有《考信》等编。世代繁矣，而皇极经世之后，有《稽古录》、有《大事记》、有《世略》《志统》等书。"这些书"既非王史之叙述，亦非稗史之琐言，盖于记传之外，自为一体者也"。

为了解决这部分非正史又非稗史的史学著作归类难的问题，祁承㸁提出必须在分类法中增加"约史"这一类目。他又举例道："如《伊洛渊源》《近思录》及真文忠公之《读书记》、黄东发之《日抄》……或援经释传，或据古证今，此旨六经之注解，理学之白眉，岂可与诸子并论哉？"

在书中祁承㸁不断地提出各种著作来加以评析借以论证设置新类目的必需性，除了以上提到的"约史"类外，他又增加了"理学"和"代言经筵"这两个类目。自宋末明初以后，丛书的出版日渐增多，丛书的归类引起了历

代图书馆学家的关注。对于丛书归类问题，祁承㸁认为："丛书之目，不见于古，而冗编之著，叠出于今。"这部分书，"既非旁搜博采以成一家之言，复非别类分门以为考览之助，合经史而兼有之，采古今而并集焉"。因此，必须在分类表中增设"丛书"目，以容纳这部分图书。在祁承㸁编撰的《澹生堂书目》中，丛书类归属于子部，此立类归属是否恰当暂且不论，而他敢于打破陈规旧律，在图书分类史上首先提出要将丛书单独立类管理的勇气是值得后人敬佩的。"余集"是祁承㸁提出的最后一个新增类目，他认为："文有滑稽，诗多艳语。搜耳目未经见之文，既称逸品摘古今所共赏之句，独夸粹裘。"

祁承㸁指的上述著作即今天划为名作欣赏、古今格言之类的图书。因为该类书是编者将许多人多主题的作品或论述汇集成册，因此按传统的分类法就难以归类，为了解决这一困难，祁承㸁提出了增加"余集"类目的意见。

"约史""理学""代言经筵""丛书"和"余集"是祁承㸁在总结了前人的分类经验后结合当时的出版状况而设置的新类目。这五个新增类目中"约史""丛书"和"余集"均为他首创，尤其是"丛书"的单独立类，在中国图书分类史上起了极大的推动作用。

"通"是《庚申整书略例四则》中论述的又一内容，《辞海》中有"贯通，由此端至彼端，中无阻隔"的释文。祁承㸁认为，"通者"即"流通于四部之内也"。郑樵在《通志·校雠略》中提出了"人有存没，而学不息。世有变故，而书不亡"和书有"名亡而实不亡""阙书备于后世论"的观点。祁承㸁正是在郑樵的基础上加以完善提出了"通"的理论。他认为"事有繁于古而简于今，书有备于前而略于后"。他举例道："故一《史记》也，在太史公之撰著了裴骃之经、司马贞之索隐、张守节之正义，皆各为一书者也。今正史则兼收之，是一书而得四书之实矣。"他认为，这就是"以今之简可以通古之繁者"的道理。他又指出："前代制度特悉且详，故典故起居注及仪注之类，不下数百部，今且寥寥也，则视古为略矣。故附记注于小史，附仪注于国礼，附食货于政实，附历法于天文，此皆因繁以摄简者也。"他认为，凡遇这种情况都应"各摘其目，列之本类，使穷经者知所考求，此皆因少以会多者也"。祁承㸁举的例子和现象大都属于丛书类。他认为，凡收入丛书的各单行本著作均应将它们分析出来归入相应的类目中"以资流通于四部之内"，这样既可以"以少会多"，又提高了藏书利用率。他特别关照，"凡若此类，今皆悉为分载，特注明原在某集之内，以便简阅"。这实际上就是一种分析著录的相互参见的雏形。这种方法的实施不仅可以帮助了解图书流传的来龙去脉，还可以使分类表的立类更趋向完善，大大地提高藏书的检索率。

"互"是《庚申整书略例四则》中最后一个论点。在《辞海》中，有"交互；互助"的解释。祁承㸁应用到分类理论上，则是"互者，互见于四部之中也"。他指出："作者既非一途，立言亦多旁及。有以一时之著述，而倏而谈经。倏而谈政。有以一人之成书，而或以撼古，或以徵今，将安所取乎？"他认为，这一类图书就应当"于此则为本类，于彼亦为应收。同一类也，收其半于前，有不得不归其半于后"。他举例道："如《皇明诏制》，制书也，国史之中固不可遗，而诏制之中亦所应入。如《五伦全书》，敕纂也，既不敢不尊王而入制书，亦不可不从类而入纂训……"

祁承㸁还详细地列举了十数种图书来考证"互"理论的可行性。他认为，对这类多主题的图书如果硬性规定将其归入某一类中，就会造成"如此之类，一部之中，名籍不可胜数，又安得概以集收，混无统类"的现象。而采用"同一书也，而于此则为本类，于彼亦为应收"的做法，则可以解决同一种书存在两个或两上以上主题而又难以归类的问题。譬如，祁承㸁在这里列举的《木钟台集》《闲云馆别编》《归云别集外集》等著作，既可以归入丛书类或文集类，又可以在相关的类目中做互见。这样，就可以从多个角度来揭示藏书的学科内容，方便读者使用。

祁承㸁根据当时科学文化发展的状况，并结合澹生堂的藏书情况编制了

一部《澹生堂书目》。该书目共分为四部、四十四大类、二百三十五目，其部类设置如下。

经部：易、书、诗、春秋、礼、孝经、论语、孟子、总经解、理学、小学。

史部：国朝史、正史、编年史、通史、约史、史钞、史评、霸史、记传、典故、礼乐、政实、图志、谱录。

子部：儒家、诸子、小说家、农家、道家、释家、兵家、天文家、五行家、医家、艺术家、类家、丛书。

集部：诏制、章疏、辞赋、总集、全集、别集、诗文评。

这些类目的设置有的是沿袭前人的经验，如经部各类；有的是在前人的基础上略加改动，譬如在"国朝史"类下又增添了御制、敕纂、汇录、编述、分记、武功、人物、典故、时务、杂记、行役、风土等十二目；还有的则是祁承㸁的创新，如"约史、理学、代言经筵、丛书、余集"等。

《澹生堂书目》没有明确规定图书的著录格式，原写本不分卷，采用表格式的书写方式，每页十行，每行分上下两截，上截用大字单行书写书名，下行双行；用小字书写卷数、册数、撰写人时代、姓名、版本、图书的细目、附录注解等。但往往因收录图书的不同而著录繁简不一。譬如，"汴京勾异记，一卷，李濂，澹生堂余苑本"。又如，"种树书一册，一卷，俞宗本，余苑本，夷门广牍本，百名家书本"。再如，"蚕书一卷，秦少游辑，夷门广牍本"。"齐民要术四册，十卷，贾思勰旧版，又四册，十四卷，新版，秘册汇函本"。

没有明确的著录格式和书写形式是《澹生堂书目》中一个比较明显的不足。"通"和"互"的应用，是《澹生堂书目》中令人耳目一新的地方，譬如，祁承㸁在丛书类中著录了丛书《四十家小说》，并依次著录了其中的细目，然后又在小说家类目下分别著录了各种细目并反映了所收入的丛书名。这种以互见方式的著录形式，在《澹生堂书目》中多处可见。又如，同一部书，由于翻刻刊印的变化，其册数、卷数、版本等都会有相应的不同，遇到这种情况时，祁承㸁十分注意将同一种图书的书名前加一"又"字以示区别。

《澹生堂书目》在许多地方仍是不尽人意的,譬如,在子部中"诸子类"和其他各家并列就不太科学;又如在"小说家"类下将说汇、说丛、佳话、杂笔、闲适、清玩、记异、戏谑等归在一起,给人一种牵强附会的感觉。尽管如此,它仍是一部具有重要学术地位的科学专著。

　　《澹生堂藏书约》《澹生堂书目》《庚申整书小记》和《庚申整书略例四则》等著作的问世,对后人影响较大。著名历史学家郑鹤声在所著的《中国史部目录学》中写道:"祁承㸁积书至十余万卷。是谱以经史子集为类,而小目多异前人。每类俱有小序。"著名学者蒋元卿,在《中国图书分类之沿革》中评介《澹生堂书目》:"是目虽以经史子集为类,而细目多异前人,其体例之善,在明代可称佳作。"

中国图书馆人物

明朝的宋濂

宋濂（公元 1310—1381 年），字景濂，谥文宪，浙江金华人，明初大臣。少习经史，曾从学于元末著名学者吴莱、柳贯门下。他酷爱读书，《明史》称他："自少至老未曾一日去书卷，于学无所不通，为文醇深演迤。"尤熟悉历朝典故礼制。他是明初朱元璋的主要谋臣之一。

洪武间，宋濂为明朝制定了许多礼乐制度，有"开国文臣之首"之美誉，曾任江南儒学提举，主管教育，讲经东宫，官至翰林学士。他是当时著名的学者和图书馆学家。

宋濂年少时酷爱读书，潜溪旧居处，常骑白牛在潜溪上慢慢地行走，在牛背上背诵《六经》，当地称其为"白牛生"。

宋濂也很喜欢白牛生的雅号，专门撰有《白牛生传》，自述经历，称自己他无所嗜，唯攻学不息。在他所写的《送东阳马生序》一文中又说："余幼时即嗜学，家贫无从致书以观，每假借于藏书之家，手自笔录，计日以还。天大寒，砚冰坚，手指不可屈伸，弗之怠。录毕，走送之，不敢稍预约，以是人多以书假余，余因得遍观群书。"由于他勤奋好学，一生著述颇多，有《宋学士全集》三十卷、《宋景濂未刻集》两卷、《洪武圣政记》一卷、《渤泥入宫记》一卷、《潜溪邃言》一卷、《文原》一卷、《萝山杂言》一卷、《阜阳人物记》一卷、《燕书》一卷、《龙门子凝道记》两卷。

宋濂读书非常认真，遇有疑议，必辨明方罢。在《宋学士全集中》，宋濂撰写了大量的书序和题记，从中可见许多古版本的源流。尤其在他隐居青萝山中之后，山深无来者，辄日玩天人治理，久之，似觉粗有所得，作《萝山杂言》二十首，论述君子之道、六经之理。所撰《诸子辨》数十篇亦有特色，论述清晰。宋濂博览群籍，学问很深，得到朱元璋的器重，洪武元年（公元1368年），朱元璋诏令儒臣纂修《元史》，任命宋濂为总裁。宋濂读书、著书、编书都得益于他丰富的藏书。且宋濂为人谦逊，忠诚谨官，德高望重，"道德文章皆师表当世"。明太祖欲让其参大政，他总以"臣少无他长，惟文墨是攻"为辞。太祖曾誉之曰："古之太上为圣，其次为贤，其次为君子。宋濂者，事朕一十九年而未尝有一言之伪，诮一人之短，宠辱不惊，终始无异，其诚所谓君子人乎！"

宋濂文章雍容浑穆，朴素简洁，开明代文章之派，为开国文臣之酋，洵一代巨擘。在我国古代文学史上，宋濂与刘基、高启并列为明初"诗文三大家"。

宋濂以继承儒家封建道统为己任，为文主张"宗经""师古"，取法唐宋，著作甚丰。他的著作以传记小品和记叙性散文为代表，散文或质朴简洁，或雍容典雅，各有特色。明朝立国，朝廷礼乐制度多为宋濂所制定，朱元璋称他为"开国文臣之首"。

宋濂坚持散文要明道致用、宗经师古，强调"辞达"，注意"通变"，要求"因事感触"而为文，所以他的散文内容比较充实，且有一定的艺术功力，著有《宋学士文集》。刘基赞许他"当今文章第一"。四方学者称他为"太史公"。

宋濂藏书开始于青年时代，浙江浦江境内的青萝山，环境优美，十分幽静，是读书、藏书的好地方。藏书家宋濂元末为避战乱迁至浦江，因喜欢青萝山的山川秀美，便在此筑室隐居，读书其中，名其藏书楼曰"青萝山房"，又名"萝山书室"。从此宋濂便与青萝山房结下了不解之缘。由于他选择藏书的地点好，虽然屡经兵燹，但"青萝山房"仍安然无恙。兵祸之后，官私藏书毁损严重，而宋濂因隐居山中，仍能坐拥书城。《宋文宪公全集序》一

73

书称宋濂"始潜溪徙浦江,得郑氏藏书八万卷。居青萝山中,日讲明而切究之"。

宋濂"始自潜溪徙浦江,得郑氏藏书之富"。他藏书量能达到八万卷,在明初书家中很少见。青萝山房位于浦江郑义门东北方向约三千米处,青萝山房坐北面南,有楼房三间,前轩三间平房,中有一个小院子,看上去与普通民居无异。门前有一口方塘,平波展镜,清澈明净。站在青萝山巅向下望,松林梢头铺展着斑斓的田野,青萝山房的彩檐红柱、亭台楼阁在绿树浓阴中隐约可见。远处农舍炊烟袅袅,雾霭岚岚;近处松涛阵阵,鸟鸣翠谷;山中涧水潺潺,淙淙流淌,别有一番情趣,大有"台榭参差金碧里,烟雨舒卷画图中"之感。

青萝山山川秀丽,古木参天,藤萝倒挂,景色如画。当年,年仅二十四岁的宋濂慕大古文家吴莱之名,负籍来郑义门拜师求学,继而又主教东明精舍。因慕郑氏一门孝义家风,携家从金华潜溪迁来青萝山下,讲学、著述和生活达二十多年。

戴殿泗的《风希堂诗集》卷四《风希堂图后哥》注云:"宋潜溪自金华迁居浦邑,所居曰青萝山房,与义门郑氏邻,藏书最富,余尝至其地,平冈蔓草,片瓦无存,盖自公西徙,宅已全毁已。"可见举家西迁是造成青萝山房的藏书失散的主要原因。尽管宋濂藏书毁损严重,但藏书之精华,还是有少数流入清人之手。如北宋本《长庆集》,先后为钱曾、黄丕烈、潘祖荫所藏。《宋一廛赋》:"庐山《长庆》。见取六丁;金华太史,独著精灵。""《长庆集》为宋时镂版,所谓'庐山本'者。庚寅一炬,种子断绝,唯此金华宋氏景濂所藏小宋本,网记宛然。古香可爱,推稀世珍。"又有宋本《春秋经传集解》《史记》《文选》等流入清官内府,《天禄琳琅续编》有记。宋濂还曾藏有宋刊《事林广记》,后归广东丁日昌的《持静斋书目》著录。

宋濂晚年生活动荡,在谪往四川茂州途中病死于夔州,卒于明洪武十四年(公元1381年),时年七十一岁。永乐癸已,迁葬于成都华阳县安养乡之源,正德中赐谥"文宪",立专祠于八咏门外。

第一章　古代图书馆学家

清朝的徐乾学

徐乾学，明崇祯十四年（公元 1631 年）十一月出生于昆山市，字原一，号健庵，清代苏州府昆山县人（今江苏昆山），是清朝著名的学者与图书馆学家。

他生而聪颖，八岁时以能文为尚书顾锡畴所赞赏。十三岁时熟读五经，作《苏台怀古》及《空剑篇》。顺治三年（公元 1646 年）补弟子员，顺治五年（公元 1648 年）赴金陵参加乡试，但未中举。顺治七年（公元 1650 年），与吴伟业、尤侗、毛奇龄、朱彝尊等组织十郡大社。顺治十一年（公元 1654 年），入太学。顺治十七年（公元 1660 年），赴顺天乡试，中举。顺治十八年（1661 年），徐乾学受"江南奏销案"牵连遭除名。直到康熙五年（公元 1666 年），奏销案事白才复还举人。此六年间，徐乾学外出游学，先后到福建、广东、江苏、山东等地，扩展了其交游范围，结识了许多同道中人。康熙九年（公元 1670 年），徐乾学参加礼部殿试，以进士第三名及第授翰林院编修。康熙十一年（公元 1672 年）任顺天府乡试副考官，后因给事中杨雍建弹劾而降一级调用。康熙十四年（1675 年），捐复原官，担任编修一职。康熙十五年（1676 年）升左赞善，充任日讲起居注官。同年，徐母去世，徐乾学于归乡守孝期间开始搜集古今丧礼沿革资料，编纂《读礼通考》，是书共一百二十卷，博采众家之说。康熙十八年（1679 年），清圣祖下诏再度编修《明史》，徐乾学奉

命参与《明史》的编纂，具体负责地理志部分。康熙二十一年（1682年），徐乾学担任《明史》总裁官。康熙二十二年（1683年），迁翰林院侍讲，并参与太宗、世祖圣训的编修工作。康熙二十三年（1684年），任侍讲学士，升詹事府詹事。同年，徐乾学的儿子徐树屏和侄子徐树声皆中顺天乡试，康熙见所中者多为江南应试者，且有文体不正、文理悖谬的也中了举，遂令再度勘察试卷，徐家两名子弟双双落第。康熙二十四年（公元1685年），清圣祖在保和殿召试翰林院、詹事府大臣，徐乾学名列第一，随后值班南书房，升任内阁学士，出任《大清会典》副总裁，并负责教习庶吉士。同年，奉命编注《古文渊鉴》。康熙二十五年（公元1686年）授礼部右侍郎，充经筵讲官，并任《大清一统志》副总裁。康熙二十六年（1687年）转任礼部左侍郎，升为左都御史。康熙二十七年（公元1688年）徐乾学任会试主考官，稍后迁刑部尚书。康熙二十八年（公元1689年）副都御史许三礼多次上书弹劾徐乾学，虽未成功，但徐乾学上书以病乞归，获得批准。康熙二十九年（公元1690年），徐乾学回到家乡，选择在环境优美、地势较为偏僻的东洞庭山开设书局，邀请名家、学者共同编纂《大清一统志》。在他回乡之后，仍然不断有人上书弹劾他，以致他被剥夺了爵禄和官衔。康熙三十三年（公元1694年），皇帝令大臣举荐学问渊博、擅长文辞之人参与修书，大学士王熙、张玉书等人纷纷举荐徐乾学，康熙帝遂下旨命徐乾学进京修书。可惜，圣旨未到，徐乾学已撒手人寰。徐乾学生于明崇祯四年（公元1631年），卒于清康熙三十三年（公元1694年），享年六十四岁。

作为具有清初重臣以及著名学者两重身份的徐乾学，其著述主要有《资治通鉴后编》《文集》《明史列传》《读礼通考》《通志堂经解》《古文渊鉴》等。徐乾学作为清初重臣、著名学者，对于儒家礼学的研究是走在清初学术界前列的。正如林存阳先生在《清初三礼学》中说道："在清初诸儒臣当中，率先起而顺应学术潮流、积极响应清廷尊经倡礼，且能衷然成秩者，当首推昆山徐乾学。其所主持纂辑的《读礼通考》，对于丧礼的考究，一代风气之先，于时深有影响。"

丧礼在中国古代占有重要的地位，尤其是在"事死如事生"等传统观念的影响下，人们对于丧葬制度格外重视。纵然是在崇尚老庄的魏晋时期，杜预、葛洪等人都有丧葬制度的相关记述。但到宋朝时，讲学风气愈来愈盛，文人大儒很少有关于丧制的著述，仅《朱子家礼》一书在民间比较流行，可供考证的也只有杜佑的《通典》、马端临的《文献通考》等书而已。同时，徐乾学本人指出："先王之礼，至后世而废失殆尽，其犹存什一于千百者，丧礼而已。即古儒先之论说，亦于丧礼颇详，盖送死人之大事，为人字者自有同心也。"朱彝尊说："呜呼！慎终追远之义，缀而不讲，斯民德之日归于薄矣。"由此可见丧礼对传承中国传统文化礼仪、提升社会素养的重要性。正是在这种社会大背景下，徐乾学有感于现世不重视丧葬礼仪而开始编撰《读礼通考》。此书编修时间长达十年，其间三易其稿而终成。关于此书成书过程，朱彝尊尝言："刑部尚书昆山徐公，居母忧，读丧礼，撰《通考》一书，再期而成。寻于休沐之暇，浏览载籍，又增益之，凡一百二十卷。"《读礼通考》是专门记载历朝历代丧葬制度的著作，共一百二十卷，分丧期、丧服、丧仪节、葬考、变礼、丧制、庙制八大类对传统丧礼进行总结考证。对于正史、典章、别集、类书、丛书、方志、笔记等凡有涉及丧礼者，均一一采用。在编修过程中，徐乾学注意罗列历代丧礼异同，还附有图表以直观描述丧服以及丧具等。朱彝尊评价此书："摭采之博而择之精，考据之详而执之要，此天壤间必不可少之书也。"《四库全书总目提要》认为："古今言丧礼者，盖莫备于是焉。"徐乾学本想继续编修吉、军、宾、嘉四礼，未成而卒。后人秦蕙田所作《五礼通考》就是仿照徐乾学《读礼通考》的体例而成的，是研究古代礼制必备之书。《四库全书总目》记载《五礼通考》曰："是书因徐乾学《读礼通考》惟详丧葬一门，而《周官·大宗伯》所列五礼之目，古经散亡，鲜能寻端竟委。乃因徐氏体例，网罗众说，一成一书。"《读礼通考》现存有清康熙三十五年刻本、清光绪七年江苏书局刻本。

清朝入关之后，崇尚宋学，科举考试主要参考朱熹《四书章句集注》。这种状况受到了当时顾炎武、颜元等人的抨击，他们都把理学视为经学之大敌，认为孔孟之道与理学判然两途，推崇汉学。正是在清初宋学与汉学争辩的时代背景下，徐乾学开始编撰《通志堂经解》，该书主要收集宋、元两朝的经学著作，旨在述明宋元经学与汉代经学的继承关系，同时阐扬宋、元两朝的经学成就。作为清初第一部大型丛书，《通志堂经解》共收书一百四十种，计一千八百六十卷，主要由徐乾学完成辑刻。搜集了唐宋元明有关《诗经》《尚书》《孝经》《论语》《孟子》等经书注释并加以汇编，主收宋、元人的著作，兼顾唐、明，共收诗类十一种、书类十九种、礼类十二种、易类三十九种、春秋类三十五种、孝经类四种、论语类两种、孟子类三种、四书类八种、总经解类七种。体例方面，《通志堂经解》于所辑各书前各作一序，讲述本书的著述情况以及关于此种经书历代著述状况，起到提要的作用。

《通志堂经解》上承《十三经注疏》，下启《皇清经解》，能够将大多数宋、元经学著作汇为一书，且校勘精细，便于世人阅读、研究，在当时影响较大。另外，《通志堂经解》对于古籍罕见之本的保存起到重要作用。该书收录了大量流传稀少的罕见本，比如宋朝吕祖谦的《左氏传说》《古周易》、宋朝吕本中的《春秋集解》和元朝朱公迁的《四书通旨》等书。在《通志堂经解》刊刻之前，这些前朝经学著作，世人极少可见。正如韩荚所说："凡唐宋以来先儒经解世不常见者，靡不搜揽参考，雕版行世。"《通志堂经解》今有清康熙十九年（公元1680年）通志堂刊本、清乾隆五十年（公元年1785）武英殿重修本、清同治十二年（公元1873年）粤东书局刊本。

《资治通鉴后编》一百八十四卷，由徐乾学担任主编，著名学者万斯同、阎若、胡渭、顾祖禹等人参与了编撰。《四库全书总目》中著录了徐乾学编撰此书的成因："是编以元明人续《通鉴》者王宗沐诸本，大都年月参差，事迹脱落。薛应旂所辑虽稍见详备，而如改《宋史》周义成军为周义，以胡瑗为朱子门人，疏谬殊甚。皆不足继司马光之后，乃与邮县万斯同、太原阎若璩、德清胡渭等排比正史，参考诸书，作为是编。"可见，此书编撰的直接原因源自徐乾学等人对于元、明人所编修续《通鉴》诸本的不满意。《资治通鉴后编》记事起自宋太祖建隆元年（公元960年），止于元顺帝至正二十七年（公元1367年）。其编写体例基本上仿照司马光的《资治通鉴》。《四库全书总目》记载："凡事迹之详略先后有应参订者，皆依司马光例作《考异》以折中之。其诸家议论足资阐发者，并采系各条之下。间附己意，亦依光书之例，标'臣乾学曰'以别之。"《四库全书总目》对此书做出了比较客观公正的评价，认为其不足之处有"所辑北宋事迹，大都以李焘残帙为稿本，援据不能赅博""其宋自嘉定以后，元自至顺以前，尤为简略""叙书艺则称其日写三万字，纪隐居则述其怀抱几时开，无关劝惩，徒伤烦冗"。与此同时，对此书也做出了肯定，认为"订误补遗，时有前人所未及""按文核实，信而有征"等。同时，《资治通鉴后编》的编撰对后来毕沅编修《续资治通鉴》也产生了重大影响。《资治通鉴后编》现有四库全书本、浙江官书局本。

《明史列传》一书在韩菼的《资政大夫经筵讲官刑部尚书徐公乾学行状》一文中没有提及，在有关徐乾学的传记中也很少提到。但是在屈万里主编的《明代史籍汇刊》中有《明史列传》一书，且标明著者为徐乾学。而且康熙十八年（公元1679年）再度下诏编修《明史》时，命内阁学士徐元文为监修，此时徐乾学已经参与了《地理志》部分的编修。后来徐乾学在康熙二十八年（公元1689年）所上《备陈修书事宜疏》中说道："臣所辑明史，正德、嘉靖两朝列传及地理志、职官志、艺文志今已脱稿，其河渠志、儒林、文苑等传，容臣一并带回编辑。"可见此时徐乾学也负责部分列传的编修，编写《明史列传》具备有利条件。最后《明代史籍汇刊》所收《明史列传》有序对此书的来龙去脉做了介绍："明史九十三卷，司寇健庵徐公乾学所手辑也……是书出于公弟果亭先生，盖上自洪武，下迄启、顿，井井鳞鳞，靡不毕备，诚一代之良史哉。因忆在馆时，阖庵静喊，是书实托始矣，公真有心人也。第公用世早而早逝，即是书亦工未竟之绪，其时为之整齐厘次以存

公手泽者,则公门状元韩莫实有功焉。"由此可知,徐乾学在参与编修《明史》时就已着手编撰《明史列传》,在回乡后仍然继续撰稿直到去世,后经韩英整理,并存于徐秉义之处。徐本《明史列传》共九十三卷,首页题著者为徐乾学,现藏于台湾国立中央图书馆,而且作为明朝罕见史籍被收录到屈万里主编的大型丛书《明代史籍汇刊》中。书前附有韩方卓所作跋语以及部福保所作题记,书后附有刘兆铭所作《〈明史列传〉叙录》一文,详细论述此书的源流以及价值,并在书前编写了目录以便于读者翻阅。

《古文渊鉴》是集历朝历代散文为一书的文学总集,由康熙亲自选录上起春秋、下至明朝的文章,命徐乾学等人进行编注。韩英在《资政大夫经筵讲官刑部尚书徐公乾学行状》一文中对此书的编辑做过叙述:"时公奉命选自周秦以来至元明之文,分正、外、别三集,名曰《古文渊鉴》。"本书共选名文一千三百余篇,作者近四百人,按照朝代先后顺序进行编排。卷首有御制序文一篇,所收文章以唐、宋最多,可见其对唐、宋文情有独钟。或许是康熙帝御选且现今资料多为清朝或者民国初年的人所撰写的原因,均对此书评价甚高,如《四库全书总目》说道:"徐乾学:《儋园文集》卷十,《续修四库全书》第一千四百一十二册,名物训诂,各有笑释,用李善注《文选》例,而考证明确,详略得宜,不同善之烦碎。每篇各有评点,用楼防《古文标注》例,而批导窍要,阐发精微,不同防之简略。备载前人评语,用王霆震《古文集成》例,而搜罗贱备,去取谨严,不同震霞之完杂。诸臣附议,各列其名,用五臣注《文选》例,而夙承圣训,语见相源,不同五臣之疏陋。"可见,无论是体例还是具体批注的内容,《四库全书总目》对其评价均很高。

《儋园文集》又名《儋园集》《徐大司寇儋园全集》,是徐乾学的个人文集,基本上收录了徐乾学一生所作诗文。《儋园文集》共三十六卷,卷一至卷九为诗、赋,卷十至卷十二为奏疏,卷十三至卷十八为议、辩、说、考之类,卷十九至卷二十四为序,卷二十五至卷二十六为记,卷二十七至卷三十三为墓志铭、神道碑、祭文之类,卷三十四为传,卷三十五至卷三十六为杂著。

徐乾学生前就已开始整理编撰，去世三年之后由其子徐树谷编排完成。《四库全书总目》评价徐乾学及其文笔曰："师友渊源，具有所自，故学问颇有根据。然文章则功候未深，大抵随题衍说，不甚讲求古格。赋颂用韵，尤多失考。尚未能掉词坛，与诸作者争雄长也。"主要从文学的角度对徐乾学的《憺园文集》做了评价，认为其文章不讲求古格，诗赋用韵不当，难以在词坛立足。但是《憺园文集》作为徐乾学个人诗文集，内容丰富，其中不乏一些有学术价值的文章，于经学方面有《纳于大麓当依古注辨》《陈风辨》《禹贡山水说》《洪范五行论》《古文尚书考》等，于史学则有《恭陈明史事宜疏》《班马异同辨》《修史条议序》《历代纂修书史例考》等，从中可以分析徐乾学的学术思想，为研究徐乾学提供了原始资料。该文集始刻于康熙三十三年（公元1694年），再刻于康熙三十六年（公元1697年），续刻于乾隆五十四年（公元1789年），后于光绪九年（公元1883年）由时任昆山县令金吴澜主持重刻，其中《续修四库全书》《四库全书存目丛书》分别收录了康熙三十六年刻本，《清代诗文集汇编》收录了乾隆年间刻本，光绪癸未年徐大司《憺园全集》作为单行本存世。

徐乾学作为清初著名政治家、学者、图书馆学家，交游广泛，故由其个人诗文集汇编而成的《憺园文集》也是内容丰富、题材广泛。徐乾学在康熙年间活跃于官场之上，曾先后担任内阁学士、礼部侍郎、刑部尚书等职务，深得康熙帝信任，并担任过《明史》总裁官、《大清会典》和《大清一统志》的副总裁。《憺园文集》中的奏疏、表等都是徐乾学任官期间就国家重大事务所作。这部分又可以分为两部分。一是文化典籍类。卷十《恭陈明史事宜疏》主要讲述《明史》编撰上的条例问题。卷十《备陈修书事宜疏》是康熙二十八年（公元1689年）徐乾学受弹劾主动请归获准后，康熙帝下旨命徐乾学将《大清一统志》等书归乡后继续编撰，在这种情况下徐乾学就《大清一统志》等书的修撰事宜上疏言明。卷十《恭进经籍疏》主要记载徐乾学将所上家藏经、史之书十二种逐一介绍其渊源。卷十二的《御选古文渊鉴表》《恭

进大清会典表》《恭进鉴古辑览表》都是在书编撰完成以后，供康熙帝御览时所上奏表。二是政事类。卷十《乞归第一疏》《乞归第二疏》《乞归第三疏》是徐乾学收到弹劾后先后三次上疏请求辞官归乡。卷十《严察军政疏》针对当时军政不严、官员私自扣除军饷一事提出解决方案，指出："各督抚备细采访，如有仍前派费者，毋论大小，将吏立行据实入奏。倘扶同徇隐，事发之日，一并严加议处。"卷十《纠朝鲜陪臣疏》涉及当时清朝与朝鲜问题，康熙二十四年（公元1685年）朝鲜数十人越境采参时与清朝官兵发生冲突，双方各有伤亡。事后，朝鲜派出以郑载嵩为首的使臣前往北京处理后事，三人于途中打听到国王被罚银两万两的消息，立即向清政府礼部上书为国王辩护。当时徐乾学正担任礼部侍郎一职，本文也就是针对三使臣的言辞而作。文中不仅列举了当时朝鲜的种种罪状，而且还提议将郑载嵩等人抓捕并"从重治罪"。《恭请圣躬少节劳悴疏》《恭请节哀进膳疏》都是在时太皇太后重病以及去世时，徐乾学劝诫康熙之疏。卷十四《请禁科场陋弊议》针对当时科举考试中出现的徇私舞弊情况而作，并建议从严治理。

作为清朝的学者、图书馆学家，徐乾学于经学、史学方面有一定造诣，《园文集》中也收录了一些有关学术探究的文章，主要集中于卷十三至卷十八中，文章体裁多样，有议、辨、说、或问、考等，这些文章最能体现徐乾学的学术思想。此类文章又可具体分为经学类、史学类两部分。

徐乾学关于经学类的文章多是其诵读经书的心得，把经学中的某个问题加以解释、阐述，或加以自己的理解。其中，涉及《诗经》的有卷十五《陈风辨》《鱼丽诗序辨》以及卷十六《岂弟说》。关于《尚书》的有卷十五《纳于大麓当依古注辨》、卷十六《禹贡山水说》、卷十七《洪范五行论》、卷十八《古文尚书考》。有关《三礼》的文章有卷十三《本朝七庙配位议》《庶子不得为长子三年议》《孔庙两庑位次议》，卷十四《北郊配位议》《祀地无配位议》《郊祀分合议》《郊祀斋会议》，卷十五《郑夹漈尊信〈周礼〉辨》，卷十六《〈周礼〉详于治内说》《夏商周三祝说》，卷十七《地坛配位或问》《北海祀典或问》《北岳祀典或问》，卷十八《历代社稷坛考》《郊祀考》《祀地方位考》《古不合葬考》等。有关《周易》的文章有卷十五《图书辨》，卷十六《九三君子终日乾乾说》《陶子名字说》，卷十七《昊天与圣人皆有四府说》等。从中可见，作为清初重臣的徐乾学对于礼学的研究是较多的，且有大量与之相关的文章被保留在《儋园文集》中。

徐乾学史学文章相对而言较少，但是徐乾学曾担任《明史》《大清会典》以及《大清一统志》的编撰工作，其史学思想直接关系到这些史书的编修，故徐乾学有关史学的文章纵然不多，但研究价值较高。此类文章主要存在于卷十四《修史条议》、卷十五《班马异同辨》、卷十六《绛侯南极老人碑说》、卷十七《通鉴讲义九则》、卷十八《历代纂修书史例考》《明宗藩岁禄考》等。

《明史》被誉为在二十四史中除"前四史"之外"最为精善"的一部史书，其中很重要的一点原因就是负责编修的学者态度严谨、认真负责，为修史献计献策，提出了很多修史的义例，徐乾学的《修史条议》就是其中之一。《修史条议》一文中提出了很多关于《明史》编修的建议，比如明太祖年号问题、元朝遗民作传问题等，为《明史》的编修提供了很多借鉴方法。

汉朝以来关于《史记》《汉书》的地位问题，很多学者都提出了自己的看法，争论不一。徐乾学《班马异同辨》一文就是在继承前人看法的同时，就《史记》和《汉书》的得失提出自己的观点。徐乾学从《资治通鉴》中选取九处原文，并加以作注，遂成《通鉴讲义九则》。《历代纂修书史例考》探讨自唐以来历朝编修史书的条例问题。《明宗藩岁禄考》是徐乾学奉康熙帝之命对明朝宗藩的岁禄加以考证，徐氏主要选取史书中有关宗藩岁禄的记载并作注。

徐乾学一生交游广泛，好友众多，经常参加文人士大夫的一些群体性活动，所以其在交游过程中应同僚或者朋友所请所作的文章不少，这部分主要就是序文之类。序文一类共六卷，在《儋园文集》中占有六分之一的篇幅，此类文章甚多，且涉及的范围广泛。现将序文类分为诗文集序类、学术著作序类、赠序类、寿序类四类。

一是诗文集序类。应同僚或友人之请，徐乾学关于诗文集序的文章较多。诗集序有卷十九《梁奏石诗集序》《兄孕若诗集序》《宋金元诗选序》，卷二十《南芝堂诗集序》《七颂斋诗集序》《梅稺长诗序》，卷二十一《香草居诗集小序》《田漪亭诗集序》等十余篇。文集有卷十九《重刻归太仆文集序》《高阳公心远堂文集序》，卷二十《黄庭表文集序》，卷二十一《计甫草文集序》《曹峨眉文集序》《汪环谷文集序》等近十篇。此外，《憺园文集》中还收录有制义序。制义是明、清时期科举考试规定的文体，即八股文。徐乾学为友人的制义集作了一些序文，《憺园文集》共收录了六篇，分别是《颜修来制义序》《韩元少制义序》《翁宝林制义序》《宋嵩南制义序》《王令诒制义序》和《叶元礼制义序》。

二是学术著作序类。学术著作序类主要是徐乾学为其同僚、好友的著作所作的序文，如卷十九《古今释疑序》，卷二十一《古今通韵序》《四书易经纂义序》《毛大可古今定韵序》《春秋地名考略序》等。徐乾学应方中履之请为《古今释疑》一书作序，遂有《古今释疑序》一文。《古今释疑》一书取古今学问难辨者汇为一书，并加以考证。徐乾学在文中指出："上自六经诸史，下逮稗乘、文字、笔疏之分合得失，郊天、祀庙、禘祫、类、妈、雩、望、错之祭配先后，辟雍、明堂、君后、储藩、谥号、章服、礼乐、律历之制度，学校、像位、逸豆、乐舞之等差，天地旋转、日星经讳、议甸州都、江河山岳之形气，经隧、阴阳、运气、方乐、六书反切、《九章》勾股之艺术，罔不搜讨。"从中可见《古今释疑》一书内容丰富，涉及范围广泛。徐乾学还将此书与明朝唐顺之所编《荆川稗编》相提并论，认为《古今释疑》能"穷天地事物、古今之变"。康熙二十四年（公元1685年）高士奇奉命编撰《春秋讲义》时，借机对《春秋》地理详加考证，遂成《春秋地名考略》一书，共十四卷。书成后，请徐乾学为其作序，这就是《春秋地名考略序》一文的来源。《春秋地名考略序》首先指出地名在《春秋左传》中的重要地位，而对于《左传》的注解做得最好的就是杜预的《春秋左氏经传集解》，认为："盖《左氏》之学，莫赜于地名，得其解者惟杜元凯，在前虽有应仲达、贾景伯诸家，不之及也。"但可惜"其书不尽传"，同时也指出此书的缺点："然杜注地理，于其所疑则仅曰某国地，于其所不知则曰某地阙而已。"徐乾学认为欲通古代经籍著作，最好的办法就是"潜玩经传之本文"，并进一步指出高士奇所作的《春秋地名考略》就是用此方法注解《左传》地名的。

三是赠序类。作为交游广泛、为官多年的徐乾学，赠序类文章数量不少，这些文章也反映了徐乾学的交游状况。赠序始于唐代，与用于介绍、评论作品的书序不同，是古代文人之间具有临别赠言性质的文章，大多都是勉励、赞许之词。其中《憺园文集》共收录了十二篇，以卷二十三《送姚金宪抚蜀序》《送睢州汤先生巡抚江南序》《送杨少司马序》《送魏大司寇致政还蓟州序》《送王阮亭奉使南海序》《送施少参尚白还宣城序》等为代表。《送杨少司马序》于康熙二十五年（公元1686年）徐乾学送别杨雍建时所作。杨雍建，字自西，号以斋，在清朝初年以充直、敢言而著名，有"清朝第一谏官"的美誉。《送杨少司马序》首先提到了本文的写作背景，即杨雍建"国之元老，著功立名，年及耆艾，以养亲予告……于其行者有所不知，而同官相知之深者，或言之而不能尽，而千万世之下，又孰知当时君臣相遇之难"。接下来简单介绍了杨雍建做官的经历，重点在于其多次上疏请求归乡养母，但康熙帝鉴于贵州地区刚刚收复，杨氏作为贵州巡抚治理有方，未准。直到杨母八十四岁时，杨雍建再次上疏时获准归乡养亲。序文最后还提到"闻其事者，忠臣孝子之情可油然生已"。在中国古代社会，尤其是为官者，往往难以做到忠孝两全。徐乾学因为详知其中隐情，所以作此文以记述杨雍建告归一事。虽然赠序多为送别友人之作，但也有较高的史学价值，正如《送杨少司马序》一文中，涉及了当时贵州地区因为受到三藩之乱导致残破不堪的景象以及中国古代传统的忠孝观念。

四是寿序类。《憺园文集》中共收录徐乾学所作寿序十三篇，如卷

二十四《汪太公观澜九十寿序》《熊太夫人七十寿序》《张太公寿序》《王农山寿序》《舅母朱太孺人寿序》等。寿序即祝寿的文章，明朝中期以后开始盛行，多为赞美之词。徐乾学所作寿序虽未突破一般寿序多书溢美之词的局限，但是寿序中也有探讨学问的地方。例如，《汪太公观澜九十寿序》一文中，徐乾学开头指出："史家之难，莫难于文献。"然而文献真假难辨，并且文献散失情况常在，尤其是在乱世。进而徐乾学指出："前明三百年事迹繁多，其尤难检次者在万历以后七八十年，门户之纠结、边事之抢攘、贼寇之起没，此非按籍循文可以意得，必有耆老之士，生于其时、目击其然而心知其故者，分别言之。"可见，徐乾学将耆老的所见所闻定义为"活文献"，真实性更高。随后，"观澜汪翁殆其人矣"一句才开始对汪观澜的生平进行介绍，溢美之词多集中于对此人的介绍中。

记，古代文学体裁的一种，以叙事为主，有时涉及议论、抒情以及对山川景观的描写。徐乾学的记体文主要收录在《憺园文集》的卷二十五和卷二十六两卷中，由于篇目较多，此类文章可大致分为游记、建筑记两种分别叙述。游记即记述游览经历的文章，《憺园文集》中收录了两篇徐乾学的游记，分别是《游南塔寺记》和《游普陀峰记》。《游南塔寺记》是徐乾学于康熙二年（公元 1663 年）游览福建南塔寺时所作。正如一般游记一样，徐乾学介绍了南塔寺的建寺时间以及寺内景观、建筑。本文较有价值的一点在于徐乾学通过考证、查阅邑志和寺内碑记，论证了寺内之塔的来历。建筑记主要是记述某建筑建立的时间、经过等内容；另外，祠堂记一类也侧重于对人物生平事迹的介绍。这类文章主要有《赠太仆寺卿黄忠端公祠堂记》《沈文恪公祠堂记》《邵康节先生祠堂记》《嵩阳书院记》《翰林院题名碑记》《午园记》等。《赠太仆寺卿黄忠端公祠堂记》是徐乾学为明末官员黄尊素祠堂所作记文。黄尊素，明末官员，著名学者黄宗羲之父。该文首先介绍黄尊素建祠堂的缘故，并指出清初因为营屯的原因致使祠堂荒废以及后来祠堂重建。随后，徐乾学着重叙述黄尊素为官时不畏权贵，多次上书弹劾魏忠贤并因此惨遭陷害入狱被杀的经过。作者还将黄尊素与伍子胥相提并论:"伍员临死,谓二十年之外,吴其为沼。当员时,为鲁哀公元年,至二十二年而越果灭吴。公劾阉党为甲子岁,至乙酉大兵下江南,亦二十二年。"然而"公养气知言,得于学问,岂伍员刚戾忍诡者所可比拟"气文章的最后点出此篇祠堂记的缘由,即"嗣君宗羲来请记,特表而出之,以告后之君子"气。

《儋园文集》中共收录徐乾学与人往来书信五封,分别是《与曹彝士编修书》《再与曹彝士书》《与总宪魏环溪先生书》《与舅氏亭林先生论姓氏书》《与友论社仓书》。古人的书信多是相熟知的人相互之间的文字回复,如果书信内容平常往往不会留存。纵览清人文集中,书信一类的篇幅较少,而往往收录于文集中的书信有一定的史学价值。如《与曹彝士编修书》和《再与曹彝士书》中涉及古代丧礼问题,《与舅氏亭林先生论姓氏书》就"姓与氏"展论述,而《与友论社仓书》为研究中国古代的储粮制度提供了材料。

徐乾学为人作传,往往人物形象鲜明。《儋园文集》共收录四篇传记,分别是《姜太常传》《李德甫传》《叶石君传》《内阁中书席君传》。《叶石君传》虽然篇幅较小,只有四五百字,却为我们描述了一个嗜书如命的归隐士子的形象。"性嗜书""所至必多聚书,尝损衣食之需以购书""每遇宋元抄本收藏古帙,虽零缺单卷,必重购之"等短短几句话,尽显嗜书者的形象。

墓志铭是一种哀悼性文体,一般由志和铭两部分组成。志多是散文的形式,主要讲述死者的姓名、籍贯、生平事略。铭多用韵文概括全篇,一般在志的末尾。《儋园文集》共收录徐乾学所作墓志铭三十余篇,多是为同朝为官的前辈或者同僚而作,如卷二十七《通议大夫一等侍卫进士纳兰君墓志铭》就是在纳兰性德去世后受其父明珠之托所作。纳兰性德作为徐乾学的学生、友人、同僚,与徐乾学之间关系复杂,二人之间交往较密。《通议大夫一等侍卫进士纳兰君墓志铭》一文开头就可看出徐乾学与纳兰性德不寻常的关系以及徐乾学对纳兰性德的欣赏之情:"呜呼!始容若之丧,而余哭之畅也。

今其弃余也数月矣,余每一念至,未尝不悲来填膺也。呜呼!包直师友之情乎哉。余阅世将老矣,从吾游者亦众矣,如容若之天姿纯粹,识见高明,学问沧通,才力强敏,殆未有过之者也。"可见无论是从学问还是私交来看,徐乾学对纳兰性德评价甚高。随后,徐乾学从做官深受康熙器重、读书作文显著于世、家世源流三个方面对纳兰性德进行介绍、叙述。徐乾学简单扼要地讲述了纳兰性德的生平事迹,文后附有铭文。

神道碑指立在墓道上的碑,主要记载古代帝王大臣生前的事迹。《儋园文集》共收录徐乾学所作神道碑文八篇,多为同朝为官的前辈所作。八篇神道碑中,《工部尚书汤公神道碑》的叙述最为详尽,全文近四千字。汤斌,字孔伯,清初理学家。一生为官,历经顺治、康熙两朝,先后担任翰林院侍讲、礼部侍郎、江苏巡抚、工部尚书等职。因为汤斌对清政府比较顺从,去世后被清政府树立为汉官正面典型。

《工部尚书汤公神道碑》一文比较详细地介绍了汤斌的一生事迹,重点在于为官期间的所作所为,比如文中记载顺治时期讨论《明史》的编修条例事宜,汤斌曾上书,"言宜依宋、辽、金、元史例,录南渡后死事诸臣",当时诸大臣都为汤斌的上书而担心不已。诸如汤斌为官时此类事情,文中都有详细的叙述。

祭文是祭祀或者祭奠时表示哀悼或者祷祝的文章。《儋园文集》中共收录徐乾学所作祭文十四篇,其中《祭都城陆文》是为求雨而作,其余十三篇都是祭奠死者时表示哀悼的文章,这十三篇文章的主要内容都是追忆死者生前的主要经历,颂扬其品德业绩,以激励后人。《祭汪蛟门文》是徐乾学祭为奠其同僚好友汪懋麟所作。汪氏自幼潜心学习诗文,遍读经、史之作,后在徐乾学的推荐下以刑部主事的身份入史馆参与《明史》的编修工作。徐乾学《祭汪较门文》一文回忆了自己与友人之间的点点滴滴,字里行间透露出了伤感之情,从"余释君疑,君解余惑"中可看出文人之间惺惺相惜的特殊感情。

行状是叙述死者世系、生卒年月、籍贯、生平事迹的文章，用于留做撰写墓志或者为史官立传提供依据。《憺园文集》共收录徐乾学所作行状四篇，分别是《光禄大夫太子太傅吏部尚书文华殿大学士加一级宋文恪公行状》《河南提学佥事封通议大夫内阁学士兼礼部侍郎张公行状》《皇清敕封儒林郎翰林院修撰先考坦斋府君行述》和《先妣顾太夫人行述》。后两篇是徐乾学为自己的父亲、母亲分别作的行述，从中可以感受到其真情流露。尤其是《皇清敕封儒林郎翰林院修撰先考坦斋府君行述》中，徐乾学对其家族世系有较为系统的记载，此文对笔者整理徐乾学家世情况提供了较为可信的资料。

《憺园文集》自康熙三十三年（公元 1694 年）首次刊刻以后，又经历三次重刻，目前可见的版本有康熙三十六年刻本、乾隆三十年刻本、光绪九年刻本。现将各版本刊刻经过、版本特征做一番梳理。

康熙三十三年（公元 1694 年）刻本，目前所见目录学书籍中多未记载此本，光绪九年（公元 1883 年）重刻的《憺园文集》目录后有徐乾学五世孙徐楫识语一则，记载："是集刻于康熙甲戌之秋，先大司寇丧中用以呈谢大人先生者，造次集镌。"可见，《憺园文集》首刻于康熙甲戌，即康熙三十三年（公元 1694 年）。或许是因为仓促、匆忙整理文集的原因，导致此本质量不高，此版本刊刻之后未广泛流传，今亦不见，遂不知其版式行款情况。

康熙三十六年（公元 1697 年）刻本，《憺园文集》首刻于康熙三十三年（公元 1694 年）。仅仅三年后又加以重刻，其原因从徐乾学五世孙徐楫识语对于首刻本的描述中可以得知："造次集携，其中编次抬头未尽稳妥，且有说错、脱落及应删字句。用过之后，先侍御昆仲亟欲重刻，商之韩慕庐先生，先生札履承命校先师文集。"《续修四库全书》中收录了康熙三十六年（公元 1697 年）所刻的《憺园文集》，内有宋荦为《憺园文集》所作的序文，其中提到了该版本文集的来源："其长君侍御排纂成映，而属余序者也。"从中可知，康熙三十三年刻本存在着编排体例欠妥、错字等问题，后经韩蒧、

徐树谷等人校对、整理，并请宋荦作序，遂于康熙三十六年再次刊刻。康熙三十六年刻本目前可见的有《续修四库全书》本、《四库全书存目丛书》本。《续修四库全书》所收录的《儋园文集》是根据上海辞书出版社图书馆所藏清康熙冠山堂刻本影印，共三十六卷。《四库全书存目丛书》收录的《儋园文集》是根据辽宁大学图书馆所藏清康熙冠山堂刻本的影印版，共三十六卷。

清光绪九年重刻的《儋园文集》目录之后有两则识语，一为徐乾学五世孙徐椲所作，另一则为金吴澜所作。徐乾学五世孙在识语中说道："《儋园文集》迄今将百年矣，事历三朝，中多讳字，读之者有失敬避之意。谨将原本逐细校雠，所有讳字、说字、脱字悉行改补，并列目以便查阅，即慕庐先生仍旧之谓也，至于重编令刻及刻外集、遗集，且俟后之来者。"金吴澜在识语中说道："是集始刻于康熙甲戌，续刻于乾隆乙酉。"由此可知，清乾隆三十年（公元1765年），即乾隆乙酉年，徐乾学后人经过仔细校对后对此书进行重刻，修改了原书中的讳字、错字、脱字，并且整理出此书目录以便于查阅。

《儋园文集》作为徐乾学个人诗文集的汇编，诗歌有九百五十余首，各种文体的文章达二百八十余篇。文章的类型多样，有奏疏、议、辨、考、墓志铭等类型，其中有些文章是徐乾学个人学术札记，有些文章是徐乾学就史书修撰问题或某些历史问题阐述自己的观点。综观徐乾学一生著述的活动，他为学术界和图书馆界做出了自己的贡献。

第一章 古代图书馆学家

清朝的钱曾

钱曾（公元1629—1701年），字遵王，号也是翁，又号贯花道人，虞山（今江苏常熟）人。明朝著名的学者、目录学家与图书馆学家。

顾廷龙先生称："研究版本目录之学，向必从遵王《读书敏求记》入门。"可见其成就之一斑。所著《读书敏求记》最为脍炙人口，其最初手稿名曰《述古堂藏书目录题词》，刊后改为今名。此书之所以为人瞩目，首先是该书恢复了汉以来私家藏书目录之解题传统。其次是此书为目录讲究版本、突出版本之风格奠定了基础，成为赏鉴书志之先导，对后世版本目录学影响极大。再次是此书所采用读书札记之形式又在目录体例上有所创新，成为后人模仿之对象。而《读书敏求记》中所载诸书，更可反映钱曾藏书之精华，故尤为世人所艳羡。然锱铢点滴，来之不易，钱曾于其《述古堂藏书目》自序中，尝谈及其藏书之艰辛："己酉清和，诠次家藏书目告藏，放笔而叹，盖叹乎聚之艰而散之易也。竭予二十余年之心力，食不重味，衣不完采，摒挡家资，悉藏典籍中。如虫之负版，鼠之搬姜，甲乙部居，粗有条理。忆年驱雀时，从先生长者游，得闻其绪论，经经文纬，颇知读书法。逮壮，有志藏弄，始次第访求，问津知涂，幸免于冥行擿埴。"

关于钱曾藏书之来源，章钰在《读书敏求记校证》中亦曾综述云："绛云既以藏书名东南，遵王一支，鼎贵在先。父嗣美，与牧翁齿相等，亦闻风

慕悦，书贾多挟册就之，所藏《东都事略》，既为牧斋所艳称，尤留心史事，搜访秘籍。遵王承父余业，又侍牧斋左右者有年，绛云烬后，且举赵清常遗书为赠，累得柳大中、陆孟凫手写善本，同时往还者，有族祖求赤及毛子晋、斧季父子，冯巳苍、定远昆弟，陆敕先，冯研祥，叶林宗，季沧苇，叶九来，徐健庵，顾伊人诸人，皆以藏弆校订名者，左右采获积有岁年。"亦即钱曾之藏书，除购买外，尚有继承其父余业者、有钱谦益相赠者，亦有与藏书同好传抄借录、互赠者。

钱曾之嗜书，来自于其父之影响。《读书敏求记》中记载其成年后，每当翻阅其父旧藏，时起睹物怀人之思，如跋《庚申帝史外闻见录》二卷曰："先君广觅是书，仅见之眉公《秘籍》中。脱落舛讹，十亡其五。予后得完本，缮写藏弆。惜先君之不及见，每检此书，即为泣下如雨。"又如跋《西汉会要》，云："崇祯己巳闰月二日，先君校完题于后。是年八月，揆予初度，抚今追昔，为泫然者久之。"又跋王偁《东都事略》云："宋刻仅见此本，先君最所宝爱……先君家道中落，要索频烦，始终不忍捐弃。吾子孙其慎守之勿失。"钱曾藏书的另外一个重要来源，为其族曾祖钱谦益，而谦益之书又多有得自同邑著名藏书家赵琦美者。赵琦美嗜好藏书校书，《读书敏求记》"杨衒之《洛阳伽蓝记》"条记清常道人跋《洛阳伽蓝记》云："购得陈锡玄、秦酉岩、顾宁宇、孙兰公四家抄本，改其讹者四百八十八字，增其脱者三百二十字。丙午又得旧刻本，校于燕山龙骧邸中，复改正五十余字。凡历八载，始为完书。"其校勘之勤如此。赵氏殁后，其书尽归钱谦益，而以后又多转入钱曾之手，如赵琦美抄校并收藏之《脉望馆抄校古今杂剧》，即曾归钱曾收藏，后经季振宜、何煌、黄丕烈、汪士钟、赵宗建、丁祖荫诸家递藏，湮灭无闻二百年后，1938年重现于世，为郑振铎从书商手中购得，今藏于国家图书馆。此书所收均为元、明两代杂剧剧本，郑振铎称其为"古所未有的弘大的剧本集"。这批杂剧的重新问世，被学术界视为"仅次于敦煌卷子、居延汉简、内阁大库档的发现"。《读书敏求记》中载来自赵琦美者尚有：《王质诗总闻》二十卷，抄本，"赵清常从阁宋本抄录，惜缺二十余叶"；《毛诗要义》四十卷，抄本，"赵清常从阁本抄录，其中脱简仍如之"；《圣宋皇佑新无法图记》三卷，抄本，有清常道人跋；《律吕本原》一卷《律吕辨证》一卷，抄本，"此从阁本录出。清常道人手为校正"；《数书九章》十八卷，抄本，"清常道人从会稽王应遴借阁钞本校录"；《职官分纪》五十卷，抄本，"清常道人惜旧抄讹谬，借金陵焦太史本雠勘。而焦本亦多残缺，复赖此本是正之。清常又从书贾搜得宋椠本第七卷补订入"；《营造法式》三十六卷，抄本，"牧翁得之天长公。己丑春，予以四十千从牧翁购归"；《东国史略》六卷，抄本，赵琦美跋。《查考钱法》一卷，"清常道人校录孙兰上本"；《玉玺博闻》一卷，"后有匏庵先生跋语。清常道人得之赤岸李氏"；《颐堂先生糖霜谱》一卷，抄本，赵琦美校并跋。《洛阳伽蓝记》五卷，"然绛云一烬之后，凡清常手校秘抄书，都未为六丁取去，牧翁悉作蔡邕之赠"；《劳山仙迹诗》一卷，抄本，"赵清常借柏台靖恭堂本缮写"；《乾坤宝典》十二卷，抄本，"脉望馆录本，清常道人校过"；《天文主管释义》三卷，"万历戊子清常校记"。《乙巳略例》十五卷，抄本，"一为清常道人手校，一是旧抄"；《丹溪手镜》二卷，"此为清常手校本"；《眼科捷》一卷，抄本，"赵清常得此书于洪州李念裹。此盖录内府秘藏本也"；《数类》四十卷，抄本，"疑是宋时进呈本，然十存其四。赵清常知王元韬家所藏，录于阁本未失之前，因假借缮"；《东皋子集》三卷，抄本，"清常道人从金陵焦太史本录出"；《徐侍郎集》二卷《附录》一卷，明抄本，赵琦美校并跋；《月屋樵吟》四卷，"清常道人跋"。关于钱谦益之得书来源，曹溶曰："虞山宗伯生神庙盛时，早岁科名，交游满天下，尽得刘子威、钱功父、杨五川、赵汝师四家书，更不惜重赀购古本，书贾奔赴捆载无虚日，用是所积充牣，几埒内府。"绛云楼藏书的规模，据吴骞云："绛云未烬之先，藏书至三千九百余部。"清顺治七年庚寅十月初二夜，钱氏半野堂失火，绛云楼毁于一旦，损失惨重。此后钱谦益将绛云楼烬余之书，悉数赠予钱曾，丰富了述古堂的藏书。得自钱

谦益之书，除以上原藏赵清常者，尚有：《春秋经传集解》三十卷，宋刻；《五服图解》一卷，元泰定元年杭州路儒学刻本，一册，今藏国图；《西洋朝贡典录》三卷，抄本；《蟋蟀经》二卷，抄本；《古列女传》七卷，《续列女传》一卷，"牧翁乱后入燕，得于南城废殿"；《皇极经世观物篇解》六十二卷；《道德指归论》六卷，补抄一卷，《高诱注战国策》三十三卷，宋本；《玉壶野史》十卷，钱谦益校本；《铁围山丛谈》六卷，明秦氏雁里草堂抄本，钱谦益校；《天元玉历森罗记》十二卷，抄本；《杜工部进三大礼赋》一卷，影抄宋本；《吕和叔文集》十卷，抄本；《元氏长庆集》六十卷，抄本；《白莲集》十卷，明柳佥抄本；《禅月集》二十五卷，明柳佥抄本；《松陵集》十卷，宋刊残本配抄本；《谷音》二卷，钱谦益校本；《风月堂诗话》三卷，抄本。

此外，钱曾所藏得自柳佥之抄书数十种，未说明来源，疑为自购所致。《读书敏求记》卷四"诗集类"所收"《沈云卿集》"条曰："此为吴门柳氏藏书。柳君名佥，字大中，别号味茶居士，摹写宋本唐人诗数十种，今皆归述古书库中，视《百家诗》刻，真霄壤矣。"

钱曾所藏，又多有从友朋处借录传抄或获赠者，例如，借钞自曹溶（字秋岳）者：陆淳《春秋微旨》三卷，《离骚草木疏》四卷。赠自顾湄（字伊人）者：《揭曼硕诗集》二卷，抄本。"吾友顾伊人从至元庚辰刻本，为予手录之。"借抄自冯舒（癸巳老人）者：费着《岁华纪丽补》一卷，"予得之于癸巳老人，命侍史重录之"。赠自陆铣者：《归潜志》十四卷。"序文及首卷，乃陆孟凫先生手录……此为先生所赠"。借抄自陆铣者：《郦道元注水经》四十卷，影宋抄本。"昔者陆孟凫先生有影抄宋刻《水经注》，与吾家藏本相同，后多宋板题跋一叶，不著名氏，余因录之"。借抄自徐乾学者：《考古图续考古图释文》十卷，景抄北宋本。"此系北宋镂版……后为季沧苇借去……沧苇殁，此书归之徐健庵。予复从健庵借来，躬自摹写。"借自钱谦贞者：《高常侍集》十卷，抄本。"《达夫集》予借林宗宋椠本影摹，族祖求赤又从予转假去，录而藏于怀古堂。今宋椠本流落无闻，予本久已归之沧苇,此乃怀古堂录本也"。借自叶林宗者:陆德明《经典释文》三十卷,影北宋抄本。"此书原本,君从绛云楼北宋椠本影摹,逾年卒业……君殁后,予从君之介弟石君借来。"

总的来说,钱曾继承其父钱裔肃遗业,收绛云余烬,以布衣聚书四千一百余种。著《也是园书目》十卷、《述古堂书目》四卷,后又从二书中,择宋元精椠,编成《读书敏求记》四卷,收书六百三十余种。该书分经、史、子、集四部,然子目分四十余类,似失之芜杂,《四库全书总目》谓"分门别目,多不可甚解"。但《读书敏求记》一书最重要的价值在其恢复了自汉以来私家藏书目录的解题传统,并为目录讲究版本、突出版本风格奠定了基础,成为后世赏鉴书志的先导。晚清藏书家张金吾云:"目录之存于今者,自晁、陈两家外,唯《读书敏求记》略述源流,故储藏家每艳称之。"《读书敏求记》各本均系辗转传抄,讹舛层出,后世校订者甚众,如吴焯、吴骞、黄丕烈、陈鳣、管庭芬、叶德辉、章钰等,均留下大量校语、题跋。其中章钰对于《读书敏求记》之研究用力最勤、影响最大,所作《钱遵王读书敏求记校证》荟萃众家,是为最善之本。

后来,钱曾述古堂的藏书也难逃流散的命运,其在《述古堂藏书目序》云:"举家藏宋刻之重复者,折阅售之泰兴季氏。"知述古堂藏书散出初期多为季振宜购得,如《读书敏求记校证》所载"《高常侍集》十卷""《陶渊明文集》十卷""《白氏文集》七十一卷""《年谱》一卷"尽归季沧苇。季氏藏书于钱曾在世之时便已逐渐散出,《读书敏求记》云:"吴彩鸾书《切韵》,余从延令季氏曾睹其真迹,逐叶翻看,辗转至末,仍合为一卷……季氏零替,不知归之何人,惜哉!"述古堂逸出之书在季振宜身后主要流入徐乾学的传是楼。《分甘余话》云:"先生逝后,曾尽鬻之泰兴季氏,于是藏书无复存者。闻今归昆山徐氏矣。"徐氏藏书散出之时述古堂旧物一部分归于歙县鲍廷博。廷博继承家藏,又多方访求,与江浙藏书大家多互通有无,藏书甚富。藏书处名知不足斋。《读书敏求记校证》云:"陆宣公《翰苑集》二十卷(严修能)

辛亥冬莫,予友知不足斋主人鲍以文先生过予,携宋刻《翰苑集》六册赠予……乃季沧苇、徐健庵藏本,前有图记,疑即钱遵王之书也。后赠钱少詹。"述古堂藏书的另一个去向是内府天禄琳琅。清代皇帝喜读书,康熙、乾隆尤好藏善本,清朝政府多次下令征访古籍图书,因此从藏书家散出的古籍往往流向朝廷。《读书敏求记校证》载:"《古列女传》七卷,《列女传》一卷《天禄目》有此本,具载钱谦益跋,盖钱曾藏后,又入内府矣。"述古堂藏书还有一个重要的去向就是苏州顾氏,如任蒋桥顾月楼,华阳桥顾听玉,城西小读书堆顾之逵,碧凤坊顾阶升、顾应昌父子。其中又以顾应昌父子处居多。如《读书敏求记》载:"何晏《论语集解》十卷""《分野》一卷""《博雅》十卷""萨天锡《雁门集》八卷""《梁公九谏》一卷""《古今岁时杂咏》四十六卷""《目录》一卷"皆成其家藏。族中有顾珊者,号听玉,喜聚书,尤好藏善本,所得述古堂旧物亦颇多,如"《韵略易通》一卷""黄石公《润经》一卷""范成大《吴郡志》五十卷"。又有顾抱冲者,名之逵,吴县诸生,藏书处曰小读书堆,家藏有"《默记》一卷""《学吟新咏》一卷"。这些藏书后皆入同邑黄丕烈的士礼居,此外其用心搜访,又购得述古堂旧物近二十种。黄丕烈的好友袁廷梼、张讱庵、吴骞也都藏述古堂旧物,如:洁古老人的《医学启源》三卷黄丕烈云予友张讱庵得此旧抄本于玄妙观东书坊;《增广钟鼎篆韵》七卷黄丕烈云此书今袁氏五砚楼有之。虽无述古藏书痕迹,然与记中所载书序后有洪熙侯书籍章……云云悉合。当即内府所传本也。述古堂藏书自经季振宜、徐乾学藏后百余年间,在汪士钟、黄丕烈、郁松年、瞿镛、邓邦述等藏书家手中辗转流离,多有亡佚,今之所见仅有寥寥数十种。钱曾云:"聚散何常,终归一慨,学者唯以善读为善藏可耳。"其曾花费数十年的时间为钱谦益的诗集作笺注,其中保存了大量述古堂所藏善本的原貌,虽只言片语亦弥足珍贵,可为校勘之助,亦可一窥当年述古堂的风采。

　　钱曾共著有多种藏书目录,除去最为后世所熟知的《读书敏求记》外,还有《述古堂书目》《也是园书目》等。尤其是《也是园书目》,作为钱曾所著最为齐全的私人藏书书目，一向不为后之学者所重视。年轻时，钱曾便跟随其族曾祖钱谦益学习诗文与文献功夫，后终生以诗文、藏书为业。

钱曾修撰《读书敏求记》四卷，但时间最晚，然实为钱曾藏书之精华。专记宋元抄校本、善本，尤为详记版本，对书的次第完缺、古今异同都加以标明和考订，共收录图书六百三十四种。《也是园书目》（或称《也是园藏书目》）十卷，康熙二十五年（公元1686年）前后，钱曾改居也是园后所撰，著录项最简单，只记所藏书名、卷数，为簿录甲乙的登记簿，便于稽查藏书，然收录图书最多，最为详全。据罗振玉《玉简斋丛书》本《也是园藏书目》及瞿凤起据《也是园书目》框架所编的《虞山钱遵王藏书目录汇编》统计，《也是园书目》共收录书籍三千八百五十三种。而根据《虞山钱遵王藏书目录汇编》的统计数字，钱曾的三部主要的藏书目录共计著录图书四千一百八十种，而其中以《也是园书目》最能体现钱曾生平的藏书面貌。钱曾在《述古堂藏书目后序》中曾谈到其编纂藏书目录的原因，称其受到友人，也是当年常熟地区大藏书家的毛扆和陆贻典的劝说。而他自述其编纂书目的心境和意图："予归，遂发兴丛书于堂，四部胪列，援毫次第，颇效焦氏体例，稍以己意参之，为十卷。"尤其是"聊且录之，如甲乙账簿，命待史备遗忘"一句，我们同样可以将此理解为钱曾编纂《也是园书目》等藏书目录"一以贯之"的想法。所以说，《也是园书目》应该能比较准确地体现出钱曾的藏书特点以及学术志趣。对于钱曾的这些藏书目录，修纂《四库全书》的四库馆臣颇不以为然。《四库全书总目》对于钱曾《述古堂书目》批曰："所列门类，琐碎冗杂，全不师古。其分隶诸书，尤舛谬颠倒，不可名状，较《读书敏求记》更无条理。"即使是被誉为"授受之源流，究缮刻之同异，见闻既博，辨别尤精"的善本书藏书版本题跋开辟之作《读书敏求记》，四库馆臣在修纂其提要时也不忘强调一句"其分别门目，多不甚可解"。诚然，若以传统目录学观念为标尺衡量，钱曾的几部藏书书目除去《读书敏求记》外，其余两部都可谓无足称道，《也是园书目》更是未被收入《四库全书》。这里，我们需要更

多地结合钱曾自身所处的文化环境以及自身的文化修养、学术趣味去理解《也是园书目》中那些"离经叛道"、令馆阁文臣不以为然的地方。《也是园书目》图书分类如下。

经部：总经类、易、书、诗、春秋、三礼、乐、舞、论语、续语、孝经、尔雅、孟子、四书、字书、韵书、碑刻、书、数、小学。

史部：正史、通史、编年、史论、运历、杂史、故事、职官、仪注、谥法、国玺、家礼祭仪、射仪、职掌、营建、律令、法守、时令、货宝器用、酒茗、食经、种艺、豢养、传记、忠义、节孝、名臣、遗民、仙佛、神、列女、校书、科第、冥异、地理志、都城宫苑、陵墓、郡邑杂志、图志、朝聘、行役、别志、属夷、川渎、山川、名胜、游览、人物、文献、谱牒、姓氏、年谱、总目。

明史部：御制、敕修、玉牒、纪注时政。

子部：儒家、道学、墨家、法家、名家、纵横家、杂家、农家、小说、兵家、军占、天文、星象、五行、玩占、六壬、太乙、奇门、律历、易数、卜筮、占梦、阴阳、星命相法、相字、宅经、葬书、医书、医家经论、针灸、本草、方书、伤寒、风科、创肿、眼科、祝由科、妇人、小儿、摄生、房中、艺术、画录、类家。

集部：制诰、表奏、骚赋、文集、诗集、集句、诗文集评、诗文评、四六、词。

三藏：经论、洞真部、洞玄部、洞神部、太玄部、符部。

戏曲小说：古今杂剧、曲谱、曲韵、说唱、传奇、宋人词话、通俗小说伪书（附戏曲小说后）。

从图书总的分类看，《述古堂书目》和《读书敏求记》依然拘于经、史、子、集四部分类法。而《也是园书目》则稍有不同，不仅于书目之末汇录"三藏""道藏""戏曲小说"，而且在史部之外别立"明史部"。因此，先且不论其具体细目，光从大框架上说，《也是园书目》离经叛道的程度便足以令正统文臣所难容。故《四库全书》可收《读书敏求记》《述古堂书目》，却摈弃钱曾最完整的藏书目《也是园书目》，这不是偶然。

透过《也是园书目》，我们便很容易发现钱曾藏书对于宗教书籍与民间文学的喜爱。《也是园书目》附录佛道书籍约五百种，戏曲小说四百二十一种，两项便占去也是园藏书总量的近四分之一。钱曾在《也是园书目》中别立"明史部"，更是触犯清朝统治者讳莫如深的大忌。钱曾虽未著明史，却搜集有大量的明代史料，其中既有内府编纂的皇帝诏令、文件汇纂，还包括大量的笔记丛谈著作。钱曾藏录诸多明代宫廷史料，或可被清朝御用文臣认为是想进呈明史馆，以资修史之用，那么，钱曾私藏的有关明史的大量笔记杂著，如《虏中录》《援辽实录》《永历纪年》《三垣笔记》《也是录》《东明闻见录》等"违碍""查禁"书籍，若放到文网密布的乾隆年间，定然是大祸难逃。通过《也是园书目》中更细化的图书分类以及著录情况，我们可以比较清晰地归纳出钱曾作为学者文士其学术兴趣之所在和作为目录版本专家其较为新奇的目录学观点。

钱曾，不仅在版本目录上的贡献颇大，作为一代图书馆学大家，其一生的追求和信念亦是可圈可点。但伍崇曜在钱曾《述古堂书目》的跋语中，将钱氏定位为"鉴赏家"类的图书馆学家，这种评定无疑是片面的。事实上，钱曾于考订、校体、收藏、鉴赏无所不精。而就其藏书思想而言，更是提出了"学者唯以善读为善藏可耳"的卓识。他说："予尝论牧翁（钱谦益）绛云楼，读书者之藏书也。"纵观钱曾一生收藏、整理、编纂的活动，其藏书思想正可以概括为"善读为善藏"。所谓"善读"是以"好古"和"敏求"为取向的。"好古敏求"语出儒家经典《传习录》，其《答顾东桥书》云："'好古敏求者'，好古人之学，而敏求此心之理耳。心即理也。学者，学此心也；求者，求此心也。孟子云：'学问之道无它，求其放心而已矣'。非若后世广记博诵古人之言词，以为好古，而汲汲然惟以求功名利达之具于外者也。"

钱曾之"好古"是其学术思想在藏书领域中的反映。

首先，他对书籍的评定和鉴别是以好古为取向的。这主要反映在三个方

面。其一,在《读书敏求记》的提要中,他对图书内容的评价往往以古为宗。如他在"许谦诗集传名物钞十二卷"条写道:"子曰:多闻阙疑,圣人且云然,而后学反立己见,以疑圣人,非予所敢信也。"又在"陆淳春秋啖赵纂例十卷辨疑十卷"条中说:"然后来学者,往往凿空好新,立私说以解春秋"。其二,是评藏书的版刻形式、制序体例。他认为潘方凯刻书"行款差殊,不循旧格,深可惋惜"。在钱氏看来,刻书不遵循旧制,深可惋惜;而李轨的序言沿袭旧制则甚有"卓识"远见。其三,是评书籍分类情况。他认为"王安石变乱旧制废《仪礼》而独存《礼记》之科,遗本宗末,其失已甚"。又,"说文解字三十卷标目一卷"条中,"宋人祷昧,欲便于检阅,妄以一东二冬分之。大失许氏原书之本诣。其厄更于秦坑焚燎矣"。这些评价都有尚古思想倾向。

其次,"按宋"与"好古"一脉相承。由宋而清,斗转星移数百年,宋书已不可多得,它既有很大的收藏价值,又是治学著述之良师益友。且宋书版刻精良,形式可喜,的确值得珍爱。而后出之书,几经传抄、翻刻,谬误愈多,去原书愈远。钱曾遂以"佞宋"自许,他说:"然生平所酷嗜者,宋椠本为最。友人冯定远每戏予曰:'昔人佞佛,子佞宋刻乎'相与一笑,而不能已于佞也。"为重视起见,在《述古堂藏书总目》后,他专门附了《述古堂宋版书目》。"佞宋"亦为其治书经验之凝结,如:"间以流俗本对勘,抵牾脱落,尽失旧观,惜乎不可是正,始知原书之贵重若此。"在实践中发现后出之"流俗本"失真严重,他好古佞宋,是为求实求真。

再次,表现在钱曾藏书室、藏书印、藏书目的命名上。钱氏"述古堂"一名,即反映了他的好古志趣。同宗前辈钱谦益云:"族曾孙(钱曾),字遵王,粪除厥父室庐,读书其中,以新堂请名,余邃名之,曰:子有志学古,请语钱氏之古。"正点出了他"有志学古"的思想。其藏书印中亦有一种名之为"述古堂图书记"。又,他自己编有《述古堂书目》《读书敏求记》等以反映好古敏求取向的书目。这些都是他"有志学古"的思想体现。

"敏求",意为勤于探究学问之真谛,而无愧于己心。钱曾不求仕宦,置身于图书的收集整理和学习之中。勤奋求索是他一生求书、治学的写照。正如其《述古堂藏书目·序》所云："竭予二十余年之心力，食不重味，衣不完采，捋当家资，悉藏典籍中。如虫之负版，鼠之搬姜。甲乙部居，粗有条理。忆年驱雀时，从先生长者游，得闻绪论。逮壮有志藏弄，始次第访求，问津知途，幸免于摘植。"钱谦益多次称颂遵王"好学深思"。据《述古堂书目》《也是园书目》《读书敏求记》统计，其藏书达四千一百多种，比《四库全书》实收种数还要多。他以布衣聚书，能有如此成就，可见用力之勤。

"敏求"是其藏书思想的又一重要部分，主要表现在以下几个方面。

"敏求"的内容之一是勤于抄书。他在"考古图十卷续考古图五卷释文一卷"条中记载："予得之梁溪顾修远，询缥湘中异物也。后为季沧苇借去，屡索不还。耿耿挂胸意者数年。沧苇段，此书归之徐健庵。予复从健庵借来，躬自摹写；其图像命良工绘画，不失毫发，褚墨更精于椠本。阅之沾沾自喜。磋乎！此书得而失，失而复得，缮写成帙，予之嗜好，可谓勤矣。"遵王求书不得则"耿耿于胸意"，一书抄成则阅"沾沾自喜"，大有《诗·氓》中"以望复关"之感。一个善读的藏书家"之嗜好，可谓勤矣"，其爱书情结，可谓钟矣！苏州藏书家潘祖荫，谓精抄"始于钱氏遵王"。精抄本作为钱氏述古堂藏书的一大特色，甚为后人所珍视。"钱抄"被列为明清以来最为藏书家所看重的十三家抄本之一。钱氏抄书，纸墨精良，严加校勘，质量极高，可与毛晋"汲古阁"影抄本相媲美。他的抄本有一百多种，八百多卷。他说："古人于书率多手抄……前辈好书，风流询可慕也。"

"敏求"又表现为他敬贤自勉，从前贤不懈追求中汲取上进的精神力量。钱曾常把古人和时人进行对比，褒扬古人的好学精神。如，"昔人成一艺，笃信守死而后已，今人留心学问奈何半途而废乎"；又如，"古人于星命之学，亦必穷年尽气，以求精一艺。岂予浅夫所能窥其阔奥"。提到古人究学用力甚勤时，钱曾总是笔端含情："俞玉吾读《易》三十年，终日不食，终夜不寝，覃精研思以致力于此……孔父韦编三绝，南园俞氏之易学，可无愧心矣。"

誉人而警己，这是他好古敏求、无愧于心的内心表白。他还说："吾友叶林宗，笃好奇书古帖，搜访不遗余力。每见友朋案头一帙，必假归恭自缮写，篝灯命笔，夜分不休。"他常常用前辈孜孜以求、勤于治学的精神鞭策自己，他说："清常道人惜旧抄讹谬，借金陵焦太史本仇勘；而焦本亦多残缺，复赖此本是正之。清常又从书贾搜得宋椠本第七卷补订入。前辈好书之勤如此，惭予空蝗梁黍，展卷便欠申思睡。每睹清常手校书籍，未尝不汗下如浆也。"

"敏求"还表现在对书籍的访求上。他说："先君留心国初史事，访求王逢、陈基等集，不遗余力。然惟绛云楼有之，牧翁秘不肯出，末由得睹。先君殁，予于剑叼斋藏书中，购得《溪梧集》前二卷，是洪武年间刻本，如获拱璧，恨无从补录其全。越十余年，复与梁溪顾修远借得后五卷抄本，函命侍史缮写成完书。阅之泣下渍纸，痛先君之未及见也。"完善一书牵动了钱氏父子两代人的心，历十余年，子得之"如获拱璧"，父已是徒抱黄泉之恨！对不遗余力求访书籍的前人，他亦大加赞赏："士人袁飞卿有此书，求之半载，童十数往返，始得缮录，征白金五十星乃去。钱物可得，书不可得，虽费当勿耳。山人惜逸其氏名，亦一佳士也。"

好古敏求揭示了钱曾"善读为善藏"的内涵，究其原因，主要有以下两点。

第一，"好古敏求"是他"求真"的表现。如上所述，不论是对所藏书籍的评价还是"俊宋"，都能溯其求真之源。他评价《虞伯生道园学古录》说："间取做勘，讹谬处绝少。知嘉（靖）、隆（庆）以前学人，信而好古，非若近人椠书者淆乱荃改，师心自是也。"钱曾好古，是因古书"讹谬处绝少"。在讲到汉儒阐释《周易》时，他认为，"汉去古未远，诸儒训解，多论象数，盖有所本而云然耳"，而后来则是"经传混淆，沿袭至隋唐，莫之或改也"。显然，力求"有所本"是他好古敏求的一个重要内蕴。他引用牧翁"凡古书一经庸妄手，纸缪百出"来说明古书原本之贵重。由此可见，好古敏求的根本原因之一，是为揭示书籍的本来面貌唯真是求！

第二，好古敏求也是他政治思想和民族情感的流露。钱曾生于仕宦世家，凭天资和勤奋本可步入仕途，光宗耀祖。然十七岁那年，清兵南下，不久在"奏销案"中连生员亦被革去。满汉矛盾激起他的民族情感，他常借好古表达故国之思。钱谦益的遭遇是他放弃仕途的前车之鉴，乾隆说："谦益诸人为明朝达官，而复事本朝，草昧缔构，一时权宜。要其人不得为忠孝，其诗自在，听之可也，选以冠本朝诸人则不可。钱名世者，皇考所谓名教罪人，更不宜入选。慎郡王，朕之叔父也，朕尚不忍名之。（沈）德潜岂宜直书其名？至世次前后倒置，益不可枚举。"目睹如此现实，钱曾唯寄情于图籍之收藏、整理和诗文创作之中。他不清朝朝政府统治，向往古之人，在"李群玉诗集三卷后集五卷"条中一表心声："群玉以草泽士子表上其诗，人主遂以锦彩器物之赐。吟习荐之于朝，授宏文馆校书郎，唐君臣爱惜人才若此。风雅之化于斯为盛，能无令人望古遥集乎。"钱曾的大半生是在清朝异族统治下度过的，凡涉及前朝兴亡之事，每生感叹。他说："李氏亡国，追记南唐兴废事，得二百余条，疏于此书……读之颇为该然"。他读《吴草庐序言》，有感于元兴金亡之会，中州逸民遗老，身隐而名不障者多矣。为之慨叹久之侧。另，他在"王逢梧溪集七卷"条中说，"原吉志不忘元，其故国之思，缠绵侧枪"。这些都是他借古人志趣以表达自己相似的情感。此外，钱曾好古敏求，并非"汲汲然惟以求功名利达"，而是寄情于斯，近乎一种自我陶醉，藏书成了他唯一的精神家园。

清朝的宋荦

宋荦（公元1634—1713年），字牧仲，号漫堂，又号绵津山人、沧浪寓公、白马客商、西陂放鸭翁、西陂老人。宋荦出生于商丘的名门望族，他的曾祖父宋纁以孝闻名乡里，是明朝嘉靖年间的进士，官至吏部尚书，以直言进谏著称于时。他的祖父宋沾，是明朝万历十九年的举人，官至山东福山知县，以清廉自守闻名。他的父亲宋权，是明朝天启五年的进士，崇祯末年时任顺天巡抚，清朝建国之后被任命为翰林国史院大学士，居相位六年。清朝政府在顺治四年（公元1647年）下有一道诏令，命朝内众官各送一子任宫廷侍卫之职。这时，十四岁的宋荦应诏以大臣子列侍卫。他很勇猛善战，受到当朝皇帝的器重。顺治五年的时候，他参加清朝政府的选拔考试，得了第一名，被授予通判的官职。但宋荦的父亲宋权担心他年幼不谙政事，帮他推辞了通判之职，命他回家读书参加乡试的考试。顺治八年（公元1651年）三月，宋权退休，宋荦也辞去了宫廷侍卫的官职，跟随他的父亲一起返乡。此后，他与他的父亲一起切磨诗古文词，讲画辞章，讨论古今，被当时的名士侯方域称赞为"少有异材"，而且他同当时的有才之士贾开宗、侯方域、徐作肃、徐世琛、徐邻唐被世人尊称为"雪苑六子"。回乡读书的这段经历无疑为宋荦日后成为一代饱学之士奠定了坚实的基础。

康熙三年（公元1664年），宋荦被任命为黄州通判，由此开始了他长达四十多年的仕宦生涯。宋荦一生仕途平坦，先后担任过理藩院院判、刑部员外郎、直隶通永道金事、山东按察使、江苏布政使、江西巡抚、江苏巡抚以及吏部尚书等职。康熙皇帝很欣赏他，赞赏他为"清廉为天下巡抚第一"。苏州于道光七年（公元1827年）在沧浪亭园内建五百名贤祠，其中就有宋荦像，被题名为"皇清吏部尚书江苏巡抚宋荦"，铭文为"惠爱黎元，宏奖髦士，心迹双清，沧浪之水"。如今，苏州的沧浪亭还保留着宋荦的画像与这首赞美之诗。

宋荦在苏州为官之时，苏州正是藏书之风盛行之日，苏州本是历史的文化名城，文脉源远流长，藏书之风享誉天下，历朝历代都繁盛不衰。据统计，中国古代藏书家最多的十个县市中，苏州就居全国之首。尤其是清朝时期，苏州的藏书名家就有钱谦益和他的绛云楼、钱曾和他的述古堂、黄丕烈和他的士礼居、瞿绍基和他的铁琴铜剑楼，影响之大，无人可比。宋荦在苏州任官时间很长，他本身又是个好尚风雅之人，在忙完政事后，喜欢搜访古迹，延接俊流。他与当时江南的许多藏书家都有深密往来，深谙藏书之学。宋荦在顺治十二年（公元1655年）第一次游历江南之时，就开始想方设法地搜购图书秘籍，做官之后，每到一任都会留心当地的藏书之事，购买典籍归藏。其中他所藏收购到的汲古阁中的藏书是他藏书中的珍秘所在。毛扆曾在他的《诗经阐秘》跋中提到宋荦搜书之事，说："商丘宋公博学君子也，每见异书，辄焚香诵读，巡抚江南历十余年，境内名人硕士无不折节下交。戊子（公元1648年）春，来登汲古旧阁，羁留信宿，凡阁山所藏书籍，逐一观览。"宋荦藏书处所有三个，其中西陂和鱼麦堂两处的匾额还是康熙皇帝亲手御书为他写的，而保素堂的匾额也是当时太子赐给他的。宋荦在他的藏书楼内所藏的数万册图书典籍之中，以善本、旧抄本收藏最多，其中珍藏的唐宋名迹，宋元秘帙，冠于河右，在当时的藏书家中享有盛名。这些珍籍善本大多是宋荦在江苏为官之时搜集而来的。他在康熙四十二年（公元1703年）进呈康熙皇帝的《西陂藏书目》中，就录有宋元及明本一百三十余种，抄本七十二

种，其中珍秘善本有荆公《百家诗选》《施注苏诗》残本、《苏子美集》，旧藏抄本有《徂徕文集》二十四卷、《目录》一卷、《阳陵先生集》四卷、《云溪诗》五卷、《玉澜集》一卷、《乖崖先生文集》十二卷；精品书有宋嘉泰刻本《苏东坡诗集》、元刻本《白虎通》、元花溪沈氏刻本《松雪斋集》等。尤其是《松雪斋集》，抄写字迹仿照赵子昂，摹刻精绝，历来被藏书家视为珍宝。宋荦对此书也珍爱无比，自己写诗讴歌道："雅愿终身做蠹鱼，吴兴集刻至元初。华亭小记增珍重，不数虞山旧汉书。"而且他还请人欣赏、题咏，其中当时的名家戴震就有题诗云："卷帙寻常厌鲁鱼，一编精绝校雠初。吴兴文字花溪刻，堪作江南枕内书。"

  作为收藏家的宋荦，除了喜欢收藏秘籍名迹外，还特别乐意在他的藏书楼内收藏御制书画。宋荦的父亲为大清王朝立有汗马功劳，他本人又居官清正廉明，康熙皇帝非常恩宠于他，说他是"岳牧之选，实惟忠臣。寄以封疆，千里而远""控摄文武，统驭官司。绳违科慢，宣德布慈"。康熙皇帝于康熙三十八至四十四年间（公元1699—1705年）曾经三次南巡，都驻跸苏州，由宋荦迎送占队，所以他所获得的御赐手迹和书画非常多。康熙三十八年春的时候，康熙皇帝就赐予他御书"怀抱清朗"额、"仁惠诚民"额、御书诗扇，还赐予他康熙皇帝临摹的米芾书，董其昌书《天马赋》一卷、渊鉴斋法帖及耕织图。康熙皇帝于四十二年（公元1703年）春再次南巡的时候，应宋荦的请求，赐予他"西陂"两个大字，又赏赐给他御制的一幅元旦律诗、一幅狐裘诗和一幅督抚箴，同时对他说："尔在此做官多年，安静和平，特意赐尔。"康熙皇帝要起身回朝的那天，还赐给宋荦书额"清德堂"三个字，并赐对联"官箴三命憬，家学一经传"。后来又赐给宋荦《佩文韵府》《渊鉴类函》各一部。康熙皇帝在四十四年夏天又驻跸苏州之时，赐予宋荦"福寿"两个大字、"鱼麦堂"额和"儿孙歌舞诗书内，乡党优游礼让中"的对联，还应允宋荦之请，赐御书"世有令仪"四个字，做他家的祠额。康熙皇帝快离开苏州的时候又赐宋荦联"地连江海屏藩重，赋甲东南节钺雄"。

宋荦在康熙四十七年（公元1708年）春告老还乡的时候，康熙皇帝还在畅春苑赐予他御制五言律一章。宋荦把这些御制真迹都珍藏于他的藏书楼内，他晚年的时候还在文康公故宅内专建一所御书楼，并勒石以珍。

宋荦不仅藏书，而且还以刻书著称于世。清朝时期，私家刻书现象蜂拥而起，以刻书为荣的官宦学者比比皆是。宋荦能诗善赋，而且他家富有收藏，他的藏书楼内所藏经籍书画为中州之冠。宋荦还精于鉴赏之功，据说他暗中摸索即可辨真伪，并且他做官最久的苏州正是当时刻书业繁盛的地方。这些都为他的刻书提供了便利条件。宋荦一生刻书大约有五十种，其中所刻的古籍有王安石《百家诗选》、苏舜钦《苏子美集》和施元之《施注苏诗》等，代别人所刻的著作有康熙皇帝的《御制诗集》和王士禛的《蚕尾集》等，编选刻时人的著作有《三家文抄》和《江左十五子诗》等，编刻自己的家集有宋权的《白华堂诗》和《商丘宋氏三世遗集》等。他一生从二十几岁开始到七十多岁，刻书活动从未曾停止过。他在正式做官之前，就已经刻有他自己的诗集《古竹圃诗集》《嘉禾堂稿》和《柳湖诗草》等。等他做官之后，他还刻印了许多的地方艺文著作，像《施注苏诗》《三家文钞》《江右采风录》《榆溪诗潮》和《江左十五子诗》等。而自著自刻的诗集《绵津山人诗集》被当时的人称赞为他从事诗歌创作与刻书活动两美兼具、相得益彰的代表作品。这部书全书用软字写刻，娟秀美观，在清朝初期的出版物中算是一部难得一见的从内容至形式都堪称完美的佳作。这部刻制精美的诗集受到了康熙帝的赞美，所以康熙皇帝于四十二年再次南巡的时候，就交给宋荦一项美差，命他承刻《御制诗集》。而接下来的两年里，宋荦又先后承刻了《黄舆表》十六卷和《御批资治通鉴纲目》一百零九卷。其中《黄舆表》为端楷精书精刻，受到康熙皇帝的嘉赏，而宋荦也因为承刻了三种御籍，促进了当时康版书风格的形成。在中国版本学史上，通常把康熙朝刻印的字体秀丽工整、雕刻尽善尽美、纸墨悦目精妙的书籍称之为康版书，并且认为康版书不在宋版书之下。可见宋荦在刻书上的贡献之大。

宋荦还是百衲本的首创者。百衲，顾名思义是指用零星材料集成一套完整的东西，具有杂拼之义。百衲本是用借喻之称，就是用一种书的不同版片拼印或者用一种书的不同版本拼配起来的书本。宋荦曾用两种宋本、三种元本配制成一部《史记》八十卷，称之为《百衲本史记》。之后，藏书家傅增湘因循此法，用几种宋本拼配了一部《百衲本资治通鉴》，而商务印书馆还大规模地汇集不同版本的史书，拼配了一套《百衲本二十四史》。宋荦由此名誉百世。

第一章 古代图书馆学家

清朝的孙从添

孙从添，字庆增，号石芝，生于康熙三十一年（公元1692年），卒于乾隆三十二年（公元1767年）。江苏常熟人，后迁居苏州。清朝著名的医学家和图书馆学家。

孙从添生活的时代正位清王朝的全盛时期，即康乾时期。当时，学者"以实事求是为学鹄，力矫颓风。或广搜善本，亲手校勘，或络刻孤本，以广流传，故校雠、薄录之学，绝胜前代"。孙从添受这种学风的影响，一生"中于书癖"。他每次外出总是"特橐以载所见，或携筐以志所闻"，常常为了一部难得的书"不惟典衣，不顾重价，必欲得之而后止"。他认为："书籍者，天下之至宝也，人心之善恶，世道之得失，莫不辨于是焉。天下唯有读书之人而复能修身，而后治国也。"他把书籍看作是文明的标志，是先民活动的历史记录，有着重要的价值。为了使书"不至埋没于尘土之中，抛弃于庸夫之室"，使它发挥应有的作用，必须倍加爱护，因此他的藏书都钤上"得者保之"的印章。他又主张"秘本不敢自私，当公诸同好"。他每购到一部好书，往往"开卷释之"，自喻为"老蠹鱼"。凡是他需要的书"不待外求而珍宝悉备"。他又广开求书来源，一生积累完全花在购书上。他名其藏书楼曰"上善堂"，并根据上善堂所藏图书编有《上善堂书目》一卷，书目按版本情况分为：宋版、元版、名人抄本、影宋抄本、旧抄本、校本六部分，共著录四百七十四

种古籍。清著名学者丁祖荫对《上善堂书目》评价很高，他说，《上善堂书目》"分类极详，并著明名人校呈本，大都天壤环宝惊人秘籍"。

　　孙从添一生以行医为业，医术颇得时人称许，是享誉苏杭的杏林高手。在行医济世的同时，孙从添好书成癖，家虽贫却聚书不缀，故而能以一介寒士而藏书万卷。更为难能可贵的是，孙从添与一般图书馆学家不同，在藏书、校书之余，他还十分注意总结藏书、校书活动中的经验，并做出精练的理论概括，故而《藏书纪要》在当时就已经得到了许多同时代图书馆学家的盛誉。孙从添的其他著述，除了上述《春秋经传类求》《藏书纪要》，尚有《活人精论》《石芝医话》《上善堂书目》《上善堂宋元版精抄旧抄书目》等。其中，《春秋经传类求》十二卷、《四库全书总目·春秋类存目二》著录，有清乾隆二十四年（公元1759年）刻本传世。《石芝医话》和《吴医汇讲》卷三节录部分内容付梓。《上善堂书目》是孙氏的藏书目录，《清史稿·艺文志·史部》著录为一卷。另外，民国十八年（公元1929年），陈准所辑《秋潋斋丛书》收《上善堂宋元版精抄旧抄书目》一卷，郑振铎的《西谛书目》亦著录有该书抄本一卷。由于《上善堂书目》长期未见披露，有些学者认为这部《上善堂宋元版精抄旧抄书目》就是《上善堂书目》。而翻检《上善堂宋元版精抄旧抄书目》即可发现，该目共著录藏书四百七十五种、六千〇三十二卷，与文献所记孙氏"收藏逾万卷"不符，由此可知此目并非收藏总目，而是善本书目。同时，在《藏书纪要》"编目"一则，孙从添主张藏书家应编制"大总目录""宋元刻本钞本目录""分类书柜目录"和"分房架上书籍目录"等四种目录，据此可知，《上善堂书目》应为孙氏收藏总目，而《上善堂宋元版精抄旧抄书目》是善本书目。由于《上善堂书目》的散佚，今日我们已经无从了解孙从添藏书的全貌，仅能据孙氏在《藏书纪要》自序所云："余无他好而中于书癖，家藏卷帙不下万数，虽极贫不忍弃去，然圣贤之道，非此不能考证。"略窥一斑。藏书万卷，在常熟、苏州这一图书馆学大家辈出的区域算不上突出。相对于藏书的数量，在孙从添的藏书活动中，更为世人所看重的是他对于藏书的整理及相关经验的总结。

受经济条件的限制,孙从添藏书无法单纯追求数量,故而在收书过程中,他特别注重对藏书的校勘整理。他的校书活动在当时已负盛名,黄廷鉴在《爱日精庐藏书志·序》中提到:"吾邑自明五川杨氏,以藏书闻于时,……故当时数储藏家者,莫不以海虞为称首。……以余所闻,如玉照席氏、庆曾孙氏、虞岩鱼氏,皆斤斤以雪抄露校,衍其一脉。"现藏于台北国家图书馆的七卷本《王氏书画苑存》,收录有清光绪三年(公元1877年)魏锡曾过录孙从添为所藏《广川书画跋》所作跋文:"此本书跋,陆敕先藏本也,得之于叶石君之孙所售,借钱氏本校过,偶邱广成翁将杨氏本再校,并无差误,独多后跋,即一一录出眷上,可谓善矣。康熙丙申九月,孙庆增从添记。"可见孙氏校书之勤。在校书、鉴赏之余,孙从添也是藏书流通的积极支持者。孙从添认为,藏书家敝帚自珍是对珍本善籍的伤害,古书只有通过流通互校,才能真正成为善本。孙从添的同乡后辈周榘,在孙从添所藏《隶释》二十七卷的跋文中,记载了一个十分有趣的约定:"藏书家不供高明之友赏奇析疑,其与拥财帛不与人窥者埒耳。石芝世翁与榘有数世年谱之好,每与话旧移时,多榘所未闻者。盖石芝长余年二十岁,其见闻固自较多,而娓娓不已,致令左右侍者有倦容,余则欣然喜矣。两月以来,屡就借书,其零落散佚者,石芝则叹息拾掇,喧责僇从,其整齐未损者,亦多未校。盖石芝年高而又病足,实未暇耳。余请与石翁约:君家有书,当尽出与我读之,我当一一为君校之,倘有当于世长翁之意,定复酬我以酒,又何用我借者以一瓶还之耶?可发一噱。幔亭周榘志。"这生动地体现了孙从添及同时代的图书馆学家们对藏书的热情和豁达的心态。

孙从添藏书的来源,张家荣曾据《上善堂宋元版精抄旧抄书目》著录书籍来源做出过统计,多半来自前代及同时代江南图书馆学家的收藏,如毛晋的汲古阁、钱谦益的绛云楼、钱曾的述古堂以及季振宜、赵琦美、陆贻典、叶石君、冯班、赵宧光等。此外,九十八种名人抄本也是上善堂藏书的一大

特色，其中不乏叶盛、吴宽、文徵明、祝允明、钱谦益等文坛巨匠手泽。孙从添藏书的去向，今已无明确资料可考，最早刊刻《藏书纪要》的黄丕烈曾经得到数十种。士礼居丛书本《藏书纪要》的《黄荛圃跋》中提到："孙庆增所藏书，余家收得不下数十种，其所著述，未之闻也。"其他常熟地区的图书馆学家们，如稽瑞楼的主人陈揆、爱日精庐的主人张金吾、铁琴铜剑楼的主人瞿镛等人，也都收有孙氏的部分藏书。从上善堂藏书的聚散情况，亦可观得明清时期江南藏书家藏书聚散的一般规律。

孙从添生活在清初康乾盛世，这一时期政治稳定，经济繁荣，然而在文化方面却实施严格控制的政策，大兴"文字狱"。于是，学者们竞相转而研究校勘、辑佚、考据之学，使得目录学在清代取得了极大的发展。孙从添受这种学风的影响，酷好藏书，并终生致力于藏书整理的工作。他极力赞扬书籍的重要价值，认为书籍体现了人的灵性："夫天地间之有书籍也，犹人身之有性灵也。人身无性灵，则与禽兽何异？天地无书籍，则与草昧何异？故书籍者，天下之至宝也。人心之善恶，世道之得失，莫不辨于是焉。天下惟读书之人，而后能修身，而后能治国也。"他虽然家境贫寒，却经常为了一部难得之书，"不惜典衣，不顾重价，必欲得之而后快"。他多年"或持橐以载所见，或携箧以志所闻"，聚集了丰富的藏书，又在所藏书上都钤上一枚"得者宝之"的印章，希望书籍能够被珍惜爱护。他常与朋友就书籍的版本校勘等问题交流讨论，他的独到见解受到当时藏书家们的尊重，请他传授经验，如他所言"同志欲将其要，窃不自量，记为八则"。因此，他根据自己多年收集、整理书籍的经验，撰写了《藏书纪要》一书。《藏书纪要》成书之初，主要以抄本的形式流传，金心山与陈氏都曾得到该书抄本。金氏文瑞楼首先计划刊刻该书，准备刻于《文瑞楼书目》之后，但不知为何，并没有实现。嘉庆辛未十六年（公元1811年），黄丕烈在《士礼居丛书》中首次刊刻此书，并作跋语："此藏书纪要，言之甚详且备，盖亦真知笃好者。余得诸郡中陈氏，陈固得于金心山。心山为文瑞楼后人。所传授必有自矣。

余因是书所纪藏书之要,皆先我而言之者,遂付梓以行。"次年,杨复吉又将《藏书纪要》刻入《昭代丛书》,并作跋,认为该书讨论藏书收集与鉴别之法,"言之津津",与明朝祁承㸅的《澹生堂书约》性质相同。此后,《藏书纪要》陆续被编入各种丛书,如海宁管廷芬辑《花近楼丛书》(公元1860年),新会刘晚荣辑《述古丛钞》(公元1871年),潘氏佞宋斋刊、潘志万写刻朱印本(公元1883年),吴县潘祖荫刻《潘刻五种》本,仁和许增辑《榆园丛刻》(公元1889年),新会刘晚荣辑《藏修堂丛书》(公元1890年),江阴缪荃孙辑《藕香零拾》(公元1896年),光绪中冯兆年辑《翠琅玕馆丛书》。民国五年(公元1935年),保粹堂《艺术丛书》杂品,据翠琅玕馆本重印。民国二十四年(公元1954年),黄肇沂辑《芋园丛书》,据旧版汇印本。1957年,上海古典文学出版社将《藏书纪要》与《澹生堂藏书约》合订出版,是目前该书较为通行的版本。1990年,徐雁、王燕均所编《中国历代藏书论著读本》收录此书。可见《藏书纪要》的内容价值受到历代学人的肯定与推崇,对清代及近现代的藏书活动与理论研究影响深远。

孙从添认为书籍乃"天下之至宝""圣贤之道,非此不能考证"。因此他的藏书在内容上突出儒家经典著作,如其所言:"藏书之道,先分经史子集四种,取其精华,去其糠秕。经为上,史次之,子集又次之。"《藏书纪要》共分八则:"购求""鉴别""抄录""校雠""装订""编目""收藏""曝书",完整系统地论述了藏书活动中所设计的各方面工作,反映了清代私家藏书建设管理的实践经验与思想水平。广泛地收集书籍是藏书工作的第一步,孙从添认为"购求书籍是最难事,亦最美事、最韵事、最乐事",准确地揭示了藏书家购求书籍的复杂心理活动。他提出购求书籍有"六难":"知又是书而无力购求,一难也。力足以求之矣,而所好不在是,二难也。知好之而求之矣,而必欲较其值之多寡大小焉,遂致坐失于一时,不能复购于异日,三难也。不能搜之于书佣,不能求之于旧家,四难也。但知近求,不知远购,五难也。不知鉴识其真伪,检点卷数,辩论字纸,贸贸购求,每多缺帙,终

无善本，六难也。"这可以归纳为经济能力与知识水平两个方面的问题。孙从添以行医为生，家庭经济状况并不宽裕，购求书籍的过程中必然会面临经济问题。对此他提出购书应分轻重缓急，有重点、有针对性地合理使用购书经费。孙从添购求书籍以"经为上，史次之，子集又次之"。他还注重藏书的实用性，以"利济学术"为原则，除了收集版本质量精良的经史书籍之外，对于子集类著作则"由绎而收藏之"。另一方面，购求书籍之人应该具备书籍鉴别能力并掌握版本信息。为此，应该了解藏书家的情况，"大致收藏书籍之家，唯吴中苏郡、虞山、昆山，浙中嘉、湖、杭、宁、绍最多，金陵、新安、宁国、安庆及河南、北直、山东、闽中、山西、关中、江西、湖广、蜀中亦不少藏书之家，在其人能到处访求，辨别真伪，则十得八九矣"。清代的藏书家们之间经常通过互相交换、购买、赠送来获得珍本、善本。

此外，孙从添还指出利用书目工具来鉴别图书质量，"再于各家收藏目录，历朝书目、类书总目、读书志、敏求记、经籍考、志书、文苑志书籍志、二十一史书籍志、名人诗文集书序跋文内查考明白"，来了解一书于何朝何地著作，刻于何时，何人翻刻，何人抄录，何人底本，何人收藏，如何为宋元刻本。孙从添非常重视版本鉴别，他说"夫藏书而不知鉴别，犹瞽之辨色，聋之听音"。他总结了版本鉴别的方法，"凡收藏者须看其板之古今，纸之新旧好歹，卷数之全与缺""鉴别宋刻本须看纸色、罗纹、墨气、字划、行款、忌讳字、单边、末后卷数，不刻末行、随文隔行刻，又须将真本对勘乃定"。由此可见，他是依据书籍的外形特征来鉴别版本，与祁承依据书籍内容鉴别版本是不同的，两者结合综合利用效果更好。

孙从添也主张要广泛利用抄书的方法来扩大藏书量。抄书在我国有悠久的历史，唐以前未有模印之法，凡书籍皆写本，到宋代印刷术虽普遍使用，写本仍占相当地位，明清不少典籍也靠抄本流行，甚至有些图书馆学家"皆端一生之力，交换互借，手抄眉校，不独其抄本可珍，其手迹亦足矣"。孙从添很重视抄书，他说："书之所以贵钞录者，以其便于诵读也，历代好学之士皆用此法，所以有刻本，又有钞本，有底本，底本便于改正钞本，定其字画，于是钞录之书比之刊刻者更贵并重焉，况书籍中之秘书为当世所罕见者，非钞录则不可得，又安可以忽之哉。"他对抄本的重视从他所著《上善堂书目》也可看出。《上善堂书目》著录许多名人精校精抄本，计有名人抄本九十种，影宋抄本七十二种，旧抄本一百四十五种，占其著录总数的一半以上。另外，他认为抄本"校雠三四次，乃为尽善"，并提出了不少校书方法，主要有三点：找一精善底本与所校之本对临，"连行款俱要照式改正""若古人有弗可考究无从改正者"要请教"博学君子"。

图书馆学家在多方收集优秀书籍的同时，还应在整理藏书的过程中，提高藏书质量，充分利用藏书，使书籍的价值得以充分发挥。科学有效的校雠工作可以提高藏书质量，优秀的编目成果能全面反映藏书，便于读者查阅。孙从添提出，"校雠书籍，非博古好学，勤于看书，而又安闲者，不能动笔校雠书籍"。校书者必须具备渊博的知识，然而一人之力终是有限，因此还需请教专家，或与其他好书者共同讨论商定。为了力求准确无误，每本书都应多次校改，针对不同的书籍使用不同的校雠方法。校订既成，如果有条件，便应刊刻印刷，"公诸同好"。孙从添认为，好的编目系统应"不致错混颠倒，遗漏草率，检阅清楚，门类清晰，有条有理"。即编目应全面反映藏书，条理清楚，方便检阅。他结合自己的藏书经验，提出组织私人藏书目录体系，建议编制四种不同用途的目录：大总目录，宋元刻本抄本目录，分类书柜目录，书房架上书籍目录及未订之书、在外装订之书、抄补批阅之书目录。大总目录是全部藏书的清册，采用书册式，每类写完还留有空白，以备日后新增书籍添加。宋元刻本抄本目录是善本目录。分类书柜目录是排架目录，方便查取，也可兼做借阅清册，如有人借阅，应在此书目上记录，每月查看，如未归还便应催讨，归还之书应放入原柜，并注销之前的记录。如此可以及时更新藏书动态，使书籍管理有序。此外，孙从添还总结宋元以来各部书目著录格式，提出完整的著录项目应包括"某书若干卷，某朝人作，该写著者、

编者、述者、撰者、录者、注者、解者、集者、纂者，各各写清，不可混淆，宋版、元版、明版、时刻，宋元钞旧钞本新钞本——记清，校过者写某人校本，下写几本或几册，有套无套"。这些著录事项充分揭示了一本书的内容，是对当时藏书编目的总结。

孙从添认为，书籍装订应以美观实用为原则，"装订书籍，不在华美饰观。而要护帙有道，款式古雅，厚薄得宜，精致端正，方为第一"。关于书面，他赞赏汲古阁"用宋笺藏经纸，宣德纸染雅色自制古色纸"。书面应夏天做，秋天用，要注意完全干燥。折书页要"折得直，压得久，捉得齐"，不可使书口参差不齐。订书眼要细要少，尽量用原有的旧眼，以免眼多易破，为了装订美观，"天地头要空得上下相趁"。裁切衬纸时要刀快，并用细沙石打磨，使书根光平。之后订线、贴书签、写书根等工序，他都有详细论述。

江南地区气候潮湿，为避免书籍泛潮发霉，每年应定期曝书。孙从添认为，曝书应在伏天或初秋，并使用特殊的晒书版，按照书柜次序，一天晒一柜之书，以防书籍散乱。书籍晒后应使之散热凉透，再依次放回原柜。不适宜的温度、湿度是造成图书在一定的物理、化学条件下发生自然变化的重要原因，较高的温度、湿度使纸张中的有害物质酸碱对图书发生腐蚀，并利于书虫的生存和繁殖，要保护图书，就要注意书库通风。他反对在"卑湿之地"设书库，主张书架"俱不可并，宜分开寸许，放后亦不可放足，书要通风则不蛀不霉"，要注意防蠹、防鼠、防蚁、防火。

蠹鱼历来被藏书家视为大敌。《怡庵杂录》记载了蠹鱼的危害。孙从添很熟悉蠹鱼的生活习惯，采取了许多办法防治。例如，藏书不用书套，装修古书的浆糊要用"小粉、川椒、白矾、百部草末"制成。元《秘书监志》制糊清单中，记载有白芨、白矾、黄蜡、藜芦、茅香、藿香、皂角等药物制糊，与孙氏方法相似。鼠患北方比南方厉害，孙从添认为把"柜顶用皂角炒为末，研细铺一层"即可防鼠。针对白蚁的特性，孙从添认为"用炭屑、石灰、锅锈铺地"，杜绝白蚁在地上做巢，"石砌风墙"可防止图书被盘踞在墙上的白蚁食吞,"石仓藏书"又可免除火患。

孙从添的《藏书纪要》在后世得到的评价一直很高。最先刊刻该书的黄丕烈称之"言之甚详且备,盖亦真知笃好者。……是书所记藏书之要,皆先我而言之者。"清末的大藏书家、目录学家缪荃孙称赞它"所记皆甘苦之言,益人见识不少"。叶德辉也评价该书:"《藏书纪要》,详论购书之法与藏书之宜,以及宋刻名抄何者为精,何者为劣,指陈得失,语重心长。洵收藏之指南,而汲古之修绠也。"可以说,在藏书楼时代,《藏书纪要》是一部实用而全面的总结私人藏书理论的经典著作,被一代又一代的藏书家们奉为圭臬。即使到了近代图书馆时期,《藏书纪要》仍对图书馆整理和收藏古籍有着重要的指导价值。而作为一部古代图书馆学著作,有学者认为《藏书纪要》"具有比前代图书馆学著作更全面更系统的特点",但是由于该书"只是围绕图书馆管理技术方法上叙述",故而"在图书馆学思想的发展上""没有把图书馆技术总结归纳到理论高度"。

即使仅讨论《藏书纪要》在版本学上的贡献,也有学者认为该书"图书版本重于图书内容,版本形式重于版本内容,鉴赏收藏重于读书考订"。不过对历史事物的评价应当从其所处的社会环境出发,回到历史现场进行客观的评述。《藏书纪要》是"19世纪唯一的一部向图书馆学家交代藏书技术的参考书"。孙从添本人是一个清代的图书馆学家,撰写《藏书纪要》的目的在于总结自身藏书整理的经验,供其他藏书家参考,对"图书馆技术"进行理论总结并不是他的任务。而《藏书纪要》所提出的理论和方法,自其问世以来"一向为藏书家谨守不渝",并且在后世的古籍书目编纂、版本鉴定方面长期发挥着作用。

从这个意义上来说,《藏书纪要》完全达到了预期的目的。当然,受时代及孙从添本人识见的限制,《藏书纪要》存在着许多不足之处,比如在版本学方面,与百余年后问世的《书林清话》相比,在许多具体问题上都显得粗疏。"后出转精"是学术发展的必然规律,正是在前人工作的基础上,后

世的研究者才能更进一步，将该领域的研究推向更加系统全面的境地。因此，即使《藏书纪要》并不完善，但瑕不掩瑜。在同时代的大多数图书馆学家还没有意识到总结图书校理经验的重要性之时，孙从添以一介布衣，在藏书和校书条件并不优越的条件下，总结了藏书校理的八条宝贵经验，并将其条理成文，使其广为流传，在本领域具有开拓性的贡献。从这个意义上来说，在中国图书馆学发展史上，孙从添和他的《藏书纪要》都应占据一席之地。

第一章 古代图书馆学家

清朝的惠栋

惠栋（公元1697年—1758年），字定宇，号松崖，学者称其为小红豆先生。江苏吴县（后改隶元和籍，今江苏苏州）人。清代著名的图书馆学家、校勘学家和经学家，吴派经学的创始人。

惠栋出生在一个有着深厚学术传统的藏书世家。其藏书极为丰富，号称可以与皇家藏书比富。其祖周惕，父士奇，皆好藏书，家有《惠氏百岁堂书目》。其藏书处谓红豆书屋，叶昌炽在《藏书纪事诗》卷四咏惠氏一门诗曰"红豆新移选佛场，薪田北去有书庄，一崖负郭三分水，四世传经百岁堂"，说的就是惠氏一门藏书事迹。钱大昕在《惠先生栋传》说道："自幼笃志向学，家多藏书，日夜讲诵，自经、史、诸子、百家杂说，释道二藏，靡不津逮。父友临川李公绂一见奇之，曰：'仲孺有子矣！'……中年课徒自给，陋巷屡空，处之坦如。雅爱典籍，得一善本，倾囊弗惜。或借读手抄，校勘精审，于古书之真伪，了然若辨黑白。"惠栋课徒著述，不乐仕进，家藏旧刻既多，互用勘正，俱成善本。故有得其藏书钤记及校注批剖者皆珍视之，称惠校本。他的藏书印有：惠栋定宇、红豆山房所收善本、红豆斋收藏、红豆书屋、惠栋之印、定宇、臣栋以及松崖等。他的学术思想承袭顾炎武，一生治经以汉儒为宗。

在惠氏藏书中相关经籍主要有：《尚书大传注》四卷；《周易纂》不分

卷，精抄本；《古文春秋左传》十二卷，抄本；《周礼纂要》六卷，旧抄本，惠栋校藏；《李氏易传》十七卷；《春秋诸国统记》六卷，抄本，等等。惠氏不刻书，但以校本、复本与其他藏书家交换秘藏。清代中叶校勘《华阳国志》时，当时宋明刻本《华阳国志》只有吴馆、何允中二本在江南流行，惠氏所藏独有宋代李志刻本，比吴、何本多数十页，称为足本，历世珍秘，专以校订本与人交换其他书籍。其书有钱谷钤记，盖即谷抄本所据惠栋死后，家落书散，此本人羚同邑朱氏。乾隆戊戌（公元1778年）又转入归安丁氏，即《函海》所据本。其中惠栋批注仅数处，一时士流，皆以其为红豆斋旧物而重之。

梁启超在《清代学者整理旧学之总成绩》中概括了清代学者在校注古籍、辨伪书和辑佚书等校勘学成就时，认为清代学者在"好古"的影响下，对儒家经典做了新的研究，对历代流传的史书、子书也做了集中的注释和校勘。他将校勘法分为四种，其一是"拿两本对照，或根据前人所征引，记其异同，择善而从，因为各书多有俗本传刻，因不注意或妄改的结果发生讹并，得宋元刻本或精抄本，或旧本虽不可得见而类书或其记古籍所引有异文，便可两两勘比，是正今谬"。也称为"死校"的方法。梁启超在说明了这种校勘方法之后称"这种工作清初钱遵王（曾）、何义门（焯）等人渐渐做起，元和惠氏父子也很用功"。惠栋继承了顾炎武"读九经自考文始，考文自知音始"以来的传统，在校注古籍、辨伪等方面，从研究古文字入手，重视声音训诂，提倡由小学训诂上溯义理，以求经书的真意。在他看来，"经之以存乎训，识字审音，乃知其义"，故"读先王典法，必先正言其音，然后以全"。戴震所述惠栋"之为经也，欲学者事于汉经师之故训，以博稽三古之典章制度，由是推求义理，确有依据"，道出了惠栋治学之真谛。

在惠栋共二百三十一卷、三十三种撰述及批校的著作中，他对古代经（包括《易》《诗》《书》《礼》《春秋》《左传》《论语》）、史（包括《后汉书》《汉志》等）、子（包括《尸子》），集（包括《渔洋山人精华录》）的大量著作，从文字音韵的训释、解读上进行了新的整理、爬梳和注释，发掘了一些亡佚的古义，纠正了前人的错误，提出了新的见解。其研究《周易》，订正七十余字，认为"诸家异同，动盈数百，然此七十余字，皆卓然无疑，当改正者"。《九经古义》是惠栋辑录考订经书的字义，发明汉儒专门训诂之学的著作，凡十六卷，有不少创见。其中九经指《周易》《尚书》《毛诗》《周礼》《议礼》《礼记》《公羊传》《谷梁传》《公论语》九部经书。"古义"则为汉儒所释经义。惠栋认为，"经之义存乎训，识字审音，乃知其义。是故古训不可改也，经师不可废也"。他不遗余力地辑录上述九部经书的古字古言、古音古义，于"贾（过）、马（融）、服（虔）、郑（玄）诸儒，散失落，几不传于今者，旁搜广挽，哀成书"。对字音字义的训释皆以汉儒之说为依据，详征博考，爬梳钩沉，凡"单片义，具有证据"，所论亦"元元本本，精核者多"，使"汉儒专门训诂之学，得以考见于今者"。惠栋提倡由古文的文字、音训以求义理，开了清一代尊汉治经之风气先河，被后人誉为"非通儒""不能见及此"者。

惠栋学术思想中崇汉的主张，对其《易》学研究产生深刻影响。在惠栋看来，关于经籍的疏解、注释，魏晋以后的都靠不住，更不用说宋明注疏了。故其"论经术，必宗汉"，以为汉去古未远，近古必真。他将一生大部分的精力都用于对汉《易》的钩稽、整理和阐发中。惠栋在校勘整理方面以汉儒为宗，以辑校为法；在学术研究的态度上，是以汉儒为宗，在入手方法上则坚守"经之义存乎训，识字审音乃知其义"的立场。元亨利贞四个字，通常理解为："乾阳之气，万物取之而为开端；它畅通无滞，祥和有益，无所不正。"惠栋希望能从汉易象数学上找到合理解释，较通常理解更为深刻和更有逻辑性，更贴近《易经》本旨。惠栋自疏中首先举"大衍之，数五十，其用四十有九"，说明"一"的存在。接着举何休《公羊注》："元者，气也，天地之始。"《传》曰："大哉乾元，万物资始！"《说文》："元从一，故《春秋》一年称元年。"又引《说文》："惟初太极，道立于一，造分天地，化生万物。"及董仲舒《对策》："谓一为元者，视太始而欲正本。是乾初为

道本，故曰元也。"光一个"元"的解释，惠栋论证它就是大衍之数五十的一，并列举汉人之说，明元就是一，就是始。

引用精确的文字语言，以证明象数解《易》的正确性，使语言文字融入象数逻辑解《易》系统中，是惠栋复兴汉《易》的最大贡献了。

惠栋以其一生精力辑校汉《易》说，他撰写的《易汉学》重在追考汉儒易学，掇拾要旨，以见大略。全书八卷，共辑孟喜《易》二卷，虞翻《易》一卷，京房《易》二卷，郑玄《易》一卷，荀爽《易》一卷，其末一卷则是惠栋自己发明汉《易》之理，以辩证河图洛书、先天太极之学。该书采辑遗闻，稽考证，使学者略见汉儒解《易》之门径，为研究汉《易》之重要参考书。又撰有《易例》一书，共两卷，上卷明《易》之由来及内容，下卷明汉儒解《易》诸例，共九十类，其中十三类有目无书，但其中如"说卦方位即明堂"可参《明堂大道录》及《周易述》卷二十《说卦传》，"性命之理"条可参《易微言》卷下"性命"条等。《四库总目提要》称《易例》为《周易述》后列目录《易微言》等七种书中的第三种。乾隆十四年（公元1749年），惠栋着手总结父祖经说及己治《易》心得，始撰其解《易》之代表作《周易述》。《周易述》乃惠栋精研三十年引申触类，始得贯通其旨而成之著。凡四十卷，自一卷至二十一卷，为训释经文之作，为《周易述》的主体；二十二卷、二十三卷为《易微言》，内容都为杂抄经典论《易》之语，二十四卷至四十卷，目录上载有《易大义》《易例》《易法》《易正讹》《明堂大道录》《柿说》六个名称，皆有录无书；惠栋的这本著作彻底抛开王弼、韩康伯以来的注疏，以汉儒虞翻、荀爽之说为主，兼采汉魏诸家之说，自为注而自疏之；又汇辑先秦两汉诸家论说与《易》相契合者，逐条列举，以区别于宋儒之义理，考汉儒传《易》渊源与解释汉儒《易》学原理；明汉儒释《易》之本例法则。

《尚书》是儒家经典中地位最尊贵的一部书，是研究我国古代语言、文字、文学、哲学、文化思想、神话、社会生活的重要史料。《尚书》在汉代已有今古文之争，伏生所传二十八篇称"今文尚书"，另有十六篇据传为孔安国所传，称"古文尚书"，到东晋梅赜献出一部新的"古文尚书"，比"今文尚书"多二十五篇，且有孔安国做的全部的注释。孔颖达据以作《正义》，完全确立了梅氏《尚书》的经典地位，历代帝王和士大夫都将其作为政治和伦理的典范，对中国社会影响深远。其间，虽有吴棫、朱熹、吴澄等人怀疑过，但从未形成气候。清代学者阎若璩经过严密的论证，广征博引，从史实、典制、历法、地理、文体、文例、时代及语言风格等方面，列举出《古文尚书》作伪的一百二十八条确凿证据，逐一揭露其来源。

继阎若璩的《古文尚书疏证》，惠栋著《古文尚书考》《尚书古义》，戴震著《尚书义考》《尚书今文古文考》，程廷祚著《晚书订疑》，段玉裁著《古文尚书撰异》等来拥护阎说，伪古文尚书案得以成为定谳。惠栋考证出郑玄所著《尚书》二十四篇非张霸伪造，是可信据之真古文，而今世通行本古《尚书》乃梅赜之书，非壁中之书也。《古文尚书考》分两部分，第一部分是关涉全书若干问题的通考，第二部分是按篇次为序的专题考索。通考部分为证梅氏之伪的考论之作。论题有：孔氏《古文尚书》五十八篇、郑玄述古文逸书二十四篇、辨《正义》四条、证孔氏逸书九条、梅氏增多古文二十五篇、辩梅氏增多古文之谬巧条、辨尚书分篇之谬，共7题，全部是凭事实材料的过硬之作。惠栋在辨梅氏书之谬时，很重视吸收同时代学者的成果。其中用顾栋高一条，朱彝尊三条，顾炎武三条，阎若璩一条。《古文尚书考》尊崇汉儒，求文献本真之法，对清儒影响极大。钱大昕为惠氏写的《古文尚书考序》说："今士大夫多尊崇汉学，实出先生绪论……予弱冠时，渴先生于伴环巷宅，与论《易》义，更仆不倦，盖谬以予为可道古者，忽忽四十余年，楹书犹在，典型日远，缀名简末，感慨系之。"惠栋又著《尚书古义》考求所见《尚书》文字在真古文尚书中的音形义。该书分上、下两篇，上篇收列四十二条，下篇收列四十九条。其著论的基本方法，以文献史料和语料证真和辩伪，所取资料多本之于三代和汉儒。例如，上篇首条云："郑康成《书》赞云：孔子撰书，乃尊而命之曰《尚书》，尚者，上也。盖言若天书然。《尚书纬·漩

矶铃》云：因而谓之《书》，加尚，以尊之。孔颖达为伪孔氏作正义，拙郑氏之说，以为伏生传《书》，始加尚字，其说非也。"惠栋的考据以注释为体裁，校释语言文字以求文献之真本和本义，包括字句义和文献义，还循此稍稍申发，讲论其文化背景、思想内容等有关意义，以注释体裁为形式和手段，以字句和文献考释为面目形态。惠栋将小学与经学密切结合以考订真伪，成为清代一门很发达的学问。

清代张金吾认为："欲致力于学者，必先读书，欲读书者，必先藏书。"惠栋以其丰富的家藏、脚踏实地的学术实践和卓然超群的学术成就，成为清代乾嘉考据学吴派的鼻祖。

第一章　古代图书馆学家

清朝的鲍廷博

鲍廷博，生于雍正六年（公元1728年），卒于嘉庆十九年（公元1814年）八月十三日，享高寿八十七岁，字以文，号禄饮，又号通介叟。因其所写《夕阳诗》极有名，时人又称其为鲍夕阳。世本安徽歙县西乡之长塘村人，又呼之为"长塘鲍氏"，是清朝著名的学者与图书馆学家。

鲍廷博的父亲鲍思诩，字鸿远，号敏庵，娶杭州顾氏女为妻，遂移家杭州。父母相继卒于杭州，乃卜葬于湖州乌程县某乡，后迁居桐乡县之乌青镇东乡杨树湾。实际上，他生活、藏书、刻书的主要活动地点是杭州。他藏书、刻书的年代正是乾隆、嘉庆年间，是清朝最鼎盛的时期。鲍廷博为商人出身，其祖父鲍贵（字国槐）与其父鲍思诩"同服贾寓于浙"。翁广平、阮元在《鲍廷博传》中均云"贾于浙"，至于从事什么商业活动没有讲明。仅袁枚《履园丛话·耆旧类》言及鲍廷博"少习会计，流寓浙中，因家焉，以冶坊为世业"。

由此看来，鲍氏主要是从事冶炼、制造铁器一类的行业。因此，鲍廷博家颇富裕，家饶于货，为他藏书、刻书提供了丰厚的物质基础。

鲍廷博自少即力学好古。九岁就外傅，二十三岁补歙县庠生，后来两次参加省试，均未中举，遂绝意进取，弃去科举道路，一生从事藏书、刻书和校书的活动。直至八十六岁，因向朝廷献所刻之书，才被恩赏了一个举人。鲍廷博一生未做过任何官，但交游极广，当时学术界名人如阮元、袁廷祷、

顾广析、孙志祖、赵怀玉、戴光曾、黄丕烈、卢文昭、钱大听、吴骞、吴翌凤、朱文藻、翁广平、顾修、金德舆、厉鹗、郁礼等无不与之结纳往还。鲍廷博尝自言"生以书为命"。这是他对自己一生性格、爱好、特点和所从事的图书事业最好的概括,他将一生的精力心血全部倾注于书之中了。鲍廷博从小就受其父的深刻影响。其父虽为商人,到处流迁,但"性嗜读书""性耽文史""筑室储书,取《戴记》,学而后知不足之义,以颜其斋"。知不足斋并非鲍廷博所创始,乃创自其父。自其父始,至其孙鲍正言止,四代人均与书打交道,堪称"前赴后继"。故朱文藻说:"盖嗜书累叶如君家者,可谓难矣。"

鲍廷博像黄丕烈一样,嗜书如命。翁广平说鲍廷博:"生平酷嗜书籍……稍有蓄积,为刊书所罄。或遇未见之书,必典衣购之。"阮元也说:"君以父性嗜读书,乃力购前人书以为欢。既久,而所得书益多且精,遂衷然为大图书馆学家。"朱文藻对他的嗜书这一点记载更详细,说:"三十年来,近自嘉禾、吴兴,远而大江南北,客有以异书来售武林者,必先过君之门,或远不可致,则邮书求之。浙东西藏书家,若赵氏小山堂、卢氏抱经堂、汪氏振绮堂、吴氏瓶花斋、孙氏寿松堂、郁氏东啸轩、吴氏拜经楼、郑氏二老阁、金氏桐华馆,参合有无,互为借钞,至先哲后人家藏手泽,亦多假录,一编在手,废寝忘食。"

鲍廷博与阮元相交甚契。阮元,字伯元,号芸台,卒后谥号文达,浙江巡抚,是清中期知名的儒臣、学者,亦好藏书,家在扬州,有文选楼藏书极富。他常常和鲍廷博一起访书,"凡书之美恶,及其意指,与夫历代著录、收藏、钞刊、真伪、校误,辄矢口道,问难不穷"。光绪《桐乡县志》记载说:"阮文达公与公契合最深,视浙学时,每于按试嘉湖之便,掉小舟造其居,观其藏书。后抚两浙时,邀公至节署,谈论校傲,于文达所校各书为功甚多。"

鲍廷博亦好诗,有诗集《花韵轩小稿》两卷、《花韵轩咏物诗》一卷传世。其《夕阳诗》二十律为海内传诵,而以阮元、袁枚等人最为称颂。阮元在《定香亭笔谈》中说:"以文尝为夕阳诗,盛传于时人,呼为鲍夕阳。余赠以句云:

清名即是长生诀,当世应无未见书。何处见君常觅句,小阑干外夕阳疏。"

张金吾,字月霄,在编辑《金文最》时,曾至鲍廷博知不足斋访过书。黄廷鉴《读知不足斋赐书图记》云:"乌镇之有知不足斋藏书也,衰章特赐褒题,其储藏之富,甲于江浙,而尤为稀世之籍、人不得见者《图书集成》在焉。……张月霄以未读鲍氏赐书为恨。经娄东张明楷椒卿介绍,许假馆乌镇,次第借读。月霄欣然,遂于己卯闰月,买舟招余同往,居停于镇之南宫道院,日自斋中载五六百册分编披读。初暑,挥汗如雨,日暮蚊虹四集,烧烛继暑,目为之昏,不恤也。凡六日而毕。……是役也,月霄得金文二十篇。"短短数行文字把张月霄至知不足斋读书的情形描写活了。从中既可见鲍廷博慷慨允借、鲍张二人之交谊,亦可见张月霄与其师黄廷鉴为编辑网罗金代文献,着力之勤、翻检书籍之苦。

鲍廷博也是清朝修撰《四库全书》时献书最多的图书馆学家。乾隆三十七年(公元1772年),清高宗开馆往求天下遗书,网罗数百名文人、学者在皇宫中整理这些书籍。搜罗天下秘籍遗书成为各地督抚的主要任务,命令传到杭州,素以藏书最精的知不足斋主人鲍廷博就命令儿子鲍志祖(字士恭)检取斋中藏书六百二十六种,通过浙江学政王杰送呈四库馆。鲍廷博是数十个向朝廷献书的藏书家中献书最多的。翁广平说他"竭力购求典籍,皆收藏家所罕有者。乾隆间献书,先生聚家藏善本六千余种,命长子士恭隶仁和县籍,进呈乙览。先生之书大半宋元旧版、旧写本,又手自校体,一无讹谬,故为天下献书之冠"。经过选择,《四库全书》著录鲍氏藏书三百七十八种,三千五百八十一卷,经部书极少,仅十种;史部书亦不多,才六十一种;子部、集部书最多,分别为一百三十八种、一百六十九种。由此可见,鲍氏藏书注重子、集两部书,而不重经、史,这是与当时清代重视经史考据之风相违背的,故其藏书多为实用、有用之书。献书最多者,受到朝廷嘉奖。乾隆皇帝嘉奖献书者的办法:书百种以上者,命择各家最精醇的一种供皇帝亲览,题诗一首于书之首页,这在当时的封建社会被认为是最荣

幸的事；所进各书均于封面加盖翰林院印，载明年月日和姓名，录列之后，将原书发还本主。对献书最多的鲍廷博赏《古今图书集成》各一部。

《古今图书集成》分类荟萃历代典籍于一书，分为六编、三十三典，达一万余卷，堪称书城巨观。清高宗还有一个奖励的办法，就是在编撰《四库全书总目》时，就令馆臣将献书家姓名附载于著录各书书名之下，"以为稽古藏书者劝"。乾隆四十年（公元1775年），鲍廷博收到所进献的书籍，其中的《唐胭史》《武经总要》二书，有高宗题诗。所以后来鲍廷博的《知不足斋丛书》的第一集第一册即《唐胭史》，首页即把高宗的诗刻在上面，诗云："知不足斋奚不足，渴于书籍是贤乎？长编大部都皮阁，小说危言亦人厨。"

乾隆四十五年（公元1780年），清高宗第五次南巡，鲍廷博亲到杭州"迎鉴献颂"，乾隆赏给他大缎两匹，后来又收到赐予的《伊犁得胜图》《金川得胜图》等。乾隆还把内府藏书的地方题名为"知不足斋"，其《内府知不足斋诗》云"斋名沿鲍氏"。鲍廷博收到《古今图书集成》后，专门修了赐书堂来收藏。堂有三楹，分贮四大厨。

辟堂后三十年，鲍廷博请翁广平撰写了一篇《赐书堂记》，载于《听莺居文钞》卷八中。

鲍廷博献书受朝廷多次嘉奖，感恩戴德，思以图报。又以古人书籍，历代均有散佚，当思所以永久保存的最好方法。于是，他就决定刊刻丛书，"遂以所藏善本，付之梨枣，谨以《唐胭史》冠诸首。朝夕雄校，寒暑不辍，数十年如一日"。

鲍廷博自乾隆三十四（公元1769年）年刻明代邝露的《赤雅》三卷始，至道光三年（公元1823年）刻三十集止，前后经历五十余年，刊成《知不足斋丛书》共三十集。这是清朝最有名、影响最大的一部丛书。可以说，它堪称丛书之典范，不但聚数百种珍本秘籍于一书，而且，集传统刻书的优秀方法于一身。

鲍廷博以一介布衣，所刻丛书深受朝廷重视。至嘉庆十八年（公元1813年），嘉庆皇帝向赴浙江任巡抚的方受畴询及鲍廷博丛书刊刻的情况。方受畴一赴任，即派乌程县令彭志杰过问。鲍廷博回答说正在续刊二十六、二十七、二十八集，并献上已刻竣之二十六集。

嘉庆十八年六月二十五日，嘉庆皇帝发布谕旨说："鲍廷博年逾八旬，好古绩学，老而不倦，著加恩赏给举人，禅其世衍书香，广刊秘籍，亦艺林盛事也。"鲍廷博垂暮之年得举人称号，珍视为"旷世之稀"，于是更加发愤刻书，"急欲刊竣二十七、二十八两集，亲自校对。二十七集将刻成，忽患心痛，自知不起，命士恭继志续刻，无负天语褒奖之意，言乞而卒"。

鲍廷博卒后，二十七、二十八集由其子鲍士恭刊成，二十九、三十集由其孙鲍正言刊成。全书三十集，每集八册，共二百四十册，刻入书籍二百〇七种，七百八十一卷。首集有卢文昭、朱文藻、单熠所撰序及鲍廷博撰自序和凡例。第二十五集一百九十三册于《履斋示儿编》之前又刻入顾广忻所撰序一篇。

鲍廷博所刻，除《知不足斋丛书》之外，尚有其他零星的书，现在中国科学院图书馆还收藏有《鲍刻六种》两函十四册，有《曲消旧闻》十卷、《五经算术》两卷、《蛮书》十卷、《金石史》两卷、《唐网史》两卷、《云谷杂志》五卷。这些书也都刻入了丛书。丛书皆为袖珍本，取读方便。这些书均为高册大典，但刻印极精雅，纸黄墨黑，字体清秀，俨然有宋元本之遗风，堪称善本。

鲍廷博为刻好丛书，可以说倾尽了自己一生的心血、精力和全部财产。他对什么书该刻、什么书不该刻，什么书有价值、什么书无价值等都经过了严格的筛选，正如他在《自序》里说："惟是，每刻一书，乐与同志悉力校勘，务求完善。"

顾广忻说："鲍以文，收储特富，鉴裁甚精，壮岁多获两浙故藏书家旧物，偶闻他处有奇文秘册，或不能得，则勤勤假钞厥副，数十年无懈倦。其

称说一收，辄举见刻本若钞本、校本凡几，及某刻本如何，某钞本如何，某校本如何，不爽一二也。每定一书，或再勘三勘，或屡勘数四，祁寒毒暑，舟行旅舍，未尝造次铅椠去手也。其于校书有如此者。"

徐康也曾在《前尘梦影录》卷下说鲍廷博有一个习惯，即使睡在床上，也在不停地琢磨校雠书籍的事，"夜间偶有所得，即起书之。或校勘秘籍，夜凡三四起不厌"。由此可见，鲍廷博校书之勤、对待刻书之严肃认真的态度。

《知不足斋丛书》一百五六十年来之所以享有盛誉，为学者赞不绝口，是因为它本身具有一些值得人们赞誉、钦羡的特点。

首先是精于选择。刻入《知不足斋丛书》的各书均经认真选择，大都为世间难觅之书，有向来藏书家仅有传抄而无刻本者，有时贤先辈撰著脱稿而未流传行世者，有刻本行世久远而旧本散亡者，有诸家丛书编刻而讹误脱略、未经人勘正者。比如苏轼之子苏过的《斜川集》，南宋以后流传已寡，清康熙年间曾下诏索求此书而未得。据王士祯《香祖笔记》载，"康熙八年，闻有书商以此书索价二百金有奇，惜未得见之，其存佚今不可知"。渔洋曾悬金购求真本，以与三苏文集并行，亦未如愿。但是，自元末以后，书商以赝本流传欺世，"东南士大夫，家置一编而觉"。

直到乾隆四十六年（公元1781年），赵怀玉等人在翁方纲家里集会，"修东坡先生生日之祀"，翁氏出示此书，系从《永乐大典》录出。六年之后，鲍廷博让赵怀玉校勘是书，刊入《丛书》之中。法式善在《斜川集补遗序》里说，赵怀玉"喜其沉晦六百数十年之久，一旦创获，尉藉愉快，遂独任制删役。是书厘为六卷，鲍氏与有力焉。《斜川集》乃克流播艺林，而谢幼槃之《竹友集》、刘改之槃之《龙州集》，皆还旧观，世称快事"。

后来，法式善充全唐文馆总纂，检校《永乐大典》，复得苏过遗诗五十三首、文十五篇，勒为两卷，是为《斜川集补遗》。这样的例子在书中比比皆是，举不胜举。许多罕见之书，流传绝少，甚至将绝于世，被鲍廷博通过各种方法网罗而来，刻入《丛书》之中。

其次是慎于校雠。鲍廷博在《凡例》里说:"每刻一书,必广借诸藏书家善本,参互校雠。遇有互异之处,择其善者从之;义皆可通者,两存之;显然可疑而未有依据者,仍之,而附注按语于下,从未尝以己见妄改一字。盖恐古人使事措辞,后人不习见,误以致疑,反失作者本来也。详慎于写样之时,精审于刻竣之后,更番铅椠,不厌再三,以期无负古人。"

由此可见鲍廷博刻书的认真负责精神。例如,宋代孙奕的《履斋示儿编》,鲍廷博得明潘方凯重刻本,是书"疏于校勘,讹谬百出"。于是,他就先请卢文弨、孙志祖互相雠勘,"尽扫乌焉之误",继而,熟精选理的徐鳗、精于音韵学的钱馥又各出所长,以资参考,继而,顾广圻又得到茶梦散人(即姚舜咨)的手抄本,进一步"反复勘定,不使少有遗憾"。最后,终于使书"精神焕发,顿还旧观"。

又如,陈鹄的《耆旧续闻》,由于辗转传抄,脱误甚多。鲍廷博号家藏两本,又从归安丁杰、吴郡吴翌凤借得两抄本,相互参校,才使之可读,刻入《丛书》。又如,蔡绦的《铁围山丛谈》,传本错讹满纸,几不可读。鲍廷博用秦氏雁里草堂旧写本和张氏涉园藏本互相参校,又用其他书校证,使之成为一个较好的本子。凡此种种,几乎无书不是如此。

再次成于众力。《知不足斋丛书》规模如此之大,刻印、校雠如此之精美,鲍廷博虽富于资本,以一人之力成之,亦是不可能的,只有求助于众人,方为可能。鲍廷博在《凡例》里说:"廷博一介寒士,囊橐易尽,而刻书之志无已时。是编经营,已半藉同人之力。兹后尚望爱我者,慨然将伯之力助,稗得丛编嗣出,津逮无穷,实古哲先灵所并手称庆者也。"

他求助于人者,一是希望别人出资刊刻,比如上面提到的《履斋示儿编》,就是袁廷祷之外甥贝墉助资重刊而成;二是希望藏书之家不惜借给家藏善本,"多方因缘寄示,稗成完书";三是请求一些著名学者帮助校雕各书。

《知不足斋丛书》还有其他一些特点,比如,竭力搜求一书之全本,即便一时搜求不到,亦在不全本之后赘以短语,征刻于天下。书中网罗多为唐

宋元人待绝、将绝之书，多为史部、子部、集部及经部小学一类之书，多为实用之书，多为他人所不注意搜罗之书。古代科技书本就不少，刻书不惜工费，务求其精、其善、其雅。此外，《知不足斋丛书》还刻入了从日本得到的数种书，关系中日文化交流甚巨，予拟撰专篇介绍之。《知不足斋丛书》在当时影响巨大，评论者众。吴翌凤认为它"得本之精，雠校之审，视毛氏有过之无不及者"。

鲍廷博暮年的情形，记述者甚少，仅见戴光曾一跋，叙述其详。戴光曾于嘉庆十八年（公元1813年）五月与七月分别见到鲍廷博，此时鲍廷博已年高八十六岁，恰受朝廷给予的举人之赐。虚掷之名无济于事，鲍廷博依然穷酸不堪，一片狼狈。

戴光曾在《宋国史秋堂公诗集》一书所写跋文中说："余与鲍丈禄饮交二十余年矣。余之性爱古书及搜罗前人秘籍，与禄饮讲习讨论，每得异书，彼此借钞，相与传观、订正以为乐。泳饮年老贫病，且有家累，不通音问经年矣。癸酉五月十日，忽偕夏君俨过余，形神枯槁、索然意尽。新患头疽虽愈，而窘态日甚，心计日粗。询以近况，自云生以书为命，今开卷辄忘，精神不能检束，藏书已散，不复向此中讨生活矣。余闻之酸鼻，送之去。因检禄饮归余之书及借钞之本，内有二册系禄饮手校前人遗集，久假未归者共四种。此《秋堂集》则余已录之副本也。既叹禄饮老境之衰，兼惜秘书之不可再得，因附记于此。松门戴光曾。"

又跋记短语云："嘉庆癸酉七月，禄饮忽奉旨恩赏举人，此异数也。晤于省垣，老病初愈，后福正未有艾。光曾又识。"而鲍廷博于《竹素山房诗集》亦有一跋，所述略同，唯有"所藏之书，半为不肖子孙变卖"，较戴光曾的跋中"藏书已散"更为具体。

知不足斋藏书在鲍廷博生时就已不断散出。为了刻书，他不得不卖出一些书，其中有不少珍贵的宋元本，以黄丕烈士礼居、汪士钟艺芸书舍所得为多。乾隆五十六年（公元1791年）冬，鲍廷博生活的地方发生水灾，藏书毁弃了一部分。至道光、咸丰年间，所藏抄校诸本归于仁和劳氏、归安陆氏、杭州丁氏等。唯其在杨树湾所建的赐书楼所藏《古今图书集成》一万余卷，大概子孙不敢变卖，又幸处乡间僻壤，未遭兵变，依然保存如故。至光绪六年（公元1880年），太平天国革命平息之后，浙江巡抚茶陵人谭钟麟修复文澜阁，恢复《四库全书》之藏时，由鲍廷博的曾孙鲍寅"缴呈贮阁，以资宝守"。楚弓楚得，赐书最终奉还于赐书者，如此而已。

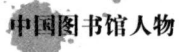
中国图书馆人物

清朝的黄丕烈

黄丕烈（公元1763—1825年），字绍武，又字绍甫，号荛圃，吴县（今江苏苏州）人氏。他生活的年代，正是清代学风日盛的乾嘉时期，经济繁荣，文化昌盛，读书、藏书、刻书活动十分活跃。黄丕烈从二十多岁开始藏书，一直到他去世，共收藏了大约二百多部宋版书和上千种元、明刻本及大量的旧抄本、旧刻本。黄丕烈二十六岁（公元1788年）时，考取南京举人，三十九岁（公元1801年）入都，后归故里。他一生酷爱古本书，不仅喜欢读书、买书，同时还校书、刊书。黄丕烈藏书在乾嘉时期的影响很大。中国古代文人好以"虫"自比，有两种虫最为人所称颂。一种是"鞠通"，古琴中的蛀虫；一种是"脉望"，古书中的蛀虫。黄丕烈就自称"书虫""书魔""痴绝"。

黄丕烈毕生致力于古籍的收藏和整理研究，不仅在藏书质量、数量上达到了前所未有的高度，更在书目题跋、校勘考订、刻书事业、藏书文化的推进和传播等各方面皆达到了一个承前启后、继往开来、奋力进取的时代。黄丕烈一生似乎只做关乎书的事，那就是访书、购书、读书、校雠。晚年的黄丕烈生活窘迫，但他无怨无悔，在玄妙观旁开滂喜园书籍铺，实行以书养书的战略，仍然洒脱地做他的"书奴"。他的藏书斋室有百宋一廛、士礼居、求古居、陶陶居、读未见书斋等。他是清代著名的图书馆学家、目录学家、校勘学家、出版家。晚清时期的图书馆学家叶昌炽在《藏书纪事诗》中对黄丕烈的评价非常高，他说："乾、嘉以来藏书家，当以先生为一大宗。先生自号荛圃，或题荛夫，亦曰老荛，乙丑病瘳，自署复翁，亦曰复初氏，亦曰复见心翁，陈拙安为镌一阳更生印，又号廿止醒人，五十后号知非子，晚年又自号抱守老人。"而陈澄源在《古今典籍聚散考》中对黄丕烈藏书评价更高："其藏书之富，为当时东南之人能与之匹敌。"

黄丕烈在少年时期也如众多读书人一样，走上过一条科举考试的路。乾隆五十三年（公元1788年）中举，之后多次赴京赶考都失利，失望之余他追求功名之心逐渐淡化了下来。嘉庆六年（公元1801年），最后一次科举考试铩羽断绝了他金榜题名之望，从此一心投入觅书、藏书、读书等活动之中，寻找到了新的精神家园。黄丕烈远离庙堂之上争权夺利的喧嚣，将生活乐趣、人生理想都托付给书籍。从二十八岁开始，他关注并校读善本古籍，从校明翻宋刻本《国语》六册开始，到六十三岁去世，三十五年的坚守，寒冬暑夏，全身心地投入藏书活动。

黄丕烈以孙从添的《藏书纪要》作为自己藏书活动的指南，以毛晋父子的《汲古阁珍藏秘本书目》和钱曾的《读书敏求记》作为藏书与访书的手册，并总结收书原则"不善不收，遇善必收"。黄丕烈收书范围十分广泛，经史子集四部之书，只要在他看来有一定收藏价值，无不欣然收藏。"余所藏唐人文集极多，非旧刻即名校名抄，不下一二百种。""余藏宋版唐人集亦甚，多载《百宋一廛赋》。""余于元代艺文颇多搜罗。""余蓄元人集颇富。"明初的诗文集也是黄丕烈收藏的重点。"明初人集偶见即录，故所收不下数十种。"另外，"余于地志之书，素所宝爱，不独吾郡之旧志为留心搜访也"。对于当时藏书家所轻视的方技之书，他也很注意收藏。"莫谓方书杂伎无足重轻，倘药品缺少分两，差池致病，罔效，犹诸经典缺误处，足以妨事，所系岂浅鲜哉！"他藏此类书颇多。黄丕烈酷爱古书，很少收藏当时的通行本。据《黄丕烈年谱》载，乾隆六十年（公元1795年），苏州著名藏书家、校勘学家黄丕烈"就葑门天宁寺，作荐先道场"。天宁寺内的藏经室尽管规模

不大，但也藏有一些较有名的佛经。黄丕烈得知后，便通过朋友与寺内方丈取得联系。方丈对黄丕烈慕名已久，双方当然相见恨晚。清茶一杯，大家切磋佛理，交流甚欢，互相赠书更被传为佳话。寺内的佛经，为黄丕烈藏书和校勘典籍提供了不少宝贵的资料。道光元年（公元1821年），黄丕烈之友尤兴诗在《梦境唱和诗》中记载"飘然一叶水云涯，夜半寻诗梦到家。家有藏书三万轴，独留只眼不昏花"，可以推测黄丕烈藏书约三千种、三万卷左右。

黄丕烈一生大都居住在苏州，先后搬家数次，居所斋名亦多有变化。他早年居所在城南昭明巷，室名曰"养恬书屋"；三十三岁时，昭明巷旧居失火乃迁至新居王洗马巷。是年，购得宋代严州刊本及宋景德官刻本《仪礼》两种，因《仪礼》又名《士礼》，内有《士冠礼》《士昏礼》《士相见礼》诸篇，为志其盛，因此，更名王洗马巷新居为"士礼居"，又取名"联吟西馆""荛圃"；书室名曰"小千顷堂"。嘉庆七年（公元1802年）十二月，四十岁的黄丕烈再次举家迁居到城东悬桥巷。城东书肆汇聚，仅玄妙观前，便有书肆十余家，所以城东悬桥巷便成了黄丕烈迁居的首选之地。四十四岁大病一场后，他更号"复翁"。黄家几经搬迁，曾有藏书室"养怡轩（养怡书屋）"，他在《扬子法言十卷》跋中曾言，"吴郡棘人黄丕烈题于养怡书屋之北窗"。"养怡"二字正是黄丕烈所追求的那种怡然读书的生活氛围。另有室名曰"红椒山馆"，学者陈鸿寿曾有"红椒绝凡艳"句，黄丕烈因名其室曰"红椒山馆"，这是他又一次与朋友一起把酒谈书时即兴所得。在其题跋记中还提到的有：影宋本《永嘉四灵诗四卷》跋中写道"黄丕烈书于太白楼"，《宋刻颜氏家训》跋中写"嘉庆五年冬十一月小寒后二日，炙研书于联吟西馆之南窗"，校宋本《砚笺四卷》跋中写"辛未秋七月中元前二日书于学耕堂"，影元抄本《续宋中兴编年资治通鉴十五卷》跋中写"道光乙酉花朝后一日书于见复居"，旧抄本《契丹国志》跋中写"嘉庆己卯孟秋白露前一日，识于县桥小隐"。其中的太白楼、联吟西窗、学耕堂、见复居、县桥小隐等都是黄氏的藏书处所别名。这些室名斋号或据其住处所拟，或与自然景观有关，由此可见黄丕烈聚书、藏书、读书的怡然自得。

在将近四十年的藏书生涯中，黄丕烈"无声色犬马之好，惟以收书为喜，以藏书为乐"。在放弃追逐功名之后，他的生活几乎都围绕着"藏书"展开。同时，多年科举生涯以及所遭受的一些家庭变故，又使他面对世事都能淡然处之，"世事皆淡，惟此几本破书尚有不能释然者"。他曾以东晋隐士陶渊明来聊以自慰："避暑西斋，日读一卷。卷中诗句多有与余趣向适合者，览之颇为快意。其七言律中，《访赵升卿诗》一首，第五、六句云：田园自乐陶元亮，乡里多称马少游。余拍案叫绝，此石屏先生为我晨钟之觉也。二十年前余方辞县令归家，以为志愿如是，石屏之书已先我言之矣。非敢谓有田园之乐，为乡里所称也。"黄丕烈享受着与书为伴的乐趣，颇有陶渊明"采菊东南下，悠然见南山"之乐。

黄丕烈还有"结翰墨缘"印章一枚，其中饱含黄氏和古书珍籍结缘的满足之情。另外，他还开创了"祭书之仪"，即每年除夕邀书友一起举行很隆重的祭书之会，各书友可以借此机会欣赏其珍稀藏品，交流藏书心得。这种行为充分体现了他对书的尊崇，同时也可看出他儒雅风流的性格。顾千里曾为黄丕烈作《士礼居祭书分得"书"字》诗云："归家倏忽岁将除，折简频邀共祭书。君作主人真不忝，我称同志幸非虚。故事还应永率初。更愿齐刊刊舍奠，每陪醑酒与羞蔬。"

另外，黄丕烈有一枚闲章"且还读吾书"，出自陶渊明《读山海经诗一首》"既耕亦已种，且还读吾书"，其中之洒脱和淡泊不言而喻。他还有闲章"书魔"一枚，极其直白地表达了他对书的痴迷。他视书籍为无价之宝，不惜钱财去聚书，他说："余之惜书而不惜钱，其真佞宋耶！诚不失为书魔云尔。"尤其是面对自己所喜好的书籍，几乎到了"求之不得，寤寐思之"的地步。他在提到以白金一百二十两得到一部宋朝余仁仲校刻的《公羊解诂十二卷》时说道："余务在必得，惜书而不惜钱物，书魔故智有如是者。"叶昌炽在《藏书纪事诗》中对黄丕烈的评价也正是如此："翁不死时书不死，

似魔似佞又如痴。"后来现代著名作家、文学大师孙犁在其读书时,也仿照黄丕烈题跋的做法,在书衣上撰写读书心得,这就是后来的《书衣文录》。他在《谈读书记》一文中也写道了黄丕烈对书的痴迷:"我最感兴趣的是黄丕烈的《士礼居藏书题跋记》。黄是藏书家,以藏有百种宋版书而著名。他所藏书,也远远不限于宋本。他对书有一种特殊的感情,好像接触的不是书,而是红颜少女。一见钟情,朝暮思之,百般抚爱,如醉如痴。偶一失去,心伤魂断,沉迷忘返,毕其一生,给人一种变态的感觉。这种感情,前代不能有,后代也不能有,只有他那样的时代,他那样的生活,既不能飞黄腾达,又不甘默默无闻,才会有这样的心境和这样的举动。"

黄丕烈藏书十分注重书籍的古稀版本,尤其对宋本书,只要遇见,必竭力营求。其好友王芑孙在为其所作的《陶陶室记》中说:"今天下好宋板书,未有如荛圃者也。"蒋氏赐书楼中藏有宋刻《三谢诗》,黄丕烈专程前去索观,却没有见到真本,甚感遗憾。后有书商携书来,竟每叶索值白金二钱,他以为虽是宋刻,"亦贵之甚矣"。并由此感叹宋刻本的罕见和珍贵:"顾念余生平无他嗜好,于书独嗜好成癖,遇宋刻苟力可勉致,无不致之以为快,况此书世间罕有,存此宋刻,差足自豪。钱物可得,书不可得,虽费当勿较耳,岂特也是翁宜有是言哉!"黄丕烈专为宋版书而建的藏书室也广为人熟知,即"百宋一廛""求古居""士礼居""陶陶室"等。"百宋一廛"专藏宋版书,"喜藏书,购得宋刻百余种。学士顾莼颜其室曰'百宋一廛'"。又嘱陈鸿寿刻"百宋一廛"白文长方印一枚。后又于嘉庆二十三年(公元1818年)新建"求古居",也收藏宋版书。姚伯岳在《黄丕烈评传》中推测,"可能是由于百宋一廛空间有限,而黄氏收藏的宋版书数量日增,于是黄丕烈便将后来新收的宋本书分放在求古居收藏,或者可能是将宋本书统统集中存放在求古居中。"另有室名"士礼居""荛圃得仪礼宋板注疏各一本,因以'士礼'颜其室",而"陶陶室",则因他先前已有毛晋旧藏北宋刻本《陶渊明诗集》,"又得虞山毛氏藏北宋本陶诗及南宋本汤氏注陶诗,喜出望外,因名其室曰陶陶室。""后辍赠人,又收得一宋本,改颜曰'陶复斋'。"道光三年(公元1823年),黄氏于古董铺获宋刻唐人《碧云集》和《李群玉诗集》两部,"携归,即命三儿寿凤镌小印碧云群玉之居,钤于长笺短札,自谓得少佳趣"。诸如此类,由宋本书而引发的人文雅事在黄氏题跋记中屡见不鲜。如宋刻本《冲虚至德真经》八卷跋中记载,书船郑辅义携宋刻《列子》两册求售,黄氏连夜校读一卷,知是善本,却因索价太高而没有立即买下。然而,当其知道书友顾抱冲也指明索要此书时,虽重新议价仍未果,却也买下。"余虽知是书之贵,明为余与抱冲争购之故,然此爱书之私,终不为所夺,在余亦自笑其痴呆耳。"还有"佞宋主人""宋廛一翁"等印章,皆显示出了他"独嗜宋刻"的藏书爱好。"佞宋"典故出自钱曾《述古堂藏书目》序,"佞宋主人"的称号则出于顾千里为其所作《百宋一廛赋注》一文中:"佞宋主人,搜求经籍,鸠集艺文,深识妙览,博学赡闻。"

  黄丕烈每次得到宋本古籍,就要绘画征题,凭窗静坐,书香四溢,珍爱的善本,在留存着先人遗泽的旧抄旧刻上,书写自己的心情,极风雅盛达。黄丕烈喜爱宋版书,很大程度上是因为"明人喜刻书而又不肯守其旧,故所刻往往戾于古",而宋本也确实值得珍爱。黄丕烈也不是盲目喜爱,"尧圃非惟好之,实能读之,其于版本之先后,篇第之多寡,音训之异同,字画之增损,及其授受源流,缙摹本末,下至行幅之疏密广狭,装缀之精细敝好,莫不心营目识,条分缕析"。黄丕烈几乎是耗费了一生的精力去求购宋本书,再加上他勤于校刻,因此使不少宋刻孤本残本得以流传下来。这在中国文献史乃至文化史上的贡献都是不可磨灭的。

  黄丕烈所藏书籍不仅因版本精致而被后世推崇,而且还在于其藏书数量之大、范围之广。姚伯岳在其著作《黄丕烈评传》中,通过对所搜集到的黄氏题跋及其好友留下的诗文进行分析,"从各方面综合来推断,黄丕烈藏书约近三千种、三万卷左右,这个估计当是不会与实际情况差距太大的"。而黄丕烈藏书范围更是经、史、子、集无不涉及,他还特别重视收集同一古书

的多种版本。他有书斋名为"读未见书斋""余喜蓄未见书,故向以'读未见书'名其斋,而自后所获亦未见者多"。然而,黄丕烈对"未见书"的定义,不仅仅是表面意思,"凡书之未见者,非真未见也。或当时有之而后世无传焉,或某家有之而行世实鲜焉,此皆可以'未见'目之"。可见,他是针对书籍内容和版本两方面而言的。因此,正如黄丕烈所认识到的,"读天下书未遍,不可妄下雌黄,且人才识有限,安得读尽其书"。黄丕烈据此书斋所刻的印章有"读未见书斋""读未见书斋收藏"等。另有藏书室"学山海居",专门收藏词曲类书籍。"余藏词曲富矣,故拟颜其所藏之室曰'学山海居',取汲古称李中麓'词山曲海'之意也。"他所收藏的这类书籍,也都是极其珍贵的版本,包括元代刊本《古今杂剧》三十种、《琵琶记》一种;明代刊本《古名家杂剧》《元人杂剧选》若干种;藏书家赵清常脉望馆抄补、何小山手校、曾经钱曾也是园收藏的明刻本《古今杂剧》六十六册。其中明刻本《古今杂剧》六十六册后来一度不知去向。1938年5月,这批书被再度发现,郑振铎称这一发现仅次于敦煌石室与西陲的汉简的出世,并斥九千大洋巨款购买,为国家保存了这批古籍。

在黄丕烈所藏书籍中,很多都有多个版本。如《博雅》一书有宋本、明刻本、影宋本等,《国朝名臣事略》有抄本、旧抄本、元旧抄本、澹生堂抄本、影抄宋本等。黄丕烈"喜蓄重本"是为了校勘之用,"余最喜藏书,兼购重本,取其彼此可互勘也"。而且,他主张收集多个版本来同校一本书,"且书必备储本,凡一本即有一本佳处,即如此,固多讹舛矣,而亦有一二本处为他本所不及,故购者必置重沓之本也"。

同时,对于多个重本而言,哪个版本最佳,他也有自己独到的见解。虽"独嗜宋刻",却不唯宋刻是之。"无宋刻,则旧钞贵矣!旧钞而出自名家所藏,则尤贵矣!"由于抄本居多,故"抄本又必求其最善者,故一本不已又置别本也"。在长期的藏书生涯中,黄丕烈形成了一套自己的校勘学思想方法,这与他广见博闻的学识以及所拥有的藏书量是分不开的。

黄丕烈有一枚闲章"荛圃卅年精力所聚"，其中饱含的是他藏书聚书的艰辛和困苦。对于自己喜爱的图书，他向来是"惜书不惜钱"，一定会想尽各种办法去得到，就算是残缺破损的书籍，也不例外。他甚至会特意去收集这类"残篇断简"，并想方设法去补齐残缺，故其聚书愈加的不易。"宋本书籍难得，得宋本而又残缺不全，以校时刻，卒难完善，岂不可恨！"基于他在藏书中的这个爱好，黄丕烈自称为"抱守老人"。在他的题跋中也经常可以看到他因所收图书的残缺而表达的遗憾之情，或因自己收集到了有价值的珍贵残缺本而一再强调"抱残守缺"的重要性。黄丕烈先前藏有韦庄《浣花集》三部，后来又得一种宋刻本，然而却缺少序目和前三卷，但之前的影抄本正好可以补全宋刻本的缺失，由此他十分的欣喜："故余佞宋，虽残鳞片甲，亦在珍藏，勿以不全忽之。"嘉庆十七年（公元 1812 年）黄丕烈五十寿辰之际，他的挚友周香岩赠予他残宋本《姚少监文集》，皆因他已收藏有残宋本《刘长卿集》和《刘禹锡集》。这三部文集都是宋刻，并有"翰林国史院官书印"，而所藏中还有《孟浩然集》和《孟东野集》，与此本都是同一版式，因此这部宋刻本对于黄丕烈来说十分珍贵。他在感激周氏赠书厚意之余，还不忘提醒道："后之得是书者，幸勿以其不全而忽之。"黄丕烈还收藏过一部元刻残本《乐府阳春白雪》，但只有其中两卷，因后来得到影抄原本十卷，才将其补全，"虽残本，苟旧刻"。后又阐明其收集残卷的原因："于片纸只字皆为之收藏，非好奇也，盖惜字耳。往谓古人慧命全在文字，如遇不全本而弃之，从此无完日矣，故余于残缺者尤加意焉。"

"敬惜字纸"是我国自古流传下来的观念，黄丕烈这一"抱残守缺"的藏书思想以及"网罗散失"的聚书行为，为我国保留下来大量的珍贵古籍。他还根据自己所藏，编撰了《所见古书录》《百宋一廛书录》《求古居宋本书目》和《百宋一廛赋注》四部版本目录。这四部书目不仅揭示了黄丕烈的藏书情况，同时也是其目录学思想的宝贵结晶。

学者王子霖曾在他的《王子霖古籍版本学文集：古籍善本经眼录》一书

中记载过黄丕烈的多枚藏书印，如元刊本《图绘宝鉴》五卷每册首均有"荛圃过眼""荛圃""黄丕烈"印；清集抄本《春渚纪闻》卷一有"士礼居藏"白文方印和"荛圃手校"元朱方印；明刻本《孟东野诗集》十卷有"荛翁藉读"方印；宋嘉定刊本《洋注周美成词片玉集》十卷中每卷都有"士礼居""丕烈""荛夫"诸印；顾子山家藏宋刊《挥麈三录》三卷有"士礼居""黄丕烈""荛圃""黄丕烈印""复翁""求古居"等印；宋本《唐女郎鱼玄机诗》一卷书端有"百宋一廛"印。另外，在王子霖的《王子霖古籍版本学文集：日记、信札及其他》中记载海源阁流失的六种善本书情况中，也多有黄丕烈的藏书印章。

勤于校刻，是黄丕烈藏书活动的重要特征，以上所列的印章多是他校读时留下的。他在校书时，有一套自己的校读方法或习惯，不仅皆根据善本进行校对，而且还收集多个版本汇校一本书，因此后人称叹："古书一经黄丕烈校勘，便成善本。"尽管如此，黄丕烈也时常感叹校书之难，"唯是校书如扫落叶，他卷之陆校证以余藏之宋刻，有脱至一句者，安知余所据之卷不有类是者耶"？因此，"书必真本为上，其次从真本手校乃可信"。他所认为的善本，"不必定以宋元本为可宝也，明刻之可贵不亚宋元"。可见他虽"佞宋"，但并不排斥有比宋本更佳的元、明版本，认为宋本也不一定全是最佳的。

他说："余喜蓄书，兼蓄重出之本，即破烂不全者亦复蓄之，重出者取为雠勘之具，不全者或待残缺之补也。"

黄丕烈自己也勤于抄书，他有一枚闲章"入门僮仆尽抄书"，点明他雇有多名专门为他抄书的"童仆"，其中不乏文化素养较高的人士。据姚伯岳考证，有书法极好并专以抄书谋生的张泰替他抄书，顾千里、陆奎在他家时，也曾代他抄书，甚至他的亲友都被委以抄书重任。

黛玉葬花，世人皆知。丕烈祭书，同样是千古美谈。等到了除夕，黄丕烈就把一年辛辛苦苦搜购来的秘本图册供奉于读未见书斋中，邀请吴地的文坛耆宿们参加他这独有的祭书大典。我们可以想象这样充满诗意的场景：祭桌上摆满了精心的古籍善本经史子集，下面用果品及自酿的米酒供奉，黄丕烈率领一圈子爱书的亲朋好友行叩拜之礼。此时的书斋，万卷琳琅，演化成最富于文化意味和学术精神之所，清风雅致的现场对传扬家学、感受家风、抒怀友情、触发文思具有特殊意义。礼毕，大家一起细啜慢饮，品评诗赋，尽享其乐，宾主欢愉。书林美谈将中国古代文人惜书、爱书、敬书、藏书的优良传统发挥到极致。

写在书籍、碑帖、字画等前面的文字叫作题，写在后面的，叫作跋，总称题跋，内容多为品评、鉴赏、考订、记事等。书籍跋是书家跋于书籍（包括文集、诗集、题跋集、书画录、史论等）之后的文字，相当于"后记""后语"之类。文虽简短，却常常具有史料和艺术价值。对于藏书界来说，"黄跋"就像阿里巴巴藏宝洞中的芝麻开门，已经成为古籍善本收藏界的一个专门术语。黄丕烈习惯于为他所收藏的古籍善本一一撰写题跋，这些题跋有九百篇以上（一说有千余篇），至今已有八百一十四篇被后人多方搜集，编辑成为极富价值的版本目录。光绪八年（1882年），代表他版本学成就的藏书题跋，才第一次被搜集出版，这就是《士礼居藏书题跋记》。

遥想当年黄丕烈神游在古版经典之中，两耳不闻窗外事，一心只读古典书，那是何等的逍遥自在、其乐融融。他将题跋的写作当作全面表现自己一生活动的一种文体和形式。他的家庭、儿女、日常生活、藏书生活、学术观点、学术活动、好友交游乃至诗作，都不遗巨细地出现在他的题跋中。他的题跋不仅保存了大批珍贵的版本学资料，同时也是我们研究他本人生平、思想和建树的主要参考文献。经他拣选、题跋过的古籍，即使不是宋元佳椠，也因跋文中丰富的藏书故事、严谨的学术考证以及版本自身的稀有性而受到后人珍视，故有"黄跋"之称。早在嘉庆年间，黄氏藏书刚刚散出之时，凡有"黄跋"者，每册价格就比未经题跋的贵上十金。历经战火及文化劫难，散落民间的"黄跋"早已稀如星凤。按现代确定的善本古籍定级标准，凡有"黄跋"之书，即可列入一级古籍善本。

黄丕烈曾被误解所藏书不喜外借,实际上,他对藏书借与不借有自己的看法。他说:"昔人不轻借书与人,恐其秘广也。此鄙陋之见,何足语于藏书乎生爱书如护头目,却不轻借人,非传之广也。人心难测,有借而不还,去轻视之而或致损污遗失者,故不借。"黄丕烈的不轻借与人,是爱书惜财,没有"恐秘本流传之暗心理,视藏书为私产,以独得为稀参奇,标榜博雅"等原因。对于他信任的挚友他是从不吝啬借出书的。如钱大昕,就曾从黄丕烈家借出过许多古书善本。黄丕烈的朋友王芑孙在他所撰《未定稿》书中记载"荛翁以不肯借书,见訾同好"。但是,王芑孙还是从黄丕烈那里借走过珍贵的宋版《唐文粹》,而且生动地描述了借这部书的情景:"荛翁慨然借我,损其匣而勿之惜也。""余无一之送,枉蒙破例,有足感者,题其后而归之。"黄丕烈的好友吴骞、鲍廷博、顾千里等,都从黄家借过不少古籍善本。对于确有需要而求借于黄丕烈藏书的,他也是乐于帮助的。如嘉庆元年(公元1796年),王念孙撰写《广雅疏证》一书,向黄丕烈求借影宋本《博雅》,以助其校勘。黄丕烈立刻将书付与来人,毫无吝啬之意。虽然后来该书几乎遗失,但想到这部书对王念孙学术研究工作所起的重要作用,黄丕烈也备感欣慰了。黄丕烈认为:"古人藏书最重通假,非特利人,抑且利己。如予与香岩居士为忘年交,所藏书必通假。"图书可以相通有无,借书与人,实际上是一件利人又利己的美事。再如,黄丕烈曾借给张绍仁很多书,供其临校。其中有一部元版的《辛稼轩长短句》,黄丕烈自己还未曾校勘,便已被他人购去。幸而有张绍仁先前借去校得的手校本还存在,才使得黄丕烈得以借来。"向使未经借出,而无校本之流传,则元本几成独种矣!又何从而临校耶?书此,以为借书与人者劝。"在借书与人的问题上,黄丕烈有自己的评判标准。他所收藏的大多为古籍善本书,他认为对不同层次的借书者,应区别对待,这也是对古籍命运认真负责的态度。

黄丕烈的士礼居的藏书于嘉庆末年开始散出,至道光初年他去世之前全部散尽。其书多出售给汪士钟的艺芸书舍收藏。汪氏艺芸书舍之藏散出后,又为常熟瞿镛铁琴铜剑楼和山东聊城杨以增海源阁分而得藏。他的藏书现存于国内者,绝大多数分藏于国家图书馆、上海图书馆、南京图书馆、北京大学图书馆等;流往国外的,则藏于日本岩崎氏的静嘉堂文库,此文库成了日本乃至世界上的汉学重镇。这不能不说是近代藏书文化史上的一个悲剧!

  总之,黄丕烈是清代著名的图书馆学家、目录学家、版本学家、校勘学家、出版家。他的藏书活动深刻影响着其在目录学、校勘学、版本学、出版学领域的发展。他收藏、校勘过的书,刻印的《周礼》《国语》《战国策》《舆地广记》《论语音义》《孟子音义》等书在学术研究上的价值是不言而喻的。他写的题识、他编的目录《所见古书录》《百宋一廛书录》《求古居宋本书录》等,都为我国的文化事业做出了较大的贡献。

清朝的徐时栋

徐时栋（公元1814—1873年），原字云生，后改字定字，一字同叔，因排行十三，故又称徐十三，号淡潺、淡斋，别号西湖外史，又号柳泉，且在与友人的书信往来和收藏书画中常用此号，故学者多称其柳泉先生。鄞县县城人，"先出偃壬太来者，为大宗唐光化间自衢迁台，宋南渡后自台迁明，遂为鄞县人"。徐时栋曾自言："吾徐自天台来鄞明楼，明楼之宅匆可考矣，其余大墩天封桥、新桥诸遗迹今尚存。"浙东史学派代表人物，著名图书馆学家。

徐时栋的父亲徐太茂是一位商人，在乡里大行义举，人称桂林先生，一生为地方修桥、修路、修庙三十多处，生六子，徐时栋排行第三。徐时栋少年时就读于鄞大墩故里的崇本书院，在这里打下了很好的书法功底。道光二十六年（公元1846年），三十三岁的徐时栋乡试中举后两次北上会试均无；后"以输饷授内阁中书"，两年后辞官回乡，一心读书治学。在《五十七岁小像自记》中，徐时栋形容自己："四十年来苟无；事故，吾手中未尝一日而释卷也。""文章宏深博伟，入韩柳之奥，诗亦浩落自喜，后进高材生成出其门。""四方知名之士以事来鄞者类以所学相质问，各得其意而去。主四名文坫蔓十余年。"可见其学术成就非凡。"其著述甚丰。其治经主先秦之，不傍汉、宋门户""其论经取先秦之说，以经解经，旁及诸子，引为疏证，无汉宋门户之习,考辩凿凿,可息聚讼。其论史独推史迁,班范以下则条举而纠之,多前任所未发"。这说明徐时栋的经学属吉文经学派,主张纾敏用。徐时栋治学严谨,"其为文,不能限时一字未安,不轻示人"。

甬上藏书家素来有收集乡邦文献修史志的传统,徐时栋即为其中的佼佼者。他访求朱宁波方志,得善本六种,专心校勘后,为宁波古籍整理刻印的经典。咸丰四年(公元1854年)始重刻乾道四明图经十二卷,宝庆四明志二十一卷,开庆四明续志两卷,大德昌国州图志七卷,延祐四明志十七卷,至,四明续志十二卷,合称《宋元四明六志》。《徐时栋四明六志校勘记》九卷,牌记均称"咸丰甲寅岁甬上烟屿楼徐氏开雕,版心下刻"烟屿楼校本"字。咸丰时,"欹劂告成,庋板廿载,两遭劫火,幸无缺佚。比先生修鄞志,复丐他本,命同事校之,将益整次,以成完书,而先生遽殁,复锁高阁矣"。光绪五年(公元1879年)徐隆寿诸人,由郡守宗源瀚出资出版这套方志。徐氏后人于1932年将《宋元四明六志》的板片交由浙江图书馆代为保藏。宁波由于地处东南沿海,与外国贸易往来密切,因此史上并不太平。据民国《鄞县通志之历代异族侵扰甬江流域始末记》记载,宋室南渡后国势益不振,建炎三年(公元1129年)金人来犯。随着贸易贡赋往来频繁,明代倭寇频频滋扰。清代嘉靖年间有记载的海战发生了六次。道光二十年(公元1840年)英国进犯,光绪九年(公元1883年)法兰西人入侵。而这样的社会现状也在徐时栋当时的作品中体现出来。《偷头记》即记录了英国侵占宁波府的第二年,官府鼓励百姓为反抗侵略者尽一己之力,如偷袭夷人并致命便予以奖励,一时间人人争相杀敌。同时期的叙事诗《八月湖水平》也反映了英军入侵时的社会惨状。另,徐时栋的重要著作之一《烟屿楼诗集》,也描绘了宁波城遭遇外辱时的社会现实,是研究晚晴社会的重要史料。

徐时栋这位藏书家最为人称道的便是其藏书楼虽两遭灭顶之灾,但他总能在遭遇横祸后重新站起来,将藏书事业继续下去,直至生命的末端。烟屿楼原名恋湖书楼,是由徐时栋的父亲于清道光三年(公元1823年)年建立的,

"更故宅,创五之轩,立恋湖书楼"。这里的"更故宅"可知是迁居到桂井巷,即全祖望五桂堂的所在地。徐时栋特题诗曰:"吾乡原自文明号,高阁临湖建柳汀。善写乡风吕中甫,绿杨从里读书声。"徐时栋曾著有《恋湖书楼诗余》两卷,与其同期的学者徐煜昌所著作的《四明恋湖书楼记》有这样的记述:"凭栏远眺,湖光一碧万顷琉璃,玲珑四映。凡志所称花屿、柳汀、碧止诸胜,无不争妍献媚于其前。"关于恋湖书楼何时更名烟屿楼,一些学者认为是1847年徐时栋第二次上京会试失败后,回乡决定放弃功名一心治学,因而此时把恋湖书楼更名烟屿楼。据天一阁博物馆的饶国庆先生考证,在清道光九年(公元1829年)桂林先生殁后至清道光十四年(公元1834年)这些年未见任何更名记载。徐时栋在父亲去世后编制家谱时,友徐孝犀为其作序时仍称恋湖书楼。清道光十四年(公元1834年)徐时栋亲自编撰和刻印的家谱中出现了"烟屿楼"三个字。因此更名时间应在1829—1834年之间,而非1847年。当时,烟屿楼北面是月湖书院、天一阁,东面是文昌阁,面朝月湖,读书治学环境极佳。何琳为徐时栋所作的《六十韵诗》中有"登君烟屿楼,入君神清室",可知徐时栋在烟屿楼中的读室名"神清室"。另,徐时栋著烟屿楼笔记八卷时所用印始终称"遂学斋",可见其时他治学读书的地方名遂学斋。徐时栋从父亲桂林先生手中继承恋湖书楼时,藏书约一万二千八百册,多为常见实用的图书,主要为读书治学服务,这一理念也被徐时栋继承并发扬。光绪《鄞县志》及后来的民国《鄞县通志》中记载,徐时栋条目下部称烟屿楼藏书六万,但徐时栋曾自言:"余自弱冠即好购书,二十余年,亦将十万卷。"由此可知烟屿楼藏书达到顶峰时约有藏书十万卷,多得自慈溪郑姓二老阁,其次得自范峨事、邱学敏、胡庇亭等故家藏书散出者。因"俱书籍之散佚",徐时栋先后编著了《新故书目录》和《烟屿楼书目》,并制定了《烟屿楼藏书约》:"勿卷脑,勿折角,勿唾揭,勿抓伤,勿夹别纸,勿作枕头,勿巧工装潢,勿率意涂抹,勿出示俗子,勿久借他人。"并描约刻在术章上,术章分五行竹筒式,用蓝色印泥圈。这"卜勿"有五个层次的意思:"勿卷脑,勿折角"一层,说的是携带与放置书时千万不要损伤它;"勿唾揭,勿抓伤"一层,说的是翻页时严禁让手粘唾沫和折角认记等坏习惯;"勿夹别纸,勿作枕头"一层,说的是睡前看书防止采用不良的办法;"勿巧工装潢,勿率意涂抹"一层,说的是一定要严格保持书籍原貌;"勿出示俗子,勿久借他人"一层,说的是要防范他人觊觎、吞没等现象发生。徐时栋还将"藏书约"用蓝字印成竹简式条文,把它订在书册首页,以引起家人和借阅者的充分注意。

道光年间,徐时栋得《全谢山撰句》余土音稿本两册,题跋:"余以廉值得之贾人,首尾稍漫漶,中亦多蠹蚀,又装订错乱不可读,道光己亥五月始为排比补缀重装之,焕然改之,足宝贵矣。"可见徐时栋在藏书过程中,会做十分细致的古籍修复工作。但烟屿楼对当时的读书人还是相对开放的,《友徐二琛》诗曰:"乙昔丙午岁,读书烟屿楼。执经亲问业,半载相句留。"1854年,徐时栋在这里刻了他精心收集的《宋元四明六志》,并留下《四明宋元六志校勘记》,记述了他考镜源流的经过。这套书现在是宁波现留存的最早的地方史志,刻印时出现了"咸丰甲寅甬上烟屿楼徐氏开雕"的字样,版心下方有"烟屿楼校本"的题词。

清咸丰年间,烟屿楼先后经历两次损灾。一为1861年10月,徐时栋全家为躲太平天国战乱避入建岙山中,将其著作和一部分藏书藏于金岩山洞中,仍继续著述"僻地炮声轰然,而先生之著述不辍"。此时正值金秋,徐时栋看着满山的美景,作诗:"岩瀑白于雪,野花红到秋。笙歌禽五色,奴婢橘千头。山中何所有,好景不胜收。若更载书中,何须万户侯?"然而"一僧宿洞中,不戒于火,意为灰烬"。一为清顺治元年(公元1862年)2月至3月间,太平军乱还未结束,盗贼四起,趁机进入甬城各藏书楼偷盗。范氏的天一阁、卢氏的抱经楼、徐时栋的烟屿楼等都遭此祸。烟屿楼大部分藏书被窃走,还有一些被当作做饭的引火材料烧掉。《烟屿楼诗集》中的"老屋"描绘了当时的情形,诗云:"老屋三间在,天留劫后楼。室真容膝小,墙有

及肩低。急雨蛛收网，狂风燕落泥。垂杨依旧绿，高荫蔽庐西。"时任宁波太守的陈鱼门曾在宁波北岸花巨资为好友徐时栋赎回很大一部分藏书，徐时栋感激地说："乱平相见，尝许见还，虽复丛残，然而慰情聊胜无也，故属君一问之。"

烟屿楼之厄后，徐时栋迁居，并重建藏书楼于城西门外，名之城西草堂。"咸丰五年（公元1855年）三月，余始居城西门外，名之曰城西草堂，童丈蕚君为余题户册，宅边有高柳，相传不由人植，初时但见短枝，数年遂大树，下有泉适合吾号，号柳泉，岂有谓因缘者耶？"又云："所居城西草堂地近北斗河宅。"友周禁有诗云："十年城西住，魏然一草堂。"由以上种种可见徐时栋早已在城西草堂居住，不少学者将这与烟屿楼之厄联系起来，认为疏于管理也是藏书被掠的原因之一。

徐时栋在草堂整理了烟屿楼剩余的残轶，四处搜寻失散图书的下落，并将鄞县本地汤耕吾和慈溪郑简香两位藏书家的藏书收购。一年后，城西草堂图书达六万卷。

清同治二年（公元1863年）十一月二十九日，徐时栋于慈溪作客，城西草堂意外失火。之后仅剩几间容身住所，逢雨漏水，与住所相连的藏书楼尽毁。次厄使徐时栋的藏书遭灭顶之灾，可谓"劫灰十万卷"，徐时栋给友陈励诗云："万事有定数，人谋非能藏。"此次劫难，徐时栋不仅失去了几乎全部藏书，他的说经之作也荡然无存，连副稿本也尽失。其《尚书汤逸誓考》书稿在仓促中被无赖抢夺，"或即弃之泥涂，掷之河中"，仅剩部分文稿和杂记。当年徐时栋避居建岙山时所写《山中学诗记》的原稿也在此次大火中被焚毁。

然而"在山之时，与老友周楚堂为邻，每成一记，周君必先睹之，成书数卷则携以去命伯子甫善写之，所抄存四卷"，因而"谓学诗记者幸传抄他氏尚存大半"，后经回忆，复成五卷，于清同治年间刻印出版。

历史上有许多著名的藏书家藏书一经损毁便一蹶不振，郁郁而终。然而

第一章 古代图书馆学家

此时处于知天命之年的徐时栋又开始重建他的第三座藏书楼——水北阁。清同治三年（公元 1864 年）六月，他开始于城西草堂旧址上重建藏书楼。"客岁吾庐下祝融，图书收拾去匆匆。已惭千秋望，汤郑同付一炬中。本以网罗遭劫火，莫将呵护问天公。敝人怜我生平志，架上新来幸不空。"这是徐时栋在谢陈树珊驾部送书中提到的。这一次徐时栋总结城西草堂被烧毁的教训，将起居住宅与藏书楼分建。水北阁是一座二层三开间的木结构建筑，"小筑居楼蔽短垣，前头依旧是蔬园。架书新有是经说，户册堪题面圃轩"，之所以取名"水北阁"，有人揣测是徐时栋之前两座藏书楼名字中的"烟"和"草"为易燃物，因而引发火灾，此次为避嫌而取"水"。此说法有一定的封建迷信色彩。而徐时栋在编修家谱和《烟屿楼笔记》中都曾多次反对迷信，因此，此说法并不可信。徐时栋的儿子在城西草堂失火时曾仓促带走《尚书逸汤誓考》的散页，同年七月徐时栋将其整理完成，清同治十年（公元 1871 年）完成这部书的三稿并最后定稿。

清同治三年（公元 1864 年）以来，徐时栋专心致力于买书、刻书和抄书活动，并篆刻一枚"鄞徐时栋柳泉甲子以来所见书画在城西草堂和水北阁中"的朱文方印，以此与早前的收藏相区别。由于先前手稿被焚毁和遗失，徐时栋此时开始进行默写。"君自谓不能强记，然如前后蚱蜢篇儿三千言而亦皆追忆出之。"这是好友周禁对其所说。清同治八年（公元 1869 年），水北阁的藏书近四万四千卷，接近城西草堂的藏书规模。宣统三年（公元 1911 年），三十大橱水北阁藏书，被上海书商收购。民国初期冯力群搜藏故家散出的藏书十二万卷，所藏乡先贤著作达五六十种，其中包括徐时栋的烟屿楼。剩余的一部分现收藏于天一阁，水北阁也因城市改造被移至天一阁。

古籍善本极难保存，但如果藏书之人曾为所藏之书编纂目录，后人则可由此了解其所藏之书，也可了解其所处时代有哪些书流传。另外，一些图书馆学家不满足于当世的目录编纂方法，也可能另辟蹊径，为目录学的发展做出贡献。由此可见，藏书目录或读书志是研究图书馆学家藏书一个十分

重要的部分。徐时栋二十一岁时编纂了自己的第一部藏书目录《新故书目录》两卷。在这部书目中，他将自己的藏书分为钦定类、丛书类、经类、史类、子类、集类六类。各书著录名、卷数、著者三项，共计三百七十八部，一万二千八百八十一卷。这部书目反映出此时他的所藏书大多为当时的常见读物。而在书目首卷的自序里他也写道："置书以宜读之书为务，奇僻之书无所宝也。故吾家所有书，大约皆布帛菽粟。"卷末又题："自先君来至今年九月止，置书如右，愿后人不以藏书为务，而以读书为急，此余心也。不然，邺架曹仓，仍饲蠹鱼，亦何裨乎！"这部书目刊印在道光十四年（公元1834年）徐时栋纂集的《月湖徐氏家乘》里，反映了徐氏早期的藏书情况。这表明其早已冲破古人藏书多取其奇僻，藏而不用的桎梏。藏书即为读书治学服务，警觉地不本末倒置。

水北阁时期，徐时栋编撰了《徐氏甲子以来书目稿》，反映自己自顺治一年以来的收藏情况，版心下刻着"朋屿楼本"四字，条目下有几钤朱文方印："文渊著录""四库著录"或"四库附存"。诚然，徐时栋将他的藏书与《四库全书总目》比对过，此类占其当时藏书的半数以上，记载所藏之书三千一百六十四种，四万四千二百〇五卷。这批藏书中不乏善本，如《钱中节公征南集》，于"同治七年五月一二日忽从郑杏卿得此一本，而后喜可知也，占光片羽，太息丛残，破璧碎珠，要是镶宝"。另外，《烟屿楼书目》也详细记载了徐时栋居水北阁以后的藏书情况，该目录的分类体系仍按传统的经、史、子、集划分，无丛部。在这部书目中，徐时栋对子部道家和释家的传统排序提出了新想法，他认为："道家释家之前，夫老氏之学皆周代，而释氏其后起也，且夫子尝师老冉。"

藏书印可以反映出藏书家在不同时间段所用藏书楼、藏书室或者其他文化细节，也是十分重要的研究对象。徐时栋的藏书上曾用过的藏书印有"徐时栋印""烟屿楼""徐氏""柳泉""城西草堂""水北阁""古明州烟屿楼徐氏收藏印""徐时栋手校""徐十一""徐时栋秘籍""柳泉过目""柳泉书画"等，据传有印章二十多枚。

  关于中国古代藏书家的著作甚多，然而徐时栋的名字不是偏居一隅就是被忽略了。这位藏书家也许没有在图书馆学事业史上做出特别突出的贡献。无论是他的藏书量、藏书楼的设计、藏书著录的编制以及典籍考证校雠等方面，都并不属于有极大成就者。但这也使其成为中国古代普通读书人勤奋治学、笔耕不辍的缩影。一些人在历史长河中扮演烟火的角色，耀眼但短暂；大多数人如夜晚空中的繁星，不出众明亮，却每晚从不失约。

中国图书馆人物

清朝的李慈铭

李慈铭（公元1830—1894年），字炁伯，号莼客、越缦，浙江会稽人。李慈铭于清朝同治九年（公元1870年）中举人，于光绪六年（公元1880年）中进士。李慈铭作为晚清著名的学者、诗人，也是一位知名的藏书家。他一生喜欢藏书、读书，并在此基础上笔耕不辍，终以学问渊博、著述丰富而被称为旧文学之殿军。

李慈铭的藏书深受故乡文化的熏染，他的故乡绍兴从宋元时期起就是江浙文化的重心和私人藏书事业的中心，藏书成为当地普遍的社会风尚，等到明清时期，这种聚书之风愈加兴盛。例如，明朝末年著名的藏书家澹生堂的主人祁承㸁就是绍兴藏书家的杰出代表之一。

李慈铭和祁氏家族还有祖上渊源，李慈铭第五世的祖妣祁孺人就是祁承㸁的玄孙女，即祁彪佳的曾孙女。浓厚的地域文化氛围和优良的家族藏书传统自然对李慈铭的成长和价值取向产生了重要的影响。

李慈铭的先祖在五代十国之时迁到绍兴定居，当时李家十分富有，以书香门第、耕读传家。李慈铭很小的时候，他们家就已经有了一座藏书楼，名为困学楼，里面藏书多达万卷。可惜咸丰十一年（公元1861年）之时，太平军攻陷绍兴，困学楼被毁于兵燹，家藏之书损失殆尽，只有被李慈铭带到京师的一小部分书以及被亲友借去之书幸存下来，后来成为李慈铭藏书的最初家底。后来他的大量藏书都是自己努力购买来的。李慈铭自年轻时就开始了收藏之举，并且终其一生。他年轻居乡之时，会稽城的仓桥街、姑苏城的学士街都是他经常光顾的场所，淘书、购书。

李慈铭到北京做官后，北京琉璃厂的善成堂、文萃堂、修竹山房及文渊堂、萃真堂、宝珍斋也成了他经常光顾之地。从咸丰十一年（公元1861年）到光绪十九年（公元1893年）这段时间内，他一直都在大量购书。每年的正月，李慈铭的闲暇时间比较多，加上亲戚朋友馈赠的财物也多，他就隔三岔五跑去书肆搜求图书典籍。

李慈铭每年用来购书的开销金额庞大，例如，同治八年（公元1869年）那一年，他全年总收入二百三十八番圆，银五十四两，总支出一百九十二番圆，钱二十三万五千五百八十文，其中购买书籍就支出十七番圆，钱一万五千文，购书占了总支出的近十分之一。每遇善本，李慈不论价格高低都要想方设法购得，有时沦落到衣食无着仍要置买书籍，所以赊欠书商于他是习以为常之事。

李慈铭在同治七年（公元1868年）九月廿九日的日记中便记载："沈云帆秀才持《殿阁词林记》《纬略》及叶芸所辑《郡国官制改革考》来，予以直一番金。比日来穷甚日，有不举火之忧，而尚买此不急，不能自解也。"又在咸丰八年（公元1858年）十月的日记中记载："买得阎百诗《尚书今古文疏证》一部、《汉魏二十一家易注》一部、卢抱经校《家语》一部、汲版《酉阳杂俎》一部，价洋一元钱一千，赊之沈氏文聚堂。"

秀才沈云帆是当时会稽仓桥街的书商，因为李慈铭常到他那里买书，二人后来成了好朋友。

李慈铭当时的人缘很好，他其中的一部分藏书就是亲朋好友馈赠的，从咸丰九年（公元1859年）到光绪二十年（公元1894年），有一百五十多位朋友向李慈铭馈赠过图书典籍，共计七百多种图书，近三千卷之多。潘祖荫、周祖培、李鸿章、张之洞、王懿荣、缪荃孙、许景澄、袁昶、陆心源、孙诒让、

周馥、王先谦等都曾给李慈铭赠过书。

而与人互换书籍也成为李慈铭收藏书籍的重要来源，每当李慈铭在朋友处遇到难得一见之书，必会与朋友协商进行交换。他在光绪二年（公元1876年）六月初八日的日记里记载："初得竹簀书，以雅雨堂本《大戴礼记》、洪筠轩《管子义证》与予易抱经堂本《逸周书》。"

当然，换书也有走眼的时候，他在咸丰六年（公元1856年）五月初十日的日记记载："以《秦淮海全集》八册、张清恪刻《司马温公集》六册、《谢叠山全集》两册、《邹吁士文》一册与莲士易孙渊如《平津馆丛书甲集》六册、汤文正公《拟明史分修稿》八册。大吃亏而出者，司马非《传家集》，秦谢两集纸槊不佳故也，然新易者皆系全部中之一集，终让他便宜，真吃大亏。"

这么苦心凝聚，多年积累之后，李慈铭的藏书达五千卷之多，而且以精见称。他的藏书主要以江浙地方文献、考证考据类、京版图书为主，什么经史子集、野史小说、诗词歌赋，他都有收藏。

李慈铭为人比较大方，在接受别人赠书之时，自己也讲求礼尚往来，时常向友人出赠图书典籍。尤其是他到晚年的时候，向外赠书更是常有之事。李慈铭既把书回赠给好友，也会把书赠予晚辈后学以表示关切之情，还会赠书为表达离别纪念等。沈宝森、陈寿祺、谭研孙、陈豪、樊增祥、周允臣、孙星华、沈晓湖、蔡元培、季邦贞、吕庭芷、殷蕚庭、沈子敦、姜炳衡、傅以礼、羊复礼、许仙坪、王彦威等都曾接受过李慈铭的慷慨赠书。他自己记录的赠书事例有"作书致孙生子宜，赠以《尚书后案》元刻一部，《国语补音》微波榭本一册""作书致蓝洲，赠以阮刻日本山井鼎七经《孟子考文》及《物观补遗》，共四帙三十二册"等。

李慈铭一生于南北各地奔波、为生计忙碌不停，没有精力与财力像先辈藏书家一样为自己的藏书建有专门的藏书楼，加上保存管理不善，导致生前自己的许多藏书散佚、丢失。丢失原因之一是朋友借去不还。他原藏有《太平广记》一书，将其"置之几案，精致可爱，而为戚党所借，遂失去"。丢失原因之二是遭偷盗。他在咸丰七年（公元1857年）四月十九日的日记中记载："终日昏睡，失去汲板《文选》一部。"丢失原因之三是被子孙售卖。和所有的藏书家命运相同，死后他们的藏书便临厄运，李慈铭的藏书在他死后也在劫难逃，他的藏书多是手札笔记，价值非常高，来收购他的藏书的人可谓络绎不绝。

不幸中的万幸是，除少数藏书散佚之外，李慈铭的后人将他的所藏图书典籍全部出售给北平图书馆收藏，这部分藏书共九千一百余册，其中手批手校之书共二百余种，两千七百余册。这最终使他的藏书有了一个好的归宿。

李慈铭不仅藏书，而且在藏书的基础上还读书治学。他认为凡人进德修业，事事从读书起，读书是一个人成器的重要途径，藏书全为读书，不读之藏，不如不藏。

李慈铭是一位学者型的藏书家，他藏书的目的也主要是为了自己的治学之用，最终为实现学优则仕的政治目标努力。

李慈铭曾耗时四十年之久写有一本《越缦堂日记》，总记录天数有一万三千四百一十七天，里面记录内容繁杂，涉及朋友之间的往还、家庭的困顿、国家大政以及自己所做的经史功课等。但是李慈铭最多描述和记录的还是自己对经史耕读时的感悟内容，日记天数达七千四百一十三天，按百分比算，占了正本日记的百分之五十五点三。后来胡适读了《越缦堂日记》后评价李慈铭："宁可少睡几觉，不可一日无书。能读能校能注，先生不是蠹鱼。"

李慈铭读书涉及内容广泛，他自谓"所读之书与所为之业，自经史以及稗说、梵夹、词曲亦无不涉猎而模仿之也"。

学者王标曾经对《越缦堂日记》做过一次统计，李慈铭曾读过的书总共有八百九十二种，其中经部图书一百八十五种、史部图书二百一十三、子部图书二百〇七种、集部图书二百八十七种；图书内容包括哲学、政治、宗教、历史、地理、语言、文学、艺术、军事、科技以及综合类图书等。不过，他多数还是阅读研究本朝的图书典籍比较多，所读八百九十二种书中，仅清朝

的图书典籍就有五百九十二种，占了他所读图书典籍总数的百分之六十六。

这样的阅读倾向也与李慈铭的生活状况有关系。他一生生活困顿、经济拮据，所得薪俸维持了正常的生活开销后也剩不了多少了，对宋元佳椠是无力购得，当然对明本也不敢问津了。他的那些藏书多是清朝时期出版的通行本子，价格比较便宜，内容也多是清朝士人的诗文别集之类。从这一点上我们可以看出，一个收藏家所藏图书典籍的情况会限定他阅读的范围和内容，这也不能不说是李慈铭人生经历的一种悲哀。

李慈铭作为晚清的学者型的藏书家，读书治学带有那个时代学者们的共性，他虽然读书广博，但最感兴趣的还在史学方面，他自己说，"生平所不忍自弃者有二：一则幼喜观史，一则性不喜看小说"。

李慈铭从十一岁开始便专研史学，这个兴趣爱好一直延续到他晚年，他比较热衷研读正史，投入精力算是最多的。从咸丰丙辰（公元1856年）三月初一开始到光绪丁亥（公元1887年）十月初四止的三十一年间，李慈铭总共读了二十一部正史。

不过，他对正史也不是一视同仁地对待，他比较偏爱《史记》《汉书》之类，二三十年时间反复地在读，但对《三国志》《陈书》《南史》之类的翻翻便束之高阁了。

综观李慈铭的一生都在勤于藏书和读书，与他的家世不无关系，他出身于名门望族，从小聪敏好学，道光十二年（公元1832年）的时候，李慈铭四岁，就跟着他的祖母在白桦绛柎阁里开始读书，到五岁的时候，已经能认识好几千个字了。他的祖母当时很疼爱他，怕他累着，不准他去学太多的东西，但李慈铭实在太好学了，总是缠着他的父亲多教他识字，并乐在其中。

李慈铭从七岁开始进入学堂学习，八岁那年开始到水香楼读书，读《吴梅村诗集笺注》，九岁就开始读《诗经》了，十岁那年拜杜梦蓉为师，开始读《唐诗》。从十一岁起，他跟随张震开始了科举功名的学习追求，学习作文、私抄《历代帝王谱》。李慈铭十四岁那年到壮改斋学习，开始读史作诗，这时候他读了《红楼梦》,非常喜欢。十五六岁后开始喜欢诗歌骈文,昼读夜诵,勤奋异常。二十四岁那年读了《明诗综》以及经部书籍《学海堂经解》。

此后数十年如一日,勤奋攻读,常常一读就到深夜。光绪七年(公元1881年)的时候,李慈铭已经五十二岁了,还从大年初一开始就忍受家中冰寒读书到深夜。读书无一日去手,也无酷暑寒冬,病床羁旅,勤苦至极。甲戌(公元1874)十月十六日那天,他读《世说新语》,"清晨校毕,比日严寒,始拥作字,不下百十条""三日来杂校《后汉书》,多附以小注,……秃笔总书,目昏指兰,疲茶殊甚,似非病中所宜,当少辍之,以息目力"。

李慈铭不以读书为苦,乐在其中,读书成为他缓解疲惫、愉悦身心的途径。在他的卧床左右,罗列书柜,并排盆花,自己非常得意地说:"书可以读,花可以赏,二者兼得,其乐无穷。"

他甚至把读书看作寻求健康之道,觉得读书像在给人看病,当然不能乱读,还要对症下药。他读完《储光羲诗集》后感慨地说:"读之觉景物高爽,即有清风拂拂从纸上来,小病为减。"

读了《晋问》后这样说:"比日暴暑不可堪,又苦沉疴为累,几无生人之乐。午后强起,读柳文《晋问》一篇。未数行,觉甚劳。欲辍,力竟读之,觉胸襟顿开,洒然自喜。仰视窗外,夕阳西颓矣。毛发间便翕翕有凉风来,乃知《七发》起病,洵非虚语。"

李慈铭如此勤读、乐读,终成为晚清著名的文史大家,他的读书治学之法深值得后人学习、借鉴。李慈铭读书在三个方面比较注重,那就是版本鉴别、文字校勘、评论札记。这是他学有所成的成功经验。

清朝时期的大多数藏书家有个特点,他们认为读书不只是埋首案前、中间思考的过程,读书还需加上对待所读书籍的鉴别、选择等诸个环节。这些藏书家认为鉴别、选择正确的图书典籍的版本,掌握丰富的校勘以及甄别方法,是使读书更得法的一个非常重要的前提。

李慈铭也不例外,他每每选择读一本书时,总要先对这本书的版本进行

考辨，序其源流，考其作者、卷目等。他非常注重对书籍版本的信息详加考订，而且还要追溯版本之间的递嬗渊源以及书籍所据底本和采用之校本。

李慈铭因为偏爱史书，所以对史书版本的选择更是讲究得不得了，他所读过的《汉书》《宋书》《南北史》选用的是明汲古阁本，《梁书》《隋书》选用的是明北监本，《魏书》选用的是宋监本。

李慈铭对版本如此重视和考辨，自然为后世学者研究版本学提供了许多资料，而且也起到了如何选择优质的版本来阅读的指导示范作用。

李慈铭读书审慎且严谨，读书之时对书进行校正，他自己说，"丹黄手校，必严必精""凡目之所及，讹误之处，均一一更正""其内容或校一字一词之误，或释一字一词之义"。也正因为如此谨严，他以精于训诂、通释假借、旁征博引、细入豪芒而著称于世。读《汉书》做校勘时，李慈铭就是做到了正裴骃之误、订王念孙之拙、纠师古之谬，而立义精湛、精义纷陈，因此使之成为不失为史籍考据的经典之作。

另外，李慈铭喜欢一边读书一边记录读书心得，而且是"每读一书，必求其所蓄之深浅，致力之先后，而评骘之，务得其当，后进翕然大服"。

他的读书笔记一般先记录文本本身，包括版刻、文字、作者等，随后就是对图书的优缺之处以及价值高低做评判，最后的环节就是对书的作者的学术水平做一个总体评价。他的读书笔记不是就书论书，真的是读后有感而发，对前辈学者的谬误敢于大胆进行纠正，也敢于鞭挞不良学风，所做出的评论比较中肯、公允、言简意赅、一语中的。

他在读明朝凌迪知撰写的《万姓统谱》时，认为该书"胪载详尽，考姓氏者莫便于是书"，但"其书失于过繁，庞杂抵牾，固然悉数"。学者伦明在《辛亥以来藏书纪事诗》里评价李慈铭："订疑补缺用功深，字细如蝇密似针。酒诰原来称脱简，焦琴何幸得知音。"经李慈铭手校、手批、手跋的图书典籍多达三百种，总计九十四万字之多。

综观李慈铭藏书、读书的一生，他不仅是善于读书的藏书家，还是一位很有成就的著作家，一生著作等身，汇集成书的集子有五十多种，七八百万字。所著内容涉及文学、史学、经学、小学、方志学等诸多方面。学者平步青说他"可谓硕学鸿文，蔚为著述者也"。

李慈铭一生的著作影响最为深广的还是他的《越缦堂日记》，这部书规模最为宏大。洋洋数百万言的《越缦堂日记》可以说是李慈铭治学的集大成者，被世人赞誉为"日记之大观、掌故之渊薮"。

李慈铭的《越缦堂日记》与叶昌炽的《缘督庐日记》、王闿运的《湘绮楼日记》、翁同龢的《翁同龢日记》并称为晚清四大日记，而《越缦堂日记》尤被世人公认为四大日记之首。

李慈铭的这部《越缦堂日记》从咸丰四年（公元1854年）写起，到光绪二十年（公元1894年）截止，跨越了三个皇帝的当政朝代，耗费了他四十年的心血，可谓铢积寸累而写成。

《越缦堂日记》主要是对晚清时期的朝野见闻、古物考据、人物评述、史事记录、山川游历、风土民情、书画鉴赏以及北京等地的社会风貌所做的记载。当然《越缦堂日记》中还收录有李慈铭自己创作的诗词、骈文作品以及大量的读书札记等。史料价值之大自不必说。但是这部《越缦堂日记》的出版却费尽周折，直到民国初年的时候，才在蔡元培、傅增湘、王幼山等人的捐助下，由商务印书馆影印出版了六十四册日记稿的后五十一册。后来到了1936年的时候，又在蔡元培的鼎力支持下，商务印书馆才又石印出版了剩余的那十三册日记，命名为《越缦堂日记补》。

当然，李慈铭除了《越缦堂日记》之外，还有许多其他的著作，而且有一部分著作还未见传世，这部分作品包括《正名》《说文举要》《缙绅录注》《元代重儒考》《松下集》《临朝备考录》《古今南人宰相表》等，需要后人给予挖掘和整理。

对于藏书家而言，藏书是为读书所做的必备前提，藏书家们大都认为藏书是为了读书，读书成为他们藏书的主要动机。李慈铭就是这样，他的学术

成就与他一生藏书、爱书、读书、鉴书、编书及著书的文化传播实践与学术研究活动密不可分。藏书是他读书的基础，读书是他著述的前提，著述又成为他藏书的目标与读书的升华。

李慈铭是晚清时期著名的学者，是一个应该注意和值得解剖的历史标本，他藏书、读书、著述的一生成为晚清藏书家人生历程的一个缩影。

第一章　古代图书馆学家

清朝的李文田

　　李文田（公元 1834—1895 年），字仲约，号药农，广东顺德均安人，是晚清著名的政治家、史学家、书法家和藏书家。李文田于咸丰九年（公元 1859 年）中一甲第三名进士，即所谓的探花，随后他出仕做官，先后担任过江西的学政、侍读、侍讲学士、礼部右侍郎等职务。甲午战争爆发后，他又被清朝政府授命为京师团防大臣，掌管京城的防务，第二年便忧愤而死。辛亥革命后，他的弟子梁鼎芬等给逊帝溥仪上奏，赐予李文田谥号为文诚。

　　李文田在老家广州闲居时，为自己修建了一座藏书楼，命名为泰华楼，但泰华楼修建的具体年份已经难以确证。同治十三年（公元 1874 年），李文田在给慈禧太后上奏进谏重修圆明园的同时，奏称母亲徐夫人年老乞请归养，就在这一年的七月，他辞官回了老家广东。

　　李文田解甲归田之后，曾经借居在亲家顺德龙氏的清晖园内，这段借居日子不长，后来他就搬到了广州西关自己修建的宅邸中，泰华楼就在这座宅邸之中，推算修建的年代应该在光绪初年（公元 1875 年或稍后）修建。当时的名士陈澧为泰华楼题了匾额，匾额落款是戊寅年，即光绪四年（公元 1878 年），泰华楼的修建年代应该与戊寅年相距不远。泰华楼落成之后的几年内，李文田一直在这里住着，直到光绪十一年（公元 1885 年），他为母亲去世守孝的日期结束了，清朝政府把他召回北京，以侍读学士的身份进入

南书房任职,从此,李文田直到去世再也没有回过泰华楼。

李文田对泰华楼的修建花费了很多心血,他对风水堪舆之学比较重视,对泰华楼的建筑选址进行过很细心的勘测和设计,他的泰华楼建在一处背后靠着小河弯曲的位置上,泰华楼刚好被小河所环抱。

从风水学的角度讲,这样的地方是气脉之所聚。实际上这样的选址更为实用,一方面可以从泰华楼很方便地乘船进出省城,另一方面藏书楼一旦失火,就地取水救护也很方便。这与中国古代历史上许多藏书楼在楼前凿池蓄水有异曲同工之妙。泰华楼现今仍然存在,建筑面积大约有四百五十平方米,占了李文田探花宅邸建筑的五分之一左右,位于宅邸的北面。但李文田去世后,他的子孙败家,把宅邸陆续卖给了别人,最后仅留得泰华楼做了住家之所。曾经的探花宅邸现今有一部分已经片瓦无存,幸运的是唯有泰华楼还完好如初。泰华楼的正门朝东,有小型门厅一座,门是用杉木做的,两扇开,形状简单朴素,进门后便是一个天井庭院,面积大约有六十平方米,门厅的左侧有一间耳房,是原来看书的用人所住的地方。

最初的天井庭院中种着一棵苦白兰,现今早已枯死了。庭院里还建有假山英石,砌有鱼池,种有花草,环境清幽雅致。天井中还有一口井,红砂岩做的井栏,水质清澈,曾经是书楼中人的饮用水源。泰华楼朝南座向,三开间的两层建筑,正对庭院,采光和通风非常好。正厅的面积大约有四十八平方米,高大约六米,铺着广东特有的红色泥质地砖,而书楼的砌砖用的则是普通的青砖。李文田一生为官比较清廉,余钱都用来购置了藏书,所以泰华楼的用料和设计上比较朴实无华。

泰华楼作为藏书的专用楼,在建筑设计上有参考江南一带藏书楼的特点,采用两层近水的楼阁建筑,这在当时广州一带的藏书楼中别具一格。泰华楼的正厅中间悬挂着当时广东的名士陈澧题写的匾额,匾是楠木做的,长两米,宽零点三六米,字体用石绿填涂,匾额上右侧是篆书"泰华楼"三个字,左侧是铭文,写着"东泰西华,秦篆汉隶,如此至宝,是为稀世。谁其得之,青莲学士。有大笔兮一枝,与双碑兮鼎峙。戊寅仲春为仲约尊兄书榜并系以铭"。陈澧和李文田是好朋友,铭文上记载的其实是泰华楼所藏的两件拓本:宋拓《泰山碑》与《华山碑》。这是李文田最珍视的两件藏品。

  正厅的左右两侧有偏房,左侧的偏房专用于李文田读书写作,里面放有一张酸枝木做的书桌,是广式的那种七抽屉样式,抽屉特别长,有八十厘米,里面可以放置多种文具。右侧的偏房到底做什么用的不太清楚。两侧偏房的窗户也都朝向庭院,采光也很好。正厅的阁楼与相连的二楼便是李文田的藏书之地,楼梯的入口在正厅的北侧,开有一个小门通往二楼,楼梯的设计很巧妙,藏在正厅的后墙和书楼的后墙之间,这在当时广州的建筑中非常少见。

  书楼的后墙上设有两个小窗,空气可以南北对流,排出书楼内的潮气。书楼的阁楼上放着四个藏书柜,是杉木做的,有三层,高两米,每层高为五十五厘米,每层可以单独分开做书箱使用,叠起来放便是书柜,每层侧面有铁制提环,方便搬运,设计非常灵巧。

  书柜的底部为杉木制的底座,和地面有三十厘米的间隔,地板的潮气不会侵入书箱。书箱里还放置有晒干的芸香草,用来防虫蛀。正厅的右侧与门厅相对的是藏书楼的附楼,上面的匾额为纪妍室,是后来马国权先生刻篆的,用以纪念李文田的孙女李妍女士。这座附楼原是李文田歇息的地方。

  李文田在泰华楼所收藏的图书典籍,与当时一般的藏书家有些差别,很有学者的派头,选择藏书范围比较严谨。李文田本人没有像其他藏书家一样,给自己的藏书编撰目录,但是清朝晚期有名的三种藏书纪事诗中都收有泰华楼的书目,很清晰地反映出泰华楼的藏书情况及其藏书的流散变迁。叶昌炽是最早记录泰华楼的藏书事迹的,他在《藏书纪事诗》卷七中这样描述李文田的藏书情况:"长笺垂尺密于帘,堆床插架甲乙签。《朔乘》《和林金石考》,文园遗稿寄灵鹣。"叶昌炽还在注解中写李文田:"邸舍在北半截胡同,几榻以外唯图籍,列楼数十,皆启其扃。手题书签,长至尺许,下垂如帘,甲乙纵横,密于栉比。精于碑版之学,而于辽、金、元三史尤洽熟,典章舆

地，考索精详，所著有《元秘史注》《元史地名考》《耶律楚材西游录注》。元和江建霞太史，其戊子典试江南所取士也。刻《灵鹣阁丛书》，以侍郎所著《朔方备乘札记》《和林金石考》付梓焉。昌炽亦从译署得和林石刻摄影本，辑录其全文，将有所考释焉，见侍郎书而止。所见京朝士大夫耄而好学，奖掖后进，通怀乐善，不啻口出如侍郎者，今岂可得见哉。"

李文田在北京做官时，住在北半截胡同。那个时候，南北半截胡同是北京文化名人们的聚居之地。当时的叶昌炽还是个初出茅庐的小伙子，由潘祖荫引荐，结识了李文田，对这位前辈的热衷藏书十分仰慕。他提到泰华楼的藏书偏向之一就是西北史地方面的专著。

而光绪初年，清朝政府和俄国因为中国西北边界问题多次发生纠纷，清朝政府中的官员也开始关注西北地理问题的研究。李文田切中时弊，不以宋元版本作为重点，而偏取别的藏书家忽略的西北地理和明代文集收藏，这与他身为清朝政府的官员身份很有关系。

现在泰华楼留存下来的大部分图书典籍都是西北史地方面的，而《元秘史注》《耶律楚材西游录注》等书还是李文田活着的时候自己亲自刊刻的。李文田去世后，他的学生和朋友还帮他整理出版了《朔方备乘札记》和《和林金石考》等图书，其中的一个学生就是叶昌炽在注解里提到的江建霞，即藏书家江标，他是李文田在典试江南的时候所取的门生，曾为李文田刻过不少的图书。

李文田去世时，他的儿子渊硕仅有十二岁，还没有成年，当时慈禧很赏识李文田，念及他的勋劳，封赏渊硕一个员外郎行走的官职，但李家还是很快就搬离了北京，李渊硕带着他父亲留下的几十箱藏书回了广州。后来，藏书家伦明到泰华楼拜访，参观了李文田的藏书后，在《辛亥以来藏书纪事诗中》记载泰华楼的藏书情况："地征西北史南天，著作名山有佚编。不读书衣题识偏，那知精识媲全（谢山）钱（竹汀）。顺德李仲约侍郎文田，素究《元史》地理，好搜明季野史，其未刊稿，以《元史地名考》最巨，而家藏本缺佚将半。余所见柯凤孙有一册，东方图书馆有一册，闻上海某家亦有一册，合之可成完书。其《四库全书进呈表笺注》，则高州林某窃而刊之。余于己巳岁，始得观其所藏。每书衣皆有题识，辨证书中得失，无不精切，不似他藏书家但记得书岁月，版刻源流也。丁氏持静斋中诸抄本，侍郎多有其副，中丞子惠衡所写赠也。"

可见伦明到泰华楼拜访是在己巳年，己巳那年是民国十八年（公元1929年），当时伦明看到的泰华楼，藏书已经散缺了不少。《元史地名注》是李文田所写的一部很重要的著作，但是由于种种原因一直没能刊行，稿本到民国初年的时候散落出去，被好几个私藏家收藏。

李渊硕不及他的父亲李文田那样上进，一生没有什么作为，为了生计开支，一直在零散地出售泰华楼的藏书。伦明看到的泰华楼的藏书情况，也是根据书衣（封皮）上李文田留下的手写的题识进行标记。李文田生前喜欢用魏体楷书题写书名，而后用小字记录书的版本情况，最后用简短的语句对书做一个总体评价。

从伦明的记载中可以看出，泰华楼藏书的另一偏向是明代野史与明人别集。李文田曾经担任礼部侍郎的官职，负责掌管清朝政府的科举考试，而他本人却对清朝政府明令禁毁的明朝时期的史料有着极为浓厚的兴趣。

李文田生前花费了很多精力搜购清朝初期政府禁毁的明人野史和文集。而伦明在记载中提到的泰华楼所藏丁日昌持静斋的藏书抄本，则是丁日昌父子赠送给李文田的。丁日昌和李文田是广东同乡，同在朝中为官，又有着同样藏书的嗜好，俩人关系很好，所以丁日昌会把自己所藏的善本抄录副本赠送给李文田。

另一位记录泰华楼藏书情况的人是徐信符，他是广东的藏书家，南州书楼的主人。他所记录的是泰华楼抗战后期的藏书情况，他在《广东藏书纪事诗》中这样说："明代遗民元代语，两朝秘史广储藏。李文田字仲约，一字若农，顺德人，咸丰己未探花及第，累官礼部侍郎。富收藏，精于鉴别，颜所居曰

'泰华楼'，因所藏宋拓《华山碑》而得名也。书籍多为人间不经见之珍本，稍有宋元旧椠，而明代野史，皆属抄本，多至百种以上。即名贤文集，亦皆秘本，多藏家书目所未载。文诚并精于目录学，官京师时，有《简明目录》一部，其简端即分录孙星衍所记，邵懿辰所标注，缪荃孙所校订诸本，颇为详备。又著有《四朝书刻纸版考》，于版本辨别最精，其稿版存萍乡文素松氏。迨广州沦陷，泰华楼所藏，闻有损失，唯有一部分早已移置北平，转寄于燕京大学云。"李渊硕到1944年因病去世了，他留有两个儿子一个女儿，大儿子李梭是古文字学家及明史学家，曾经跟随罗振玉、洪业等人研究文字学和史学，著有《东林党籍考》等书，先后在燕京大学和伦敦大学任教。

抗战时期，李梭正在燕京大学教书，从家中的藏书安全问题考虑，他把泰华楼最有价值的部分藏书运到北京，藏入燕京大学图书馆内。抗战结束后，李梭应聘到伦敦大学讲学，离开了中国，走之前，他把这批藏书托付给好朋友邓之诚保管。邓之诚和李梭是相识多年的好朋友，对李梭的托付非常用心，他也深知这批藏书的价值，帮李梭出版了《东林党籍考》，去世之前还将部分李梭所托付的藏书捐赠给了中国社科院的图书馆。而李梭没能带走的泰华楼的剩余藏书在抗战时期遭受了巨大的损失。

中华人民共和国成立后，泰华楼成了李渊硕的小儿子李曲斋和女儿李妍的居住之地，残存下来的那部分藏书在1954年的时候，被北京书肆带经堂的王炳昆买走了一部分，数量有几百册之多，其中还有李文田的批校本。泰华楼最后剩余的那部分藏书在"文化大革命"时期被抄劫而去，后来有很小的一部分辗转藏入中国国家图书馆中，其中经李文田亲手批校的有三种：《全边略纪》十二卷，清抄本，李文田校注并跋，七册；《西游录注》一卷，灵鹣阁丛书本，李文田注，王国维校注，一册；《职方外纪》五卷，守山阁丛书本，李文田批注。其实这三种书属于泰华楼次等的藏书，算不上珍品善本。

灵鹣阁的主人江标是李文田的学生，《职方外纪》这本书很有可能是江标赠送给李文田的。《西游录注》很有可能是泰华楼的散出之书，因为王国维在李文田生前俩人并无交集往来。

李文田最珍视的两部宋代拓本是《泰山碑》和《华山碑》。《泰山碑》在抗战时期被李渊硕售出，下落不明。而《华山碑》的碑刻本身在明朝中期的时候已经毁于地震，清朝时期仅留存四种明朝之前的拓本，李文田所藏宋代拓本是四种中最完善的一种，被称为顺德本。李文田最初得手之时拓本缺着三页，他后来请赵之谦补齐了那所缺三页。在这部拓本中，还有孙星衍、龚自珍等数十位名家学者宋代拓本所作的题跋。

《华山碑》拓本被李家视为传家之宝，被李氏三代人手保存了九十多年，但20世纪80年代的后期，李氏把这部拓本转让给了香港利氏北山堂，后来利氏北山堂又把这部拓本捐赠给了香港中文大学的文物馆，现在，《华山碑》拓本成了该馆所藏重要文物之一。

泰华楼所藏的珍品善本，还有一部分在李棪的《清代禁毁书目考补注》序言中有记录，他说："乾隆中修《四库全书》所刊禁书目，每省各有之，而本各不同。予家旧藏福建刊本，题曰《应禁书籍目录》。"

《应禁书籍目录》是乾隆皇帝当政时各省所刊印的禁书目录，当时在极小的范围内流通过。乾隆皇帝为了遮人耳目，不但书籍禁毁，禁毁书籍的目录也要销毁，所以流传迄今的禁毁书籍目录极为罕见，现今所能查阅到的也仅是四川、江宁以及军机处的留存目录，福建刊本就只有泰华楼的旧藏著录了，可惜的是，原本也不知散落何处了。

《应禁书籍目录》中还著录有明朝张溥撰写的《七录斋集》二十二卷；顺德李氏藏崇祯丙子刊十二卷本及翻印附诗十六卷本，又续刻六卷本；明朝李觉斯著的《觉斯疏草》三本。《觉斯疏草》在康熙年间曾经刊印过，流传至今的非常稀少。《觉斯疏草》写的多是关于辽人的事情，但是因为里面收录有《拟广宁锦州三战之役贺表》，就被康熙皇帝列入焚毁书籍之中。但是这部《觉斯疏草》在《军机处奏毁目录》中没有发现，其他藏书家的著录中也没有发现，由此推知应该是李文田所藏的珍罕之本了。

李文田的后人曾以顺德李氏的名义把泰华楼的藏书送到在1940年香港举办的广东文物展览会上展出，其中有许多李文田的亲笔批校本，如《西域考古录》《使西域记》《帕米尔图例》《塞外杂识》《俄属游记》《至元译语》《华夷译语》《蒙古源流考》《近光集》《黑龙江外记》《北征后录》《西游记》（红皮本、栗皮本各一）、《出塞纪略》《西游记》（白纸本、黄纸本各一）、《柬埔寨以北探路记》《西域释地》《万里行程记》《西陲要略》《汉书西域传补注》（落水本）、《柳边纪略》《西域水道记》《西域地理图说》《辽左见闻录》《西域经行纪》《西北域记》（原写本）、《俄国路程》《宁古塔纪略》《坤舆图说》《龙沙纪略》（白纸本、黄纸本各一）、《秦边纪略》《西藏纪略》《读史拾遗》《水道提纲》《元朝秘史》《辽史》《元史》《续资治通鉴》《唐书》以及《旧唐书》等。

值得一提的是，《至元译语》与《华夷译语》两书如果没有一定外语水平是难以做批注的，可见李文田在外语的造诣上也很深。可惜这批藏书在抗战结束后大部分被李氏后人售出，当时的著录信息又非常有限，所以这些书的版本信息已经无从考证了。

李文田喜欢在藏书封面上做批注，却很少会在藏书上钤盖印章，能看到的也只有白文"李文田印"和朱文"仲若所藏图籍"等很少的几种。不过好在泰华楼的藏书上多有李文田亲笔题写的书衣，所以还是比较容易鉴别的。李文田一生对于批书很是用心，广东省立中山图书馆近年接受捐赠所得的一批中医类古籍中，就有他批校的《伤寒说意》等数种，有些条目批注甚至多达数百字。

广东省立中山图书馆得到的这批古籍捐赠是已故医生黄彪的家属所为，有一部分属于史学书，但大部分属于医学书籍，其中还包括明朝时期刊刻的医书《千金方》等十五种。但是这批捐书并不是全部钤盖着李文田的藏书印，所以难以确认全部来自泰华楼的原有藏书。

李文田这个人除了精通西北史地之学，在医学和堪舆学上也很有造诣，只是没有留下相关的著作。

李文田曾经写过一句"却病陬生术未精"的诗,他感叹自己虽然懂医术,却没能治好自己心爱小妾的病,由此推测泰华楼中应该有相当部分的医学古籍藏书。

不过,这批捐赠书中部分书衣上有墨书题记,标明书名、所属丛书等信息,经鉴定,其中大部分的魏碑字体应该出于李文田的学生、南海李宗灏的手笔,但是其中有两种,如《伤寒说意》,笔意相对硬朗坚挺,应该是李文田的亲笔题写。

李宗灏是李文田的学生,泰华楼的很多藏书后来由他负责整理并题写书衣,还曾在广州古籍书店之中出售过一部分。当代的版本和目录学家王贵忱先生就藏有李宗灏的稿本,上面有李宗灏亲自手写的书衣,应该可以作为鉴别的依据。

李文田藏书的同时致力于批书,很多藏书中夹批的批注有时一页有几百字之多,可惜这些批校大多数迄今仍藏在各家图书馆中而未见天日,假若能够整理出版那无疑是史学界的重要贡献。当年徐信符刊行的多种李文田的遗著,就是在整理李文田收藏的图书典籍时,摘出了李文田的眉批而形成的,由此也可以看出李文田在读书治学之上的用功之勤。

如今,泰华楼虽然留存,但其中藏书已经散尽,所有李文田藏书的精华部分大多数分散到今天的各大图书馆中收藏,《华山碑》也最终有了一个很好的归宿之地。

泰华楼被广州市政府在1993年的时候列为市级文物保护单位,楼前墙上立有保护单位的标志。泰华楼曾在1992年的时候由李曲斋出资重新加固修缮,换去了被白蚁侵蚀的木质构件。

近几年,广州市荔湾区政府也投入很多资金对泰华楼以及它附近的环境进行改造。可是治安成了泰华楼的一大隐患,这里曾于2005年的时候被偷盗过,损失了花园中的清代制造石湾窑花座好几个,但好在泰华楼本身没有

171

受到影响。如今的泰华楼里还保存着很多和李文田藏书有关的重要文物，而且泰华楼成了广州地区仅存的古代藏书楼建筑，所以它对研究岭南地区藏书史具有不可替代的珍贵价值。我们唯有希冀泰华楼能得到更好的保护和利用，留存得更加久远一些。

清朝的朱学勤

朱学勤，字修伯，浙江仁和塘栖人。朱家是当时的大族，朱学勤在幼年时期在他父亲朱以升和伯父朱以泰的支持下接受了良好的教育，很早就展现出不俗的才华。朱学勤于咸丰元年中举人、咸丰三年中进士，自此他便踏上仕途之路，在清朝政府的军机处做官长达十七年，亲历了晚清时期的诸多历史事件。朱学勤虽然在军机处任职，但他生性喜好古籍收藏，并为自己专修一处藏书楼，取名结一庐。结一庐得名于朱学勤对理想生活的一种追求："矧承廷诰，业富缥缃。龙威灵宝，石室斯藏。假之闲福，稗老江乡。结庐五亩，买山一房。二分水竹，万轴琳琅。药炉茶灶，二子侍旁。经传刘向，说衍毛苌。针肓起废，神明以康。天胡吝此，悠悠彼苍。"可惜朱学勤最后死在任上，从未体验过他理想中的退隐生活，结一庐在他生前却被经营得风生水起。

结一庐内的藏书来源，其一是朱学勤在北京做官期间所获得的图书典籍。叶昌炽曾在《藏书纪事诗》中记录到朱学勤收藏之事："咸丰庚申，英人焚淀园，京师戒严，持朱提一笏，至厂肆即可载书兼两，仁和朱修伯先生得之最多。"朱学勤当政时期恰逢社会动荡，大批藏书散入书肆，为朱学勤购书提供了极大的方便。朱学勤所得藏书以得怡府旧藏最为珍贵。怡府藏书属清朝宗室藏书中大家，传承长达百年之久。怡府藏书始于怡贤亲王允祥，历经百年之后直到端华被朝廷诛杀，怡府败落，里面的藏书便逐渐流散而出。怡

府原有的藏书多为精善,据说"绛云楼未火之前,其宋元精本大半为毛子晋、钱遵王所得。毛钱两家散出,半归徐健庵,季沧苇。徐、季之书,由何义门介绍,归于怡府"。怡府中的藏书即使在清朝政府纂修《四库全书》大肆征集图书时,也没有呈进献出,因此它的藏书也保持得非常完整。后来怡府中的藏书散出后被朱学勤购得,成为结一庐藏书中的精华部分。除了买得怡府的旧藏之外,朱学勤还从别处置买了许多图书典籍。其中之一是彭元瑞的藏书。彭元瑞是江西南昌人,清朝乾隆皇帝当政时期的名臣,曾经担任过四库书馆中的管理官员。彭元瑞的藏书处所名为"知圣道斋",里面所藏以抄本著名,其中也不乏宋元旧椠,彭氏藏书多数最后被朱学勤收购。朱学勤藏书另一个所得是收买山东诸城刘喜海藏书。刘喜海,字燕庭,是清朝嘉靖和道光年间的文献大家,以收藏古籍和金石著称,尤其嗜好搜奇书,他的收藏之中还有十种宋刻唐人集,珍贵无比,最后为朱学勤所得。

朱学勤的结一庐藏书,除了从北京之地购得外,还有从江浙地区所获之书。明清以来,江南是人文荟萃之地,藏书事业非常发达,名家云集,珍本秘籍屡屡惊现,被辗转收藏。在康熙末至乾隆间的百年之间,仅杭州一地就涌现出了吴氏的瓶花斋、汪氏的欣托斋、赵氏的小山堂、杭氏的道古堂、汪氏的振绮堂等著名藏书楼。但是清中期以后,江南之地的私人藏书家们受到太平天国等战事的影响,家庭遭到变故,所藏之书纷纷流出,朱学勤从这里也收购了大量藏书。其中之一是从劳氏的丹铅精舍中所得藏书。劳氏是朱学勤的同乡,劳家的藏书始于劳笙元,后经儿子劳权和劳格兄弟辛苦经营,朱学勤在小的时候还从劳家借书,昼夜抄诵。劳家藏书自劳格死后逐渐散出,作为同乡的朱学勤得知情况后积极收购,从劳家所得藏书还多为名家精校本。其二是从顾沅的艺海楼所得的藏书。顾沅,字澧兰,号湘舟,是苏州的藏书名家,他家的藏书被朱学勤收购的亦不在少数,其中抄本最多。自此,结一庐的藏书已经颇具规模。

朱学勤死后,他的长子朱澄和次子朱潽接管了结一庐,对其中的藏书继

第一章 古代图书馆学家

续护持与发展，特别是朱澄继承其父的遗志最大。朱澄，字子清，也特别喜好藏书，与缪荃孙、孙诒让等晚清学术名流交往频繁，据说他"尤工搜访，冷摊小市，无往不到，所得益多。畅谈版本之得失，书籍之源流，四部七略如瓶泻水"。在朱澄的苦心访求下，结一庐的藏书比朱学勤旧有的藏书规模扩大了一倍还多，新增书目将近八百种。朱学勤的次子朱湆，字子涵，也能做到笃守家学，他曾经委托缪荃孙刊刻了《结一庐朱氏剩余丛书》，传给后人。自此，结一庐的藏书经过朱氏父子的苦心经营，藏书规模日趋扩大，收藏图书典籍特色鲜明，成为当时的藏书名家。

但是，结一庐之藏只历经了两代繁盛便开始衰落流散。朱澄死后，他的儿子对藏书不怎么感兴趣，动了市书易米的念头。一时之间书商、收藏家频繁往来结一庐收购藏书，当时的大收藏家陆心源等也在觊觎结一庐的藏书。而张佩纶作为朱学勤的女婿，以编《结一庐书目》为由，低价收购了结一庐的许多藏书。而在这个时候，缪荃孙和刘承干也购得结一庐的一部分旧藏。结一庐的旧藏甚至有一部分最后流散到日本去了。结一庐的藏书转入张佩纶手中经营之后，虽然其间波折不断，但总算还是保存完好，最后这些藏书都归于上海图书馆妥善保存了，结局还算圆满。

朱氏父子在苦心为结一庐搜访图书典籍的过程中，还对结一庐中的藏书进行了很好的开发与利用。

首先，朱氏父子编撰了结一庐的藏书目录，以便于更好地对藏书进行典藏管理。结一庐处于兴盛的那个时期，私人藏书家大多都热衷于藏书目录的编撰活动，朱氏父子也不例外。结一庐书目的编撰一直伴随着结一庐的活动而进行。朱氏父子先后编有四种书目，第一种便是《结一庐书目》与《别本结一庐书目》。这两个书目是结一庐藏书初期的目录所集，即朱学勤时期结一庐的藏书状况，是由朱氏父子共同完成的。《结一庐书目》全书四卷，也遵从当时经史子集四部分类之法。编撰之法比较简单，登记目录仅记书名、作者、卷数以及版本情况。这部书总共辑录图书典籍八百多种，其中集部典

籍最多，近五百种，反映出结一庐的藏书志趣。当时的缪荃孙对《结一庐书目》的评价极高，认为"即此一编，高出寻常收藏家万万"。《别本结一庐书目》只有一卷，是依据版本情况进行分类的，分为宋版、元版、旧版、抄本、通行本五类，而抄本、通行本下又按经史子集四部分类。抄本中所录都是明版，通行本收录的则是坊间易得之本。《别本结一庐书目》是结一庐藏书的版本目录，著录内容也十分简单，只录书名、作者与卷数，只有少数藏书有著录刊版情况。这部书共著录图书九百余部，其中有一部分目录《结一庐书目》里找不到。朱澄所编的目录也有两种。其一是《复庐书目》，这部目录书一直没有找见，估计是散佚了。复庐是朱澄的号，朱澄在朱学勤死后仍然在不断购书，结一庐内的藏书越来越多。《复庐书目》应该是朱澄自己所购图书的目录之编。另外一本目录书，甚至连书名也失载了。只是看张佩纶写给朱澄的信札中有信息记载："书目居然寄到四本，以仁义礼智分编，每编四十余箱，共一百六十三箱（仁字阙廿五至四十五十八箱，义字亦阙四箱），信字一本。"最后这本失去书名的目录著作应该是以仁义礼智信编排，而且与书箱有关联，疑是结一庐藏书的排架目录，当用于陈列摆设，便于取放之用。而张佩纶许诺的要编写反映结一庐藏书全貌的《结一庐藏书目》似乎最终也没有编成，不能不说这是结一庐藏书的最后遗憾。

其次是朱氏父子辑刻丛书、嘉惠后人的举动。结一庐内所藏图书典籍丰盛，其中不乏珍本秘籍。朱氏父子希望能通过丛书的刊刻，使自家藏书的功用得到充分发挥，也是积功累德的一件大事。但是可能基于当时的条件所限，最后从结一庐辑刻出来的丛书实际上只有一种，即《结一庐朱氏剩余丛书》。这本书虽然命名为丛书，但规模小得可怜，所收单书只有四种，即宋朝赵明诚编撰的《金石录》三十卷，后附缪荃孙编撰《札记》和《今存碑目》各一卷；唐朝张说编撰的《张说之文集》二十五卷，《补遗》五卷；唐朝刘禹锡编撰的《刘宾客文集》三十卷，《外集》十卷；唐朝司空图编撰的《司空表圣文集》十卷。从这部书的书名也可以看出，刊刻的时间很晚，应该是在结一庐的藏书卖给张佩纶之后的事了。但是《结一庐朱氏剩余丛书》所收诸书的底本都是善本,具有非常重要的意义,加上经过朱氏父子的精心校勘,价值算是斐然,自然可以嘉惠后人,对学界大有裨益,算是圆了朱氏父子当年藏书的愿望。

最后是朱氏父子利用结一庐藏书进行著书立说的活动。朱学勤虽然活跃在官场,但其在学术研究上也是颇有建树,留传后世有很多的作品,像《枢桓日记》和《读书跋识》等,可惜这些作品多数散佚了,现今可以查到的寥寥无几。现存的《结一庐遗文》二卷中,除了收入济世经邦的《岁出岁入总数考》一文外,剩下的都是朱学勤本人所撰写的金石与典籍题跋,例如《蜀石经左氏残本跋》和《宋本周礼注疏跋》等,文中涉及了很多考证性的内容,可见朱学勤本人的学术素养之高。而且,朱氏父子还利用结一庐藏书,进行学术研究活动,其中在目录学上的成就非常大,他们的代表作是《朱修伯批本四库简明目录》和《汇刻书目》。朱学勤对《四库简目》的批注本,由于流传不广,所以知道的人很少,历来以邵懿辰和莫友芝最负盛名。朱氏的批注本虽然在著录版本的总量上比不上邵、莫两家,但它的可贵之处是著录中的通行本,便于查找。丛书目录的编撰肇始于顾修的《汇刻书目》,是在丛书编纂渐成规模的背景下出现的产物。朱学勤所编撰的《汇刻书目》对顾修的草创之目多有增益和删改,使这种体例更加完善,在当时影响很大,致使此后的人们很少再看顾氏的书。

结一庐的藏书来源众多,收藏源流明晰,所藏数量巨大,成为清朝时期重要的私人藏书之家。而结一庐内的藏书特色更是"最擅精博,为海内所推",藏书质量精良,数量巨大。结一庐藏书之精体现在版本精良之上。清朝时期的藏书家喜好收藏古书之版本,佞宋嗜元之风盛行,结一庐的藏书也难以摆脱这种风气。结一庐的藏书集萃南北两地的精华,授受源流清楚明晰,很多为历代藏家珍重的旧椠都归藏于此。当时结一庐所藏宋本约有三十多种,元刻本近八十种,其中还有元刻《农桑辑要》等非常罕见之书。而结一庐藏书的最大特色则在于对精抄本和精校本的收藏。抄本和校本是刻本书籍的重要

补充，历来为藏书家所看重。这些抄写工整、精细且被精心校勘的又具有较高学术价值的精抄本、精校本的价值绝不输于宋元旧椠，而《结一庐书目》中标明抄本、校本的很多，里面还有汲古阁抄本和顾千里、何义门的精校本。结一庐藏书之精还体现在内容的精良上面。历来的藏书家们因为藏书旨趣相同，有喜好收藏正经正史的，也有喜好收藏天下奇书的。而结一庐则是偏向集部文献的收藏，集部文献所占藏书的比例非常最大，有近六成之多。当然这种藏书比例也与结一庐的藏书来源有关，像刘喜海那类的收藏家就是以集部文献的收藏著称于世的，这一特点自然也被后起的结一庐所继承。

  结一庐藏书规模十分巨大，就《结一庐书目》和《别本结一庐书目》中所记藏书就约千余种，三万多卷。之后继续收藏翻倍后，结一庐的藏书应有两千余种，五万多卷。在当时来讲，这个规模是相当可观的了。等到结一庐的藏书卖给张佩纶时，总共装了一百八十多箱，可见所藏之巨。

  总之，曾经存在的结一庐在中国古代的藏书事业史具有重要的价值。首先，朱氏父子通过藏书的整理与利用，为嘉惠学林做了很多的好事，扩大了结一庐藏书的影响范围，在一定程度上实现了藏书的利用价值。其次，崛起于清朝中晚期的结一庐，承继了清朝前期的私藏成就，而这部分藏书又绵延传承，最后入藏上海图书馆，实现了在漫长的岁月里图书典籍的传承与弘扬。

第二章　近代图书馆学家

第二章 近代图书馆学家

综 述

自清朝末年至今,我国图书馆事业的发展历程已有一百多年的历史。从古代私人的藏书楼,到现代面向公众开放的借阅场所,不论是藏书观念还是管理模式、传播途径等,都发生了根本性的变化。回顾我国近现代图书馆事业的发展,一代又一代图书馆人因其杰出贡献而被载入史册,纵观图书馆的发展史,实质上就是图书馆人本身的历史。在这历史长河中,广大图书馆学研究者在一个社会动荡、战争频繁、经济落后、民不聊生的环境下,本着"国家兴亡,匹夫有责"的强烈民族意识投身图书馆事业的发展和图书馆学研究中,将"建设中国的图书馆学"与提高民众的知识水平、振奋民族精神、最终实现富国强民的目标联系到了一起。

19世纪末20世纪初,西方文明以势不可挡的趋势进入中国这片古老的国土。中国的文化界也最先有了强烈的反应。当时的藏书楼作为中国重要的文化阵地自然不可避免地遭受到了强烈的冲击,由此,具有现代图书馆性质的中国近代图书馆也就从古代藏书楼的嬗变中诞生了,随之也就产生了中国第一代图书馆学家群体。

这一批图书馆界的先驱已经认识到,提高全民族文化素质是立国之本,同时也认识到图书馆是社会教育不可缺少的。梁启超在《论学会》一文中指出:"道莫善于群,莫不善于独。独故塞,塞故愚,愚故弱。群故通,通故

智，智故强。"谈及设立学会的十六个要点，其中包括："七曰咨取官局群籍，概提个份，以备储藏。八曰尽购已翻西书，收庋会中，以便借读。九曰择购西文各书，分门别类，以资翻译。"图书馆学当时在西方国家已普遍兴起。李大钊同志是接受引进西方图书馆思想的先驱。他《在北京高等师范学校图书馆三周年纪念会上的演说辞》中，曾对图书馆的教育职能、服务方式等进行了阐述。他指出："现在图书馆已经不是藏书的地方，而为教育机关，所以和教授法有密切关系。教授法若是变更，那么图书馆也不能不变。图书馆和教育有密切的关系，和社会教育更有关系。"这在一定程度上反映着李大钊同志的图书馆学思想，也代表了那个年代图书馆界学人的普遍想法。辛亥革命前后，具体到图书馆领域，以保存文化和建设文化为宗旨，掀起了一场革新运动——中国古代传统藏书楼的格局已被打破，应建立具有现代意义的图书馆。现代意义的图书馆的功能、作用、目的究竟是什么？对这些问题的个别研究，事实上也为我国图书馆学的建立做了理论准备。

20世纪20年代前后，我国第一批图书馆学者在国外学成后相继回国。譬如沈祖荣先生于1914年赴美国纽约大学图书馆学专业（今哥伦比亚大学图书馆学院）学习，1917年回国后曾赴各省演讲图书馆之重要方法，提倡现代图书馆经营思想；杜定友先生曾在留学菲律宾期间，获文学士、教育学士、图书馆学士三个学位；刘国钧先生在美国威斯康星大学读哲学博士学位期间，也曾在该校图书馆专科学校学习；李小缘先生于1921年留美期间获图书馆学士和社会教育学硕士学位，等等。他们一回国，就开始了国内图书馆学理论的建设。如刘国钧先生于1923年发表了《美国公共图书馆概况》。刘先生认为，在教育方面，图书馆教育的价值，有时竟超过现在的学校。他认为学校的教育，仅限于在校人数且迄于毕业之年，在学校教育中有规定课程的限制并且比较专业，对图书馆教育来说，不仅偏重于社会，使人们受终身教育，在教育内容方面，它涉及人类应有之知识而且具有普及教育之功能。刘国钧提出了图书馆教育功能的重要性。这批爱国知识分子可称为谓中国图书馆学之先驱。

在1927—1937年这10年间，首先，我国图书馆学界主要对图书馆学基础理论、分类编目、检索、目录学等方面进行了较大规模的研究。继杨昭悊先生的《图书馆学》之后，刘国钧先生的《图书馆学要旨》、杜定友先生的《图书馆学概论》《学校图书馆学》、李小缘先生的《图书馆学》、喻友信先生的《实用图书馆学》等，对图书馆学的学科建设问题从不同角度进行了深入探讨，使我国的图书馆学基础理论研究有了一个良好的开端。

据统计，有了对图书馆学对象、任务以及对图书馆学有关分支学科等的初步探讨，当时尽管人们还未能提出图书馆学学科体系之概念，但至少可以说，出现了图书馆学科体系研究的雏形。

其次，人们对图书馆学中当时面临的现实问题进行了研究。如杜定友先生的《学校图书馆学》，把学校图书馆作为一个独立的系统，指出其职能的特殊性。李钟履的《图书馆参考论》（1938，北平，中华图书馆协会），主要就图书馆工作实践中的问题，予以理论的揭示，在宏观上对中国图书馆事业的发展过程进行了研究。还有李小缘先生的《中国图书馆事业十年来之进步》，对20世纪20年代至30年代初期我国图书馆事业的发展状况做了全面的概括，指出了存在的问题。当时，这类著作与论文的数量不多，但它们标志着我国图书馆学的宏观研究之发端，并为以后研究我国图书馆事业提供参考。10年间，出版有关分类、编目的著作有60多种，学术论文有1500多篇。在文献分类的研究方面，值得提出的是王云五、刘国钧等。

王云五先生早在20世纪初期就对国外图书分类法进行研究，提出了究竟哪种分类法才能驾驭整个中外图书（指我国收藏的图书），并确认杜威法对我国的图书分类较为合适、实用。因此，他依据杜威法，采用保留原类号又附加区分号的原则，于1927年编成了《中外图书统一分类法》，于1928年正式出版发行，解决了我国图书分类不一致的问题，为我国后来分类法的编制提供了借鉴，并为分类学的研究奠定了良好的基础。尔后，刘国钧先生

的《中国图书分类法》于1935年修订再版。该法除吸收王云五先生的分类法的一些特点之外，在古典书籍、复分与下位类的细目等方面，更加细致。因而，又为中华人民共和国成立后制定全国统一的图书分类法奠定了基础。皮高品先生的《中国十进分类法》（1934年）在分类学史上也产生了较大的影响。有不少专家、学者又对专门分类法、分类方法与原理进行了精心潜研。如杜定友先生于1935年出版的《铁道图书分类法》，对一个系统的专业性较强的图书分类问题进行了探讨与规范。

在分类方法与原理的研究方面，代表作当为吕绍虞先生的《图书分类的原理与方法》（1935年，上海：中国图书馆服务社）。该书把图书分类中的一般问题，上升到理论的高度去加以揭示。在图书编目学的研究方面，较有影响的有钱亚新先生的《拼音著者号码编制法》和《类名标题目录》、裘开明先生的《中国图书编目法》、吕绍虞先生的《中文标题总录》、杜定友先生的《明见式编目法》、邢云林先生的《簿式目录中著录详略之研究》等，主要就中文标题、编目的明见及编目之详略等进行了研究。尤其是杜定友先生的《明见式编目法》，为后来编目的互见、参照等产生了很大影响。另外，邢云林先生的《簿式目录中著录详略之研究》，对编目的详略的问题进行了辨证的论述。它的影响早已渗透于整个编目与编目学领域。譬如今天，关于编目的简化问题，已引起国际范围图书馆界的高度重视，直接影响到现代化技术的应用问题。但这一问题我国的学者早在20世纪初就提出了。

该阶段较有影响的目录学著作有郑鹤声先生的《中国史部目录学》（1928年）、刘咸沂先生的《目录学》、姚名达先生的《目录学》、汪辟疆先生的《目录学研究》、孙殿起先生的《丛书书目拾遗》《贩书偶记》等。从这些著作研究的内容看，既有对目录学学科本身的总论性研究，也有对专科目录学、专门目录学的探究，主要是就目录学的研究对象、学科性质、目录学之概念等进行研究的，其中成就较大的当是汪辟疆与姚名达。汪辟疆先生的《目录学研究》对目录学定义的表述主要包括："（一）目录学者纲纪群籍，簿属甲乙之学也；（二）目录学者，辨章学术，剖析源流之学也；（三）目录学者，鉴别旧堑，仇校异同之学也；（四）目录学者，提要钩玄，治学涉径之学也。"汪氏的目录学思想受古典目录学尤其是清代目录学家章学诚的影响较深。姚名达先生于1934年也出版了《目录学》。

姚先生对目录学的定义是："目录学将群书部次甲乙，条别异同，推阐大义，疏通伦类，将以辨章学术，考镜源流，欲人即类求书，因书究学之专门学术也。"姚先生也受章学诚目录学思想的影响，但对逻辑上的目录学的作用、功能、目的等进行了梳理，因而这定义有更完整、科学之处。

1938年后，我国图书馆学进入了萧条时期。1937年7月，日本侵略者全面侵华战争开始，许多文人志士投笔从戎，甚至牺牲在了战场，如姚名达先生。我国经济又陷入了严重的危机，在科研方面没有财力支持，致使出版、杂志单位相继停顿。据统计，从1938—1949年，图书馆学发表论文约860多篇，图书馆学著作仅100种左右。如果仅从成果的数量上看，分别是1927—1937年的25%和80%，真可谓之萧条。尽管如此，仍出现了一些较有影响的作者和成果，如金敏甫的《图书编目学》（1946年，南京：正中书局）、裘开的《汉和图书分类法》（中英对照）等。该阶段共发表分编方面的学术论文达460多篇，主要涉及分类、编目工作中的问题，理论研究，成就不大。

目录学著作仅有10多种，论文近300篇。就其数量而言，确实不及1927—1937年，但就其成就而言，较之前一阶段有所发展。目录学史的研究方面，成就最高的是姚名达先生。姚名达先生继1934年的《目录学》之后，分别于1938年和1940年出版了《中国目录学史》（长沙：商务印书馆）和《中国目录学年表》（长沙：商务印书馆）。

尤其是姚先生的《中国目录学史》，在总结以前目录学发展的基础上，把握了我国目录学的发展规律，具有承前启后之功能。只可惜先生壮烈牺牲在抗日战场上，若不如此，先生极有可能还会有更多关于图书馆学的研究成果发表出来。那个时代，图书馆界学者们更多面临的是生存的艰辛，既无精力也无安定的环境去开展学术研究。

综上所述,20世纪前半叶,我国图书馆学经历了4个不同的发展阶段。到1949年,我国的图书馆学事实上就已经作为一门独立的学科而存在,一批图书馆学人也成长起来了,他们的图书馆学理论也逐渐成熟了起来,为我国图书馆事业的发展奠定了基本的人才队伍。

第二章 近代图书馆学家

戴志骞

　　戴志骞，名超字志骞，1888年2月27日出生在江苏省青浦县的朱家角，1894年到1903年上私塾，1904年到1907年就读于上海圣约翰大学预科。毕业时因成绩优异而获得溥伦贝子奖牌，同时因演说最为出色而获得圣约翰校友奖牌。他早年所受教育包括对中国典籍与史册的研习。

　　1907年到1909年，戴志骞在温州瑞安公立中学教授历史和文法。1909年，他再次进入上海圣约翰大学就读并成为该校图书馆（室）助理。1912年，他从圣约翰大学获得学士学位并再次因为演说出色而获得奖牌。该校于1906年，初制定公布了学生获得学位的办法。

　　1906年以前毕业的文理科毕业生可通过两种方法获得学位：其一，返校重修规定的四年级课程并且考试成绩达70分；其二，提交一份经教员同意的一周在校学习20小时的学习计划，学完相关课程之后经教员核准参加考试，如果成绩达到70分就可在下届毕业典礼时被授予学位。根据相关材料判断，戴志骞极有可能通过第二种方式取得了学位。他一边在图书馆兼职一边读书，在三年之后因成绩优异顺利地拿到了学士学位。

　　据考察，圣约翰书院于1905年12月30日才在美国注册成功升格并改名为"圣约翰大学"。因此1904—1905年，戴志骞就读于上海圣约翰书院预科；1906—1907年因学校升格改名，戴志骞就读于上海圣约翰大学预科并在毕业

后继续在圣约翰大学攻读研究生。他接受的研究生教育包括哲学、社会学与教育学领域的专门研究。

1913年年底，戴志骞的健康状况变得很差，以至于他不得不暂时放弃继续攻读研究生的想法。我们尚不清楚戴志骞是先天体质较差还是因在圣约翰大学就读期间过于刻苦而影响到身体的康健，但这或许已经为日后他在中央大学工作期间的病重埋下了隐患。

1917年，戴志骞以留美学生监督处秘书的身份第一次赴美。同年晚些时候，他进入阿尔巴尼的纽约州立图书馆学校就读，并在不到12个月的时间内克服语言方面的困难，修完了原本需要两年时间的专业训练课程，获得图书馆学学士学位（即比他的同班同学、后来的夫人早一年获得学士学位）。

美国本国人罕有能做到这一点，这再次证明了戴志骞学习之勤奋。据当时的一篇涉及此事的回忆文章记载："被问及第一次来美国能否讲英语时，戴先生天真地说道（目光炯炯有神，每当东方人前来，你都能看见那种目光）：'哦，是的！但没人听得懂！'"

这为我们展现了戴志骞性格率真的一面。在美国期间，他与美国学者凯泽过从甚密。凯泽的同学兼朋友麻伦教授曾在1911年清华学堂初办之时就来到中国，担任该校最初的教职员工之一。他曾寄信回美国，要求获取一些信息与书籍以指导新教职员工按照美国方法办好这所新办学校的图书馆。他获得了一些建议与技术性出版物，多数是来自美国图书馆界各个时期重要作者个人的慷慨捐赠。当获悉清华学校图书馆主任戴志骞现在也就读于纽约州立图书馆学校时，麻伦与凯泽谈起了此事，凯泽对戴志骞产生了极大的兴趣并且很快就跟他取得了联系。

美国加入第一次世界大战以后，美国图书馆协会的图书馆战时服务得以发展起来。戴志骞也参加了战时服务，于1918年10月至1919年6月担任纽约阿普顿军营图书馆助理馆员，在这期间还担任《留美学生月报》的编辑部主任。

1919年1月,当凯泽来到阿普顿军营担任军营图书馆馆员时,惊喜地在那里看到了戴志骞。他们的熟识之花很快就结成了友谊之果。事实表明,戴志骞一直以来的勤劳、才能与良好的服务精神为他赢得了军营图书馆所有同事的真诚赞誉。在许多个欢乐的午夜,他们围着篝火聊起儒家学说、汉字演化以及其他关于东方的主题。1919年左右,戴志骞加入美国图书馆协会。

1919年6月,戴志骞在阿斯伯里公园大会上协助美国图书馆协会展示其图书馆战时服务成果。同年秋天,戴志骞穿越太平洋返回中国,再任清华学校图书馆主任一职。戴志骞回国以后,带来了美国图书馆先进的管理理念和管理方法。他以清华图书馆为实践基地大力改革,确定图书馆的参考性质,建立国内第一个图书馆参考部门,健全组织系统,建立预算制度,大量添置图书,采用美国先进的分类编目方法实行开架阅览制度,大大提高了清华图书馆的管理水平。

沈祖荣曾评价他:"戴志骞以图书馆专家详为布置,规定每年购书费为二万元,其方兴未艾,更可想矣。"戴志骞以图书馆学家的敏锐,满怀激情,投身开创中国早期图书馆事业中。

戴志骞积极倡导新图书馆运动。1920年夏,他主持在北京高师开设暑期图书馆学讲习会,聘请多名专家讲学,所有讲义均由戴志骞编译。这是中国近代图书馆学短期培训班之始,也是中国图书馆界由学习日本转向学习美国图书馆的标志性事件,在全国产生了很大影响。正如刘国钧所言:"戴氏所论大半皆根据美国之办法,自是以还,美国式之图书馆观念,遂逐渐靡布全国,与民国初年步武日本之趋势对立。"

戴志骞在当时的图书馆界享有很高的威望。1921年,杨昭悊请他为《图书馆学》题写序言,这是我国第一部图书馆学专著,作序的还有蔡元培先生等。戴志骞誉其著作"有裨于中国图书馆之前途者,实匪浅勘"。

从1919年到1929年,是戴志骞学术研究的黄金时期。他先后发表了论文《图书馆学术讲座》(1923年)、《图书馆学简说》(1923年)、《图书馆与学校》（1923年）、《图书馆学》（1924年）、《图书分类法几条原则的商榷》（1924年）、《十五年来之中国图书馆事业》（1926年）、《欧美图书馆概况》（1926年）等。英文专著《Professional Education for Librarianship》（博士论文，1925年），论文《Library Movementin China》《Present Library Conditionsin China》《An Advanced Schoolof Librarianship》等。1929年6月，国际图书馆协会（IFLA）在罗马召开第一届代表大会，中国图书馆界提交给大会6篇论文，有5篇入选并在会上宣读。戴志骞提交的论文《中国现代图书馆之发展》获准在大会上宣读。

1921年冬，由蔡元培等主持成立了民国时期对图书馆与图书馆学史影响较大的教育团体——中华教育改进社，下设图书馆教育组等32个专门委员会，戴志骞为第一批会员。

1922年7月，中华教育改进社在济南召开第一届年会，图书馆教育组出席者有戴志骞、沈祖荣、杜定友、孙心磐、戴志骞夫人孙家治、洪有丰等，戴志骞任主席，这是早期中国图书馆界先锋人物的第一次聚首。之后，中华教育改进社每年举行一次年会，戴志骞连续三届任图书馆教育组主席，直至1925年第四届年会期间，戴志骞正在美国攻读博士学位，主席由袁同礼担任。

1923年，中华教育改进社第二届年会在清华学校举行，戴志骞任会务主任，他的提案"组织成立各地方图书馆协会"在图书馆教育组获得通过。中国最早的地方性图书馆联合团体——北京图书馆协会，于1918年年底举行成立大会，袁同礼被推为会长，但该会不久解散。此次根据戴志骞的提案，在中华教育改进社的统一领导下，1924年3月30日，戴志骞率先在北京发起成立北京图书馆协会。这是在中华教育改进社支持下建立的第一个完备的地方性图书馆协会，戴志骞当选为会长。

20世纪20年代中期，正当清华学校创办国学研究院向改办大学过渡时期，为了进一步研究图书馆学问，也为了学习清华改办大学后的图书馆管理经验，1924年秋戴志骞第二次赴美，进入爱荷华大学学习图书馆及大学管理学，获得哲学博士学位。他还利用这次机会走访考察了美国、英国、法国、比利时、荷兰、挪威、瑞典、丹麦、德国、俄国、日本等国的先进图书馆，于 1925 年 10 月回到清华继续从事图书馆事业，积极为清华学校向清华大学过渡做准备。在北京图书馆协会成立的带动下，各地图书馆协会风起云涌，相继成立组建全国性图书馆联合会的条件已经成熟。

1925 年 4 月 25 日，图书馆界全国性的组织中华图书馆协会在上海召开成立大会，6 月 2 日在北京举行成立仪式，梁启超任董事部部长。此时戴志骞仍在美国学习，因为他在图书馆界的影响，缺席被选为执行部长，在他没有回国之前部长职务由袁同礼暂行代理。

1929 年 1 月 28 日，中华图书馆协会在南京举行第一次代表大会。戴志骞作为副主席致开会辞，再次当选为协会执行部长兼任图书馆建筑委员会主席、图书馆教育委员会委员。离开图书馆界后，他仍于 1931 年为纪念对中国图书馆事业做出杰出贡献的韦棣华女士，撰写了论文《图书馆员职业之研究》。

戴志骞对我国近代图书馆事业的发展和图书馆学研究多有贡献。他在国内设立第一个图书馆参考部门；开创学习美国图书馆之先河；开办第一个图书馆讲习会，宣讲新图书馆的理论及方法，是中国新图书馆运动的积极推动者；提出建立地方图书馆组织，进而建立全国性图书馆协会，并身体力行，在中华教育改进社的支持下，建立了第一个完备的地方性图书馆协会；发表多篇中、英文学术论文及著述，论题涉及图书馆学理论及欧美图书馆介绍、图书分类法等具体问题。戴志骞后来淡出图书馆界，因为找不到确切资料而不能确定他的行踪，但这并不影响我们认识他对中国图书馆事业发展所做出的贡献。

从 1909 年到 1917 年，戴志骞直接从事图书馆工作，作为一个管理者，在中国图书馆事业发轫之初摸索前行，在实践中探寻工作方法。从 1917 年到 1929 年，他在学习外国经验的基础上，站在全国的高度领导了中国的新

图书馆运动，在早期图书馆的重要事件中都有他的贡献，他是中国早期图书馆事业的优秀组织者。他热爱图书馆事业，曾坦言："我对于图书馆学问有无穷兴趣。"到银行系统工作后，他也一直参加中华图书馆协会的工作。戴志骞是早期图书馆界两位博士学位获得者之一，他置身于改良中国社会、建立新图书馆秩序的社会潮流之中，期望大展宏图，开创中国图书馆事业的新局面，然而事情的发展并未能如他所愿。他从一个旧式管理者到图书馆事业的领导者，再到最后放弃图书馆事业而另谋他就，表现了一个中国早期知识分子在社会潮流面前的激情与无奈。

第二章 近代图书馆学家

杜定友

杜定友（1898—1967年）先生是中国近代图书馆事业一代宗师，是著名的图书馆学家、文献分类学家、图书馆管理学家、图书馆学教育家和图书馆学社会活动家。原名定有，笔名丁右等。1898年1月7日在上海出生，祖籍广东南海县西樵乡大果村。杜定友的祖父是个皮鞋匠，由于家境贫寒，早年携带家人到上海谋生。其父杜顺荣曾在上海开照相馆。杜定友8岁入私塾，11岁进学堂，后来全家又迁到汉口。14岁时他只身回到上海，考入上海工业专门学校（为南洋大学、上海交通大学的前身）附属小学，17岁小学毕业。他在《我的青年时代》一文中说，他毕业时平均成绩87分，但由于平时活跃而乐于为人做事，被顽固的学监视为离经叛道，修身一门只给了他59分，弄得他差点毕不了业。升入附属中学后，他参加了童子军，而且还当上了队长、团长。为了搞好这一工作，他购买了许多有关童子军的书，并认真细心地保存。大概就是从那时起他萌发了日后从事图书馆事业的愿望。21岁中学毕业后，由于家庭生活困难，杜定友无法继续深造，恰逢该校筹建图书馆，需要培养相关人才，于是在1918年他被学校保送至菲律宾大学攻读图书馆学专业。当时，他是菲律宾大学图书馆学系的第一个中国留学生，在留学期间，他学习勤奋刻苦，3年就修完了4年的课程。1920年，他被授予菲律宾大学文学士学位，1921年毕业时又被授予教育学和图书馆学两个学士学位。就学期间，

杜定友还积极参加各种社会实践。他曾任中国驻菲总领事私人秘书,出入外交界;还组织留菲律宾中国学生会并担任会长,组织抵制日货、为赈济国内灾民而募捐等。他还勤工俭学,为一家报纸当编辑。1921年5月,杜定友大学毕业,共获得图书馆学学士、教育学学士、文学学士3种学位。

学成归国后,杜定友放弃了许多升官发财的机会,献身祖国的图书馆事业,创造性地提出了著名的"三要素说"。1932年在《图书馆管理法上之新观点》一文中,杜定友指出:"整个图书馆事业,其理论基础可称之'三位一体'。三位者中的一为'书',包括图书馆等一切文化记载,次为'人',即阅览者,三为'法',图书馆之一的设备及管理方法、管理人才是也。三者相合,乃成整个图书馆。"他以书、法、人的次序来解析图书馆事业发展的重点。1934年,他在《图书馆概论》一书中,明确提出要将"书、法、人"作为图书馆设立的三大要素,并以三要素为中心展开了其图书馆学体系。"三要素说"堪称杜定友先生图书馆学基础理论的精华。杜定友关于图书馆与社会的理论贡献,较之西方图书馆学家巴特勒的"社会机构论"(1931年)、谢拉的"社会认识论"(1965年)以及东方印度阮冈纳赞的"图书馆五原则"(1931年)都要早,都要深刻。

杜定友先生在完成他的图书馆学毕业论文《中国的图书与图书馆》时,就在该论文的第18章(图书馆学校)中明确指出:"没有一所外国的图书馆学校能够养成完全的图书馆学者,以适应中国图书馆的需要。"他在当时已经意识到,中国的图书馆事业有其悠久的历史渊源和独特的现实特点,外国的图书馆学未必能够适应中国的情况,中国的图书馆员只能够由中国自己来培养。在这种思想的主导下,杜定友先生回国后,一方面大力宣传欧美的图书馆精神和制度,培养图书馆人才;一方面又深入了解中国社会和中国图书馆的实际,进行图书馆学研究,从而形成了他自成一体的本土图书馆学说。杜定友先生认为,中国的图书馆学研究者要对世界的图书馆学有所贡献,必须使自己的研究体现出中国特色,而我们所能做的,就是要对中国传统图书馆学思想中的精华加以光大。他在《图书馆学之研究》(1925年)一文中指出："除了一般的图书馆学之外，还有一种同时进行且很有价值的科学，就是我们中国向来所有的校雠之学。这种学问是图书馆学者必需的，所以我把它归纳在书目学内"。"这种科学，实现于图书馆学，不过一向没有什么人去做科学的研究。到了现在，一般外国图书馆学者，方着力于是。我国早有是科，我们现在只要继续先贤的事业，比较他们便当得多。不过有一点不同的，他们研究校雠版本之学，是拿世界的科学的眼光研究的，我们往往居于一部分或主观的方法，这是我们要注意的。"他希望图书馆学研究者能够采用国外先进的研究方法来继续中国传统的书目学研究，并在这方面有所作为，使中国化的图书馆学能够被世界所承认。

杜定友是我国最早提出"分类学"概念的人。有学者指出："1926年，杜定友在《教育杂志》第18卷9~10期上发表的论文《图书馆学的内容与方法》中，提出了'分类学'这个概念。这在我国是最早提出这一概念的。"这一事实说明杜定友在现代的分类学建设中具有重要的地位。在他600多万字的著作中，关于图书分类学的专著就有10多种，论文20多篇。1922年，他编制了一部融东西方分类法为一体的新分类法，即《世界图书分类法》，修订后于1925年出版，名为《图书分类法》，1935年改名为《杜氏图书分类法》再版。这部分类法以中外文图书统一分编的设想为前提，吸取杜威的十进分类法的优点，兼顾中文图书分类的需要及外文图书分类的特点，是一部适合我国当时国情和适应中国图书馆的馆藏图书特点的图书分类法。它与以往此类分类法相比，主要有以下几个特点：一是分类的根本目的在于致用的观点；二是分类目录设立的基本原则和标准——依据学科分类而不能与之等同、分类宜详、立类时"因时而定"的原则和预见性原则、以科学分类为主以其他标准为辅的确立分类标准；三是关于标记符号的论述——标记符号的根本功能在于代表并排列类目，标记符号应力求简便，贵有伸缩、助记原则；四是采用毛泽东关于以知识的划分作为中国图书分类法体系的理论基础，以马克

195

思主义关于经济基础决定上层建筑的原理作为确定分类顺序的依据；五是提倡编制全国统一的分类法；六是主张以集中为主、将集中与分散相结合来处理多种主题内容的图书；七是编制新型分类主题目录；八是分类二元论思想；九是自然科学与应用技术图书归类应互相联系。这是我国第一部较广泛采用近代分类法的先进技术和方法来编制类表的分类法，对稍后一些分类法的编制起了借鉴和推动作用；首次在我国提出以马列、毛泽东思想关于科学分类的思想来指导分类法编制，这种观点是一种创新，在当时和后来我国新型分类法的编制中得到充分肯定、采纳和发展；是在体系分类法中注意按主题内容分类，对我国分类学理论的丰富和发展具有不可低估的作用；是最早在我国提出编制全国统一的分类法，反映了全国图书馆工作整体发展的客观要求。

杜定友先生数十年来，"钻研苦学之志，不厌不倦；热爱业务之心，不息不懈"。因此他不仅是献身图书馆事业的先驱者，而且是图书馆学领域卓有成就的学者。他一生共撰写图书86种（其中正式出版55种），论文512篇（其中正式发表320篇），总共600多万字。著述内容相当广泛，从理论到实践，从古到今，从中到外，从宏观到微观，包括了图书馆学基本理论、图书分类学、图书编目学、目录学、地方文献研究、汉字检字法以及图书馆的建筑、设备和用品、教育学、心理学、文学、哲学和童子军等多种学科等方面。杜定友先生的《图书馆学通论》（1925年，上海：商务印书馆）、《著者号码编制法》（1926年，上海，商务印书馆）、《图书分类法》（1925年，上海图书馆协会丛书）、《图书馆学概论》（1927年，上海，商务印书馆）、《图书目录学》（1926年，上海图书馆协会丛书）《学校图书馆学》，把学校图书馆作为一个独立的系统，指出其职能的特殊性。《图书管理学》《世界图书馆法》《图书目录学》《校雠新义》《图书馆学的内容和方法》《研究图书馆学指南》《图书馆通论》以及《图书馆管理方法与观点》等在图书编目学的研究方面也是成果颇丰。杜定友先生的《明见式编目法》也是观点独特，为图书馆界所称道。

杜定友先生之所以取得了这么大的成就,全在于他具有刻苦钻研的精神。

第一,勤奋学习,认真读书。杜先生在学生时代,每天早上6时至深夜12时,除吃饭和洗澡的时间外,一分钟也不停,伏案疾书,手不停挥。他的座位四周摆满了参考资料,用时伸手可及,不浪费分秒时间。因而他将四年功课,拼在三年内修毕,其负荷之重,全校同学无出其右者。参加工作后,他又随着历次职务的变迁,认真地阅读了各种图书,如在复旦大学时,多读商业的书;在中山大学时,多读文学、考古的书;在交通大学时,多读工程科学的书;在铁道部时,多读交通的书。他读过的书,数以万计。

第二,焚膏继晷,夜以继日。杜定友先生曾在《三更灯火》一文中说过:"自任事以来,经常身兼数职,不是为了兼薪,而是责无旁贷,日间公务繁忙,宾客盈门,会议频开,师生围谈,无法写作,只得在晚饭后,夜阑人静时方抽卷疾书。即观剧归来,亦继续握管,辄至一二时方才搁笔。就寝之后,仍觉思潮绕绕,待蒙眬睡去,不久又是晨鸡催人,开始过第二天熙熙攘攘的生活。"他又在《六十退休》一文中说过:"我的写作生活,数十年来,夜以继日,手不停挥。"杜先生为了悉心著述,每日工作十余小时,睡不足五六小时,奋斗不息,耕耘不止。

第三,治学有方,作文有术。杜定友先生"自习研究图书馆学后,学得卡片之法。平日读过的书,凡有重要材料,数字统计,格言语录,感想随笔,待解问题,都一一记将下来,抄在小卡上,分类排比,藏器待时。这样材料盈筐累箧,到某一类的材料实在太多时,就把它抽出,合纂成书。书成,就把原材料销毁,以减轻积累。写书的时候,他并不像人家那样对纸挥毫,下笔千言,却像人家打纸牌,一张一叠,左右编排推敲。一般写书都是先定题目,再找材料,而杜先生写作,"多半是由材料决定内容,有相当的材料才动手写作。写作的时候不过再找些补充材料而已。"所以杜先生的著作大都达到主题突出,观点鲜明,材料丰富,内容充实,文笔流畅,比喻生动,对人、对己、对事、对物都刻画得淋漓尽致,入木三分,幽默风趣,妙不可言。

第四，实事求是，精益求精。杜定友先生在研究图书馆学时，始终贯彻实事求是的学风。他一切都从工作出发，在工作中发现问题，然后进行分析研究，得出初步结果后，再到工作中去试验，试验成功后再进行总结，上升为理论。所以他的著作能理论联系实际，有很大的参考价值。

杜先生在学术上从不满足于已取得的成就，总想"再上一层楼"，精益求精，"故分类法之七次修改，检字法之五次更张，明见式目录之三次改制"。他为中国图书馆事业的繁荣发展呕心沥血，艰苦奋斗了半个世纪，做出了巨大贡献。

1938年，战争硝烟笼罩广州，同年10月，中山大学决定举校迁往罗定。杜定友时任中山大学教授兼图书馆主任。这时，恰逢菲律宾大学邀请他赴菲讲学，为个人的利益和安危，他完全可以趁机一走了之，他却毅然选择留下。为了使图书保存下来，他先设法将2万余册善本、志书及碑拓本运到香港九龙仓库保存，其余近30万册图书的搬迁全靠视书如命的杜定友整天在空袭警报威胁下发动员工奋力抢救（救出图书5万余册），直至广州沦陷的最后一刻才撤出。随后，他和中山大学图书馆同仁们一起顶风冒雨，历尽艰辛，辗转多个省市才将这批书保存下来，使中山大学在粤北复课时，保证了广大师生阅读和使用，而留在学校的图书则有相当部分化为灰烬。战后，他明察暗访，到处打听失散图书的下落，并制定了《关于搜集图书方法》登在报上。几经周折，从日本货仓、东亚研究会等地收回20多万册图书。中华人民共和国成立，伪教育部部长杭立武要求杜定友把中山大学图书馆的特藏运往台湾，杜定友先生故意拖延，消极抵抗，有效地阻止了这一行动，为祖国保存下了极其宝贵的文献资料。杜定友先生对地方文献的收集整理，做了大量的工作，并进行了理论上的总结，做出了一定的业绩和贡献。

搜集整理利用地方文献，是近代图书馆有别于封建藏书楼的一项内容。杜先生早年极力主张地方图书馆要搜集地方文献，不仅在理论上主张省图书馆要开展地方文献工作，而且在实践中身体力行。他担任广东人民图书馆馆长期间,领导积极搜集地方文献。1955年,广东省图书馆和广州中山图书馆合并,成立广东省中山图书馆,两馆的地方文献也合二为一。广东省中山图书馆收藏的地方文献在省馆中是著称的。据统计,截至1956年5月(杜先生离开省馆后不久),广东文献已达9500件,其中有许多重要资料,如革命文注载《文化新闻》第10号1941年12月14日献的原本、广东地方志、广东各姓族谱、东西南沙群岛资料、近代史的许多重要资料、广东文献的善本和稿本,等等。这批广东文献,"对国家的政治、经济、外交、国防等建设起了积极作用",在社会主义革命和社会主义建设中发挥了较大的作用。广东省中山图书馆曾著文介绍,广东省中山图书馆的地方文献专藏,是我国省图书馆中早期组织并长期坚持下来的专藏,其能形成特色并发挥较大的作用,是与杜先生的倡导组织努力分不开的。杜先生还亲自参加地方文献的整理实践,卓有成绩者为其编辑书目索引。中华人民共和国成立,他编了《东西南沙群岛资料目录》,中华人民共和国成立后,他编了《鸦片战争以来史料目录》。《鸦片战争以来史料目录》是为配合广东省图书馆举办的"鸦片战争以来史料展览"而编的,编于抗美援朝时期,旨在配合反对美帝国主义的侵略,运用地方文献来为反侵略斗争服务。

抗战胜利后,我国政府收回西、南沙群岛,恢复主权,但接收后,有人提出异议。当时,杜先生兼任广东省政府西、南沙群岛志编纂委员会委员,负责资料组工作。他积极搜罗南海诸岛史地资料,在获得的资料中,以意大利前驻粤领事罗斯(G.Ross)所藏资料尤为丰富,复得台湾省立图书馆和台湾大学影赠资料一批,共计500多件,编成《东西南沙群岛资料目录》一册。根据中外文大量资料证明南海诸岛主权在我,不容异议。为维护国家主权,杜先生做出了杰出贡献。

如果我们要了解某地方的历史文化,最直接有效的方法就是查阅当地的地方文献。1957年,杜定友先生系统阐述了"地方文献"的概念。他在《地方文献的搜集与使用》中指出:"地方文献是指有关本地方的一切资料,表现于各种记载形式的,如图书、杂志、报纸、图片、影片、画片、唱片、拓本、表格、传单、票据、文告、手稿、印模、簿籍等。凡有历史价值的,即'断简另篇''片纸只字',也在收集之列。"这一定义,揭示了地方文献载体的"多样性"、空间的"区域性"、价值的"史料性"的本质特征。他还提出,了解某地文化,最简便的、最有效的方法就是从地方文献入手,保存、整理、开发、研究地方文献,对于推动地方文化事业的发展有着十分重要的作用。

1941年,广东省立图书馆在粤北韶关复馆,杜定友先生兼任馆长,着手进行地方文献的收集工作,以后曾在广东省图书馆建立"广东文献"专藏。1945年抗战胜利后,他回到广州,兼任广东文献委员会委员,曾为广东文献馆出谋献策,其后,又兼任广州市中山图书馆馆长。中山图书馆在他的领导下,也开展了收集地方文献的工作。1949年后,党和人民委任杜定友先生历任复旦大学教授兼图书馆主任、上海交通大学图书馆主任、上海图书馆协作会委员长、广东省教委图书教育委员、中山大学图书馆主任和广东省图书馆馆长兼广州市中山图书馆馆长等职。

1967年3月13日,杜定友先生病逝于广州。

第二章 近代图书馆学家

洪有丰

洪有丰,字范五,1893年11月22日(清光绪十九年十月十五日)出生于安徽省休宁县万安镇桑园村,祖籍安徽省绩溪县。洪有丰在歙县崇一学堂学习时,与陶行知、姚文采、朱家治等为同学。

1910—1916年,洪有丰在南京金陵大学攻读文科,就学期间担任图书馆的学生助理,毕业后获文学学士,先后受聘为金陵大学图书馆助理、副馆长,曾兼任南京高等师范学校图书管理员一职。1919年经金陵大学图书馆馆长克乃文教授推荐,洪有丰自费到美国纽约州立图书馆学校留学,期间在华盛顿国会图书馆任中文临时编目员。1921年6月,洪有丰获得图书馆学学士学位回国,被聘为国立东南大学教授兼图书部主任(馆长),后曾两次任中央政治学校图书馆馆长,两次任清华大学图书馆馆长。1935年7月,他任国立中央大学(现台湾中央大学)图书馆馆长、南京大学图书馆馆长、华东师范大学图书馆副馆长。洪有丰先生在这些学校的建设中,艰苦创业,呕心沥血,坚持理论与实践相结合,成绩斐然,贡献卓绝。直至1963年1月27日于上海辞世,他一直工作在图书馆,把毕生精力奉献给了中国的图书馆事业。

刘国钧在《图书馆》杂志1963年第一期《敬悼洪范五先生》一文中写道:"洪先生是20世纪20年代我国新图书馆运动的重要活动家之一,是我国开始吸收西方资产阶级图书馆学时期的有数的先驱者之一。"袁同礼在《洪范

五先生事略》一文中也说："先生为我国图书馆事业的拓荒者,实务与理论并重。"洪有丰逝世后,上海和台湾的有关学校都进行了吊唁,国立中央大学校友会以此联概括先生:是图书馆拓荒者,旷代宗师启后学;亦教育界先导人,满园桃李泣春风。

  洪有丰专业扎实、高瞻远瞩,又实事求是,是一位优秀的图书馆学家、图书馆学教育家。最难能可贵的是,他对图书馆事业从一而终、无限忠诚。他是一位以身作则、平易近人的领导,一位勤勤恳恳、兢兢业业的图书馆馆员,一位谦逊低调、真挚诚恳的良师益友。前中央大学校长、清华大学校长罗家伦对他的评价是"贞艰卫文物,风义感朋侪"。前句指洪有丰在抗战时期对事业的忠贞和对图书文物的保护,后句是指他的做人风范、他的正义和情义。

  1946年年底,洪有丰完成中央大学图书馆回迁南京的艰苦工作,并投身于图书馆馆舍重整资料整理和开放工作。在这期间,他曾应台湾大学校长陆志鸿和台湾省教育厅长许恪士之邀,赴台湾讲学。1948年12月7日,洪有丰给其在台湾工作的儿子洪余庆的信中说:"此间职务无法摆脱,所谓临难而逃,君子所不取也。"1949年2月2日,洪先生给儿子的信中又说:"我一生清白无负人之处,所以处之泰然,我信果报之说,所以精神甚愉快,仍然以平常行事,这是我的人生观。"中华人民共和国成立后,他调任华东师范大学图书馆,最初为业务指导,没有行政职务,作为一位60岁的老人,他搬书上架,亲力亲为,如此工作了好些年。著名图书馆学家刘国钧先生早在1917年就与洪有丰先生相识,他在《敬悼洪范五先生》一文中写道:"由于他的指引,我走上了图书馆学这条路。"东南大学教育学系学生、曾任中央大学总务长的胡家健,1948年后旅居香港,担任香港中山图书馆董事、董事长长达21年,他也深受洪先生的感召和指引。在洪先生诞辰100周年之际,他虽已90高龄,仍发文纪念洪范五,忆及与胡适、洪有丰聚会的情景。

  洪有丰对图书馆学理论的探索成果被学界称为洪氏图书分类法。洪有丰先生认为:"分类之意义,即于各种图书中,辨其性质,分其异而类其同也。

图书之分类,对于读者与管理者,双方咸有甚大之利益。岂徒因袭成法而已哉!"因而在中文书籍的分类上,他积极进行了改革,其分类法"不愿为极端之主张",即完全摈斥传统四部分类,也不过度地增加类目,即由四部、五部分类,扩张为十几、二十几部类,这样"但凭理想所及,轻事更张,实事必多阻碍"。1926年,他在《图书馆学季刊》中发表文章介绍美国克特氏的展开分类法,并将 E.C. 与杜威的十进分类法相比较,认为克氏分类法纲目清晰,符号明了,但各类详略不能均等,无详细之索引。而杜氏分类法,用数目表示纲目,也易明易记,且索引详备,是美国推行最广的分类法,最重要之处在于,它"适用于二十五万本以内之图书馆",因此更为适合中国近代图书馆的图书分类。本着继承中文旧籍分类的优点,如不拆"经部"以容纳大量古籍,加之吸收西方分类法"简明、概括、有伸缩性"的优点,他在1924年编订的《孟芳图书馆书目》和1926年发行的《洪有丰氏图书分类法》中,将新旧典籍统一分为丛(000)、经(100)、史地(200)、哲学及宗教(300)、文学(400)、社会科学(500)、自然科学(600)、应用科学(700)、艺术(800)九大类。总类与杜威分类法的总类相似,图书馆学、目录学、类书、丛书、杂志、报章等均编入其中。经类与四部分类法大体相同,只是将乐类改编入艺术类。历史地理类按照国籍与朝代类分,并专设中国历史(220)、中国地理(250)子目,以容纳庞大的历史古籍,加大了中国书籍在杜威分类法中的比重。宗教与哲学关系密切,故合并为一类。该法前五类的划分,脱胎于传统四部分类,又有所改进,后四类来源于杜氏分类法,在细目上对于不适于中文图书的,又有所删改,整部分类法对于新旧中文书都能很好地容纳。

1928—1931年,洪有丰第一次执掌清华大学图书馆。该馆中文藏书尤其是古籍已大为增加,为使"检阅收事半功倍之效,不致虚费时间",他积极鼓励施廷镛改革该馆的中、日文图书分类法,即按照"甲(总类)、乙(哲学宗教)、丙(自然科学)、丁(应用科学)、午(社会科学)、己(史地类)、

庚（语文类）、辛（艺术类）"八大类编制书目。八大类法将《洪有丰氏图书分类法》中的丛部（000）和经部（100）合为"甲（总类）"，是在洪氏九分法基础上的进一步融合，也是杜威分类法在中国本土化的重要改革。

洪有丰很早就注意到图书馆制度建设对于图书馆业务之发展、效率之增进的重要性。他认为，"图书馆管理，为馆务最重要之部分"。他在东南大学担任图书馆馆长，讲授图书馆学课程的基础上，编撰《图书馆组织与管理》一书，于1926年8月由商务印书馆出版发行，1933年、1935年两次重印。一部受众面较窄的学术著作在短短的几年内再版重印，充分说明了它的学术地位和影响力。该书共分为16章，前4章为"图书馆之意义""图书馆与教育之关系""图书馆沿革""图书馆之种类"，对图书馆学的基础理论做初步介绍。后12章全面阐述了图书馆建设、日常管理和业务工作等内容。"该书为著者本着自己学识经验之创作，而非翻译以成书，故议论记载比较能有真实之见解；立论务求翔实，列举图书馆组织与管理真切应用之方法，弃短求长，颇能详尽；对于整理中国图书馆之种种问题，叙述尤特殊注重；不墨守旧法亦不矜炫新奇，务采公正审慎之批评态度。编中插图表甚多，使读者有所验证，对于各项事实方法，易独明了之观察。"在"创设与经费"一章，对创办总费用中的建筑费、设备费、图书费、事务费，对运行费中的图书、期刊、薪酬及其他等所占的比例做了科学分配，并指出"建筑除内部由图书家支配外，其方法则非建筑家莫属"；在"建筑与设备"一章中提出"先从内部之配合然后及于外部"等，对现在图书馆建设和发展仍有指导意义。

在图书馆组织结构方面，洪有丰主张图书馆应根据其服务范围之大小、业务之繁重、人数之多寡分设各股。大图书馆宜分为10股（事务部、文牍部、会计部、推广部、装订部、参考部、典藏部、出纳部、编目部、购置部），小图书馆可根据部门事务性质的相似性，兼并组合，从简为宜。但他也因地制宜，改弦更张，根据各馆的业务职能对各股进行分合调整。如20世纪20年代末在清华大学图书馆期间，他将原有馆内组织合并为3股，即编纂股、总务股和参考股。20世纪30年代任国立中央大学图书馆馆长时,将图书馆内部组织设为8股,即总务股采访股、中文编目股、西文编目股、典藏股、阅览股、参考股、期刊股;又为"使各院教授学生阅览便利起见,设分院图书室,各设管理员一人"。洪有丰认为,由于我国图书馆还处于萌芽时期,内无经验可循,外习欧美不宜,应设立行政会议,集馆员之经验,改进图书馆服务之效果。图书馆还应设立图书馆委员会,以协助选购图书、辅助馆务。这种纵向层层负责、横向相互配合的组织架构,使图书馆既能享有一定的行政权力,又可以得到学校及社会人士的参与和支持。洪有丰在当时能提出这样一个科学合理的图书馆组织架构,着实令人佩服。刘国钧曾评价《图书馆组织与管理》:"不是西方图书馆学的翻版,而是从我国图书馆实际出发,结合现代图书馆要求而写出的一部方法指导书。"蒋永福在《图书馆学通论》中评价"该书是第一本总结中国图书馆工作经验及教授心得写成的专著,是我国应用图书馆学、实用图书馆学理论的系统奠基之作"。范并思对此书有更详尽的评价,认为该书的出版,是在图书馆学本土化方面真正具有里程碑意义的事件,代表了当时我国图书馆管理研究的最高水平。

1956年12月,洪有丰在第一次全国高等学校图书馆工作会议上,做了题为《关于图书分散使用与集中图书管理问题》的报告。他认为,由于一所学校的图书来源很复杂,或由图书馆、院系、个别教师订购,或来自外界赠送与交换,图书馆难以掌握学校准确的藏书情况。因此,图书应由图书馆集中管理,在图书馆的统一规划指导下,建立一个较好的出纳和阅览制度。图书管理上应集中,使用上应分散,要做到图书的分散使用,只有设立分馆或系阅览室,在集中管理下,有计划有系统地将图书分散到可以发挥作用的地点。这个思想在当时产生了很大的影响,至今仍有许多图书馆实行这样的管理方式。

1923年,洪有丰在《新教育》杂志六卷一期发表《东南大学图书馆述要》一文,即提出应设立巡回图书,"就地方之需要择送相当之图书,按期轮换,

以为教育之辅助",并"拟从学校入手,渐推及于各团体"。他还提出建立"借书推广部",以加强各学校图书馆之间的联系与协作,广泛利用各自图书馆所藏资料。他认为,"书籍浩如烟海,难言完备。拟联络各处图书馆,互相转借,以资流通"。但是,由于民国时期政治、经济等多种原因,馆际互借工作的开展仅局限于一定地域范围内,最终没有形成全国性的规模。

20世纪30年代初,洪有丰任清华大学图书馆馆长期间,实行过馆际代借制度,总计一年的代借之书,不下360多种,这只是馆际互借制度的雏形。中华人民共和国成立后,洪有丰依旧重视图书馆的馆际互借工作。1956年9月,时任华东师范大学图书馆副馆长的洪有丰向上海市高等教育局提出建议,在全市高等学校和中等专业学校图书馆之间开展馆际互借,促进高校藏书在各校图书馆之间的交流与利用。此建议被采纳,从1956年开始,华东师大逐步与全国各高等学校、科学研究机构建立图书资料的交流互借关系。根据档案记载,到1959年,华东师大图书馆已经与国内72家图书馆建立了馆际互借关系,可以通过北京图书馆向苏联国立列宁图书馆借书,当年向51所图书馆借出1598册图书,同时从42所图书馆借入1762册图书。

开展图书馆馆际互借服务要以详细的馆藏目录为前提。1957年年底,洪有丰受教育部委托,负责主编《全国四十七所高等学校图书馆西文期刊联合目录》。他和黄维廉、何金铎等知名专家商议拟定了统一编目的标准和版式以及联合目录的中、外文书名,并亲自承担一部分校对工作。这是中华人民共和国成立后全国第一本高校期刊联合目录。

南京高等师范学校时期的图书部条件较差,在校东口字形房中占屋10间。1921年6月洪有丰学成归国,正值南京高等师范学校扩充为东南大学,即被聘为图书部主任兼图书馆学术集要课程教授。洪有丰认为,一所理想的大学必须有设备完善的图书馆,校长郭秉文认同他的理念。但当时国库空虚,向政府和工商界呼吁未果,学校只好通过募捐方式筹集资金,江苏都督齐燮元赞助15万银圆,用于建筑图书馆馆舍,购置配套设备,建馆经费得到解决。

1922年1月4日，新馆破土动工，一切建筑设计均由洪有丰会同美国建筑师帕斯卡尔主持，历时近两年，于1923年完工，1924年4月开放。因齐燮元独资建馆，用其父齐孟芳名，命名为"孟芳图书馆"。新馆面积约1600平方米，平面呈"品"字形，钢筋混凝土结构，门廊采用爱奥尼柱、山花檐部等西方古典样式，主立面取横三、纵三式，造型严谨，线条考究，构图稳重，风格隽雅。内设办事室、图书室、阅报室、杂志室及陈列室等，一切设备均力求适合现代图书馆之需要，时评"馆厦新建，擘画精详，设备完善"。1925年，美国著名图书馆学家鲍士伟博士来华访问时说："用最新办法办理图书馆事业，新式避火图书馆房屋之建筑，现有二处，南京东南大学图书馆和北京清华学校图书馆是也。"李小缘评价说："唯今日国中之图书馆有建筑而防火者，当以清华大学图书馆，南京之孟芳图书馆，上海之东方图书馆。"

1928年9月，洪有丰前往北平出任清华大学图书馆主任，该馆正拟扩建。洪有丰出任新舍扩建的建筑工委员会委员，他始终参加该委员会关于工程问题的讨论，关注工程进展，及时发现问题，并提出解决方案，使扩建工程顺利进行。如为保持新书库内的光线，他提议新增加36栅铁窗；书库原为2层，他建议书库建为3层。

洪有丰极为重视图书文献的购置，他认为："传播文化，交换知识之媒介，厥赖书籍及杂志耳。"孟芳图书馆落成后，东南大学图书馆馆舍条件显著改善，馆藏空间明显扩大。但由于书刊购置经费系由各系、科和学校提出预算，列入学校支付计划，十分不均衡且不易到位，严重影响了图书馆的发展。为此，洪有丰与诸同仁不得不经常发起募捐以补不足。在他的悉心管理下，图书馆各项工作逐渐走向正轨，馆藏数量也随之增多。据相关文献统计，截至1924年，孟芳图书馆的馆藏量为中文书籍27025册，东文书籍196册，西文书籍4921册，农业专刊9116册，中文译本2412册，西文杂志95种，中文杂志121种。一年后，馆藏文献又有所增加，中文图书36000册，西文图书12000册。1935年，洪有丰重返南京任中央大学教授兼图书馆馆长，精

心筹划馆务，踏实推动图书馆工作。他对于馆藏的补充更是不遗余力，如收购善本与抄本图书，增订400多种外国杂志，补齐英、美、德、法各国重要期刊。虽然学校当时在精简各项费用，但对于图书馆增添图书期刊仍然尽量拿出经费支持。洪有丰对购书经费的使用做出明确规定，以保障经费的使用合理有效。图书馆选购书籍分为两种，一是关于课程参考书籍及专门学科图书，经教授选定介绍；另一种是关于普通参考书及图书馆学专业书籍，由图书馆选购。截至1937年5月，中央大学图书馆馆藏中西文及日文图书期刊共计407203册，其中图书186617册，期刊218778册，其他文献1808册。中文书中善本极多，西文书中亦多较珍贵者，如收藏有法国16世纪至18世纪之绘画（由散页装订成册），敦煌石室唐宋佛像佛经（1914至1924年间出版，6巨册，由散页装成），英国古代建筑图样百余幅（1821年至1838年原本拓成）。七七事变后，中央大学遭日寇轰炸，校长罗家伦决定西迁人员、图书、仪器及用具。洪有丰临危受命，排除万难，带领同僚将全校图书搬运至重庆，在松林坡头建成新馆，成为抗战期间后方最完备的大学图书馆，保证了中央大学师生教学所需的书本。1946年，他又将全部图书运返南京，重整图书馆，以保证中央大学回迁后如期开学。罗家伦校长在为洪有丰《图书馆学论文集》所做序言中指出，往返搬运全校图书一事，"此固有赖全校同人之努力，然范五先生艰苦中维持之功，自亦不能不为表彰，因为这是他对学术界实在的功劳，决不可湮灭"。洪有丰认为，"图书馆之设在罗列群书，供众研究，以辅教育之不逮；不但学术得以日新，文化亦因之而益进。其有功于社会国家者诚非浅鲜，然非如宋之尊经阁，清之文澜等阁，保而藏之，秘而不宣者也；须公开任人参阅"。

为保证新式的图书馆能为师生公众服务，他每到一处图书馆，都要制定相应的制度以保证借阅、预约和阅览。如在中央大学任职期间，制定《图书馆阅书规则》《报张阅览室规则》《杂志阅览室规则》《图书馆借书规则》等图书馆管理章程；在华东师范大学任职时，制定《图书采购登记组暂行工作细则》《教师职工借阅图书规则》《学生借阅图书规则》《馆际互借图书暂行办法》等。他在中央大学制定的借书制度中规定学生、教职员以及部分校外人士需分别办理不同的借书证，对逾期不还者制定了合理、细致的处罚规则。他还制定预订图书制度，若某书已被他人借去，可先填写于取书单上，并注明住址，向借书处预定，等该书归还，即按照预订者之先后，通知预订者，限日来馆借取，过期即入藏。这些有关于图书流通的规则与制度，除技术条件不如今日，层次分块之详细、条理之清晰已与今日图书馆日常管理无异。

为方便读者利用馆藏，编制条理清晰、简便易检索的目录最为重要。洪有丰指出，一部完整的图书馆目录应包括书名目录、著者目录、种类目录、分析目录以及书架目录。这种目录体系便于知晓馆中有无此书，便于检索图书馆收藏的某一作者的全部著作，便于研究某一问题和事物，便于知晓馆中已备书籍之种类书目。在1923年的东南大学图书馆中，西文编目就有6种目录，除了著者目录、分类目录、书名目录外，还有主题目录等。中央大学时期有著者目录、书名目录、分类目录、参见目录、分析目录。主题目录是东南大学图书馆的一项传统，受其影响，东南大学外国教材中心直到20世纪80年代还在编主题目录。在教育部外国教材中心的会议上，相关领导还要求东南大学的老师专门介绍经验。

洪有丰很早就意识到图书馆学教育的重要性，他认为图书馆学是一门专业，图书馆工作人员必须接受专业培训。

1922年7月，洪有丰在中华教育改进社第一次年会上提出"中学及师范应添设教学用图书方法课程"的议案，获得通过。洪有丰积极探索业余培训这一有效途径，以更好地普及图书馆学知识，培养专业人才。他身体力行，1923年在东南大学开办图书馆暑期讲习班，自编讲义并担任主讲，为期一个月（7月15日到8月15日），每日授课两小时，入学者逾80人，并在孟芳图书馆实习。1924年夏，洪有丰又办一期暑期讲习班。

1925年4月，中华图书馆协会第一次年会后，洪有丰主持中华图书馆

协会之图书馆暑期学校及短期培训班事宜，开设4门课程：图书馆学术辑要、学校图书馆、儿童图书馆和分类法。学员除课堂教学与在馆实习外，还到校外图书馆参观。考试成绩由实验、课堂笔记及参观报告综合评定，成绩合格者发放毕业证书。

1926年夏，洪有丰又主办了一期图书馆暑期学校，除亲自讲授图书馆行政、图书选购法、学校图书馆、图书馆使用法等课程，还请刘国钧、朱家治、王云五等讲授编目法、检字法，毕业学员20多人。学员中的何日章后来任台湾政治大学图书馆馆长，黄警顽任上海广智流通图书馆馆长。20世纪20年代末，洪有丰曾在安徽省教育厅工作，当时安徽省立图书馆馆长是胡翼谋，他早年留学日本，国学造诣很深，但不熟悉图书馆学，洪有丰即利用业余时间，向他介绍图书馆组织管理，并培训馆里的工作人员，使安徽省立图书馆很快走上正轨，成为全省楷模。

施廷镛多年追随洪有丰在高校（东南大学、清华大学、中央大学）图书馆工作，他在实践中积累了丰富的工作经验，在古籍整理、书目索引的编纂以及版本的鉴别等方面做出了突出的贡献。他在清华大学图书馆任中文图书编目主任时，在洪有丰的支持下，改进中文图书分类法，并受命编纂《国立清华大学图书馆丛书子目书名索引》，为清华大学图书馆留下珍贵的文献资料。抗战胜利后，洪有丰聘他至中央大学图书馆负责中文编目业务。

朱家治自幼家境贫寒，以半工半读的方式在金陵大学文科班学习。1919年洪有丰出国，介绍朱家治到南京高等师范学校图书馆兼职工作，朱家治1920年毕业后正式入馆工作。洪有丰留学回国后担任东南大学图书馆主任，大力改革，朱家治因其中西文都有较深的根底且熟悉图书馆业务，成为洪有丰的得力助手。

1952年，全国院系调整，南京大学并入金陵大学文、理学院，并将校址迁至金陵大学旧址。施廷镛后来担任南京大学图书馆业务副馆长，南京大学的工科和金陵大学等校的工科整合，在中央大学旧址建立南京工学院（东南大学），朱家治后来担任南京工学院图书馆业务副馆长。此外，洪有丰指导帮助过的金平书、周宗渭、曹祖杰等人，也相继担任南京地区部分高校图书馆的馆长，各自在图书馆发展中发挥着作用。

1921年，中华教育改进社在北京成立。这是由我国各教育机构联合组织的一个全国性的教育学术团体，陶行知任总干事。该社以调查教育情况、研究教育学术、力谋教育改进为宗旨。中华教育改进社成立之初，就把图书馆教育列为专门调查内容，陶行知委托洪有丰展开学术教育调查，委托沈祖荣开展图书馆教育调查。

改进社自1922年第一届年会开始，便设立图书馆教育组。洪有丰积极参加该会的活动，并与戴志骞、沈祖荣、杜定友等加入该会的图书馆教育组，这实际上是当时中国名誉上最高的图书馆事业民间领导机构。

中华教育改进社先后于1922年、1923年、1924年和1925年举行了4次重要的年会，洪有丰均参与并提出图书馆事业改进的议案，均获得通过。他在1924年的年会上还担任图书馆教育组分组会议主席。在洪有丰的倡议下，南京图书馆协会于1924年6月成立，洪有丰被选为临时主席，会址设在东南大学图书馆。同年8月，江苏图书馆协会成立，洪有丰担任会长。1925年4月25日，中华图书馆协会在上海成立，洪有丰等15人当选董事。1929年1月28日，中华图书馆协会第一次年会召开，洪有丰参加图书馆行政组及图书馆建筑组分会，分别提出"请教育部通令各省大学及教育厅聘请图书馆专家指导该省图书馆一切事宜"以及应"指导特约图书公司制造图书馆应用物品"的议案。在第一届年会上，洪有丰被推选为中华图书馆协会执行委员会委员及常务委员（中华图书馆协会1925—1928年设立董事部，1929年后改设为执行委员会、理事会），在此后召开的历届年会上，他又多次当选并担任该会下设的教育委员会主任、出版委员会委员及编撰委员会主席等职。1956年12月，洪有丰任中国图书馆学会筹委会常务委员，1957年、1961年，他先后被国务院科学规划委员会和国家科学技术委员会聘为图书组

组员。洪有丰积极参加图书馆界的社会活动,为图书馆发展进言筹划,促进了高校图书馆乃至全国图书馆事业的发展。

洪有丰的一生,经历了辛亥革命、五四运动、抗日战争、解放战争、中华人民共和国成立等重大历史时期,他从图书馆的学生助理开始,一步步成为中国早期图书馆运动的重要活动家和著名的图书馆学家,把毕生奉献给了中国图书馆事业。洪有丰一生从事图书馆事业40多年,他的图书馆研究与事业从未中断,他的思想与实践在时代洪流中不断丰富。

第二章　近代图书馆学家

黄宗忠

　　黄宗忠,原名黄菊生,字典馨,出生于湖南省湘乡县(1951年初划归新设置的涟源县,今隶属娄底市)梧桐村一个普通的农民家庭。少聪慧,6岁进育才小学读书,两年后转入离家较近的涟源小学就读。他学习刻苦,成绩优异,颇得学校老师赞赏和喜爱。10岁上学,父母双亡。"无父何怙,无母何恃"(《诗·小雅·蓼莪》),他不得不辍学在家,与伯仲叔相依为命,艰难度日。他没有被生活的贫困压倒,求学的愿望更加强烈。为积攒学费,1945年,14岁的少年黄宗忠告别伯仲,独自一人经涟水过湘乡入湘潭,到距家乡百多里之遥的湘潭县县城街头当报童。翌年复读于涟源小学,1948年高小毕业,并以优异的成绩考进安化县蓝田镇的湖南省立第十五中学。入校不久,他就因经济拮据而辍学。1949年9月,黄宗忠考入中国人民解放军中南军政大学湖南分校,穿上军装,来到省城长沙,从此告别了苦难的少年生活。1950年6月,他被分至第四野战军某部。同年10月,随部队去广西剿匪,历时9个月,荣立"三等功"一次。1951年7月胜利归来,旋后被分配到中南军区军械部某军械库,负责军械管理。1952年秋,由所在部队保送进中南军区第五文化速成中学读书。在校两年,连续取得军事训练和文化学习双优的好成绩,成为学员中的标兵之一。1954年5月于毕业前夕入党,6月回军械部报到,旋即被分到武汉某军工厂。1955年7月,以军人身份参加

全国高校统一招生考试,被武汉大学图书馆学系录取,自此之后踏上了另一种人生道路的求索。黄宗忠告别军旅生活,来到风景秀丽的珞珈山,开始了他的图书馆学治学生涯。在武汉大学求学期间,他先后担任系团总支书记、学生党支部书记。1958年7月毕业留校任教,同时担任系党总支副书记。从1959年起登上讲台,执掌教鞭,讲授图书馆学基础理论课程。是年,他连续在《武汉大学学报》(人文版)《图书馆学通讯》《图书馆工作》《新文化报》等报刊上发表多篇图书馆学论文,取得教学、科研双丰收。1960年年初,他担任图书馆学系党总支书记。同年,他荣获"全国文教先进工作者"称号。5月中旬,他出席"湖北省文教群英会",时在湖北视察工作的毛泽东主席于5月17日在武昌接见了与会全体代表。他没有陶醉在"大红大紫"之中,凭着他的个人历史背景和现实表现。他本可以从政治上发展,他却选择了治学的道路。他教学更认真,科研更投入。

20世纪60年代前期,黄宗忠撰写发表了一系列论文,提出了"藏用矛盾说"的理论观点。他提出"图书馆领域中所特有的矛盾是图书馆搜集、整理、收藏图书与读者共同使用图书需要之间的矛盾。图书馆学就是研究和解决这一矛盾的学问"。这在他的学术道路上具有里程碑的意义,标志着他已经在图苑初步站稳脚跟,"矛盾说"作为一种理论观点,为图书馆学界所认同。"矛盾说"的诞生具有里程碑的性质,标志着我国图书馆学理论研究发展到了科学抽象的阶段,在此之后,才出现了以纯学术理论为内容的基础理论研究,他的名字也开始被学界所熟悉。1970年7月,图书馆学系被宣布撤销。多年来逐步形成的教师队伍顷刻间散失:一部分教师被调离武大,一部分教师改了行,黄宗忠被安排到武大图书馆工作。1972年4月,武汉大学决定恢复图书馆学系,同时任命黄宗忠为系主任。他重整旗鼓,多方罗致人才,重建教师队伍,全身心地投入学科建设和教学管理工作之中。

1973年9—10月,黄宗忠作为中国图书馆界代表团成员赴美国访问。这是"文革"中中国图书馆界第一次也是唯一的一次组团访美。美国图书馆学、情报学教育的现状和图书馆学、情报学综合化的发展趋势,给多年来一直处在封闭环境中的黄宗忠以很大的震动,也给他留下了深刻的印象,引起了他的思考。事不宜迟,回国后旋于1974年着手筹办科技情报专业。1976年10月"文革"结束时,黄宗忠已年过不惑。虽茂齿不再,但尚不到半百之龄,正是大干事业的时候。1977年3月,"他受湖北省委派遣,作为湖北省委工作队成员,赴鄂西北山区南漳县从事为期1年的农村工作,迄至1978年春圆满完成任务后返回武汉。回校后,立即投入本职工作之中,他为图书馆学系的发展宵衣旰食,乐此不疲。创办科技情报专业已是水到渠成之时。在他的擘画下,1978年秋,科技情报学专业正式招收本科学生。是年,他被评为"湖北省劳动模范"。但是,他仍不满足于图书馆学系的成绩和进步,他要追求更大的发展,于是他又提出了设置新专业的计划,同时他也从未放弃对图书馆理论的研究。20世纪80年代,随着他认识的不断深入,"矛盾说"又获得新的发展。他在多篇论文中,运用"矛盾说"的理论,系统地阐述了"图书馆学的研究对象是图书馆",从而修正了前说。不久,他提出,"作为图书馆学研究对象的图书馆,不是具体形态的图书馆,不是各种不同类型的具体图书馆,而是不受时空影响的图书馆,是一种科学概念的图书馆。他对国内外关于图书馆学研究对象的多种提法进行分析比较,认为"只有整体的、运动着的、以藏与用为特殊矛盾构成的图书馆才是图书馆学的研究对象"。这种认识,远远超过了他在20世纪60年代的水平。不囿陈说,勇于探索,是科学研究中最为宝贵的品质。一位严肃的学者在学术研究活动中不满足于以往所取得的成绩,不断地有所突破,是难能可贵的。我们当然不能、也不应该以他后来的成果去否定他先前的努力,而后来成果的取得又何尝不是他先前的努力和长期的学术积累的结果呢?黄先生认为,藏与用这一矛盾的存在是图书馆生存和发展的根本条件。这种认识,不仅有助于人们对图书馆自身的特有矛盾的理解,同时也为他对图书馆学定义的界定找到了客观依据。据此,他提出,"图书馆学就是研究图书馆收集、加工、整理、保藏、

控制图书与一定社会读者利用藏书之矛盾产生与发展规律的科学"。这一论述，标志着"矛盾说"理论已趋于成熟。直至1992年，他在《文献信息学》一书中还对"矛盾说"多有阐发。从最初提出"矛盾说"，到其深化、完善，历时整整30年，体现在黄宗忠的多部论著和诸多论文中，成为黄宗忠图书馆学思想的重要内容之一。

1982年11月至1983年2月，黄宗忠应邀赴美考察。此次美国之行，着力于美国图书馆学、情报学教育方面。回国后，他撰写多篇论文，介绍美国图书馆学、情报学教育的组织与管理及其发展，为中国图书馆学教育的发展与改革，提出了许多建设性的意见。1983年3月，经教育部批准，在图书馆学系设立我国第一个图书发行管理学专业，同年秋开始招收第一届本科学生。第二年，招收档案学专业本科学生。至此，图书馆学系已是拥有包括图书馆学专业在内共4个专业的大系，办得红红火火，为国内外所瞩目。作为图书馆学系系主任，黄宗忠为它的每一次发展都付出了艰辛。1984年5月，教育部批准以武汉大学图书馆学系、情报学系为基础，成立武汉大学图书情报学院。同年10月，黄宗忠被任命为第一副院长，11月9日，学院正式挂牌成立。在彭斐章、黄宗忠、严怡民等人的努力下，学院蓬勃发展，成为中国图书馆学、情报学教育的重镇。黄宗忠以图书馆学教育为职志，执掌教鞭，36年，由助教而讲师、副教授、教授。他主讲过本科生的多门主修课程，1979年开始招收图书馆学基础理论方向的研究生，1982年又招收图书馆管理学方向的研究生，前后共培养两个方向的硕士研究生33人。他勤事著述，硕果累累，载诸竹帛，逾450万言。他有多部个人著作，合著则多达10多部。专著《图书馆学导论》是他的扛鼎之作，也是其代表作。该书先后多次获奖，自1988年3月出版第1次印刷，至2001年2月第8次印刷，整整13年，几近每3年印行2次，这在图书馆学理论著作中是绝无仅有的，可见其影响之大。

"目前，在社会科学研究中最大的问题就是抄袭别人的观点，没有自己的观点。这样使科学研究不能突破旧框框,也就失去了研究工作所应有的价值。"这是黄宗忠先生在给武汉大学图书馆学、情报学专业的进修生、研究生讲授他编著的《图书馆学导论》时讲的一段话。1995年,他的另一部著作《图书馆管理学》出版,书中,黄宗忠立足于我国图书馆管理实践,大胆而有机地融当代中外管理理论于图书馆管理,从而逐步形成了一个独具特色的图书馆管理理论体系。他认为管理是一种生产力、是联系图书馆各要素之间的纽带。他把图书馆管理定义为计划、组织、指挥、控制、协调图书馆工作中的人力、物力、财力的合理运动,是一个以最少的消耗来实现图书馆的既定目标,取得最大的效果,完成图书馆任务的过程。他还认为图书馆管理学是一门综合性的应用学科,它的研究对象是图书馆系统的管理活动,管理原则是整体性、联系性、有序性、均衡性和目的性。之后,他的论文则如水银泻地,160多篇,且以长篇居多。其中优秀之作,为中国人民大学复印报刊资料《图书馆学信息科学资料工作》(1994年前为《图书馆学情报学资料工作》)全文转载的,自1981年至2001年上半年20年间,就多达44篇,国内同世并时治图书馆学者,无以逾之。作为大陆高等学校文科教材的《图书馆学导论》和《图书馆管理学》,1995年同时在台湾地区推出中文繁体字版。《图书馆学导论》自出版以来已连续9次印刷,长销不衰。他的多篇学术论文被国外译成多种文字,在海外学术刊物上发表。他是为数不多的具有国际影响力的中国当代图书馆学家。他善于总结历史经验,探索图书馆事业发展规律,把握图书馆事业的发展方向。他的一大批题目中带有年代、年份、年间的学术论文,当属此类。如《15年来我国图书馆的干部培养工作》(1964年)、《新中国图书馆事业30年》(1979年)、《武汉大学图书馆学系六十年——兼评文华图专韦棣华在我国图书馆事业史上的作用》(1980年)、《八十年代的中国图书馆事业》(1989年)、《论20世纪的图书馆》(1996年)、《20世纪100年图书馆学基础理论的研究进展及其评介》(1998年)、《改革开放20年的中国图书馆事业》(1999年)、

《新中国图书馆事业50年》（1999年）、《山东省图书馆创立与发展的90年》（1999年）、《20世纪后半期的中国高校图书馆事业》（2000年）、《中国新型图书馆事业百年（1904—2004）》（2004年）、《新中国图书馆学研究60年的回顾与展望》（2009年）、《新世纪10年中国图书馆事业的发展与展望》（2010年）等篇章，是他对各该年代、年份、年间中国图书馆事业或图书馆学研究的深刻总结，不无重要的理论价值和现实意义。他的那些对图书馆事业进行预测性和前瞻性研究的篇什，如《九十年代中国图书馆事业展望》（1990年）、《我国图书馆事业九十年代的路向》（1992年）、《论21世纪的图书馆》（1996年）、《论21世纪的虚拟图书馆与传统图书馆》（1998年）等论文，对20世纪90年代以来的图书馆事业建设和发展产生了而且将继续产生积极影响。他在国内外发表学术论文160多篇，达200多万字，多篇被国外译成英文、日文、朝鲜文出版，多篇在台湾发表，多篇获中国图书馆学会、湖北省、武汉市优秀论文奖。他出版的《图书馆学导论》《图书馆管理学》系全国高校文科教材，1995年，台湾天肯文化出版有限公司在台北出版发行这两本书的中文繁体字版，并把这两本书列为该出版公司"图书情报资讯系列之一、二"。台湾著名图书馆学家王振鹄教授来信说，"两书甚获此地重视""确实引起台湾图书馆界的注意"。《图书馆学导论》自1988年出版以来，已印刷7次，《新华文摘》等报刊发表书评40多篇，认为该书是"一部开拓性著作"，是"迄今为止图书馆学理论专著中最全面、最系统、最独特的一部"，后来居上的优秀著作。日本松见弘道教授称该书"知识渊博，视野广阔"。该书先后获中南地区大学出版社优秀教材一等奖，中国图书馆学会优秀著作奖，湖北省社会科学优秀著作二等奖，1992年获国家教委普通高校第二届"全国优秀教材奖"。《图书馆管理学》1993年获中南地区大学出版社优秀教材一等奖。

　　黄宗忠的生平事迹及图书馆学思想，先后被中外30多种史学、工具书收入。主要有《中国图书馆学史》（吴仲强主编，湖南出版社1991年版）、《中国图书馆学情报学档案学人物大辞典》(吴仲强主编,香港亚太国际出版社有限公司1999年版)、《图书馆学百科全书》《中国当代社会科学人物》(尹恺德、吴仲强等编,重庆大学出版社1990年版)、《中国图书情报实用大全》;美国马丘斯(Marquis)出版公司出版的《世界名人录》,美国传记研究所出版的《世界卓越领导人辞典》《世界五千名人录》;英国剑桥国际传记中心出版的《澳大利亚及远东名人录》《国际知识分子名人录》《国际传记词典》《世界成功者》《世界男女名人录》;日本明星大学出版部出版的《图书馆与汉籍》、印度出版的《亚洲及太平洋地区名人录》等。2010年夏,《高校图书馆工作》杂志社和e线图情联合举办了一次"新世纪十年图书馆风云人物"评选活动。这次活动的目的在于梳理21世纪第一个十年图书馆学理论研究与图书馆事业发展的系列成果,展望"十二五"期间图书馆学研究与发展方向,以科学发展观指导图书馆实践。从8月15日起至11月15日止,为期3个月,以网上投票和选票投票的方式,评选出10位表现突出者,称之为"新世纪十年图书馆风云人物"。2011年5月18日,评选结果公布。黄宗忠不但入选,且票数遥遥领先,名列前茅。

理论联系实际,解决图书馆现实问题,是黄宗忠在学术研究中一贯所坚持的原则。他心系图书馆事业,时刻关注着中国图书馆事业的建设和发展。他总是从现实中找课题,有的放矢,认真研究,寻找解决问题的途径和方法。

黄宗忠因著述宏富而饮誉四海。黄宗忠50多年的学术生涯,大致可以分为三个学术研究时期。

第一个学术研究时期是20世纪50年代末至60年代中期,其间仅几年时间。1959年,黄宗忠连续在《武汉大学学报》(人文版)《图书馆学通讯》《图书馆工作》等刊物上发表论文。1962年在《武汉大学学报》(人文版)第2期发表《试论图书馆的藏与用》,著名的学术观点"藏用矛盾说"就来自此文。他全面剖析了图书馆工作过程中"藏"与"用"这对矛盾的特征,对其辩证关系与作用,做了分析,他认为"藏与用是图书馆工作的两个方面,

构成了图书馆工作的基本内容。""藏是用的条件,用是藏的目的,没有藏就谈不上用,两者不仅相互依存,相互促进,同时也相互制约,藏必须根据一定的目的与需要来藏,不能脱离用,用必须以藏为基础,以一定的藏书为先决条件。""藏用矛盾说"由此应运而生。1963年,黄宗忠等人联袂撰文,在《武汉大学学报》(人文版)第1期发表题为《对图书馆学几个问题的初步探讨》的论文,对"藏用矛盾说"再行论证,提出图书馆学就是研究和解决这一矛盾。这一时期,他发表学术论文11篇(含合著)。

第二个学术研究时期是从20世纪70年代初至20世纪90年代中期离休,其间大约22年。这一时期是他学术研究的高潮期。1972年图书馆学系恢复招生和次年访美,极大地激发了他的学术研究热情。这一时期撰著出版了《图书馆学导论》《图书馆管理学》《文献信息学》等几部大学教材和学术专著。其间,他在全国数十家专业学术刊物上发表120多篇学术论文。繁忙的行政工作、教学之余,黄宗忠心无旁骛地沉浸在学术研究之中。

第三个学术研究时期是自1994年2月离休至辞世,其间18年时间。这一时期是他学术研究的持续高潮期。自离休之后,黄先生不但从未停止过思考,从未停止过笔耕,反而比离休前更刻苦、更勤奋,也更集中精力潜心于学术研究。他笔耕不辍,皓首穷经,著书立说。2001年出版了近40万字的专著《文献采访学》,这是黄宗忠的再一个研究领域。他担任主编,由他与他的5位弟子联袂编著的《文献信息学》一书以及他在20世纪八九十年代发表的多篇论文,可以视为他在这个领域的代表作。

"文献信息"是20世纪80年代中期专业学术刊物上出现频率最高的几个词。中国学界对图书馆学、情报学、档案学等相关学科的本质、联系及其区别等问题进行了研究,取得了一些成果,特别是提出了"文献信息学"的命题,并取得了共识。同一时期,北美、西欧、东亚和苏联的学者也分别从不同的角度对其进行研究,虽然由于研究的方法角度不同,所得出的结论略有差异,但有一点是共同的,即认为图书馆学、情报学、档案学等相关学科之间存在着共同的本质，应对之进行综合研究。黄宗忠以学者特有的敏感，凭着他扎实的专业理论底蕴和开阔而敏锐的研究思路，对之进行了深入的研究，提出了建立文献信息学的构想。他的文献信息学理论观点，最早见之于对图书情报档案一体化的论述中。

他认为，"图书、情报、档案同属于文献信息系统，知识信息是它们的共同内容，三者是相互联系、相互制约的有机整体"。究其"一体化"成因，他从历史的、内在的、社会的和自然发展的角度进行论证，认为三者本是同于一源，因社会发展的需要，进行了分流，又经过各自的独立发展阶段，形成了各自的特点，以致存在某些差异。而"合—分—合"是事物发展循环的必然。由于三者的内容、载体材料、目的、作用、职能、基本方法和现代化手段相同，一体化是其内在联系的必然结果。之后，他又发表了《试论文献信息学》一文，在对文献信息的概念、层次、本质与特征进行阐述的基础上，对文献信息学的研究对象、范围、内容与体系结构进行了系统探讨，提出文献信息学是研究文献信息搜集、存贮、转化、传递、利用与组织管理的活动及其规律的科学。他认为，建立文献信息学是为了研究和认识文献信息的本质特征与规律，更好地为人类社会服务，它的产生，是图书情报档案一体化的需要，是图书馆学、情报学、档案学进化的产物。《文献信息学》出版之后，他又在《中国图书馆学报》等权威刊物上发表了《文献信息传播理论初探》《文献信息传播学》等论文，在原有研究成果的基础上又做了更深层次的研究和探讨。

检索他离休以来学术论文篇目，1994—2010年17年间共发表论文86篇。黄宗忠先生是图苑的一面旗帜。他用自己的心血浇灌着图苑里的老树新苗。他的学术思想和理论滋润了一代又一代图书馆学人。1988年3月，海外来鸿，赞颂他的"学术成就得到了国际上永久性承认"，并通知他，英国剑桥大学国际传记中心编辑出版的《世界名人录》将收录他——黄宗忠成为第一个跨入世界名人行列的中国当代图书馆学家。之后，海外出版的《国际学者名人

录》《国际传记词典》《世界成功者》《世界五千名人录》等人物工具书都收有黄宗忠词目。至于收录黄宗忠生平事迹的国内出版物则多达10种以上。

多年来,黄宗忠担任过一系列重要的学术职务,他曾是武汉大学校务委员会委员、武汉大学第一届学位评定委员会委员,同时还有较多的社会学术活动和学术职务,有关学术活动和学术职务的兼职,先后主要有中国图书馆学会理事、常务理事,中国社会科学情报学会理事,湖北省社会科学联合会委员,湖北省图书馆学会会长,湖北省档案学会常务理事、副理事长、名誉理事长,湖北省档案专业高级职务评审委员会主任委员,武汉信息咨询研究会副会长、会长,武汉信息决策研究中心理事,《图书情报知识》(季刊)主编,等等。1982年以来,他还应聘为美国图书馆协会国家教育资源委员会常务委员、美国传记协会(ABI)研究顾问委员会委员。1988年岁末,黄宗忠卸任副院长职务。从繁重的行政事务中解脱出来之后,他把全部精力都放在研究生培养和科研上。1990年荣获武汉大学图书情报研究生培养教学二等奖。1992年享受国务院政府特殊津贴。1994年10月,黄宗忠功成身退,走下杏坛。离休之后,他仍勤学不舍,孜孜矻矻耕耘,开始了他的第二个生命黄金期的奋斗。1997年5月,海峡两岸图苑人才济济齐聚台北,共商海峡两岸图书馆事业发展大计。黄宗忠在这次海峡两岸图书馆事业研讨会上宣读新作《论图书采访学》,提出了图书采访学理论重建的主张,受到海峡两岸同仁的共同重视。他的学术活动比此前更活跃,每年著述文字在10万字以上。

中国当代著名的图书馆学家,中国当代著名的图书馆学教育家,这两个头衔对黄宗忠教授来说,都是当之无愧的。如今他虽然走下了讲台,仍关注杏坛之事;他不顾老之已至,仍在拼搏。

来新夏

来新夏，字弢盦，1923年夏出生于浙江杭州萧山的一户读书人家庭，是我国当代著名的图书馆学家、历史学家和藏书史研究学者，主要从事历史学、目录学和方志学等研究，被学界誉为"纵横三学"著名学者。来新夏家学深厚，祖父来裕恂曾师从晚清国学大师俞樾之门，后留学日本，归国后担任过上海大同大学国文教授、绍兴县县长、浙江省文史馆馆员等职。来裕恂先生学识渊博，文采斐然，一生潜心著述，完成了《汉文典》4卷、《萧山县志稿》15卷等著作。来新夏先生是家中长孙，幼承家学，早读经史，颇受其先祖爱护，对其教育非常严格。来新夏先生在回忆的文章中表达了对祖父的崇敬，也对其给予的谆谆教诲感激终身。来裕恂先生的兢兢业业、勤于著述对来新夏先生的立世与治学影响至深。

1933年，来新夏先生的父亲在天津谋得职务，举家北迁，从此定居天津。1942年，来新夏先生考入北平辅仁大学历史系。大学4年受业于陈垣、余嘉锡、张星烺等名师，"还有幸从师于朱师辙、余逊、柴德赓、启功、赵光贤诸先生之门"。时任辅仁大学校长的陈垣先生亲自指导其毕业论文，并赠送手书扇面指点读书、治学之门径。声名卓著的名师言传身教，求知若渴的来新夏勤勉向学，为其以后的学术之路打下了坚实基础。1949年，来新夏师从华北大学范文澜教授，攻读中国近代史研究生。毕业后赴南开大学任教，从此开

启了他谨慎缜密、求真求实的学术之路。来新夏曾受命创办南开大学图书馆系，历任校图书馆馆长、校出版社社长兼总编辑、教育部地方文献研究室主任等职，但他说："我是一个读书人，什么头衔都是过眼烟云。我一辈子唯一干了一件正儿八经的事就是读书。咱们知识分子最本分的事情就是读书，至于写作，是至死不休。"

来新夏一生勤奋努力，治学严谨，致力于历史学、方志学和图书文献学3个学术研究方向，笔耕不辍，多有建树，晚年则"衰年变法"醉心于随笔文章。来新夏天资聪颖又善思好文，在中学时代就开始在报刊上发表《诗经的删诗问题》《桐城派的义法》等文章。"有生之年，誓不挂笔"，著述颇丰。来新夏的历史学著作主要有《北洋军阀史略》《中国近代史述丛》《清人笔记随录》《结网录》等；方志学著作主要有《方志学概论》《志域探步》《中国地方志》等；图书文献学著作主要有《林则徐年谱》《书目答问汇补》《书文化的传承》《近三百人物年谱知见录》《古典目录学》《中国图书事业史概要》《中国古代图书事业史》《中国近代图书事业史》《中国图书事业史》《图书馆学档案学情报学词典》等；随笔集主要有《冷眼热心》《路与书》《依然集》《枫林唱晚》《邃谷谈往》《一苇争流》《出枥集》《学不厌集》《且去填词》《不辍集》《80后》《来新夏书话》等。

20世纪70年代末，来新夏开始由研究古典目录学延伸到图书馆学领域。在教学和研究过程中，他发现"图书馆学的某些课程存在着层见叠出的弊病"，如《中国书史》《中国图书馆史》《中国目录学史》和《中国藏书史》的分设，就出现无可避免的重复，使人有数见向、歆父子之烦。彼时，学界影响较大的相关著作均是图书史或图书与图书馆史，如：1931年陈彬龢，查猛济著的《中国书史》，1958年书目文献出版社出版的刘国钧先生的《中国书史简编》，1958年陈力著的《中国图书史》，1986年出版的皮高品先生的《中国图书史纲》，1985年谢灼华主编的《中国图书史与中国图书馆史》，1987年郑如斯、肖东发编著的《中国书史》，等等。

来新夏就此萌生了编写一部将"三史合一"的《中国图书事业史》。鉴于工程浩大,来新夏先生先着手编写古代部分。《中国古代图书事业史》三易其稿,四度修订后,由上海人民出版社于1990年出版并被列入"中国文化史丛书"。

在《中国古代图书事业史》编写过程中,来新夏开始构思进行近代部分的编写,由于近代部分资料散在报刊之中,搜集难度较大,成书过程大费周章,从构思酝酿到执笔撰写几经搁置。1985年,来新夏先生开始带领其中国图书事业史方向的硕士研究生撰写相关专题。专题文章撰写完成,但在合成专著的过程中却搁置不前。

后来,来新夏又认真拟定了专著的写作提纲,1998年春,在徐建华副教授的参与并组织下终于完成了《中国近代图书事业史》的初稿。来新夏为了这部书稿一度搁置其他工作,用两年时间"专心致志地审读、增补、删订,并在审读的基础上写出概括全书主旨的'绪论'"。终于,浸润着老师和3代学生智慧与汗水的书稿终成定稿。

2000年12月,《中国近代图书事业史》由上海人民出版社正式出版,与《中国古代图书事业史》合璧。《中国近代图书事业史》一书从历史学、目录学和图书馆学3个维度对中国近代图书事业做了一次全面的梳理和总括性论述,将中国近代书史、中国近代目录学史、中国近代图书馆史,三史熔为一炉,再次实现"三史合一"。来新夏以"三史合一"的创作思路和创作方法编著完成的《中国近代图书事业史》实可谓前无古人的学术专著。中国近代史是苦难的历史也是凤凰涅槃的历史,中国近代的图书事业在这样的社会大背景下步履维艰地探索新生,在腥风血雨中不断成长。

来新夏的《中国近代图书事业史》以"三史合一"为纲贯穿始终,围绕着"融合与发展""继承与发展""破坏与发展"三条主线,多角度地展现了中国近代图书事业的全貌。史学界对中国近代史的分期下限存在争议,《中国近代图书事业史》以1949年为中国近代史的下限,同时选择重大的具有

划时代意义的历史事件和活动作为划分阶段的界标。整书除绪论外，划分为两次鸦片战争、太平天国、洋务运动、戊戌变法、辛亥革命以前、北洋军阀统治、十年内战、抗日战争、解放战争等9章。中国近代时期时局动荡，外有列强虎视眈眈，内有各种势力纷争不断，难得的短暂和平时期也是表面的平静难掩暗流汹涌。因此本书将太平天国、北洋军阀统治、十年内战等时期的图书事业单列出来具体研究，用意审慎且缜密的细分更加深入全面地分析总结了风云激荡的政治环境对图书事业的影响。

"融合与发展"是《中国近代图书事业史》的一条主线。西方列强的坚船利炮打开了中国的大门，西方的文化也大量输入中国，中西文化的不断冲撞和融合在中国近代的图书事业中体现得尤为明显。传教士在华创办出版机构，现代印刷术随之传入中国，近代报刊开始出现。中国传统的藏书楼走向近代图书馆，传统私藏事业走向终结，图书的范围开始不断扩大。许多开明学者开始大量翻译西方著作，具有维新与革命内容的图书纷纷涌现，新式的教科书如珠算、历史、地理、农业、商业等被编写、印刷和使用。杜威的十进分类法输入被应用。传统的图书制作技术和装帧技术都发生了改变。各省的公共图书馆纷纷建立，近代图书馆教育和图书馆学研究出现萌芽并发展。

"继承与发展"也是《中国近代图书事业史》的一条主线。近代是中国古典目录学发展的鼎盛阶段，从"收书范围、编制体例和内容价值等方面看，都显示出一种总结前代、开启后来的特色"无论数量还是质量都达到以往各代无法企及的程度。清末，许多目录学家对中国图书事业的继承和发展做出了突出的贡献。姚振宗、孙星衍、朱一新、孙诒让、叶德辉、杨守敬等在传统目录学成就卓著。就分类而言，图书目录及排架虽然仍主要采用《四库全书总目》订立的经、史、子、集四分法，但是子目根据藏书的情况变动较大，例如张之洞的《书目答问》就采取了五分法。中国的许多目录学家纷纷开始探索新旧图书都能适用的统一分类方法。

"破坏与发展"是《中国近代图书事业史》的第三条主线。时局动荡，

第二章　近代图书馆学家

战火纷争对中国近代图书事业摧残不断。英军劫掠了宁波天一阁的藏书，范式家族的私人藏书楼从此开始走向没落。英法联军劫掠圆明园文源阁、御河桥翰林院等处藏书，致使珍贵典籍或流落海外或散佚民间。

太平天国期间对公私藏书破坏严重，许多私人藏书尽付云烟，许多藏书楼也因此一蹶不振，毁于兵燹。抗日战争时期，许多图书馆毁于日军的狂轰乱炸，许多珍贵典籍被劫掠。"使原来已有相当基础的我国近现代图书馆事业遭受了一次前所未有的大劫难，而图书的损失之多，在中外藏书史上都是史无前例的"。即使在这样的多事之秋，中国近代图书事业仍然步履维艰前行，多方面均有发展。

私人藏书楼开始对外开放，近代图书馆产生，中国涌现出许多近代著名目录学家和图书馆学家，现代图书馆学教育开始发展。清宣统元年颁布了中国第一部《图书馆法》，虽未及实施即遭废止，但也代表着进步和觉醒。民国时期，国民政府颁布了一系列图书馆法令，各种图书馆协会纷纷成立，促进了图书馆间的交流和合作，推动了当时图书馆事业的发展。

由于图书的初稿是以专题的形式成于众人之手，所以图书整体框架结构不是很紧密，部分章节内容凌乱，章节之间的衔接及行文风格参差不同。书稿虽经整理编次仍有断层，但还出现了绪论中将朱绪曾的《开有益斋读书志》误写成《开卷有益斋读书志》的错误。

整本书虽有英辞丽藻，编珠缀玉，但文气不贯始终，不得为全璞之宝。但来新夏为了《中国近代图书事业史》苦心经营10年，师生三代勇于探索和创新，用智慧和汗水撰写出一部"三史合一"的30余万字的著作实非易事。而且《中国近代图书事业史》一书资料翔实，收集了许多珍贵的图片，生动全面地为读者描绘出一幅波澜壮阔的近代图书事业史。

中国图书馆人物

李小缘

李小缘（1897—1959年），原名李国栋，南京人，我国著名的图书馆学家、目录学家，中国最早学习西方图书馆学的三四人之一，近代中国图书馆运动的倡导者之一，中国图书馆学的先驱者之一，现代知名的历史学者、文物专家和目录学家。他是南京文献史上自传统私家藏书楼向近代图书馆转型以后所产生的第一代图书馆藏书家。

李小缘先生的父亲是小商人，与人合伙开设旱烟铺，他大伯是晚清廪生，科举未中，改习洋务，在沪宁路局工作。李先生幼年家境不是很宽裕，父辈渴望先生兄弟早成大器，做治国之鼎、建国之栋，曾竭尽心力。他6岁进私塾，12岁读金陵中学附属小学，继而又升入金陵中学。孙中山先生领导辛亥革命时，他在校率先剪去发辫，以示反抗清朝政府。1915年考取金陵大学文理科。由于他所读的中学、大学皆重英文，为了继承和发扬祖国文化，他每年暑假在家补习国文，甚至为此停学半年。大学期间，中国革命正值新旧交替，青年学生中出现各种思潮，李先生则喜读《新青年》，投身五四运动洪流，痛愤曹章卖国。

李小缘热爱图书馆，求学时以工读方式服务本校图书馆，1920年初大学毕业，经美籍老师克乃文介绍任金陵大学图书馆管理员一年半，从此，他与图书馆结下了不解之缘，为中国的图书馆事业辛勤耕织了近40个春秋。

第二章　近代图书馆学家

20世纪一二十年代的中国，内有军阀割据混战，外有帝国主义步步侵略，民族危亡，一切有为青年、仁人志士，继续探求拯救祖国之法、振兴中华之道。先生想到了图书馆，他认为图书馆乃文化之渊薮、民智之源泉，提出"不开民智、伸民权，利民生则已，苟欲行之，则非速设吾人理想中之图书馆不可"，为了探求知识、实现理想，他决心出国深造。

1921年夏，通过向亲友借贷，父亲为他筹得资金2000元自费出国留学，先在美国纽约州立图书馆学校求读，获学士学位，之后转入哥伦比亚大学师范学院研究社会教育学，并旁听知名教授开设的哲学、文学等课程，获硕士学位。这是因为他觉得单纯的图书馆学，还不足以推动图书馆事业的发展，应该具有广博的知识，打深基础。

在美国留学期间，经济是个很大的困难，他父亲抵押房子也不堪重负，但他矢志自集经费求学，除请准清华官费外，继续工读。自1922年至1924年，他连续三个暑假都在美国国会图书馆做中文编目工作。当时中文部的负责人是施永格，专事搜集我国方志中有关记载栽培柑橘的资料，以供试验改良，甚需得到像李小缘这样的助手。

在施永格的直接指导下，李小缘负责中文线装书的编目和撰写提要。由此，先生不仅获得了继续维持学习的费用，通过工作实践，巩固和发展了图书馆学知识，而且利用国会图书馆丰富的馆藏，编汇了《西人论华书目》等极有参考价值的资料，同时，在这个世界最大规模之一的图书馆所看到的高度发展的欧美物质文明，也深深地触发了这位海外学子赤诚报国之心。

归国前夕，他在国会图书馆访客留言簿上写道："与其临渊羡鱼，不如归而结网。"表示不能单看着人家的好，应回来自己干，充分表达了先生发展祖国图书馆事业，振兴中华民族的宏愿。1925年5月，李小缘归国，就任金陵大学图书馆西文编目部主任、教授。

当时的中籍部主任是我国著名图书馆学家刘国钧先生，图书馆研究部主任是著名农学史专家万国鼎先生，流通部主任是陈长伟。不久，李小缘兼任

图书馆学系主任。1928年刘国钧由馆长调任文理科长后，李接任馆长。在此期间，先生还接获苏州基督教暑期大学、国立第四中山大学师范学院等处聘请，讲授图书馆学、民众图书馆学，竭力倡导办公共图书馆。

1922年，李小缘在纽约参加美国图书馆协会成为该协会的终身会员，归国时，教育界正酝酿成立中华图书馆协会，他与袁同礼等积极参加筹备事宜，是发起人之一，并在其中担任执行委员、副执行部长、编目委员会主任等职，做了不少很有意义的工作。他具体负责筹备了1929年1月在金陵大学召开的全国第一次图书馆学年会，亲自计划出版了第一份全国性图书馆刊物《图书馆学季刊》。

1928年年初南京政府成立后，召开全国教育会议之际，李小缘发表了《全国图书馆计划书》。1936年7月，中华图书馆协会在青岛召开第三次年会时，他发表了《中国图书馆事业十年来之进步》一文，向政府当局、向社会各界、向图书馆同仁提出了不少重要的开创性的意见和设想，对推动我国图书馆事业起了积极的作用。1928年年底，东北易帜，张学良将军，兼任东北大学校长。李小缘目睹国家长期分裂，一旦取得哪怕是形式上的统一，内心都十分激动。他出于扩大见识看看能为国家自己办的大学做出什么贡献的想法，同时也由于在金陵大图书馆人事关系的原因，接受北京大学教授、图书部主任、北京图书馆副馆长袁同礼的介绍，于1929年5月离开金陵大学赴沈阳，就任东北大学图书馆馆长。

可是东北的现实环境使李小缘大失所望，校内官僚习气很深，派系倾轧激烈，外部日本帝国主义为了摆脱世界经济危机的影响，正加速侵略中国的步伐，在东北不断制造事端，寻机侵占沈阳。不得已，李小缘于1930年1月告别南下，在家短期赋闲后重新回到金陵大学，就任中国文化研究所研究员兼教授。当时有些大学和地区为了借重李小缘，专函约请他去主持那里的馆务，如闻一多先生约请他去武汉大学；浙江省政府委员会428次会议议决，聘任李小缘为浙江省立图书馆馆长，拜以省主席张难先等9名省府委员署名发了任命状，时任省教育厅厅长的张道藩还专函、专程催邀。

广西省政府主席黄旭初请他去办县政研究所图书馆，有的为了请到李先生，答应为他为馆加薪加预算。但李小缘自东北之行以后产生了一种观念，以为一切国立教育单位都与它类同，官气、腐气很重，这正是他生平最为痛恨的，因而都予谢绝。李小缘一向抱定以学术奉献国家的志愿，曾设想"安得广厦六七间，辟为若干小室，若为藏书室、金石书画室、理论写作室和西人论华书目著录室。屋内收藏丰富，布置雅洁，一缕清香，闭门读书"。这种超然一身、与世无争的想法虽然是不很实际的，但在那时战乱频起、世态炎凉的环境下，他所反映的对现实不满以及洁身自好的思想品质，还是十分可贵的。而中国文化研究所也正好为他提供了较理想的研究处所。在这里，他对我国的文化研究做出了有益的贡献。金陵大学中国文化研究所是由美国哈佛燕京社赫氏基金资助的，建于1930年，内设4个研究部门，一是中国文化史（包括历史、考古、艺术），二是民族学，三是目录学，四是语文学，集中外研究人员10多人，著名的语言学家吕叔湘、考古学家商承柞都曾是该所的研究员。

文化研究所最初由徐养秋先生负责，1939年徐离任后，一直由李小缘先生主持所务，并接受文学院的委托，建文科研究所史学部，先生亲自兼主任，招生3班共4人，教授史部目录学。李小缘在文化研究所20多年间，始终以阐明研究本国文化为主，培养本国文化专门人士，协助发展金大文史课程建设，鼓励全校师生研究本国文化为宗旨，团结同仁，进行卓有成效的工作。

当初哈佛燕京社每年给金大经费1.5万美元，后不足此数，按规定援金的一半应归研究所。李小缘认为引用外资，发扬中国文化，无疑是一个很好的机缘，务必用好。他认为"研究本国文化，可据资料，大别有二：曰史籍，曰古物。古物足以证史，亦足以纠史。而其弥补史阙，功用尤大"。因此，在史籍之外，他兼重考古。现在南大收藏丰富的图书、文物，倾注了先生多少心血，尤其是誉满全国的南京大学图书馆藏书特色，例如方志学、目录学、

东方学等，多赖李小缘等打下的基础，仅所藏地方志今达3500多种，占全国第5位，在国家建设中，日益发挥重要作用。与此同时，李小缘先生主编了《金陵学报》10多卷，汇编印行《金陵大学中国文化研究丛刊》甲、乙两种，共出书30多种。1937年，金大迁成都后，他发起与华西大学、齐鲁大学、燕京大学文化或国学研究所联合，负责编辑《中国文化研究汇刊》8卷，大大推动了战时的文化研究。他个人发表的许多重要文章、专著，在国内外的学术界产生了较大的影响，为金陵大学提高了学术声誉。李小缘先生也由此被一些外国友人誉称为"国际学者"。

其一是静的与动的、被动的与自动的比较。现代图书馆的工作必须是动的与自动的。我们现在常说图书馆应该是"知识喷泉"，不仅是"知识宝库"就是这个含义。

其二是保存的与致用（即利用）的比较。文献的保存即为了利用。国立图书馆至今仍有全面收藏保存国家文化典籍的责任，但实际上有侧重点的不同，藏书楼只侧重保存，很少注意利用。现代图书馆则要强调利用，适当注意保存。因为强调利用，李先生提出公共图书馆要走出馆外，建立巡回书库要注意运用图书馆广告术，向读者进行宣传。

在今天，设法使读者充分利用图书馆和图书仍是图书馆的一个重要课题。图书馆应尽量向读者开架以扩大读者和图书的接触。高等学校图书馆在新生入学时要介绍图书馆，对于非图书馆专业的学生要开设《文献检索与利用》课，这些都是从利用着想的。在利用问题上会牵涉到读者的态度。藏书楼对读者采取关门的态度，"高悬的虎头牌是'书籍重地；闲人免进'"。现代图书馆"假若有虎头牌，必须是'欢迎读者'四字。人若有资格为读者，无论皮匠、小工、瓦匠、学生、居户，贫富老幼毫无界限，一样欢迎"。我们常说"一切为了读者""读者至上"就反映这种要求。

其三是关于图书馆的性质，李小缘认为现代图书馆，具有多种性质。它既是教育机关（辅佐学校教育之不足，图书馆即是教育），又是"精神娱乐的最高俱乐部",又是"传播消息及知识之总机关",又是"宣传文化之总机关"。文化教育机关是一般人常提到的,而"传播消息及知识之总机关",则是走在时代前面的新颖看法。

现在主张图书馆情报职能的,认为传递信息知识是图书馆的重要职能,也以为这是信息时代的新特征。早在1927年,李小缘就已提出此种主张。他的"Information Bureau"可译为信息库或"情报所"。

李小缘先生同时也是我国著名的目录学家。李小缘一生对目录学用功最勤,除了出版的《云南书目》及发表的一些目录学研究论文外,其身后遗留的相关手稿、待刊印的论著有数十种,更勿说先生所收集的各类共十几万种目录卡片。

作为中国现代图书馆事业奠基人之一,李小缘深刻地认识到目录学对图书馆事业、学术研究、教育等方面的指导及促进作用。正是基于此种认识,李小缘认为"研究历史上目录之种类、条例及致用法是为目录学"。可见,"致用"是先生从事目录学研究的指导思想。从致用的观点出发,李小缘特别推崇现代大量涌现的学科目录,而对以宋元旧刻为玩好的赏鉴家却不以为然。他说这些鉴赏家"日久则不免流于玩物丧志,与整个目录学,与中国学术之总成绩,并无多少裨益。若与前段所论近来新编之学科目录,无论其残缺与否,则与读者一切实指导,或能引起普通读者专致力于一途径,其效用之广宏、影响之深刻,与校版刻之学,其轻重,不言而喻,无用吾人之断语也"。

李小缘的目录学代表作当推《云南书目》。此书的收录范围、编辑体例、著录方法等方面都鲜明地体现了作者致用的目录学思想。李小缘对美国和中国传统的图书馆学都有较深体会。他的治学态度,没有全盘照搬西方,而是兼顾我国的优良传统,融合中西方精华,形成了具有中国特色的图书馆学思想。《云南书目》是李小缘的一部地方文献书目的巨著。在选题方面,《云南书目》选择了当时列强虎视眈眈的云南边疆,具有强烈的现实和国际意义,也说明了作者的爱国热情。他在资料收集方面注意广和全。他收集的资料品

种有 3000 多种，比 1962 年的《云南地方文献目录》第一辑的 2128 种还多。资料的文字方面，包罗中、英、法、德、日的多种文字。文献的类型方面，既包括图书、期刊，也包括官报，形成了一个完备的参考系统。在款目组织方面，以分类类目结合主题如"历史""永历入缅""吴三桂"，打破了我国书目单纯靠分类类目来组织文献的传统。在著录方面，他注意精和深，采用我国传统的"叙录体""传录体""辑录体"3 种题要方式，有时则用列举目次的办法，以深入反映资料的内容。

在藏书建设方面，李小缘提出选书的主张。《图书馆学》第九章"图书选择法"中介绍了西方按类选书的比例、选书的原则以及选书的工具，如《读者文摘》，多系吸收西方藏书建设的理论；而在第十章：图书购置法介绍了郑樵在《校雠略》提出的"求书之道有八"。在分类法方面，李先生提出，新的分类法要"沟通中西，贯一新旧"。这一原则也体现了李先生的融合中西的思想。因为从图书馆藏书来说，必须中外文文献兼收并蓄，才能学习外国所长，做到国际"资源共享"。此外，还要做到古今文献兼收并蓄，才能很好地继承祖国的宝贵遗产。

作为整理文献关键的分类法，就要古今中外文献的类目都有适当反映，才能应付自如。我国的中图法在编制之初似乎没有注意到这一原则，因此在编制全国善本书目时仍不得不延用四库法的体系，在分外文书时常有格格不入之感。

抗战胜利，金大由成都复员回宁，美国人贝德士先行到达接任图书馆馆长，李小缘到宁后，改为以贝氏为首，李小缘和陈长伟辅之的 3 人图书馆委员会。但贝氏长期病休，馆务实际由李小缘执掌，1948 年复又正式被任命为金大图书馆馆长。

中华人民共和国成立后，李小缘兼任金大古物陈列委员会主任，亲赴北京，将金大创办人福开森先生捐赠的一批文物精心运回南京，清点、消毒整理后，参加伟大祖国展览。福氏平生酷好中土文物，以 40 多年之精力费资百余万精选古画、彝器、古玉古瓷、甲骨钱币数千件，除带出一部分外，剩余归金大，启运时他在北京对女儿说："得之于民，还之于民。"从而奠定了现在南京大学文物室的基础。李小缘梦寐以求的事是想有一个博物院陈列文物，还曾通过金大同学会发动募捐，终因诸多原因而告吹。

由于李小缘在图书、博物等方面的精深研究和丰富经验，1951 年，南京市人民政府特任命他为南京市文物保管委员会委员。1952 年院系调整，李小缘出任南京大学图书馆副馆长。

李燕亭

李燕亭于 1920 年毕业于北京大学化学系,在李大钊等人的介绍下,以半工半读的形式赴美留学,在南加州大学攻读化学硕士学位。他于 1923 年在洛杉矶公共图书馆学校上了一个学期的课,并与杨昭悊一同翻译《图书馆员之训练》。他修习图书馆学课程,应该也是受杨昭悊的影响,对河南省图书馆事业的发展发挥了至关重要的作用。

李燕亭是民国时期留美归国的 9 位图书馆专家之一,全身心服务于河南大学图书馆,除 1945 年因兼任西北农学院教授,精力有限,暂时离开图书馆主任岗位,其余时间都在河南大学图书馆任职。他在任上有很多创举,比如设立文、理、农、医分馆,开创总分馆管理模式;与杨昭悊合译《图书馆员之训练》,自撰《图书馆学讲义》。这本讲义的特点是原创程度高、个人风格明显,其内容显然是充分吸收美国图书馆事业的精髓,结合中国国情独立思考,并用自己的语言精确表达的结果。这一点在民国时期的图书馆研究圈中十分不易。因为我们知道,当时的大部分论著都习惯于生吞活剥发达国家的图书馆学论著,直译、摘录的多,消化、原创的少,一些早期的图书馆学家因为不尊重别人的著作权,东摘西录,遭到诟病,最终被迫退出图书馆界。在美国接受过高等教育的李燕亭则将译、作两种著述方式分得很清楚,他所作的《图书馆学讲义》显然属于自创,从对图书馆在中国自古以来发展的精辟回顾以及对美国图书馆事业的精练概括中可以明显看出。而他所译的《图书馆员之训练》则遵循学术规范，不但实事求是地介绍原作者，为其署名，在译文上也和杨昭悊充分切磋、互相对校，力争精确传达原意。

此外，他还打出"迅速准确，自强不息"的标语，营造积极主动的服务之风；创办开封图书馆协会，邀请沈祖荣、鲍士伟到豫演讲，并记录、翻译、发表演讲稿；积极参与中华图书馆协会筹办的相关活动，作为教育组副主任提出了许多富有建设性的提案，呼吁在北平设立图书馆学专科学校，参与河南国学专修馆的图书馆学教育。抗战期间，李燕亭奔波于万县、潭头、荆紫关、苏州等地，在流浪办馆中维护和扩大馆藏；制定科学民主的图书精选制度，坚持采购成套的《科学》等世界一流期刊，随新华书店采购等。

总之，在实践领域，李燕亭可谓历尽磨难、痴心不改；在理论领域，他可谓会通中西、见解精辟。在他的带领和影响下，河南省的图书馆事业无论是在规模上还是在质量上都开创了"冯玉祥时期的传奇时代"。无论是在执业的广度、难度、高度方面，还是在理论探索的新度、深度、实度方面，李燕亭先生都达到了那个时代一流图书馆学家的水准，无愧于图书馆界9大归国留学生之一，其饱满的敬业态度、专业精神贯彻终生，令后人仰之弥高。

李燕亭少年勤学，经求学一途结识了当时的大批俊杰。他先是考入天津法政学校，结识了同学郭须静。后来又考取北京大学预科和本科，入化学系，被选为理科班班长，此时同学郭须静在北京大学图书馆李大钊主任手下工作，于是通过郭须静，李燕亭又结识了校友李大钊。郭须静、李大钊二人在引导李燕亭终生将图书馆员作为第二职业方面发挥了重要作用。

李燕亭在美国南加州理工大学攻读生物学硕士的时候，又结识了从北京来的热爱图书馆事业的杨昭悊，二人结伴到洛杉矶公共图书馆学校修习图书馆学，后来一同翻译了《图书馆员之训练》一书。李燕亭在美期间，恰好蔡元培校长到美为北京大学图书馆募捐，他热心参与，利用自己办的《罗华》杂志大力宣传。考虑到美国西部国内前来的募捐比较频繁，潜力不足，李燕

亭提出到南美募捐的合理化建议，并亲自前往墨西哥等地募捐，结果募来的款额远超美国东部华人募集之数，为母校北京大学图书馆的建设出了大力。

李燕亭在美学成后，先是到国立北京农业大学任教授，因20世纪20年代初北京时局不稳，高校普遍欠薪，不堪生活重负，于是应冯友兰之邀，辗转到河南大学任化学系教授和图书馆主任，从此他这位河北人长期定居古都开封，成为河南人。李燕亭到豫后，因其为河南唯一在海外学习过图书馆学的专家，而且这个记录数十年间无人打破，自然而然就成为全省图书馆界的领军人物，不但有办理河南大学图书馆之责，还有指导公立、私立等各类图书馆的义务。李燕亭积极代表河南图书馆界参与全国图书馆界的活动，不但继北京图书馆协会之后，参与发起成立开封图书馆协会，为中华图书馆协会的成立造势，而且邀请美国图书馆协会鲍士伟博士到河南讲学，宣扬建设图书馆的意义，国内图书馆界的领军人物、文华图专的沈祖荣校长也曾被李燕亭邀请到河南讲学。李燕亭积极参与中华图书馆协会的各项活动，自然与国内知名的图书馆学家都成了业内好友。

从李燕亭一生的行迹看，他交游的范围主要有北京大学校友群，如蔡元培、李大钊、郭须静、冯友兰、袁同礼、蒋复璁、虞宏正等；美国留学生校友群，如杨昭悊、胡石青、黄剑农等；图书馆界同业群，如鲍士伟、沈祖荣、杨昭悊、杜定友等；河南图书馆界从业群，如何日章、张嘉谋、井俊起、胡养儒等；河南大学校友群，如郝象吾、李俊甫、吴勋泽等。从李燕亭选择图书馆员职业的路径看，他受郭须静、李大钊、杨昭悊、蔡元培的影响最大，正是这些师友们的影响，激发并强化了他对图书馆事业的兴趣，从而使其终生身在化学，守望图书馆学。李燕亭求学北京大学、赴美国留学以及在中华图书馆协会任职的经历，则使他站在了当时知识界最高的交游平台上，拥有了当时教育界、图书馆界的一流朋友圈，对他引智入豫、支持河南省图书馆事业的发展以及向外宣传河南省图书馆事业都起到了很好的作用。

在图书馆学理论史上，"要素说"是重要的理论流派之一，一般认为，

第二章 近代图书馆学家

该学说是由刘国钧先生在 20 世纪二三十年代提出并逐步完善的。但是通过各种资料的佐证证明，几乎在同一时期，李燕亭先生也提出了要素说，他在 1931 年成书、由河南大学出版的《图书馆学讲义》的第三编第一章的起首写道："图书馆的三要素，是馆舍、馆员和图书。"其在理论上的远见卓识由此可见一斑。此外，李燕亭在《图书馆学讲义》中专设第五章论述图书馆广告学，并列举了很多广告卡片，大多数广告词拿到今天也不过时，读来仍觉富有创意，比如："打电话到圕（"图书馆"一词的缩写形式，读作 tuǎn），解决一个争论的问题，或询问一个忘了的名字，或证明一个日期，公立圕的责任是答复疑问，不取分文。可惜的是，因为《图书馆学讲义》由河南大学自行出版，刊印后即遇上抗日战争，发行量不大以至于《生活全国总书目》和《民国时期总书目》均未收录。《图书馆学讲义》中还有一些论述别开生面。比如，他对图书馆三个字中"馆"字的解释"馆即客舍，有止宿授餐的意思"，即可宿可食，读者得以寝馈其中的地方才叫馆，这对我们重新认识和定位图书馆颇有启发。再如，他认为图书馆的功能是"普及教育、提高文化、高尚娱乐、促进产业发达"，图书馆服务的范围是矿山、田野、学校等。另外，书中提供的资料显示，早在 1929 年，县立公共图书馆规程就规定县立图书馆应设立推广股。这些提法、做法和我们今天自认为创新的举措居然不谋而合。比如，我们今天要求图书馆为大众创业、万众创新服务，这实际上就是关于图书馆服务如何促进产业发展的问题。我们今天倡导阅读推广为特殊人群服务，李燕亭所列举的服务范围正是一些特殊人群聚集的机构和地方。

刘国钧

刘国钧（1899—1980年），字衡如，江苏南京人。1920年南京金陵大学哲学系毕业后留该校图书馆工作，1922年赴美国威斯康星大学学习图书馆学，1923年获得图书馆学硕士学位。后又攻读哲学并于1925年获得哲学博士学位，同年返回国内。20世纪30年代在金陵大学担任文学院院长、图书馆馆长，20世纪40年代任国立西北图书馆筹委会主任，到兰州创建国立西北图书馆、后任馆长、西北师范学院教授。20世纪50年代到北京大学图书馆学系任教并任系主任直至逝世。

20世纪五六十年代，刘国钧以"五分法"的倡导者名重一时。20世纪50年代起在北大开设中国图书史课程，以讲稿整理出版了《中国书史简编》。20世纪70年代为《中图法》编委会顾问，1979年被选为中国图书馆学会名誉理事。作为中国近代图书馆事业和图书馆学的领军人物，他是一位略可比于美国M·杜威和印度"图书馆学之父"阮冈纳赞的人物。

历史成全着值得成全的人，刘国钧的人生步伐大体合着历史的步伐。

刘国钧出生在中国近代图书馆事业的发轫期，他的处女作《近代图书馆之性质》（1919年）的发表也正值中国近代图书馆学滥觞之时。他没有辜负历史，在80余年的人生和60余年的图书馆事业生涯中，他成了卓越的图书馆事业家和富于原创性的图书馆学家。刘国钧早年留学美国，在他学成归国时不仅以优异的成绩获得威斯康星图书馆学院的毕业文凭，而且取得了威斯康星大学哲学博士学位。在"西学东鉴"的文化背景下，他对近代西方学术中有价值的东西孜孜以求，却从未忘怀中国的文化传统；他热衷于科学方法的研讨和引进，但又总能够赋予科学方法以人文的灵魂。

刘国钧先生1920年毕业于金陵大学哲学系后留校参加图书馆工作，正是在这一时期提出了初期的、针对儿童图书馆建设的三要素说。他在1921年发表的《儿童图书馆和儿童文学》一文中，明确提出了"一个完善的儿童图书馆必定有三种要素"的论题，成为图书馆界用"要素"来研究图书馆理论的开始。20世纪30年代，他又提出了"四要素说"，通过思考积淀后，又于20世纪50年代提出了"五要素说"。要素说以刘国钧先生学说的历史来源为例。在历史上最早使用"元素"一词的是柏拉图。他第一个把"土、气、火、水"四本原称为四元素。随后亚里士多德将其引来并对"本原"概念的认识进行了总结概括，提出了元素概念及定义性的解释。由于后来的历史发展，元素概念被化学广泛运用，因而在近代，有些人就将其定义为不易被混淆的"要素"。

刘国钧先生以哲学学科为背景，对哲学史有深入的研究，他的第一部著作即在1920年翻译出版的《亚里士多德》。亚里士多德在古希腊米利都学派提出的探讨世界本原这一问题的基础上提出了"四因说"，即质料因、形式因、动力因和目的因，并对四因的作用进行了论述。刘国钧先生将哲学中的"本原论"引入了图书馆界，提出了要素说，这些要素即图书馆的来源和存在的根据，分别对要素的研究形成了图书馆学。从这一意义上说，要素说又可称为图书馆学中的本原论。由于刘国钧先生对老子哲学有浓厚的兴趣，因此在要素说的构建中，同样也吸收了老子哲学的精髓。老子是道家的创始人，"道"是中国古代哲学的主要范畴，用以说明世界的本原、本体、规律或原理，认为世界万物从"道"产生，最后又回复到"道"，而"道"自身则是永恒不变的。

进入20世纪20年代，图书馆学理论的发展急需解决的最根本的问题即图书馆的本原和本质是什么，图书馆从哪里而来、又是怎么来的，图书馆统一于什么，图书馆的实体与其他实体在本质上有何不同，其表象的不同又体现在何处等问题。要素说在解决上述问题的研究中起到了较好的作用。可以说，刘国钧先生提出的要素说充满了哲学思想，是将哲学学科知识自觉应用于图书馆学研究的典范。

图书分类是刘国钧先生着力最多的科目。诚如刘先生所言，"盖分类法者图书馆之一工具耳"。然而，尽管如此，他对这一工具的探索依然带有清醒的人文意识。1929年刘国钧先生积数年之研究，出版了自己编制的《中国图书分类法》。他提出，完整的分类法应由四部分构成：分类表、理论的基础、索引和分类条例。其中，以分类表最为重要。这部分分类法改传统的以题裁为主的分类为学科或理论为主的分类，将书籍分为十大类：总部、哲学部、宗教部、自然科学部、应用科学部、社会科学部、历史地部（中国）、史地部（世界）、语文部、美术部。其体制虽对美国国会图书馆分类法、杜威的十进分类法、布朗的主题图书分类法有所参考，而对美国国会图书馆分类法和杜威的十进分类法的参考尤为突出，但毕竟自成一系统。最值得注意的是刘国钧在分类法的导言中提到的图书分类原则，其首要原则即"分类表对于任何书籍，均当有收入之可能。是以类目宜丰富。对于任何科目，不宜有所轩轾。是以类目不宜含有批评褒贬之意"。这一原则看上去似乎在淡化书籍评判选择上的人文倾向，而实则贯穿着兼收并蓄、包容百家的人文意识。类目的全然形式化一，不分轩轾，不寓褒贬，仅以学科类目所属为判俨然是一种对图书内容漠不关心的姿态，但在这不关心里却蕴含了一种事关民族乃至人类文化、思想、学术事业的大的关心。图书馆不是说教的机构，它不刻意对图书做评判和以此对读者做引导，本身即在终极的意义上体现了对读者的鉴别力的信任和对读者"顺着个人才性读书"的尊重。"不宜有所轩轾""不宜含有批评褒贬之意"的图书分类原则合于老子"道法自然""无为而无不为"的哲学思想，也合于五四新文化运动以来提倡思想自由、个性解放的人文价值取向。而对老子道论、魏晋玄学的欣赏和对五四新思潮的信奉，正是刘国钧先生的人文教养之根底所在。

有趣的是，在《中国图书分类法》的导言中，刘国钧先生简述图书类中的美术部时说了这样一段话："文学之一要素曰美，而美非仅表现于文也。音乐、书画、建筑、雕刻，皆美术也。故总为一部而殿之以游艺，命为美术，盖人生之极境焉。"以"美"为价值追求的艺术被殿于诸类图书之后，却又予以"人生之极境"的评论，这同图书分类"不宜有所轩轾""不宜含有批评褒贬之意"的分类原则似多少有所相违，但审美和艺术的超功利性也正意味着对陷于轩轾之分、褒贬之判的世俗目的的摆脱。"人生之极境"是一种人文评价，从这里可大略窥见刘国钧先生所企慕的人生境地。

1949年后，中国的图书馆事业和图书馆学一直在以政治为统帅的意识形态的统摄下，图书分类法受这一意识形态的影响和制约极深。"不宜有所轩轾""不宜含有批评褒贬之意"的图书分类原则显然不能见容于主流意识形态，刘国钧先生被迫承认自己的图书分类思想为"资产阶级图书馆学观点"。20世纪50年代以来的中国图书分类一直由贴近于政治需要的意识形态主导其中，这期间出现的各种图书分类法无一例外地属于组织领导下的集体编制。对图书分类的这种形态做出较为允当的评价也许还有待时日。对刘国钧先生来说，真正属于他个人独立编制的图书分类法却只有初版于1929年而在1936年出了修订版的那一部。

在图书分类方面，刘国钧先生也是一位本土化的开拓者。他在图书馆图书分类工作的实践中，在对我国许多图书馆分类图书时所遇到的问题进行考察后，"深感四库分类法不能适用于现在一切之书籍，且其原则也多互相刺谬之处，不合图书馆之用。而采用新旧并行制，往往因新旧标准之无定，以至牵强附会，进退失据，言之似易，行之实难。至于采用西人之成法，则因中西学术范围方法问题不同者太多，难于一一适合，勉强模仿，近于削足适

履"。因此，中国的图书馆急需一种实用的、能够方便各种图书分类的工具。而在各种中国图书分类法编制的方案中，刘国钧先生极力主张采用杜威十进分类法的原理和技术，但不采用它的体系，独立创制一种适用于中外文新旧图书的统一分类法。为了实现这一主张，他自1925年起便开始研究、编制《中国图书分类法》，历时4年，终于在1929年完成并公开发表。一部融合了中西文化的、适用于中国图书馆的、富有创新意义的图书分类图书法在中国的土地上诞生。《中国图书分类法》后来被中国图书馆界广泛采用，成为中国近代图书馆学史上生命力最强的一部图书分类法。这部分类法也被看成是中国图书馆学本土化最成功的范例之一。

刘国钧显然对老子学说和魏晋时代的玄学情有独钟，但其对古籍的研究是为了今日"中国文化的发展"。魏晋时代战乱频仍、政治险恶，然而也因此刺激了那个时代的士人的思想解放。刘国钧先生思古而忧今，其心志所寄固在于国家的治乱，而思想自由、学术进取也当是其希望所在。抗日战争最艰难的时期，刘国钧先生倡说"精神国防"，出于对民族灵魂陶冶的关注，他分外看重旨在培养人文精神的文科教育。他指出："文科教育最主要的目的是在学术的进步，知识的扩展，精神的修养，文化的创造。它的成就是理论的，无形的，人品的，而不是实利的。……文史哲三门都是民族精神的源泉，一国文化的精华。要了解一国的文化或其人民之生活方式、社会组织、政治理想、经济机构以及做人的标准，行为的目的，都得取径于此。人文科学重在指示人生道路和目的。"这就是古人所谓'器识'。'器识'是指人之胸襟怀抱而言，抱负要远大，胸襟要宏阔。古代的教育最注重养成这种人生态度。所以说：'士先器识而后文艺'。这是文科教育的基本精神。器识是人格的中心，培养一种抱负远大、器宇宏阔的人格，是文科教育的理想。

刘国钧先生是我国著名的图书馆事业活动家、理论家、教育家。他的学术活动可以从各种角度来研究，既可以从图书馆学的基础理论来探讨，也可以从图书馆技术方法的角度来考察。从比较图书馆学形成的过程来剖析，我们可以看到刘国钧在比较图书馆学形成与发展过程中所产生的作用。综观刘国钧所从事的图书馆活动以及他的论著，可以说刘国钧是比较图书馆学应用研究的集大成者。虽然他没有像程伯群、张鸿书那样采用比较图书馆学、比较图书馆的提法，但从现在意义上的比较图书馆学来讲他的研究方法已涉入了比较图书馆学的研究领域。从比较图书馆学的广义概念出发，刘国钧对于比较图书馆学在中国的形成与发展的贡献，至少有如下六方面。

第一，积极著文介绍、传播外国图书馆的实践与理论。这方面的内容主要有两项：一是比较图书馆学的传播媒介，即翻译活动。这里介绍的是刘国钧所翻译、引进的外国图书馆理论与方法，还不是进行译著、译本的比较研究。中国比较图书馆学的历史与翻译活动有着密切关系。他先后翻译了许多美国、苏联的图书馆学论文和专著。如：从1929年发表的《三十年来之美国国会图书馆》到1959年的《苏联图书馆事业四十年（论文集）》等。刘国钧已发表的译文、译著有40多篇（种），未发表的也达20多篇（种），当属"传播媒介"之列。

第二，刘国钧通过教学途径，积极传播外国的图书馆学理论。1925年中国图书馆协会主办暑期学校，他讲授儿童图书馆工作及编目工作。1951年在北京大学图书馆学系任教后，主讲图书馆目录、中国书史、西方图书分类介绍等，并编写了多种教材，如《图书馆目录》《中国书史简编》《现代西方主要图书分类法评述》等。在上述教学活动中。他无不注意系统地介绍外国图书馆的新技术、新思想，并为沟通中外图书馆实践与理论的"传播渠道"做出了贡献。他对中外图书馆事业的比较研究起了引导作用，为进行比较优劣、取其精华、弃其糟粕奠定了基础，促进了图书馆实践与理论的完善和发展。

第三，采用了分析对比的研究方法。刘国钧在他的论著中，大量地运用了分析对比的研究方法。如在《图书馆目录》中有关主要款目的认识，他是采用分析对比的方法来阐释西文、俄文、中文图书编目方法的不同，论述中文图书编目法采用书名款目为主款目的缘由他指出，这种选择是符合当时读

者的"检索习性",符合中国图书馆目录的实际状况。他撰写的《图书馆目录略说》在分析历代目录学家对目录的认识之后,对比研究了中外图书目录的发展,指出要对书目、书志和著述史加以区分。"则就某所藏书而为之记录者,无论其详细与否,皆为书目(现通译为图书馆目录)。泛录图书名目,不限于一定之书藏者,无论其精详与否,皆所谓书志(现通译为书目)。至于著述史则着眼于学述之发展。其所讨论者特重著者之思想,固已离开书籍本身矣。"他还提出:"欲明目录之性质,当先审著述史,书目,书志之别。"这种分析对比的研究方法,在刘国钧的论著中多处可见。虽然,从严格的意义上讲,这种研究还不能纳入比较图书馆学的研究模式,但是,就其研究方法而言,已具备了比较意识。如果说还无法判断他在上述论著撰文时是否已接触了比较图书馆学这一学科的知识,我们可以综合考察刘国钧的经历与活动。可以看到他的比较意识是与他对外国图书馆事业的熟悉和中国图书馆学发展道路的探索紧紧地结合在一起的。他对比较研究的意义和价值的认识逐步深化,研究渐渐自觉地趋向比较图书馆学的范畴。

第四,富有新意的模仿。比较图书馆学影响研究中的模仿,是指本国、本民族的图书馆实践与理论效仿或依据另一国家、民族的图书馆实践与理论来开展图书馆活动。这种活动,一方面表现出自身的特性服从于所效仿的对象,保存了被模仿对象的特征;另一方面,它应是富有新意的,是在仿效的基础上有所创新的,是把外来因素落入民族传统、融入本国国情与个人的成果中。刘国钧在1929年编制出版的《中国图书分类法》可以说是中国近代图书馆界"仿杜"热潮中的产物。它不是特性不强的初级模仿,而是一项接受了杜威十进分类理论与方法的影响,又融合了中国国情的成果,可以说是较为成熟的模仿,因而博得了中国图书馆学界的好评并得到了广泛的采用。

刘国钧的《中国图书分类法》1929年初版,1936年再版。中华人民共和国成立前,在中国采用该分类法的图书馆已达20余所。1964年赖永祥在台湾增订该法。1968年增订二版,1981年再修订。其间,1973年、1976年、

1977年3度重印。1989年第七版增订。现台湾仍普遍采用该法。据1984年统计，采用该法的台湾公共图书馆已占86%，大学院校图书馆为89%，专科学校图书馆为85%，专门图书馆也占53%，可见其影响是相当大的。

"刘氏法"是富有新意的模仿。该法既有"杜威法"的影子，又有刘氏的创新因素。从他的编制动机以及该法的基本结构都说明了这点。"刘氏法"并不局限于低层次的"模仿"，而是在吸收、融合"杜氏法"精华的基础上，使其成为一个富有新意的图书分类法。因而从比较图书馆学的意义上讲，"刘氏决"不失为"成熟模仿"的范例。

第五，涉入了平行研究领域。1962年刘国钧发表的《分类、标题和目录分》一文，在分析、比较了标题法和分类法的异同之后，指出各自的特点，进而阐释了两者的关系。他明确地提出："标题法中含有分类法的因素，在分类法中含有标题法的因素。"我们可以这样来认识，这种研究是以其比较意识切入了平行研究领域。尽管这种研究模式并非刘国钧的初衷，但以现在意义上的比较图书馆学来衡量，它毕竟涉入了平行研究的范畴。这一点，我们无意故着浓墨，然而却也没有理由忽略它。对西方图书分类法的影响，他做了渊源考证。从刘国钧的遗著——候汉清整理的《现代欧美主要图书分类法渊源》论文中，可以看出他从古代东方及希腊罗马时期的图书分类、中世纪卡西奥多尔的科学知识分类体系的影响、文艺复兴时期的学科分类同图书分类的结合、培根的知识分类体系对西方图书分类法的影响，一直考察到杜威十进分类法体系的形成。在此过程中，他记叙了培根的知识体系、莱布尼茨的分类大纲、布罗的分类体系、布鲁涅的分类法、罗托尔普的图书分类、阿梅龙·卡姆斯的分类大纲以及哈利斯的图书分类法的流变，从而导出了杜威十进分类法的源头，给人们展示了一个合乎逻辑的渊源发展的过程。他为我们留下了有关杜威十进分类法"源头"的宝贵记载。这种溯流考源和富有逻辑性的推论显得颇有说服力。可以这样认为，该论著是作者对现代欧美图书分类法所做的渊源性探讨的成果。

第六，开展了比较图书馆学的应用研究。《现代西方主要图书分类法评述》这本专著里，反映了刘国钧从事比较图书馆学应用研究的内容。刘国钧分别对欧美各国图书馆流行的并受到我国图书馆界关注的七种分类法，按其体系结构、编制方式做了区分并比较其差异。刘国钧将其区分为三个系统：（1）十进法系统，即 DC 和 UDC；（2）展开法系统，即 EC、LC 和 BC；（3）主题法系统，即 SC 和 CC。其次，依照其编制方式，又区分为三类：（1）DC、EC、LC 为列举式的等级体系；（2）SC 和 CC 为组配式的分面体系；（3）UDC 和 BC 则介乎列举和组配之间的一种折中形式。同时，他还归纳了影响图书馆分类法变化和发展的因素以及确定分类法类目、体系的条件；明确提出"研究一种图书分类法的时候，必须加以分析"。首先要研究它的实质，即它的类目和体系的理论基础、它的指导思想、它的阶级立场和政治、哲学观点以及它所要解决的主要问题。这些都是图书分类法最主要、最本质的东西。再进而分析它的继承创造关系：它因袭了一些什么，创造了一些什么，解决了一些什么问题，产生了一些什么影响，找出它的来源和它的特点。这样才能认识它的历史地位。此外，还要研究它的编制技术：它是怎样来实现它的意图的，它使用了一些什么手段，怎样来编排类目次序，使用了什么标记来表达类目，如何运用类表处理图书，有什么帮助运用类表的方法等。分类法技术不是分类法的本质，但是它的重要方面影响着它的实用价值。当然还要检阅一下它的实际效果：它能不能解决管理和使用图书的问题，是不是符合当时的政治、科学水平，能不能满足读者的需要、方便他们的学习与研究。经过这样的分析研究，才能予以恰当的评价。可以说这正是作者辨析外国的七种图书分类法方法和步骤的表述，也可以说它表达了刘国钧对于比较图书馆学应用研究的理解。刘国钧的《现代西方主要图书分类法评述》对外图书分类法的研究，基本上是符合比较研究的标准的。他不仅在导言、渊源、最近趋势、结束语等部分，都采用了比较研究方法，而且在其各部的简短评论中，对各种分类法进行评述时，也提出了经过比较研究后的结论。从现代意义上的比较图书馆学研究来衡量，虽然该书不尽完美，但是，这种研究模式无疑是图书分类领域研究方法上的一大突破，也是对我国比较图书馆学理论上的一大贡献，至今仍有参考价值。

毛 坤

毛坤，字良坤。毛坤在晚年时的治学之道是"师古效西而不泥，熔之于一炉为我用"，故又自号铁炉。1899年9月22日，毛坤生于四川省宜宾市，祖辈世代佃农，靠租种几亩薄田为生。毛坤幼时聪慧，启蒙后深得塾师器重，因学习勤奋，成绩优异考入成都师范学堂，对文史经学兴趣大，造诣深，毕业后留本校任教。

1920年，毛坤考入北京大学文科预科，两年后毕业升入本科哲学系。面对北大丰实的藏书，毛坤成为图书馆藏书的忠实读者，从此便与图书馆结下不解之缘。1925年夏，毛坤已是北大哲学系三年级的学生，偶然见到武昌文华大学图书专科学校委托北大招生的广告，毅然报名，报考后以优异的成绩被录取。

1925年秋，毛坤进入文华大学图书专科学校，开始了将毕生心血奉献给图书馆事业和档案事业的研究生涯。1927年秋，毛坤从文华图书专科学校毕业后留任助教。1930年秋，毛坤获文华大学批准，带薪回北京大学哲学系修完学业，获文学学士学位后回到图书专科学校，历任助教、讲师、副教授、教授兼校刊总编、中华图书馆协会理事、教务长。1947年1月，毛坤受聘于四川大学，任教授兼图书馆馆长。中华人民共和国成立后，当选为校务委员，1960年6月1日因肝硬化去世。

第二章 近代图书馆学家

毛坤学术精湛，知识广博。他在文华图书专科学校以及四川大学讲学中，讲授课程甚多，主要有图书馆学、目录学、中国目录学、中国图书编目法、中国史部目录学、西洋史目录学、档案经营法、档案编目法、档案行政学等。课堂上的毛坤旁征博引，深入浅出，教学效果甚佳。正是在毛坤等一批老师的辛勤耕耘下，为我国的图书馆及档案管理培养了大批人才。

我国的图书馆事业在20世纪以前，始终停滞在藏书楼阶段。5000年来的文化遗产，被束之高阁。20世纪早期，各种图书馆相继建立，但仅是名称的改变，其实质与藏书楼相差无几。

毛坤根据图书馆学是应用科学的观点，在《图书馆的职责》一文中，深刻揭示了近现代图书馆的本质属性及基本功能。他写道："何谓图书馆呢？普通的解释总是说图书馆乃发扬文化、沟通学术、启发民智、辅助教育的机关。这种解释，我也并不一定反对，不过一则觉得太空洞，二则这不完全是图书馆的责任。我认为图书馆是收、管、用图书之机关也。"与此同时，他还强调了图书馆的职责"在于好好地或妥善地、尽心尽力地或尽善尽美地致力于图书之收、管、用"。"对于收要以最少的经费、最短的时间、最省事的手续，收到最有用、最合用、最多的图书。对于管要以最少的人才，用最少的力量，在最短的时间，把图书弄得最稳慎，最经用，最有秩序，最方便于找、取、还。对于用，要以最少的图书，供给最多数的读众，发生最大的效力。所谓最大的效力即包含使图书适合于用图书的人，使不喜欢读书的人也喜欢来读书，使没有机会读书的人也有机会，使读书的人能尽量读到他要读的书，使有疑难的人能够得到正当的解释，这都是图书馆的职责。"

毛坤十分强调图书馆的"活用"二字，他在《图书馆当前问题》一文中指出："我们图书馆的工作，最重要的是收藏与活用，为要把图书活用，曾经许多人的努力，想出种种的法子。"从毛坤的这一理论中可以看出，他以人为本的图书馆服务与管理理念充分体现了他的人文思想，在当今仍有着重要的现实意义。

在20世纪30年代，西方图书馆学进入我国的时间还不长，人们对图书馆理论与实践的辩证关系还没有正确的认识。就在此时毛坤发表了《理论与实行》一文，对图书馆学的学科性质做出了回答。他说："我们图书馆事业和学问是属于理论还是实行呢？无疑是偏重于实行的学问和事业。"

毛坤所谓的"实行"就是实践，就是应用，也就是说图书馆学这门学科性质属于应用科学。毛坤在同一文章中阐述了图书馆学理论与实践的辩证关系。他说："我们遇到一桩应办的事，本来还没有先例的没有标准的，那我们就得立下中心思想，这就需要理论。"

"图书馆事业虽是偏重于实行一方面的工作，究竟我们也需要健全的理论。"他认为，图书馆事业需要健全的理论做指导，也就是图书馆工作需要图书馆学理论来指导。

为了进一步阐明图书馆学理论与实践的辩证关系，在同一文章中他这样论述道："世界上的学问很难说哪一样纯粹是理论的学问，哪一样纯粹是实行的学问，非常玄妙奥衍的理论，也还是可以实行的；极为实践的学问，其中亦自有宏大的理论存乎其间。理论与实行常是相需为用，不过在时间上或空间上有先后同异之差别而已。对于一种学问或一番事业，有的立下理论即刻实行者，有的立下理论当时不能实行或当地不能实行者等待后来或其他地方才实行者，有的亦有最初即实行，从实行中慢慢的抽取理论然后组成系统，供别人的采用者也有的。所以理论与实行自身，本不必一定谁先谁后，谁因谁果，但在一定时间与一定的地域中，人们却可以审情度势，侧重某点加以提倡或鼓励。"他认为，图书馆学理论与实践之间的辩证关系是"相需为用"，图书馆理论是从实践中总结和概括出来的，但又必须回到实践中去促进实践的发展。毛坤的关于图书馆学理论与实践的辩证观点，虽然已经有半个世纪了，但至今对指导我们图书馆工作实践仍具有重要的参考作用。

毛坤目录之学是融合中西贯通古今。他以治目录为毕生之业造诣甚深。他著有《目录学通论》《中国目录学》《中国史部目录学讲述大纲》《目录学》

《目录学谈概》《中外目录学与目录史》《西洋史部目录学纲要》等。他在《目录学通论》（载《河北省立女子师范学院图书馆月报》1934年1卷2、3期）一文中，对目录学的研究范围进行的论述中说："本书所拟定研究之范围约有七端：一曰著述。凡著述之源流、工具、方法、著作权等是；二曰刻印。凡刊刻之历史、方法、种类、处所等是；三曰装潢。凡书籍之装订、潢饰、修补、抄配等是；四曰收藏。凡历代官私藏书之机关与夫搜罗之法，藏护之方等是；五曰部勒。凡历代书籍分类、编目、管理之沿革、变迁等是；六曰目录，要籍解题。凡各家对目录之论述与夫藏书之重要目录等是；七曰校读。凡校刊、句读、辨伪、评价诸法等是。"综观上述目录学范围之七大项，可窥见毛坤对目录学研究的观点。他实际上已把书史学、校雠学、编目法、分类法、版本学、藏书史都包含在内了。这可能是传统目录学家对这门学问的最后概括。

其功用在考历代学术盛衰，书之真伪，为阅者指示治学门径，检查图书，辨章学术，考镜源流。毛坤的以上七项论述，不但述及中国的，而且也涉及外国的，从中可以看到毛坤融合中西、贯通古今的目录学思想。什么是目录学？他说："目录之意今昔不同，中外各异，以时地之限，见解之殊，各抒所是，理固然也。""条篇目，撮旨意，子政对目录之见解也；类例既分，学术自明，渔仲对目录之见解也；辨章学术，考镜源流，实斋对目录学之见解也。""……唯唐释智升谓：夫目录之兴也，盖所以别真伪，明是非，记年代之古今，标卷部之多少，撮拾遗漏，芟夷骈赘，欲使正教伦理，金言有绪，提纲举要，历然可见也。可谓异军突起，别开生面之说。"

纵观上述引文，从字里行间可以看出，毛坤在屡陈名家之说后，他比较欣赏智升。这是因为智升关于目录工作的论点，有两方面：一方面是它的编者簿录的任务，另一方面是它学术史的任务。

20世纪早期，我国目录学者在谈到目录学这门学问时，往往推重释氏著作，梁任公、陈援庵、姚名达莫不皆然，毛坤治学，泛滥古今，旁及外学，

故他欣赏智升，原是无足怪的。中国图书馆学家李小缘，曾把我国目录学家分成四派：一曰史的目录学家；二曰版本目录学家；三曰校雠学家；四曰界于三者之间新旧俱全者。他把毛坤列入"新旧俱全者"的范围之内。乔好勤在《略论1911—1949年我国目录学》一文中，对毛坤做出了"综合古今之说，自成一家之言"的评价，是恰如其分的。图书馆各种目录管理的发展和完善，毛坤等老一辈学者的开拓之功是不可磨灭的。

　　1920年文华大学图书科的创建，开我国图书馆学教育之先河，也标志着我国近现代图书馆学的诞生。西方图书馆学概念，陆续被介绍到中国，许多学者的著文介绍国外有关图书馆学的理论与方法，毛坤也不例外。他在《图书馆当前的问题》一文中，指出了学习国外图书馆理论与方法的必要性，他说："我国从前并不是没有图书储藏的地方和图书管理的方法，但近代的图书馆和图书馆学实在没有。近代图书馆的形式与经营的方法，是近20年从外国，尤其是美国模仿而来的。我们从前有所谓目录版本之学，从某一方面看，可以说已经发展到很深邃的地方了。可惜这还只是图书馆学的一部分而不是全体。像图书的流通、图书的使用、图书馆的建筑、图书馆用具的制造等，差不多很少建树。即以历史很长的分类法、目录学、版本鉴别而论，我们试一读塞叶氏的《图书分类法概论》，马克鲁氏及范河生氏之《目录学概论》，觉得在我们固有的，特别见长的分类学和目录版本学上，也还尽有启发我们的地方。至于他们从纸张、从印刷、从装订、从字体等各方面来确定目录上的特点，觉得比我们的黄丕烈、叶德辉来得细密。"他又说："平时说杜威的，说国会的，不过憬想到那个名字而已。真有人能把杜威、把国会逐页翻译出来，实在也是一种功德。"

　　毛坤指出上述需要学习外国图书馆学理论与方法的理由后，提出了他自己的主张："我们对图书馆学术，在著作方面，最近五年或十五年之内，应该特别努力于外国图书馆学书籍之翻译。外国的方法固然不一定合乎我国的情形，但可供我们无限地选择。"他自己这么讲，同时也这么做了。他曾译《西洋图书馆史略》(《文华图专校小丛书》,1936年)等多种外国的图书馆学术著作。

学习外国图书馆学理论与方法应抱什么学习态度呢？毛坤在《图书馆的中国化问题》(《文华图专校季刊》1936年8卷4期)一文中强调："因是外国输入进来的，所以它的意义和方法同我们固有的思想方法和情况都有些不同，其间已经融会贯通的固然也有，生吞活剥的地方不能说全无。"他针对"生吞活剥"的不端正态度，提出了他的观点，他认为要"洋为中用"，使之中国化。要从我国的实际情况出发，通过自己的咀嚼与消化，才能切实有效，切不可生搬硬套。总之，应该以适用为原则，或者说以能达到我们的高尚广大的目的为原则。由此可知，毛坤对待学习国外图书馆学的理论和方法的态度是正确的，也是科学的。

中华人民共和国成立后，中国图书馆事业进入了一个新纪元，特别是在1956年党中央发出向科学进军的伟大号召后，图书馆学作为一门科学受到重视，被列入当年制订的全国科学12年远景规划。

1957年国务院公布《全国图书协调方案》，规定在国务院科学规划委员会下设图书小组，并建立国家图书馆和编制全国图书联合目录负责全国和地区图书馆的协作、协调工作等。这个组织（即图书小组）的成立，标志着党和政府对联合目录工作的领导进一步加强，从而保证了联合目录工作的顺利进行。

党中央发出的向科学进军的伟大号召，说明我国已进入十分重视发展科学技术的时代。面对这一新的国情，图书馆服务方向的主导思想则应转向科学技术上来。图书馆的服务方向要面向科学技术，最主要的工作是编制向科学技术进军需要的目录，使科技工作者通过目录而获得他们所需要的文献。

毛坤积极响应党中央发出的向科学技术进军的伟大号召，撰写了《试论联合目录》（载《图书馆学通讯》1957年第6期）及《标题目录与科学研究》（载《图书馆学通讯》1957年第2期）两篇论著，提出了他的意见。这两篇

论著是这个时期比较重要的著作，起到了推动和指导全国编制联合目录及标题目录工作的作用。

南京图书馆将毛坤的《试论联合目录》一文编入该馆业务学习文集之内。彭裴章等编《目录学资料汇编》（武汉大学出版社，1987年再版）一书关于联合目录资料方面仅选入毛坤、邓衍林两个人的观点，足见毛坤论著的重要性。毛坤在《试论联合目录》一文中全面地阐述了联合目录的功用，使人们进一步认识联合目录的重要性，有利于联合目录的编制和利用。在这篇论著里，毛坤着重阐述了联合目录的编制方法，如"照现在各国联合目录的编制，其组织与方法颇不一致。然有二事关系颇大，即有无中心主持机关和各参加的图书馆有无各种现成的目录。中心机关的设立极为重要，譬如著录条例欲求一致，即须有此种机构规划。""从理想来说，固宜兼收并蓄，若从工作便利和实际应用来说，即分编择录仍宜有相当的限制。""凡出版已三年左右的书，它的名称和内容恐已为人知，可酌量收入；最近出版的书可以少收或不收。""故编选之间仍宜以全为主，以选为辅。若能以各馆的特藏书籍为选目之法，亦资实用。"毛坤以上观点，力避空言。他从人力、物力、时间及实用等方面来考虑，切合实际地提出编制联合目录的具体做法，对编制联合目录是有指导作用的。毛坤认为，为了搞好图书馆服务方向的转变，向科学进军，加快科学进军步伐，除了必须编制联合目录以外，尚须编制标题目录，才能使科技工作者最大限度地共享图书资料。

他在《标题目录与科学研究》一文中论述了编制标题目录的理由、历史、与其他目录的关系及编制的方法。他说："但我认为在现在标题目录更觉有用。理由是：一、科学研究的范围比以前广泛多了，而过去的甚至现在的图书馆分类法赶不上去，落后于现实，标题目录就可以补分类法之不足；二、很多新名词、新事物、新概念在图书馆的目录里找不出来，除非他在书名首一二字上，标题目录则有什么标什么，为所欲为不受限制；三、材料总以内容为主，无论以分类、著者、书名任何一种目录去找都是转弯的、间接的，只有用标题目录去查是直接的、随心所欲的,除非图书馆根本没你所需要的材料。因此,我在现在重新提起希望更多的图书馆编制标题目录。"毛坤这一论著的内容十分详尽,对我们研究和编制标题目录有着重要的参考价值。毛坤的图书馆学思想十分丰富,由于篇幅所限,在此不再赘述。

在学术上,毛坤毕生致力于目录的学研究和高教图书馆学的研究,同时对档案管理也有深入研究和卓越贡献。毛坤认为图书、档案是人类智慧的结晶,是国家的宝贵财富,必须有一套适合中国的科学管理办法,使之妥善保存和充分利用。

1934年,文华图书专科学校在图专科设置档案管理课程,由美国费锡恩女士任教。由于当时美国对档案学的研究重点在文书档案上,所讲的内容为美国各政府部门文书档案管理办法,按主题编排,辅之以目录索引,并不适用于我国。

对此,毛坤认为,对于西方理论和管理方法,只应学习其符合我国国情的部分,为我所用。他还认为祖国文化遗产好的地方很多,是值得继承和借鉴的。他在教图书馆学之余,广泛收集国内外有关档案管理的著作,并深入机关档案室实地调查,潜心研究档案管理,积极探索切合我国实际的档案管理办法。

1937年,抗日战争爆发。1938年,文华图书专科学校自武汉迁至重庆,在毛坤和汪应文的力主和沈祖荣校长的支持下,1940年秋,文华图书专科学校开办了档案科,学制两年,招收高中毕业生入学,成为我国最早开设档案管理专科的学府。毛坤兼任科主任,先后主讲了档案经营法、档案行政学、档案编目法等课程,提出不少精湛独到的见解。在教学实践之余,毛坤先后在各类学术刊物发表不少档案管理的论文,如《档案处理中之重要问题》《档案序说》《略论关于归档问题》,设计并讲授了档案馆设备用品表格小识、机关文书处理规程。

1957年7月,国家委托四川大学起草《中国国家档案馆规程草案》,毛

坤亲自起草了该规程草案。毛坤逝世后，他的著作、手稿、讲义由其夫人任慎之女士保存，1962年武汉大学图书馆学系举办文华图书专科学校50周年校庆借展后，不幸散佚，其手稿未能整理出版，实为憾事和学术上一大损失。但从目前所保存的毛坤起草的国家档案馆规程草案目录中可知毛坤构筑的国家档案馆规程的蓝图，包括：创建规程、组织规程、工作规程、人事规程、正路规程、分类编目规程、藏护规程、应用规程、编印规程、销毁规程十大部分。毛坤在从事档案管理教学和研究中，大胆设想，勇于探索，在当时提出的一些符合中国国情和档案工作实际的管理办法，在今天看来仍是颇具预见性的。

一是提出构筑建立由中央到地方的各级档案馆和全国档案目录中心。毛坤在1936年所著的《档案处理之重要问题》一文中认为档案管理处的行政组织系统应分为独立的档案管理处和附属于某机关的档案管理处。独立的档案管理处可暂时分为全国、全省和全县档案管理处三级。全国档案管理处直属国民政府或行政院，管理全国各机关老档。全省档案管理处直隶于省政府，管理全省各机关的老档。每到一个相当时期，全省档案管理处应将所储档案目录送呈全国档案管理处备查，其中某部分档案，如果自愿送归全国档案管理处或全国档案管理处想要，彼此可自行协商解决。全县档案管理处直属县政府，管理全县各机关老档，乡村镇各公所及所辖机关、团体之老档归于县。

二是按全宗保存档案。毛坤在他著的《档案处理之重要问题》中写道："北京政府时代的档案是否可照乃光氏所谓将整理之旧档分之新档中。照我个人意见，档案应在可能范围内保持地域上或时间上可成段落之集团。北京政府时代内政部的档案搬到南京来，也不必将旧档放入新档中，也不必将新档放入旧档中。因为新档年代一久，即使没有天然段落可寻，也得想法割裂储放的。"

三是在归档时间上提出，文件办理完备后即归档。他在《档案经营法》中写道："现行档案的处理方法是，自一个机关收文业经阅办完备，所发公文原稿或附页誊写完备，送交档案处管理，谓之档案处理，自此以前谓之文书处理。"

今天看来，当初毛坤的设想、见解是难能可贵的，也是比较正确的，而今在旧时代他难以实现的设想已变为现实，这恐怕是对作为图书馆学家、档案学家的毛坤先生最好的慰藉吧！

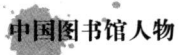
中国图书馆人物

皮高品

皮高品,字鹤楼,光绪二十六年九月九日(公元 1900 年 1 月 31 日)生于湖北省嘉鱼县簰洲镇,自幼聪颖好学,6 岁开始读私塾,后因家境贫寒,于 1912 年转入簰洲圣公会所创办的一所免费小学。1914 年,簰洲圣公会因其成绩优良,将其保送进武昌文华中学(教会学校,后改名圣约瑟中学)。同年,文华中学又保送他升入武昌私立文华大学。皮高品入学后潜心攻读文科,从二年级起又兼读图书科,靠母亲借债读完大学。1925 年毕业,获文学学士学位和图书科毕业证书。他先任天津南开大学图书馆主任兼英文教员。因在教学上与该校教务主任存在意见分歧,1926 年皮高品被解聘了。同年,他应聘到济南齐鲁大学图书馆担任主任、燕京大学图书馆编目主任、青岛大学图书馆主任等职。20 世纪 30 年代初,皮高品回到武昌文华图书馆学专科学校担任教职,并对图书馆图书分类法进行研究,发表了《中国图书馆应用分类法》等文。

1934 年,皮高品出版了中英文对照的《中国十进分类法》(通称《皮氏法》)一书,约 100 万字。从此他就在中国图书馆界和图书馆学界占有举足轻重的地位。唐宋以来,中国官私藏书均以经、史、子、集四库分类整理图书。及至清末内容繁杂,形式多样的新学和西学书籍日趋增多,用四库法计难以统计。20 世纪初被称为世界上最先进的图书分类法——美国著名图书馆学家杜威编制的杜威十进分类法风靡世界,为许多国家的图书馆所采用,有很高的权威性。1910年,孙毓修在《教育杂志》上撰文介绍杜法,杜法始在中国图书馆界迅速流传开来。民国以来,我国不少大学图书馆都采用它。皮先生到南开学校图书馆工作前,该馆所用的就是杜法。通过分类实践,皮先生发现杜法和四库法一样无法满足当时类分中外书籍的要求。"虽然,杜法为西书而设,初非兼中籍而并筹者;且也,类目陈旧错列,繁省失均,迄以总贯中西载籍,其穷屈不适用,比夫七略四库,意何以异?"如何编制适合中国要求的分类法?他认为:"我国之学术,自有其特性,不容偏废敬简。世之作者,必悉加纂录,详制类目,使适中外文籍,庶云有济。分类之匪易,谁曰不然?"他决心自编一部能适合中外文书籍分类需要的分类法。以一人之力编制一部分类法,谈何容易?当时他不过是刚跨出大学校门不久的20多岁的青年,决心既下,就要奋斗,付诸行动。他于工作暇余,收集资料,潜心研究,就是在职无定业、居无定所的情况下,也没有放弃自己的追求和目标。他为编制《中国十进分类法》投入了全部精力。

皮高品于1926年8月命笔操觚,到1934年始克成帙,前后历时8载。他为这部16开本、500余页的大著所付出的辛劳我们可以从其类目的改易上看出端倪。他对各门学科著作的分类,从分类目录名称的确定,到分类目录的编制,都斟酌再三,时与朋友切磋,虚心求教于时贤和行家,由顾颉刚先生匡正善本类,闻一多先生审定文学类,刘廷藩先生核定佛教类,沈祖荣先生订正图书馆学类,毛坤先生审阅目录学类、类目窜易达5次之多。文华图书馆学专科学校校长沈祖荣教授欣然为之作序,嘉赏备至。《皮氏法》一经问世,即为学界所注目。出版当年,文华图专就将其作为图书分类课教材使用,后被北京大学、武汉大学等大学图书馆所采用。北大图书馆、武大图书馆于中华人民共和国成立后还延用了较长时间才改用新分类法,武大图书馆至今仍用比分类法分古籍图书。20世纪30年代末,中华书局版《中国图书分类之沿革》一书在评述民国以来的图书分类法时,称它为"杰作"。中华人民共

和国成立后，有很多的著作提到它，并给予充分的肯定。皮高品和他的《皮氏法》，在中国图书馆学史上都占有一席之地，从而奠定了他在图书分类法研究领域的学术地位。

抗日战争期间，皮高品先生继续担任文华图专教职。1940年底先生应聘担任重庆公路管理局图书室主任，3个月后又受聘于文华图书馆专科学校担任教授。抗战期间，皮先生在艰苦的条件下发表了《中国经书分类的问题》和《中国语言文字书籍分类的问题》等论文。1944年文华图专向各方募捐筹建新校舍，先生被推为监察委员，后因核算账目数字与实数不符，先生拒绝签字，与学校发生激烈的争执并被迫离开了文华图专。1945年国立浙江大学校长竺可桢先生特赴重庆聘请皮先生，于是皮先生受聘担任了迁到遵义的浙大图书馆馆长兼教授。抗战胜利后，浙大迁回杭州，1947年，皮先生因工作与一位教授发生冲突，离开了浙大。抗战胜利后，皮先生任浙江大学教授兼图书馆馆长、英士大学教授等职。

中华人民共和国成立后，皮高品先生潜心研究中国图书分类法并应用于图书馆工作中。1950年，他发表了《中国十进分类法简表》一文。1951年文华图专副校长甘连笙同志特邀皮先生重返文华担任教授，1952年正式讲授图书分类学。1953年院校调整，文华图专合并到武汉大学，成立了图书馆学系，皮高品主要从事图书分类法和中国图书史的教学工作，对新的图书分类法编制原理和标记制度等发表了不少见解。

1956年，皮高品应聘任文化部和北京图书馆《中小型图书馆图书分类法》的编纂组长、顾问等职。1956年4月，文化部社会文化事业管理局和北京图书馆召集部分图书馆学专家在北京图书馆开会讨论编制《中小型图书馆图书分类法》的问题，会议分三组讨论，然后进行集体研究，杜定友先生任第一组的组长，刘国钧先生任第二组的组长，皮高品先生任第三组的组长。会上皮先生提出了自编的《新中国图书分类法简表》，为《中小型图书馆图书分类法》的编制提供了极有价值的观点。

在《新中国图书分类法简表》的绪论中，皮先生提出了具有独到创见的"四分法"思想。恩格斯科学分类思想和毛泽东知识分类思想是根据物质运动形态把一切科学分为自然科学、社会科学和哲学三大类。这个顺序是以物质运动从简单的低级的到复杂的高级的发展规律为依据的。而图书分类法的对象是图书。根据图书分类法从总到分，从一般到个别的编制原则，这个基本序列的顺序就是哲学、社会科学、自然科学。在这三类之外还有一类依写作形式或体例编制的综合性图书，一共四类，即四分。

尽管皮先生四分法的思想未被《中小型图书馆分类法》完全采用，但是皮先生多年来一直坚持这一观点。他认为四分法是符合马克思列宁主义、毛泽东思想的。此后，在1957年1月和5月的南京图书馆《中小型图书馆分类法》讨论会上，皮先生又一再重申了四分法的正确性。1957年9月，《中小型书图馆分类法》编辑小组正式公布了《中小型图书馆分类法（草案）》，皮先生又先后于1962年和1964年发表了《关于＜中小型图书馆图书分类法草案＞的一些问题》与《关于＜图书分类浅说＞中的几个问题——和刘国钧先生商榷》等论文，对《中小型图书馆分类法》提出了宝贵的意见，并且进一步论证了四分法的科学性。

近半个世纪以来，皮高品先生在图书分类学研究方面，涉及图书分类法基本理论、图书分类法编制和使用、中外图书分类法的比较研究等问题，产生了广泛的影响。

正当皮高品大展宏图的时候，史无前例的"无产阶级文化大革命"开始了。皮先生作为"一面白旗"和"资产阶级知识分子"受到了人身攻击和迫害，早已被先生自己批判过的《皮氏法》又成了红卫兵攻击他的一大罪状。不久，皮先生来到了干校农场接受"改造"。

1972年，皮先生因病未能参加《中国图书馆分类法（草案）》的编辑工作。但草案编成后，皮先生在病中还提出了自己的许多看法。此后，在《中国图书馆分类法》第一版和第二版的编撰过程中，皮先生对《中国图书馆分类法》

的思想性、科学性等诸方面又提出了十分宝贵的意见。1983年，皮高品又出版了专著《图书分类法评论选集》，采用评论的独特学术研究方式，把自己的学术思想毫无保留地献给了中国图书馆事业。同时，他在中国图书史研究上也卓有建树，形成了独特的风格和观点。1986年11月退休以后，皮高品先生仍笔耕不辍，广泛涉足图书馆学的各个领域，出版了80万字的《中国历代名著名家评介》一书。1996年9月，在由武汉大学等主办的信息资源与社会发展国际学术研讨会上，皮高品教授提供了一篇《论市场经济体制下图书馆的改革》的文章，令与会学者惊叹和佩服。

皮高品先生在学术上能做到不断了解和掌握国内外同行的研究动向，一直充分地利用图书馆。他在90岁高龄时，仍常到图书馆、资料室查考图书资料，激励青年师生刻苦学习与研究。皮高品先生在学术研究上还具有探求真理、勇于讨论的精神，他不断与国内同行专家讨论切磋，毫不隐瞒自己的观点和见解。对于国外的各种大型图书分类法，他也是系统深入地进行研究，并以专文批评的形式发表自己的看法。他所撰写的研究和评论图书分类法的文章，共约100多万字，汇编成《图书分类法评论选集》，成为我国图书分类理论与实践的重要成果，也是我国图书馆学的重要财富。

皮高品先生的另一项重要学术成果是《中国历代名著名家评介》。这部80万字的学术著作，涉及了我国历代反映时代精神的文化典籍，包括哲学、文学、史学、医学、农学等方面，同时还对五四运动时期影响我国新文学文化的欧洲名家也加以评介。这部巨著倾注了皮高品先生一生的研究心血，既分析了历代名著的历史价值，又对各种研究观点进行剖析与评论，指出某些观点的正误，补充某些论证的不足，观点明确，论证精辟。他撰著的《中国图书史纲》，是一部从独特角度研究中国图书发展的专门著作，独树一帜，别开生面。

皮高品先生是一位严谨治学、成果丰硕的著名学者和导师。他忠于教育事业，凡是讲课必事先撰写讲稿，印出讲义，亲自授课。他在讲课中语言简洁、明确，逻辑性强，知识面广，深受学生欢迎。特别是他在教学中，坚持真理、认真负责的精神是有口皆碑的，表现出了一位教师为教育事业献身、为培养人才尽职尽责的高尚品德和敬业精神。

沈祖荣

沈祖荣（1884—1977年），字绍期，湖北宜昌人。1884年出生于宜昌一个贫苦的家庭，祖辈一直是在长江上拉纤的纤夫，其父后来在城区的江边开了一间专供过往纤夫膳食的小餐馆。因家境贫寒，沈祖荣一直在家帮助父亲打理餐馆。15岁时，沈祖荣为了生计进入宜昌圣公会教堂做勤杂工。1901年在圣公会的推荐下，他只身来到武昌，就读于思文学校。1907年，在完成了6年中学学业后获学校推荐免费攻读文华大学文科，4年后获得文华大学文学学士学位。沈祖荣在武昌文华学习的10年，正是美国学者韦棣华女士在中国初创现代图书馆的10年，韦棣华献身公共图书馆事业的精神感动了沈祖荣，为了教育救国，他大学毕业后毅然决定供职于韦棣华所创办的文华公书林，留校任图书馆馆员。1914年，沈祖荣赴美国纽约州立图书馆学校学习，获学士学位。1917年归国，于文华大学创办图书科。1920年协助韦棣华女士创办文华图书馆学专科学校，任教授、校长兼文华图书馆馆长，中华图书馆协会董事、理事。1929年，他作为中国的唯一代表参加在意大利召开的国际图书馆协会联合会第一次大会。1929年，文华图书专科学校改组为私立武昌文华图书馆学专科学校，沈祖荣继续担任校长。抗日战争爆发后，他率师生迁移重庆。抗战胜利后复校回武昌。1941年，他在文华图书馆专科学校创办档案管理科，此举开中国档案学教育之先。中华人民共和国成立后，1952

年，他随文华图书馆专科学校并入武汉大学。此时沈祖荣从任职30多年的校长岗位上退下来，仍然坚持教学。1959年75岁的沈祖荣退休。

沈祖荣于1977年在江西庐山逝世，终年93岁。武汉大学图书馆学的研究与教育多年来享誉全国乃至全世界，沈祖荣为文华图专奠定的坚实基础功不可没。从1920年到1953年，文华图专共培养了600多名图书馆学高级人才。1953年以来，武汉大学图书情报学院（现信息管理学院）已培养了各类各级人才1万多人。目前，武大信息管理学院是世界上规模最大的图书馆学情报学教育机构。

1914年，韦棣华女士资助沈祖荣先生赴美攻读图书馆学。作为中国留洋攻读图书馆学的第一人，沈祖荣先生对此亦颇有疑窦，曾言："管理图书馆的职务，不就止保藏典籍，司理借还吗？此行赴美，有何研究？外人如是怀疑，我亦如是怀疑。"可是，到了纽约公共图书馆学校以后，沈祖荣先生疑虑顿释，眼界大开，"始知向日所见，浅陋已极"。在受到美国先进的图书馆事业的震撼的同时，沈祖荣先生并没有被眼前的世界所陶醉，而是在冷静地思索。他率先提出："中国能够采用美国图书馆制度吗？"这样一个具有深远历史意义的诘问。显然，沈祖荣先生已深深地感到美国的图书馆模式固然先进，但是对于中国而言只能依国情而借鉴吸收，不能全盘照搬，不变通美国的图书馆模式则无以适用于中国。对此，沈祖荣先生曾做过这样的论述："藏书宏富之巨型大理石图书馆建筑实为社区亦或国家之骄傲与荣耀，然此等建筑并非中国目前之必需者，盖因中国经费拮据，而又风气未开，民众知识欠缺，堂皇豪华之外观，反倒令人望而生畏，阻碍图书馆运动之发展。最切要者乃是有得力之馆员将此伟大事业推向前进。"这不仅体现了沈祖荣先生非凡的洞察力，而且表明了沈祖荣先生"国家兴亡，匹夫有责"的历史使命感，同时这也正是沈祖荣先生后来成为中国图书馆学教育之父的重要逻辑起点，图书馆的工作"诚非浅易短时研究，可以穷尽之事"。于是，沈祖荣先生发奋攻读图书馆学，并以优异的成绩于1916年获得了哥伦比亚大学

理学学士学位,成为中国历史上获得图书馆学学士学位的第一人。

从美国回来后,沈祖荣就一直为实现他的誓言而工作。1920年,他与韦棣华一起创办了我国第一个图书馆教育机构——文华图书科。要发展中国的图书馆事业,首先需要有一大批图书馆学专业人才。沈祖荣先生提出,这些人才必须由中国自己来培养,因为"海外留学,所费不赀,远涉重洋,谈何容易?纵令虚往实归,而桔枳变异,势所必然;所学各件,在外国称合法,在中国不能完全采用。由是言之,欲推广图书馆事业,务须在中国组织建立培养人才之机关,使学生将来学业有成,可以供图书馆之任用"。此后,沈祖荣一直与文华图书科同呼吸共命运。1929年独立成立文华图书专科学校。1953年文华图专并入武汉大学。沈祖荣办学颇有特色,文华图专的学生都是从大学二年级以上的学生中招收的,也就是说,这些学生是已具备了一定的其他专业的知识后再转学图书馆学的,因此文华图专的学生知识面都比较宽,而且,沈祖荣特别重视学生的动手能力,文华公书林的所有事务都由文华图专的学生担任。文华图专因此造就了一大批高质量的毕业生。

在图书馆学研究方面,沈祖荣先生认为新式图书馆学术事业从外国介绍到中国已经有20余年了,接下来应该做的,则是要研究怎样把图书馆办成"中国式的图书馆"。他明确指出,中国式的图书馆,应该有纯粹的中国色彩,合乎中国人情,合乎中国书刊出版物的字形与装帧式样。"我们虽然取用了人家的科学管理方法,但应在具体工作上变为中国化的图书馆,如分类、编目、存贮和使用设备等,都以代表中国文化的姿态,从图书馆里体现出来。"他还强调,中国的图书馆学研究不能割断历史,因为"中国现代图书馆是接受固有图书馆遗留产业的机关",数千年来对文献收藏、保护、汇集、处理、传布、应用等一切遗规旧范,都曾在历史上起到了一定的作用,应予以有分析有批判的继承。对于金匮、石室、秘阁以及藏书楼等机构,都曾在历史上起到了保护文献的作用,应有公正的评价。对历史上的通儒大师、校书郎、艺文志作者、经籍志作者以及目录学家等,应予以尊重,对他们的创作研究成果，应代代流传下去。这些论述即使在今天看来，对我们如何在图书馆学研究中处理好传统与现代、中国和外国的关系也是很有帮助的。应该说，沈祖荣先生是中国图书馆学史上最早系统提出图书馆学本土化思想并付诸实践的一位伟大的图书馆学家。

中国图书馆学研究中采用调查研究方法的首创，对比中西图书馆事业的发展，沈祖荣先生深感封建藏书楼观念对中国图书馆事业的不利影响。他认为："学校外之教育机关甚多，其性质属于根本的，其效果属于永远的，莫如图书馆。盖吾国士人，多持曹仓邺架之谬见，尚未明了图书馆之性质，不在培养一二学者，而在教育千万国民；不在考求精深学理，而在普及国民教育。此中国图书馆不能发达之一远因也。"因此他认为，中国图书馆事业要发展，首先要提高整个社会的图书馆意识，要把图书馆看作社会教育机构。为了进一步找到中国图书馆事业发展的症结，沈祖荣先生从图书馆调查入手，"取长弃短，以为改良之借鉴"。

为此，他亲自设计了图书馆调查表发到各地，对各图书馆的类别、藏书数量、每季读者人数、书籍能否借出、图书目录的编制、阅览证券是否收费、图书馆每年经费等进行了问卷调查。针对调查中反映出来的问题，提出了改进中国图书馆事业的几项建议。

第一，中国幅员辽阔，人口众多，但全国图书馆的总数不及美国一个城市，藏书总量也不及巴黎一个国民图书馆。而国内图书馆少，国内读书的人必然就少，这对提高民族素质是不利的，因此，只有政府提倡、人民支持，图书馆事业才能发达。

第二，中国读书的人少，人民求学之心薄弱，这是无庸讳言的。然而，许多图书馆还实行收费阅览制度，这就更把一些求学者挡在了图书馆外，这是很不应该的。因为图书馆是公共求学的场所，因此"必须实行开放主义，不取分文"。

第三，图书馆的书籍，不在于收集完备，而在于切合当地人民的需要。

今后图书馆补充藏书,"应以能培养国民之常识为要旨,所有高古书籍及大学参考之书,概从缺略"。这样可以省下经费,多办一些适合一般民众阅读需要的图书馆。

第四,"图书馆是有助于国民提高各种学问水平的重要机关,是促进国家富强的社会教育机关。故各国不惜花费较多之资财,投入图书馆事业,始有今日普及之效果。"希望政府能够认识到图书馆与国家富强有很大的关系,筹集更多的经费,设置更多的图书馆。也可以请富商大贾捐资兴办图书馆,或者由学校师生、实业协会共同捐资,以弥补政府财力的不足。只有这样,"中国图书馆之发达可冀矣"。

这次调查,可以看成是中国图书馆学研究者对中国图书馆事业进行实证研究的开端,实属中国图书馆学研究中采用调查研究方法的首创。要发展中国的图书馆事业,首先需要有中国图书馆学者第一次运用新技术编制的图书分类法。沈祖荣先生发现,在中国大量兴建的图书馆中,由于中西文献、新旧图书并藏,使图书馆对这些藏书进行统一的分类出现了很大的困难。在这种情况下,他和胡庆生先生一起,根据中国图书馆的实际,仿照杜威分类法,编制出了《仿杜威书目十进法》(1917年)。该法把原杜威体系中的宗教与哲学合并为一个大类,将政治、经济升格为一个大类,形成了一个符合中国国情的"十大类",即经部及类书、哲学宗教、社会学与教育、政治经济、医学、科学、工艺、美术、文学及语言学、历史。他还以《美国国会图书馆标题表》为蓝本,编译成供中国图书馆使用的《标题总表》,在内容上增加了许多有关中国的条目。《仿杜威书目十进法》不仅在类目上摆脱了中国传统四部分类的束缚,而且率先尝试了用标记符号来代表类目,并编有检索索引,方便了使用。尽管这部分类法还不够完善,在实际分类旧书时仍比较困难,但由于它是中国图书馆学者第一次运用新技术编制的图书分类法,因此其创新意义是显而易见的,它也为以后中国图书分类法编制中的"仿杜""补杜""改杜"等本土化措施的施行起到了探路的作用。

"文化大革命"中，耄耋之年的沈祖荣先生在数顶帽子的打压下，仍以顽强的毅力、坚强的意志和乐观的态度坚强地生活。1977年2月1日，沈祖荣先生带着对图书馆事业的无限眷恋和希望在庐山仙逝，享年94岁。一代宗师沈祖荣先生明知"图书馆员的生活是繁重的、麻烦的、艰难的、清苦的"和"使人灰心的"，但仍然犹如泰山一般坚定而毫不动摇地信仰中国图书馆事业，与中国图书馆事业同呼吸共命运，为中国图书馆事业鞠躬尽瘁。

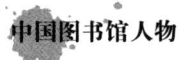

汪长炳

　　汪长炳（1904—1988 年），字文焕，武昌文华大学图书科早期培养的毕业生，曾任武昌文华图专教授、苏州图书馆副馆长、南京图书馆馆长等职。1936 年 8 月，汪长炳先生从美国留学回国后即受私立武昌文华图书馆专科学校校长沈祖荣先生的邀请，借用至文华任图书馆学教授兼教务长。

　　武昌文华图专是我国近代最早的图书馆学专门学校，校址在武昌高巷（清末反清革命团体日知会旧址），由韦棣华与沈祖荣、胡庆生在 1920 年 3 月创办。汪长炳回到母校之后主要讲授图书馆行政和参考工具书等课程，表现出很强的管理能力与学术水平。1937 年 7 月抗战爆发，武昌文华图专迁至重庆等地，办学条件十分艰苦。汪长炳坚持教学并协助办学。他在文华图专总共任教 5 年（1936—1941 年）。

　　1941 年 7 月，教育部在四川壁山成立国立社教学院，内设图书馆学博物馆学系，聘汪老任教授兼系主任。当时条件十分艰苦，汪老不辞辛苦请来李小缘、黄元福、杨家骆、徐家麟、顾领刚、钱亚新等学者担任教授。同时又千方百计地搜集国内外的教学参考资料，使教学工作得以正常开展。汪先生根据工作实践的体会与文华图专教学的经验，安排专业课程时注意理论联系实际，布置各种实习和课外作业以加强学生对基础理论知识和基本技能的掌握。图博系除了图博两个专业共同必修课外，图书馆专业开设图书编目法、分类法、图书馆经营法、目录学、参考书与参考工作、世界名著简介、图书馆史、图书选择、图书馆行政与设计、中国书史和图书馆学专著研究等课程；同时重视外语教学与英文打字。在学生毕业前要安排半年岗位专业培训，使他们走上工作岗位即能得心应手地独立工作。

在中华人民共和国成立前，大学毕业就是失业，而在图博系不存在这类问题，汪长炳已经通过各种途径安排好学生的工作。数十年之后，每当图博系的毕业生谈起此事，仍然感慨不已。抗战胜利后，社教学院迁至苏州拙政园上课，直到1950年院系调整后停止办学。图博系办学10年，共培养200名毕业生，后来大多成为各类图书馆的管理者和学术研究专家，如上海图书馆馆长韩静华、南京图书馆副馆长邱克勤、南京医学院图书馆馆长吴观国、苏州图书馆馆长许培基等。

汪长炳先生从事图书馆学教育15年，正是中国大地上战火纷飞，人民灾难深重的时期。汪长炳从图书馆事业发展的长远目标出发，先后在两所著名的私立与国立图书馆专业学校工作，培养图书馆高级人才，为图书馆学教育事业、图书馆管理做出了卓越贡献。

中华人民共和国成立后，汪长炳先生在苏州市图书馆、南京图书馆担任领导工作，而在南京图书馆工作时间最长（1955—1987年），先后担任副馆长、馆长、名誉馆长等职务。据有关资料记载，汪长炳、丁志刚等人从20世纪50年代中期开始研究公共图书馆事业，是研究新中国公共图书馆事业发展的开创者之一。汪长炳在南京图书馆期间，主要抓了下面两件事。

第一件事是基础工作，包括藏书建设、目录工作等。

汪长炳在1962年第1期《图书馆》上发表了《我对加强图书馆基础工作建设的意见》一文。这是汪长炳的一篇重要论文，阐述了对省级公共图书馆基础建设的看法。他给基础工作下的定义是"图书馆基础工作建设的内容是整理、甄别、充实、更新书刊；建立、调整和充实图书目录；充实图书馆干部的基础知识和加强基本训练"。在这篇论文中，汪长炳对省级公共图

馆的基本藏书提出了 6 项基本要求，并提出了要根据自己的情况发展特色藏书和一般省级图书馆不应另设"保存本书库"的观点。

在实际工作中，南京图书馆的图书期刊采购方针的制定，始终围绕中心工作展开。为了加强为科研服务，从 1956 年 3 月开始，将过去侧重于购买通俗图书、文艺图书的情况加以改变，增加了科技图书的复本。经过 32 年的积累（1949—1981 年），南京图书馆馆藏书刊资料逐步丰富，由中华人民共和国成立初期的 11 万册增加到 480 万册。

南京图书馆在藏书结构上形成了自己的特色，除了收藏丰富的古籍、民国文献，在科技书刊、地方文献的收藏上也逐渐形成了优势。在省级公共图书馆的藏书目录问题上，汪长炳指出，应该达到"图书著录的指引性，反映藏书的正确性，目录组织的思想性，反映馆藏目录的多样性和目录体系的科学性"等要求，并提出省馆有必要编制某些与本地区有关的重点门类书籍的主题目录。在 20 世纪 60 年代，对主题目录在图书馆中的应用开展研究还是很少的。

中华人民共和国成立初期，我国公共图书馆都在强调为大众服务的普及工作。1956 年，党中央提出向科学进军的号召。同年 3 月 19 日，汪长炳在江苏省政协第一届委员会第二次会议上做了"省级公共图书馆如何为科学研究服务"的专题发言，提出了省级公共图书馆应以为科学研究服务为主的方案，引起了与会委员的共鸣。同年 7 月，他在《新华日报》上发表了《发挥公共图书馆在文化建设中的作用》一文，重申了这一观点。中央文化部于 1956 年 7 月 5 日在北京召开了第一次全国图书馆工作会议，研究、讨论如何为科学研究服务的问题。从此，"为科学研究服务"成为这一时期许多图书馆，特别是大型图书馆共同执行的办馆方针，图书馆事业得到了较大发展。南京图书馆明确了以科学研究服务为重点的思想，并采取了相应的措施。

1957 年，汪长炳加强了参考阅览工作，设立了 5 个专科阅览室，扩大了机关团体外借工作，与省内外 41 个公共图书馆、高校图书馆建立了馆际互借关系。另外,他还充实外文科技书刊,增发读者外借证和科技人员参考证,开辟科学工作者研究室等。1963 年,汪长炳在《图书馆》杂志上发表了一篇论文《谈谈省图书馆为农业服务的工作》。文中指出了公共图书馆为农业服务的重要性以及相应的方法。此后多年,南京图书馆一直坚持编印农业书目、举办农业书展等,把为农业服务付诸行动。

汪长炳在 1956 年 6 月还主持制定了一份《南京图书馆 12 年远景规划纲要》。纲要要求南京图书馆在 12 年内达到如下要求:(1) 在宣传马克思列宁主义,促进本省经济建设、文化建设、扩大科学工作者队伍等工作上,发挥南京图书馆为党和政府有效的助手作用;(2) 在 12 年内系统地补充图书资料,促进省内各类各级图书馆馆藏图书相互交流,编制各种书目,以适应科学研究工作的发展,广泛地满足科学研究工作者的需要,充分发挥图书的作用;(3) 在 12 年内协助省文化局发展省内市、区县、乡以及农村图书馆(室)的普遍建立,并成为全省图书馆培养干部的中心之一,有效地对省内市县图书馆进行业务辅导;(4) 在 12 年内,南京图书馆在图书馆学、目录学和图书馆科学方法等的研究上,均应达到或接近苏联图书馆的水平。这是一份详实、宏伟的发展蓝图,尽管在之后的岁月里,由于各种原因,规划的内容并没有完全实现,但在藏书建设、为科研服务、研究辅导、干部培养等方面还是取得了许多成绩。

1960 年,南京图书馆被评为江苏省文化系统先进单位,南京图书馆已成为国内外著名的公共图书馆之一。1956 年,汪老还针对我国公共图书馆、高校图书馆和科研系统图书馆各自为政、自成体系、相互之间缺乏联系的状况,提出了建立三大系统图书馆协作组织的倡议,受到图书馆界广泛重视。

1956 年 4 月,由南京图书馆牵头成立了由 26 个图书馆参加的南京地区图书馆协作网,这是国内最早的图书馆协作网之一。同年 9 月 6 日,国务院公布了《全国图书协调方案》,提出了建立中心图书馆委员会和编制全国图书联合目录等方案。《全国图书协调方案》的公布是与汪老及国内许多专家

的建议分不开的。在国务院图书协调小组的统筹下,在南京成立了以南京图书馆为主,有高等院校图书馆、科研单位图书馆参加的中心图书馆委员会。汪长炳先生作为该委员会的副主任,做了大量工作,如开展三大系统图书馆之间的外文新书刊的采购协调,避免不必要的重复,节约了经费;编制书刊联合目录,使地区藏书有据可查,方便馆际间书刊互借,以利资源共享,从而使南京地区几十所综合性和专业性图书馆互相配合,通力协作,共同为科学研究服务做出了巨大贡献。

第二件事是在图书馆管理方面做出的探索。

汪长炳晚年在一份手稿中认为:"我国图书馆事业已有2000多年的历史,有不少优良传统和民族特点,我们要继承和发扬。20世纪前半期,国内图书馆多采用资本主义国家图书馆模式,在许多方面已不符合社会主义中国的图书馆事业的建设和发展。

1957年,汪老作为国家代表团成员到苏联和民主德国参观访问了几十所不同类型的图书馆,调查了解它们的办馆方针、任务、业务技术、馆际协作等,凡是不符合我国国情的,均没有被南京图书馆采用,从而保持了南京图书馆的某些优良传统和工作特色。作为省级公共图书馆,南京图书馆应当把为科研服务作为重点,同时还要考虑到中国国情,不能减弱为广大读者服务的工作,而且在设置上要更合理,更各得其所,尽可能地为读者着想,因而得到广大读者的赞扬。

汪长炳先生认为,要能顺利地承担起各项业务工作,干部的培养提高是关键之一。南京图书馆是江苏省的藏书、目录和图书馆间协作、协调及研究、交流的中心。一方面,南京图书馆对江苏全省各地区的公共图书馆的业务进行辅导,又担负着省图书馆学会和南京地区中心图书馆委员会的日常工作;另一方面,南京图书馆还要对本馆业务工作进行调查研究,以供领导决策。汪老认为在省级图书馆工作,高中毕业生是最起码的要求,必须要通过培训掌握图书馆学基本理论和工作方法。

第二章　近代图书馆学家

此外，要在工作中，通过不断的学习、深造来提高自己。在32年里，南京图书馆曾经通过各种办学方式来提高干部水平，如培训班、进修班、函授、夜大等。通过业余学习，使南京图书馆的干部队伍成长起来，如通过名牌大学函授学习，培养了一批专业人员，后来大多数成为业务骨干。对于大专院校毕业生，则一律根据工作需要，结合本人意愿，组织学习专业知识或进行专题研究。

在20世纪80年代初期，南京图书馆曾经拥有一大批著名专家，除了汪长炳、钱亚新，还有潘天祯、邱克勤、剪依琴、柳定生、杨世贝、芝泉、竺陕南等。在12年规划中，对干部的编制还有逐年增加的计划，并提出调配大专院校毕业生5名，并要求调派对图书馆学、史料文献学和版本学有专门研究的专家不少于10人。计划中，对干部的调配是双向的，每年还要有计划地向馆外输送出5人。

1957年3月15日，第一届全国省市图书馆工作人员进修班在南京正式开学。进修班由中央文化部社会文化事业管理局、北京大学、武汉大学、南京图书馆等6个单位联合举办，讲课的有丁志刚、王重民、邓衍林、刘国钧、杜定友、汪长炳、钱亚新等国内著名的专家、教授，进修班于5月18日结束。

第一届全国省市图书馆工作人员进修班的学员均是省（市）图书馆部主任以上的专业人员，计78人，时间两月有余。刘国钧主讲关于图书馆目录的几个问题，杜定友主讲地方文献的搜集整理与使用，王重民主讲普通目录学，汪长炳主讲三大系统图书馆的协作工作，钱亚新主讲联合目录。

此届进修班在当时有很大影响，办得很成功。汪长炳以一馆之长，亲自负责许多班务工作，对教学计划与大纲均做了详细讨论与准备，体现了他卓越的管理能力和丰富的教学经验。10年浩劫，图书馆事业受到很大影响，特别是人才，青黄不接。汪长炳于1979年重新主持南京图书馆工作后，审时度势，明确提出要一手抓提高，一手抓普及。在这一原则指导下，江苏省图书馆学会成立之初，就花了很大精力办图书馆员培训班，连续办了4期，培

训了三大系统图书馆人员达353名。另外，汪长炳还努力推动通过正规学历教育培训干部。在汪长炳先生的倡议和努力下，江苏省人民政府于1981年1月正式批准南京师范学院夜大学增设三年制图书馆学专修科，国家承认大专学历。之后的3年招收了3届学员，共240人。这些毕业生，现已经成为江苏省图书馆各系统的骨干，有的已经成为馆级领导。这开创了图书馆学会与高校联办图书馆学专业的先例，影响十分深远。

由于南京图书馆有悠久的历史，许多著名专家、学者在南京图书馆及其前身江南图书馆工作过，因此学术氛围很浓厚。

汪长炳先生主持南京图书馆工作后，十分重视学术研究工作，认为这是有利于事业发展、提高图书馆地位、稳定干部队伍的大事，不但在主持的《南京图书馆12年规划纲要（草案）》中对此有规定，而且平时也始终将学术研究工作作为一项重要任务，有具体的研究课题项目及完成的时间。在汪长炳的领导与关怀下，南京图书馆的学术研究上了一个新台阶。

1956年12月29日，南京图书馆受文化部委托，举办全国图书馆学科学论文讨论会。图书馆学家杜定友、王重民、王献唐、钱亚新以及来自全国市公共图书馆、高等学校图书馆、科学研究机关等60多个单位的代表出席了讨论会。这是南京图书馆举办的第一次全国学术讨论会。

1979年，中国图书馆学会成立，汪长炳被选举为副理事长。接着，在江苏省图书馆学会第一次代表大会上，汪长炳被选举为理事长，他不顾年事已高，以极高的热情参与工作。

于1980年创刊出版了江苏省图书馆学会会刊《江苏图书馆工作》（季刊），钱亚新先生担任主编，江苏省图书馆工作者从此有了自己的刊物。省学会还邀请国内外图书馆专家讲学，进行学术交流，以促进图书馆事业发展。汪长炳先生除了鼓励别人从事研究，自己也在繁忙的工作之余进行研究，中华人民共和国成立前后共发表论文20篇。

汪长炳最早写作的有关图书馆的论文是1936年发表在《文华图书馆学

专科学校季刊》上的《一种研究图书馆学之方法》。该文对什么是图书馆学、图书馆事业内容、图书馆学的研究对象及方法等问题进行了论述。

重新担任南京图书馆馆长之后,汪长炳发表了《图书馆图书目录的过去、现在和未来》(《图书馆学通讯》1979年1期)。文章论述了从卡片目录、书本目录走向机读目录、采用电子计算机网络的必然趋势,并结合多年来编目工作的实践,谈了目录编排中存在的问题和解决途径。这是汪长炳公开发表的最后一篇论文。

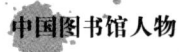
中国图书馆人物

王献唐

王献唐(1896—1960年),幼名家驹,后改名堂,字献唐,号凤生,以字行,室名双行精舍,晚年自号向湖老人、栗峰老人。祖辈原籍江苏东海,明初迁至山东莒县,后迁日照。1896年生于日照韩家村,1960年11月16日因脑疾逝世于济南,享年64岁。1993年3月21日,王献唐的陵墓迁至青岛市大麦岛风景区。如今,在青岛市百花苑中有王献唐先生塑像,供后人瞻仰。

王献唐先生是一位百科全书式的大家,对书画、金石、音韵、文字、训诂、考古、校勘、目录、版本等均有涉猎。他一生著述宏富,达50余部,其中代表性著作有《炎黄氏族文化考》《公孙龙子悬解》《中国古代货币通考》《山左先哲遗书提要》等。

光绪二十三年(1896年),王献唐出生于山东省日照市城关韩家村一书香门第。祖父宏基,为前清庠生。父亲王廷霖,为当地名医,精通岐黄之术,亦酷爱金石文字之学,师承山左著名学者许瀚研究金石文字,著有《泉币图释》《读〈说文〉日记》等。耳濡目染,在家庭环境的熏陶下,王献唐先生自幼熟读经史子集。"我年卯角知好文,抽思研秘日纷纭"即对先生幼年时期的真实写照。

王献唐天资聪颖,小小年纪便满腹经纶,10岁时即能背诵《唐诗三百首》。除了读书,王献唐亦喜写字、作画。4岁时,王献唐于自家灯笼上作画,得到本家大爷的赏识后，开始以自家姐妹为模特绘画，被村里人称为小书画家。

1907 年，年仅 11 岁的王献唐离家至青岛求学，在德国人卫礼贤（1873—1930 年）所办的礼贤书院（今青岛市第九中学）读文科，后又插班德文科。17 岁时因生活所迫，从礼贤书院卒业。后入青岛德华特别高等专门学校（亦称德华大学）学习土木工程。1917 年应《正义报》邀请，赴天津翻译德文小说。1918 年"来济南，主《山东日报》《商务日报》笔政"。

次年，王献唐以两报特派记者的身份长住青岛。其间，其父王廷霖去东北采药，不幸客逝异乡。王献唐归梓吉林，"忽中夜苦次悟死生无常，治宋明理学及老庄诸子，求人生真谛。又泛览西方哲学社会科学书，俱不称意。成《人生之疑问》一文"是先生平生思想转变的绝大关键。

1920 年，24 岁的王献唐在山东专门政法学校任国文教员，同时兼任上海申、新两报的记者。次年，中国政府从日本人手中收回青岛，王献唐作为接受青岛的代表，留任胶澳督办公署帮办秘书。是时，王献唐偶读《书林清话》，对版本学"始发趣兴"。1923 年王献唐出任青岛财政局股长。1924 年，王献唐与青岛礼贤书院校长苏保志等人共同发起成立了以研究文学、哲学为目的的中德学社，主要翻译中、德两国的文艺及哲学作品。

1925 年，王献唐到北京任京汉铁路局文书科办事员，与当时正在北京工作的丁惟汾（1874—1954 年）共同研究音韵、文字，并时常典衣，"广收图籍，为治版本目录之始"。

1926 年年底，王献唐应同邑前辈丁惟汾之邀赴南昌，先后出任中央党部、中央通讯社一等秘书、中央训练部总务科长。在此期间，先生曾"赴汉口，旋往九江住半月，从习《说文》《方言》为治小学音韵之始"。

1927 年国民党政府定都南京。在丁惟汾的介绍下，王献唐到国民党总部任秘书并在"南京与鼎丞先生居处，专习《毛诗》，为治群经之始"。但王献唐任职不久，因报纸泄露了国民党内部一些机密，国民党总部怀疑是他

所为，他愤而辞职，发誓从此不再从政并改名为献唐。

"竭来济上心私喜，柱下守书师老耳。"1929年8月7日，经丁麟年介绍，承山东省教育厅厅长何思源（1896—1982年）邀请，王献唐先生出任山东省立图书馆馆长一职，至1948年9月24日，济南解放，卸任图书馆职务，历时近二十载。任职省图后，他将毕生精力用于搜集和整理齐鲁乡邦文献上，拯救和保护了大量的珍贵文献。

1928年日军制造了"五三惨案"，山东省图书馆亦惨遭浩劫。当时"炮弹横飞，穿墙过户，博物馆楼柱，洞贯巨孔如碗。院内弹壳累累，到处成坑，窗户玻璃，损坏无算。藏书楼顶，巨弹由天花板穿下，落至地板者四枚，幸皆未炸，炸则全楼齑粉矣。有书橱四架，枪弹透穿玻璃，洞入书内，亦未焚烧。一时纷乱凄怆，不可名状"。惨案发生后，又遇上连绵大雨，多年失修的房屋塌毁渗漏，图书凌乱，博物馆全行倒塌。经此一劫，馆藏中西书籍仅剩62770册。

王献唐到馆之后，面对馆舍损坏、藏书匮乏的情况，决定闭馆进行全面整顿。他总结了中西图书馆的管理经验，制定了详细的方案。首先"于馆长之下，分设编藏、阅览、事务三部。更设图书设计委员会，延请教育界名流，设计全馆进行方案"。拟定工作计划大纲，与馆中同仁相约，"以谨慎的步骤，试验的态度，取次进行"。经过王献唐的整顿，图书馆于1930年1月1日，重新开馆阅览。每日阅览人数由百十人增加至四五月间的日一千三四百人。

在整顿图书馆的同时，王献唐还积极争取购书经费，分别添购各项短缺图书。1929年9月至1933年共购入中西文书籍26394册。而对于那些由于经费所限或其他原因无法购置的书籍，则采取抄录的方法来复制。现存的山东省立图书馆抄本共有24种，如《释人疏证》《聊斋词》《潍县方言》等。这批抄本为保存山东地方文献做出了重要贡献。除购买之外，王献唐还订立了《山东省立图书馆捐赠图书规则》，加大奖励力度，发动社会各界捐赠图书。至1931年共接受各界捐赠图书527种。

除书籍之外，王献唐还注意金石、古物的搜集。如1930年3月至5月，收得滕县、泰安等地汉画像石35方；1932年9月购得潍县陈氏藏砖瓦石刻等藏品。至1933年7月，馆藏金石古物、书画碑帖达17394件，书版253580片。

经过王献唐的苦心经营，图书馆馆藏"书籍增加，超过旧存一倍"。至卢沟桥事变前夕，馆藏文献达到26万多册，其中善本书籍，如唐人写经、宋元旧椠、明清精刻及抄校本和佛道藏已达36000册有余，成为仅次于北平图书馆的北方文化重镇。

为了更好地保存山左文献，服务读者，1934年3月，王献唐决定筹建新的藏书楼。次年3月，新藏书楼竣工，以"奎虚书藏"名之。"以楼为山东公共藏书之所，定名为奎虚书藏，倩江安傅沅叔先生署榜。奎星主鲁，虚星主齐，以二星之分野，括齐鲁之疆域。"新藏书楼采用欧美技术建造，呈"山"字形，分为上下两层，正中为大阅览室，足以容纳400人。

1929年，土匪王金发占据聊城，并将其司令部设于海源阁内，其书记官颇知书本，海源阁所藏宋元秘本及金石书画惨遭浩劫。所幸海源阁所藏宋元珍本，此前大多被杨氏运往天津，逃过一劫。1930年春，土匪再次进驻聊城，海源阁亦再次遭劫。同年12月，海源阁第四代书主杨敬夫将劫余之书，装置50余箱，用大车运至济南，保存在经二纬一路东兴里杨氏私宅内。王献唐得知此消息之后随即前往杨氏宅院与之接洽商议书籍善后处理办法，并提出三条协议草案：杨氏委托图书馆代为保存办法；半捐半卖办法；平价收买办法。

王献唐将协议草案送交杨氏，但迟迟未得到答复，仅得一函曰"顷奉大札，敬悉种种。屡蒙关垂，早铭心版。至协议草案，容另函详答，特先奉闻"。

次年，在北平的傅斯年闻得杨氏将海源阁旧藏书籍抵押给一家银行，随即致函王献唐相告，并希望献唐先生说服山东省政府买下，"海源阁事想兄闻其涯略。先是北平书贾群集天津，杨故高其值，致久不就，因报载兄文，彼等疑省政府将收之，遂一面（卖者）落价，一面（买者）涨价，以四十万元现款押于天津之一个银行团体。傅沅叔亲在银行中见此书。此事内幕实是

潘復。现已分别装邮包及托人带至大连矣。盖潘等意在卖给日本人也。（传云此一批书是在不值四十万元）"。

在信后，傅斯年建议"杨某实非善类，毫无知识，与之交涉决无结果，省政府可自动处置而"。

王献唐接到傅斯年信函，不相信杨氏等人会冒天下之大不韪将其所藏售予日本人，仍报以希望致函杨敬夫，对其晓以大义，希望能得到其对协议草案的明确答复。结果却被傅斯年言中，杨氏拒绝接受协议草案。杨敬夫在1931年5月20日答复王献唐信中说道："献唐仁兄阁下，十九日大函下颁，甚为欣慰。协议草案，实含有高压及恐吓意味，弟断不接受。……至四十万归日之说并无其事，甘冒天下之大不韪乃肉食者为之，弟尚不佩有资格也。"杨敬夫虽未能接受协议草案，但王献唐、傅斯年仍努力奔走，试图抢救海源阁遗书，以防流传海外。

1931年6月29日，傅斯年于北平探得海源阁押书一事实情，遂致函告知王献唐："因李久益先生之来平及天津农工银行崔有之在此，探得押书事如下：一押数云系四十万元（弟不信此数），大部在天津盐业，小部在农工，已是死契，杨氏无权收回矣。二绝对不至流传国外（崔云）。三于右任、邵力子拟为中山图书馆购之，在接洽中。"

信后，傅斯年还说道："弟应如何进行（看来甚烦），乞指示便照办。"然而因为杨敬夫的固执无知，王献唐、傅斯年等人所做的种种努力都没有成功。迟至抗战期间，辛铸九（1880—1965年）与杨氏达成协议，由辛铸九、苗兰亭等人集资，将其部分书籍购藏于济南道德总社，抗战胜利后全部捐献给省图所有。傅、王二位先生的心愿总算得到了实现。

1937年七七事变后，战事日紧，平津失守，日军逼近黄河北岸。为保护齐鲁文脉，王献唐不得已将馆藏金石图籍精品异地而藏。但此时，省政府官员皆忙于逃命，图书馆无人顾及，内迁之经费无着。无奈之下，他求亲告友，并卖掉自己的收藏，筹措经费。

1937年10月12日晚，王献唐将馆藏商周铜器、秦汉瓦量、唐人写经、宋版元椠、明代瓷器等装成十巨箱，派编藏部主任屈万里（1907—1979年）、工友李义贵（1906—1989年）随省立医院专车护送至曲阜城内奉祀官府保存。"此次所携，凡书籍之属四百余种，都二千六百余册，装五巨箱。金石器物之属，凡七百三十余品，装三巨箱。汉魏石经残石百三十二为一箱，书画之属凡百五十余轴为一箱。本馆历年所惨淡经营者，其精华略萃于此矣。"10月23日，王献唐又将两箱书籍托济南聚文斋经理彭辑五运至曲阜。11月12日，王献唐自带一箱金石书籍至曲阜与屈万里会合。12月27日，限于运输条件的艰巨，王献唐从第一次所运10箱书籍中选择其半，与屈万里、李义贵搭乘省立医院重伤员专车，离开曲阜南下。其余则留奉祀官府。是日，济南陷落。

1938年1月3日，王献唐一行"过铜山，经汴郑，出武胜关，凡八日行程，三遇空袭，而抵汉口"。此时由于经费不足，又无法找到运船，王献唐遂接受山东大学校长林济清的聘请，任中文系教授，主讲文字学和版本目录学，并让林校长预付了800元的酬金，作为运资及三人的日常开销。如此，图书馆书籍方能与山东大学书籍一起托运。

1938年1月19日，王献唐一行三人自汉口起身，逆江而上，一路艰辛。于2月上旬，抵达四川万县。在万县停留近10个月后，三人离渝继续西行，于11月24日到达乐山。三人按照防霉、防蛀、安全严密等要求，选择了乐山大佛寺天后宫内大佛一侧隐而不露且朝向好易干燥的崖洞，作为书籍安放之处，由李义贵一人守护。王献唐、屈万里二人向李义贵做了守护要求后离开天后宫，到乐山城内居住。此时，"自载书离稷下，流徙至此，计程凡七千余里。尔后馆中文物，当不至再播迁矣"。这批运川书籍在四川完好无损地保存了十几年，于中华人民共和国成立后运归济南。

载书播迁的过程虽充满艰辛，然王献唐仍不忘学术研究，其《五镫精舍印话》《炎黄氏族文化考》等都是在南迁过程中完成的。1939年8月，他开始接受中英庚委会文史研究会补助，潜心著述。

1940年，国民党政府设立国史馆筹备委员会，聘请王献唐为副总干事，后因事务烦琐辞谢，改为纂修。在国史馆的几年里，王献唐先生以历代出土之金石文物为据考证历史，并撰写了80万字的《国史金石志稿》，重新鉴别考证了历代著录的金石文物及传世实物。

1940年12月，他寓居重庆歌乐山云顶寺，"与孔子七十七代嫡孙孔德成为邻，尝与邢仲采、孔德成、吕今山等人酬唱，以诗忿世之作甚多"。1945年6月5日，《古文字中所见之火烛》于四川万县脱稿。次年，完成《中国古代货币通考》。

此时，王献唐罹患脑疾，以致不能见光、见风，失眠更甚。1947年春，疾病更重，遂赴北平警察医院就医；6月，在协和医院接受开颅手术。术后寓居北平。同年秋，返回济南养病。山东省政府仍委任其为省立图书馆馆长，但因病魔缠身，多于家中休养。直至1948年9月24日，王献唐先生才卸任馆长职务。

1948年冬，王献唐任山东古代文物保管委员会副主任、研究员。次年12月，王献唐上报山东省古管会有关运川书籍的处置问题。1950年冬，运川书籍抵京，文化部同志开箱察点完好无损，并对王献唐、李义贵这种保护祖国文物的可贵精神给予表彰。1950年12月25日，运川书籍抵达济南，交古管会保存，后移藏山东省博物馆保存至今。

此后，王献唐主持了山东省博物馆历史陈列主题的结构设计工作。他还多次抱病下乡进行实地勘察，如1952年赴徐州考察茅村新发现的汉墓群，并撰《徐州市区的茅村汉墓群》一文。1956年夏，他与山东大学考古系师生赴青岛流亭考察古代遗址并指挥发掘汉墓。

1960年11月16日，王献唐先生于济南家中病逝，终年64岁，葬于万灵山公墓，路大荒为之撰写碑文。献唐先生离世不久，《考古》杂志上发表了署名为"作铭"的文章——《山东王献唐先生传略》，对王献唐先生的一生给予了高度评价。

杨昭悊

杨昭悊（1891—1939年），字澬明，湖北谷城县人。杨家世居谷城县西乡杨家老湾，即今谷城县五山镇。杨昭悊是家中次子，其长兄名为杨昭恕。一般认为，杨家"家殷富"。这点可从杨氏兄弟所建杨太夫人纪念图书馆（即其母在谷城城内南街中市的寓所）略窥一斑："东西长16丈，南北宽2丈7尺，庭院两重，前厅3间，南北厢房各2间，后厅3间，厨房1间，后有小院，院中有葡萄树、桃子树、香椿树、桑树、芭蕉、榆树等。"优越的家庭条件，为杨昭恕与杨昭悊两兄弟提供了良好的生活与学习条件。由于这个原因，两兄弟长大之后均前往北京上大学，又都曾出国留学，在各自领域成为一时人杰。杨昭悊于1915—1919年就读于国立北京法政大学政治经济学专业。1917年6月16日，北京《交通日报》上刊登了一篇译文《图书馆学序论》，原著者署名"江中孜"（或被误记为"江中考"），译者署名"澬明"（即杨昭悊）。后世学者评论称："'图书馆学'一词在中国文献中首见于此。该文在中国图书馆学史上意义重大。"这同时也表明，杨昭悊在大学期间就已经对图书馆学产生了兴趣，所以后来才会留在北京法政专门学校图书馆工作，并与中美图书馆界结缘多年。

1920年夏天，杨昭悊参加了北京高等师范学校举办的图书馆讲习会，他译介的日本学者田中敬的《图书馆学指南》被作为教材。其后不久，杨昭

恁又开始为尚志学会编写《图书馆学》一书。1921年11月，杨昭恁赴美留学之际，还将该书原稿带上，途经日本东京时，杨昭恁才把稿件寄回，并请林志钧作序。而林志钧也如约于1922年3月14日为他撰写了一篇序言，后来被称为《林宰平先生序》。1923年，上海商务印书馆出版了《图书馆学》，这是目前所见中国最早出版的图书馆学单行本，杨昭恁在书中说中国图书馆事业之所以不发达，"实在因为缺乏这门学问"。因为没有专门的学问，图书馆员无办理图书馆的技能，普通人无利用图书馆的知识，这是杨氏根据各国图书馆事业和图书馆学研究的状况所得出的结论。因此，他认为光靠以前译介日本的几种小册子，绝对不能解决中国图书馆的问题，也不能确立图书馆学在中国的学科地位。针对当时外国图书馆学著作属于分科的多，通论的少；关于应用的多，原理的少；又多半只是发表自己的意见或叙述本国的状况，杨昭恁指出："全部照译过来，只能为图书馆员参考，不足一般人进行研究；只供应用，不能使事业得到发展和提倡，更为重要的是，不一定适合中国的情况。"故而决意自己编著一本通论性质的图书馆学专著。经过两年的努力，终于形成"十分八九是参考各名家的著作，自己也参加十分一二的意见，来比较他们的理论，连贯他们的学说"的《图书馆学》上、下两册。这部著作无论从体系、结构还是从内容、范围上来说在当时的中国都是全新的。

首先，《图书馆学》是最早尝试用科学的方法说明图书馆学的原理和应用的。全书由八篇构成。第一至二篇是关于原理的，第三至八篇是关于应用的；原理部分占全书的四分之一。具有划时代意义的是，该书首次在我国提出了图书馆以及图书馆学的定义："图书馆是搜集有益的图书，随着大家的知识欲望，用最经济的时间，自由使用图书的地方；（引自德国休叶氏之语）杨氏指出，这个定义包含两义：要把有益的图书搜集起来保存在那里；要把所搜集的图书随大众的需要自由活用。因此，近代图书馆不仅具有保存性，更具有使用性。图书馆学"是把关于图书馆的理论和技术知识的总和进行有系统的研究"，（引进德国《马叶氏百科全书》）这样，就使图书馆学作为一门学科，有了科学的概念限定。据考察，"图书馆学"这一名词，虽最早见于杨氏所译的《图书馆学指南》一书中，但它在中国正式得到社会的承认并产生影响，是《图书馆学》出版以后。随着概念的限定，该书进而较为详细地探讨了图书馆与图书馆学的关系；图书馆学与其他有关学科，比如图书馆学与社会学、心理学、经济学、教育学等的关系；明确了图书馆学的范围、分科以及图书馆学的研究方法，使得图书馆学在科学总体系中有了自己的地位和学科自身的研究对象、范围和方法。该书的应用部分从性质、功能上对零散的图书馆实务分成经营法、组织法、管理法和推广事业等进行系统论述。《图书馆学》的出版，使图书馆学的研究，从应用上升到应用与原理并重，从具体上升到具体与抽象齐驱，无疑是为学科从萌芽到成熟的发展奠定了基础。值得一提的是，从《图书馆》《图书馆管理法》到《图书馆学》，不仅是学科自身发展内在规律的体现，而且是图书馆实践活动发展的结果。

其次，《图书馆学》开创了图书馆学基础理论研究的先河，并且对在此之后普通图书馆学著作之体系、内容的确立产生了深远的影响。我们知道，《图书馆学》最先探讨了图书馆、图书馆学的定义；图书馆与图书馆学的关系；图书馆学与其他学科的关系；图书馆学的范围和分科以及图书馆学的研究方法。对于上述课题的研究，一直是近现代图书馆学基础理论的重要内容，它们几乎成为经典性的课题，随着时代的发展而不断引起学者们的注意。再则，该书所创的先通论后分科，原理技术兼收并蓄，由博而约的体例及它所探讨的大部分内容，为以后出版的各种普通图书馆学的专著所继承和发扬。

再次，《图书馆学》是最早试图从理论上对图书馆学体系内容进行概括的。学科体系的形成，有它的客观基础，从根本上说，它的形成是基于人们对研究对象客观规律的认识深度以及学科自身知识体系的发展状况。20世纪20年代前后，图书馆兴建的声浪波及全国，图书馆作为社会教育的重要机关，其性质、功能逐渐为国人所认识，随着日本、欧美图书馆技术和图书馆学理论的引进，图书馆事业迅猛发展。因此，人们不只是对图书馆进行介绍和描述，各类研究性的文章不时刊行于报刊，各种形式的图书馆学教育亦开始出现，所有这些使得图书馆学体系的初步形成在我国成为可能。因此，杨氏根据美国几所图书馆学校开设的科目和中国的实际情况，用普通科学分类方法，将图书馆学分为两大类：纯正的和应用的。杨氏试图从科学的角度对图书馆学做出"学"和"术"的划分，并把两者统一起来，然而，限于当时这门学科在中国尚属幼稚，人们对它的认识尚很模糊，加之美国实用派图书馆学的影响，整个体系基本上还是在图书馆事业建设和图书馆行政与管理中展开的。当时我国图书馆体系，最为明显的弱点是混淆了图书馆学的研究对象之全部内容与进行图书馆学教育所开设的课程之间的世界，使理论体系基本上等同于科目的汇集。再则这个体系中缺乏图书馆学的内部以及图书馆学与外部世界的逻辑联系。因此整个体系还比较肤浅、粗糙，甚至有些生搬硬套。但这毕竟是开创性的，为我们确立了近代图书馆学体系的雏形石。

最后，《图书馆学》是近代东、西方图书馆学引进时期的代表。据《图书馆学》所附参考文献所载著作和研究中国图书馆事业建设方面的论著6种，从当时和现时所见文献来看，已大致包罗了国内已有的绝大部分和国外有关部分图书馆学论著。因而它是东西方图书馆学的引进时期的代表。自然，这也为该书带来致命的弱点：基本上是被外国图书馆学的观点所淹没，"十分之八九是参考各名家的著作"就是再明白不过的了。所以，原理部分，一般只叙述别人的观点、定论而无自己的见解，因此有些单薄；应用部分结合中国的实际也不够，"如其论选均，竟未及中国书籍之鉴别与购求；其论分类，则仅列举中外各种方法，虽或论其长短但绝未述及最适用于中国者为何法，徒使阅者盲然无所适从"。

徐鸿曾撰《略评我国近代早期图书馆学专著——杨昭悊之<图书馆学>》一文，对杨氏的《图书馆学》做了客观的评价："第一，《图书馆学》是最早尝试用科学的方法说明图书馆学的原理和应用的。第二，《图书馆学》开创了图书馆学基础理论研究的先河,并且对在此之后普通图书馆学著作之体系、内容的确立产生了深远的影响。第三,《图书馆学》是最早试图从理论上对图书馆学体系内容进行概括的。第四,《图书馆学》是近代东西方图书馆学的引进时期的代表。"尽管杨氏《图书馆学》带有实用色彩,但在中国近代图书馆学史上确实起着承前启后的作用。杨氏的《图书馆学》是第一次将图书馆学作为一门整体学科进行研究的,可谓我国近代图书馆学产生时期的代表作,标志着我国近代图书馆学的正式诞生。

赴美留学期间,杨昭悊又完成了不少著译成果。学习与工作之余,杨昭悊还积极开展图书馆学研究,为后人留下了不少图书馆学著译成果。比如,他撰有《人民对于公共图书馆的权利义务》一文,最早发表在1923年3月24日出版的《晨报副镌》(晨报附刊)1923年第73号上面。该文初步阐述了公众对于公共图书馆的四种权利(使用权、监察权、建议权与请愿权)与三种义务(纳税义务、守法义务、尚公义务)。据后世学者评价,该文选题令人耳目一新,所论也切中要害。因此,该文后来又刊载于多种刊物之上,包括1923年10月20日出版的《法政学报》第3卷第3期,1930年10月出版的《商业月报》第10卷第10期与1931年出版的《民众教育》第3卷第4~5期合刊等,在学界产生了广泛影响。同时,这是目前所见中国学者研究图书馆权利之始,具有重大的历史意义。

在北京法政专门学校图书馆工作期间,杨昭悊就已经开始积极参与图书馆界的各种活动。杨昭悊还积极参与各级图书馆协会。据1926年3月30日出版的《中华图书馆协会会报》第1卷第5期所载本会会员名录,当时在北京法政大学工作的杨昭悊就已经是该会个人会员之一。自那以后,杨昭悊一直都是中华图书馆协会的个人会员。1929年1月28日至2月1日,中华图书馆协会在南京金陵大学召开第一届年会。杨昭悊与会,积极参与提案。比如,1929年1月30日上午,他与其他人一同提出"继则讨论议案,议决由编目委员会编订标准编目条例于下届年会发表"一案获得通过。此外,杨昭

恕还向大会提交了论文《中国学校图书馆》，是此次会员提交的总共24篇论文之一，但他因故并未于1929年1月30日下午在科学馆公开宣读此文。据1932年6月30日出版的《中华图书馆协会会报》第7卷第6期所载中华图书馆协会的会员录（民国二十年六月），当时在南昌江西省立图书馆工作的杨昭恕为该会会员；同时，其姓名上方标有符号"□"，表明他是该会的现任监察委员。再据中华图书馆协会于1933年8月编印的《中华图书馆协会概况》所载《中华图书馆协会职员表》，杨昭恕仍然是该会现任监察委员，同时亦是该会分类委员会的退任委员。由上可见，杨昭恕一直都是中华图书馆协会的积极参与者与骨干成员。此外，杨昭恕还积极参与江西省图书馆界的相关活动。比如，1932年11月14日，江西省省会图书馆协会成立，杨昭恕当选为该会5位监察委员之一。除了在图书馆界服务多年，杨昭恕还与大哥杨昭恕合作创办了杨太夫人纪念图书馆，以纪念逝世的母亲张氏。

关于杨太夫人纪念图书馆，汤旭岩的《我国早期的图书馆学家杨昭恕——兼述杨太夫人纪念图书馆》与严守利的《"杨太夫人纪念图书馆"始末》二文介绍甚详。1921年，杨昭恕他由交通部派往美国留学，沿途考察日本图书馆。1922—1923年，杨昭恕在南加州大学攻读政治学硕士学位的同时，在洛杉矶公共图书馆学校选修图书馆学课程。1924年，他申请进入美国伊利诺伊大学图书馆学院学习，由于在北京法政大学的学分不被美国大学承认，他作为一名特殊的学生入学。他本应于1925年7月获得图书馆学学士学位，由于生病未能参加最后的考试，没有拿到学位。杨昭恕于1926年回国，在北京法政专门学校图书馆及北京法政大学图书馆工作，担任图书馆馆长一职，一直干到1928年。1929年就职于江西省立图书馆。

在1939年11月的某一天，已经回到家乡谷城的杨昭恕突然病发，大概一周之后便离开了人世。

第二章　近代图书馆学家

姚名达

姚名达，字达人，号显微，1905年3月出生于江西兴国县竹坝村。他的父亲是一位秀才，做过中小学教员和县政府秘书，家里有几千本古书。姚名达受其影响，自幼嗜书嗜读，勤奋好学，博涉经史，爱好钻研地理书籍，喜欢绘制中外地图，研究山川形势，设想社会的未来改革与建设。这为他毕生研究史学、目录学奠定了基础，也为他后来战地服务做了准备。1928年，姚名达毕业于清华研究院，应邀在商务印书馆编辑部特约撰述，并先后任暨南、复旦、中正等大学历史系教授。姚名达对于学术无所不窥。每治一学，均惮思冥索，待有心得，才移治他学。他曾创编《女子月刊》并兼任《百科学问》栏编辑，上自天文，下至地理，玄如哲学，繁如科学，乃至文史学、政治、经济等，均有所涉猎。

他著文执笔数百千言即时则成，稍有不满意之处就毁去，一点也不吝惜。他在图书馆目录和分类理论方面的研究是最见功力的，姚名达认为"著者之见解若是，故其所谓目录不限于书名，目录学亦不限于分类编目""故凡解释内容、订正讹误、考索存佚、研究版本、批评是非，叙述源流之学，凡有关于目录者皆兼而有之"，可见目录学范围之广。关于目录学的定义，姚名达明确指出："目录学者，将群书部次甲乙，条别异同，推阐大义，疏通伦类，将以辨章学术，考镜源流，欲人即类求书、因书究学之专门学也。"

姚名达强调目录学的学术性和读书治学之功用，认为人类的知识和学术日益进步，书籍日益增多，读书治学上"目录学就是唯一最有用的工具"。"将欲因书究学，非有目录学为之向导，则事倍而功半。故分言之，各种学术皆有其目录学；合言之，则目录学实负有指导各种学术之责任。浅言之，将繁富乱杂之书籍编次为部别州居之目录，使学者自求之，目录学家之职务也。深言之，不特使书籍有一定之位置，且能介绍其内容于学者，使学者了然依南针以前趋，尤目录学家之功勋也"。他关于目录与图书、学术的关系说在郑樵的类例论基础上又有拓展。

姚名达认为，"目录学的目的，是把繁杂的书籍编成简明的目录，使得读者据目录以寻求书籍，从书籍以研究学问，"反对削小目录的伟大功用，主张"我们现在要唤醒沉迷，转变方向，使得目录学能够领导一切学术向新的未来世界前进，这是我们的主要任务"。

郑樵以来，校雠目录辨始终困扰着目录学的理论。姚名达指出："校雠之意近乎整理，非只校勘字句……校雠在目录之先，目录为校雠之果。古之书籍，未经校雠，难于著录，故两事相因，不易分辨。"他从现代分科观点看"刘向主事近乎校雠学，刘歆之事近乎目录学；纵使歆亦校书，向亦有目，要其精神各有所重，学术断然分途，可无疑也"，将目录与校雠清楚地区分开来。

姚名达在《中国目录学史》的结论篇中指出"我国古代目录学之最大特色为重分类而轻编目，有解题而无引得""其优于西洋目录者，仅恃解题一宗"。他批评现代目录学一味地效法西方，不但未能取人之长，补己之短，反将解题这一可贵之处也丢掉了。"古代之缺点未及尽祛，而其优点已丧失矣。"

姚名达的《目录学》分原理、历史、方法3篇，共20章，概论性、系统性强。其3篇中初步形成了以史为中心的由"论""史""法"构成的现代目录学的基本框架，提出目录学学科基础的3个层次：校雠学、图书馆学、书史学。书目学是目录学的基本知识；伦理学、历史学、检字法是目录学的辅助科学；教育学、语文学、考证学是目录学的有关学科。

姚名达主张目录学方法要不断适应新的需要。"废书本而用活页，此体式之异也。废四部而用十进，此分类之异也。循号码以索书，此编目之异也。"姚名达讲目录学方法，重在源流类别，少详尽具体做法及应如何做。如对目录学的有小序而无解题者、只著书名者、三者俱全者三派，"吾人究竟应采取何种方式，现在可以不必加以断然的结论"。

姚名达还提出了分类原则：分类的时代性。分类法"最重要的一个原则，是在乎能适应当时的著作界"。他指出，中国古时候曾经用七分法和四分法分类图书，而现代却用十分法，这是因为古今书籍的多寡不同，学术门类各异。分类法的类目应"一如学术的分类""力求其细密"。每一部分分类法的类目都应当力求完备详尽，细密精确，大至"推而共之，共则有共，至于无共然后止"；小到"推而别之，别则有别，至于无别然后止"，这样，才能使书籍各归其类，各入其门，才能使"吾人一见类号即可知道其为何种书籍"。关于分类的科学性，姚名达认为，班固《汉志》删去辑略，而将之附人各略的"叙录"，盖因辑略并未能表示出显明的特性之故。此外，类目排列应遵照逻辑顺序。

姚名达兴趣爱好极广，多才多艺，不仅写得好文章，而且能工书、画、摄影等。1942年7月，为抗击日寇，姚名达组织江西中正大学"抗日战地服务团"奔赴前线，不幸英勇就义，时年仅37岁。

袁同礼

袁同礼（1895—1965年），华裔美国图书馆学家，目录学家，字守和，祖籍河北徐水，袁复礼之弟、袁敦礼之堂兄，与复礼、敦礼并称"袁氏三礼"。其祖父袁绳武，清光绪年间在江南任知府等职，告老后即定居在北京宣武门外南横街。1895年3月23日，袁同礼就在这里出生。他自幼沉潜好学，1913年考入北京大学预科第一部英文甲班，同班同学有傅斯年、沈雁冰、毛子水等。由于成绩优异，他曾作为英语辩论代表参加北大、清华等5所大学的英语辩论会，深得清华学校（1929年更名为清华大学）王文显教授赏识。1916年6月毕业后，由王文显教授介绍去清华图书馆参考咨询部工作。1919年，袁同礼参加了李大钊等人联合各方面的青年有志之士组织起来的少年中国学会。

袁同礼1920年赴美，在哥伦比亚大学、纽约州立图书馆专科学校学习，获美国纽约州立图书馆学校学士学位，他用了3个夏天帮助美国国会图书馆对其收藏的中文资料进行编目。1923年，袁同礼在奥尔巴里的纽约州立图书馆学院获得图书馆学学士学位。他还在伦敦大学的历史研究院做了一年的研究生工作。

1924年，袁同礼回国，同年，他去广州任广东大学图书馆馆长，并担任中华图书馆协会书记，1925年至1927年任国立北京大学目录学和图书馆

第二章 近代图书馆学家

学教授兼图书馆馆长。1927年至1929年任北京图书馆馆长。他在任期内，建立了图书馆各种规章制度，开展图书馆业务并将图书馆工作分为采访、编目、流通、参考等部门，广泛罗致人才，派员出国学习进修，创办馆刊，进行学术研究，编辑多种卡片目录、联合目录和书目索引等，树立了中国现代图书馆之楷模，获得图书界和学术界的好评。

1929年，京师图书馆和原来的国家图书馆合并组成北京国家图书馆，蔡元培任理事，袁同礼为助理理事。后来，袁同礼连续担任代理理事并正式成为理事，把该馆建成为中国和世界最大的图书馆之一。

1942年，袁同礼前往中国的战时首都重庆，在那里他建立了北京国家图书馆的一个办事处。还代表中国政府参加与英国和美国的许多文化合作计划。1945年，他作为中国代表团的顾问出席在圣弗兰西斯科举行的联合国国际组织会议，同年5月接受了匹兹堡大学的荣誉学位。

众所公认，是他在20世纪20年代和30年代之间，发现了中国的珍稀著作和文献手稿，其中包括现存的明朝的百科全书《永乐大典》。该书长久以来被认为已经毁坏了，但他从残存的卷册中整理出一系列人口统计资料。

袁同礼对图书馆界最重要的贡献，是把西方的实践诸如馆际互借、照相复制、国际交换和编制联合目录与期刊目录等介绍给中国。在西南从事图书资料的搜集整理。

袁同礼1945年9月任北平图书馆馆长；1949年9月在国会图书馆任职；1951年任斯坦福大学研究所编纂主任；1957年参加美国会图书馆编目工作；1957年至1965年回到美国国会图书馆工作，是书目提要编著人及美国国会图书馆中国文献顾问。1965年年初病逝于华盛顿，享年70岁。

袁同礼与北京大学图书馆渊源深厚，他不仅出身于北京大学，曾任北大目录学教授和图书馆馆长，而且即使在担任北平图书馆馆长期间及成为中国图书馆界领军人物后，依然与北大图书馆互通有无，关系密切。

首先，袁同礼去美国学习图书馆学，是袁先生个人的选择，是蔡元培校

长的委派,也是中国图书馆现代化的时代要求。袁先生赴美时,正值北大和北大图书馆历史发展上的好时期,也是北大图书馆现代化的发端之初。在此刻,无论是蔡元培还是李大钊都非常重视从欧美国家学习先进的图书馆经验。1920年蔡元培赴欧美考察,主要任务之一就是为"建设一所大学图书馆"征集募捐;李大钊任馆长期间,还撰写了《美国图书馆学员之训练》的文章。在此背景下,袁同礼的赴美学习图书馆学具有标志性的意义。

1924年,袁同礼留学回国后,曾任岭南大学图书馆馆长,1925年任北京大学目录学教授兼图书馆馆长。从此,袁同礼与北大图书馆结下不解之缘。1925年,袁同礼出任北京大学图书馆主任(馆长)。当时正值军阀混战,教育危机深重,章士钊停发北大经费,员工工资也只发1/3。

袁先生勉力维持,致力采用西方新式的管理方法整顿图书馆,清理大量西文书刊,编出了政府出版物1册,西文书目3册。后来,曾任北大图书馆馆长的严文郁在回忆文章中写道:"我们经济虽然贫乏,但精神却很旺盛,因为都抱着一股热诚,要为北京大学图书馆做出点事来。"袁同礼带领员工就这样苦心支撑,一直到1926年他去了北平图书馆。

1937年,担任北大图书馆馆长的袁同礼又同时兼任了长沙临时大学图书馆馆长。当时的长沙临时大学图书馆由北平图书馆、中央研究院历史语言研究所、北京大学图书馆、清华大学图书馆和南开大学图书馆联合组成。

临时大学图书馆不仅经费困难,而且购书渠道堵塞,袁先生和同仁们想尽办法应对艰难时局。经过3个月的惨淡经营,图书馆有了中文书6000册、西文书2000册,勉强支撑着教学之需。由于日军占领南京,武汉告急,只维持了几个月的临时大学奉命迁往昆明。

临大图书馆的全部图书装了400余箱,经粤汉铁路运至广州,再取道香港至越南海防,从滇越路进入云南,经历千难万险,历时3个月,陆续抵运昆明。1938年4月,临时大学全部迁往昆明,正式更名为国立西南联合大学。西南联大图书馆成立后,由于藏书缺乏,调借了大量北平图书馆和中央研究

第二章 近代图书馆学家

院的图书。

在人事安排上,借用了北平图书馆的人员,聘请北平图书馆馆长袁同礼为图书馆馆长。抗战胜利后,袁同礼代表政府来日占区的北京大学图书馆接收,暂任馆长职务,并对图书馆进行初步清理。

1946年5月,北京大学在北平复校,原合并于西南联大图书馆的北京大学图书馆迁回了北平。

就这样,袁先生亲历了近代北大图书馆的内忧外患的历程。从北大图书馆百余年的图书馆史看,它从李大钊馆长时期开始发端,经过了袁同礼、马衡、毛准等馆长,直到严文郁任馆长的20世纪30年代中期,才有了一个较为长足的发展。在北大图书馆现代化的发展过程中,诸如蔡元培、蒋梦麟、胡适等校长以及各位馆长都起到了重要的作用,而袁同礼则是其中的一位重要的标志性人物。

七七事变前,随着北平形势越来越紧张后,袁同礼担心北平图书馆这么多年精心收集保管的善本书会落入日本人手里,便将甲库存180箱,乙库存120箱,共300箱善本书,运往上海法租界保存。开始存在法租界亚尔培路科学社图书馆,接着转移到吕班路震旦博物院。

1940年6月,法国战败后,其在远东的权利大半落入日本人手中,沪上法租界允许日本宪兵随时搜查,寄存于法租界的中国政府的东西许多已被日本攫取。学术界人士对这300箱善本图书的安全忧心忡忡,袁同礼更是寝食难安。他开始张罗将这批书运入美国,寄存到美国国会图书馆暂时保管。袁同礼找到美国驻中国大使和上海总领事寻求帮助,此二人都认为这是中国自己的事,应由中国人自己解决。

此时北平图书馆已移址昆明,长途转运,同样艰难。他向国民政府申请经费,没想到不断受到中央图书馆和国民政府教育部的排挤和打压。此时,教育部拿出80万美元分配国内各学术机关,北平图书馆一开始分文没给,经过袁同礼致信据理力争,才给了1700美元,后来,袁同礼在给时任驻美

299

大使的胡适信中大骂这种分配"既毫无计划,而分配款项又系分赃性质"。

1941年1月18日,胡适去美国国会图书馆拜会馆长麦克利什,联系北平图书馆善本书暂存之事。胡适答应他这些书运来后,允许国会图书馆全部摄影成微型胶卷,只不过请他一并摄影三份,一份由国会图书馆保留,另两份将来这些书运回时一并交还中国。麦克利什同意了。为了防止出关时或运送过程中被日人劫获,胡适找到美国国务院,告知这批书对中国人的重要性,现国会图书馆已答应暂存,可在运送过程中"非美政府派人押护,方能免除危险"。

同年2月1日,胡适又找到国会图书馆,请国会图书馆派人到上海帮助运送,麦克利什不同意,他认为万一接洽运送不成反而可能引起日本人的注意。但不管怎么样,国会图书馆同意暂存。

袁同礼既没钱又没人,困难重重,胡适找来王重民和吴光清商议。商议的结果是,胡适自己掏钱,派王重民回去相机行事。28日王重民到达香港,袁同礼在那儿等候他。3月4日,两个人一同到达上海。

一到上海,租界的情形让他们吃惊,公共租界包括法租界已被日军严密封锁,法租界已十分不安全。在将书搬运美国之前,必须先把书从法租界移出来。两个人用卡车将这些书搬运到一家英国人开办的美术工艺品公司房内。为了易于搬运,王重民和袁同礼又在旁边另租赁了间公司的房子,两个人逐箱打开挑拣,剔去重本与书本重大而有学术价值者,再就版刻与内容,挑选出最善最精的,箱数减少为百箱,箱子编上号码,又将所有书编成目录,中文一份,英文两份。另一边,袁同礼开始疏通海关,看看采用什么办法能够最保险地把书运出去。

但上海海关已被日本人完全监视。王重民看事情一时无法开展,自己又不能久留,于是于5月中旬带上胡适的二儿子胡思杜一同离开上海前往美国。袁同礼一个人仍在积极地奔忙着。5月中旬,美国驻华大使詹森到达香港,袁同礼知道后,急忙赶到香港,再次寻求詹森的帮忙。

詹森想出了个主意，他说，如果北平图书馆与国会图书馆签订一个协议，声明国会图书馆借用此批书5年，再由国务院授权上海总领馆，要求其报关时作为美国财产申报，这样运送就方便安全了。袁同礼致信胡适，请胡适如此运作。

胡适看到王重民无功而返，对这批书更是焦心。接到袁同礼信后，胡适只好再去找国务院争取。但美国国务院态度仍然未变。经过种种艰难曲折，这批书终于从9月中旬开始按照一种近乎抢运性质的方式向美国转移。这批书寄完，已是10月中旬。此时太平洋战争的浓云已密布上空，美国一切船只已停驶上海，袁同礼看着这批书安全转移，如释重负。

1947年春，在海外滞留6年的北平图书馆善本书开始办理启运回国手续，但由于内战爆发而停止，直至1965年才运回台湾。

袁同礼在晚年，驰骋学术沙场，编制了许多高质量的目录作品，彰显了图书馆学的"致用性"。袁先生晚年的目录著作，虽然规模大小不一，但搜集的范围十分广泛。从学科或研究领域看，既有包罗各科的《西文汉学书目》，也有涵盖中国音乐、经济社会、新疆、数学、艺术及考古、中国留学生博士论文、中国善本书目、知名学者目录等领域的专科或专类书目。

从语种看，包括英文、法文、德文、葡萄牙文、俄文、日文、荷兰文及用其他语言出版的文献。从资料类型看，既有专著、论文，也有小册子、展览目录、评论文章等。

从搜访地看，除美国外，还包括加拿大、英国、法国、比利时、瑞士、德国、奥地利、荷兰、意大利、西班牙等国。从调查的图书馆看，既有美国各主要图书馆，也包括奥地利国家图书馆、比利时皇家图书馆、加拿大国家图书馆、澳大利亚英联邦国家图书馆、新加坡莱佛士图书馆、印度国家图书馆、菲律宾国家图书馆、台北中央图书馆、日本国会图书馆、东洋文库、庆应义塾大学图书馆、香港大学图书馆等。

广泛的资料搜集是袁同礼编制高质量目录的基础。其间需要克服语言和

专业知识障碍以及地域阻隔等困难，其难度是可想而知的。

查考出作者的中文姓名，是袁同礼晚年目录著作的一个鲜明特点。这一特色在以下作品中得以充分体现：《西文汉学书目》《俄文汉学选目》《美国图书馆藏俄文汉学书目》《现代中国经济社会发展目录》《现代中国数学研究目录》《中国留美同学博士论文目录》《中国留英同学博士论文目录》《中国留欧大陆同学博士论文目录》。其实早在1930年国立北平图书馆出版的《图书季刊》英文本（主要由翟孟生、谢礼士等负责编辑）的目录中，这种方法已经有所应用。

袁同礼将这种方法继承下来，尽可能查考出目录中欧、美、日各国西文作者的中文姓名，有时还注出生卒年。这为读者查阅提供了极大方便，也可避免翻译、注释中不必要的错误。

查考中文姓名这类工作烦琐而辛苦。在《中国留美同学博士论文目录》的自序中，袁同礼曾谈到这项工作的难度：没有标准的罗马化拼写方案，相当多的作者并不完全按照中文发音对其姓名进行罗马化拼写，缺乏相关的参考工具书，"基于上述局限，可以想见，要辨认出作者的中文姓名是何等困难"。但他毫不厌倦，书函往返，询朋问友，一人辛苦，而群受其益。

今天，当我们翻阅袁氏目录时，可以看到西文姓名旁边那一个个赫然醒目的中文汉字，其中有我们熟悉的中外风云人物、学界巨擘，更多的是我们不熟悉甚至陌生的人物。如果没有袁同礼先生不辞辛劳的查考工作，即便翻到了某条目录，可能也很难知道作者究竟是谁。

注重完善每条目录的细节，为读者提供更多信息，这是袁同礼目录著作的又一重要特点。此项工作兼有记录、考订、增补信息三层含义。第一层是记录，即记下文献的基本信息。第二层是考订，除核实基本信息外，侧重对细节信息的考订，如页数多少，是否有图表，出版的相关情况等。第三层是增补，除增补出作者中文姓名、生卒年外，他还在罗马化的俄文书名后注出英文译名，并在部分英文书名后注出中文名称，增录部分文献的书评信息等。

例如，《俄文汉学选目》的条目一般包括以下部分：条目号、责任者西文名称（如有中文姓名则在其后标注）、生卒年、题名（罗马化拼写），题名英文翻译（有时注出中文）、其他责任者（如有中文也要注出）及责任方式（用英文缩写）、出版地、出版者、出版年、页数或卷数、图表等其他信息（部分条目有更详细的著录）。面对艰巨的目录核实工作，袁同礼除亲赴各地查考外，还通过大量信函往来，求证目录的各种细节，以使其真实、可靠、丰富。在这点上，他恐怕要算最勤奋的目录编注专家了。

在编著中国数学论文目录时，他与陈省身讨论由著者的西文译名去找原名等问题，并时有通信。还与德国著名学者、图书馆专家和中国文献专家赛贝尔利克多次通信，谈论汉学出版物、有关中国及远东的书目、中国学生姓名及作者信息等相关问题。

在编制中国留学生博士论文目录时，他函请蒋复璁代填中国留德学生的中文姓名，"兹有留德同学数人之中文姓名，未能在留德同学名单内予以查明，用特奉上，请就所知者，赐予填注，凡不知者，并盼转询问其他友人，早日赐覆，感荷无似"。信函附件所询问 ChangPao-yuan、LiangChiang、LiHuan－hsin、LiangSsu-mu 等人，最后在《中国留欧大陆同学博士论文目录》中，分别标注为张宝源、梁强、李焕燊、梁师目。此外，他还与蒋彝（画家、诗人、作家、书法家）、郑德坤（考古学家）、查良鉴（法学家）等一大批相关人士通信，多为询问著者的中文姓名、生卒年、中国留学生名单等，或请求代填某些目录作品的细节信息。

袁同礼晚年目录著作的精细、实用程度，即便今天看来，都让人惊叹。显然，一份优秀的目录作品，不仅要准确著录基本信息，更重要的是，看它能为人们多提供些什么。这或许就是袁氏目录留给我们的重要启示。

在编制目录的过程中，袁同礼灵活运用分类、索引、统计表、缩略语、参见、互见等各种方法，其宗旨是方便读者查检。在分类上，以体现研究的重点和特色为主，并不拘泥于某种分类法，甚至不局限于严格的上、下位类逻辑关系。如《西文汉学书目》分为28种大类：书目与参考书、总论性著作、地理与游记、历史、传记、政治与政府、陆海空军、法律法规、外交关系、经济与工商业、社会状况与问题、哲学、宗教、教育、语言、文学、考古与美术、音乐与运动、自然科学、农业与林业、医药与公共卫生、东北各省（满洲）、蒙古与蒙古人、西藏、新疆、台湾、香港、澳门。

袁同礼有按主题分类与按地区分类两个标准，带有一定主观性，目的是反映西方汉学的研究重点，以方便读者检索。编制索引时，他在人名索引的条目数字后缀上相应的英文字母，表示该作者对文献的贡献方式，以增加索引的信息量。如《俄文汉学选目》的人名索引中用"c"表示汇编，"e"表示编辑，"I"表示插图，"Ia"表示介绍性文章，"n"表示注释，"p"表示序言，"t"表示翻译，若为著者则不加任何字母。在《俄文日本研究选目》的人名索引中，用"c"表示汇编，"e"表示编辑，"Ia"表示介绍性文章，"ja"表示合著，"jc"表示合编，"jct"表示合编与合译，"je"表示合编，"jt"表示合译，"n"表示注释，"p"表示序言，"t"表示翻译，若为著者则不加任何字母。在索引中，有时也设立人名或机构名之间的参照，比如在用罗马化拼写和英文拼写的同一人名间建立参照，以方便熟悉不同写法的读者查检。

此外，在中国留美、留英、留欧大陆同学博士论文目录后，袁同礼都列有相应的统计表，翻阅即可获知当时中国留学生主要在哪些学校攻读博士学位以及取得博士学位的领域。他用缩略语指代相应的期刊、机构、学位等内容，使目录更加简洁；在相关的条目、人名、机构名之间建立互见、参见，给读者更多指引。比如在《美国图书馆藏俄文汉学书目》中列出了中文人名的韦杰氏罗马拼音写法和其他写法的参照，如 Li, Sy-guanseeLi, Ssǔ-kuang。他还在《新疆研究文献目录》（日文本）的部分标题前加注"评""补""译""讲"字样，分别表示书评、补正、翻译、讲演要旨。这为人们了解各条目录的性质，提示了更多线索，方便人们使用。总之，袁同礼在编制目录时，为方便读者查检，灵活运用多种方法的做法，是值得借鉴的。

第二章　近代图书馆学家

袁同礼是学者型馆长，他将中国传统学术、中西汉学领域与现代书目技术结合起来，领导北平图书馆馆员编纂了大量目录、索引，培养了大批学术精英。

第三章 现当代图书馆学家

第三章 现当代图书馆学家

综 述

现当代图书馆学,当始于中华人民共和国成立的1949年。1949年战争结束,建设时期开始,图书馆事业恢复并快速发展。但图书馆事业的发展并未直接带动理论的发展。在图书馆学基础理论领域,1949年到1956年间,除了杜定友一部科普性的《新图书馆手册》,几乎没有可以让人提及的成果。1956年中国图书馆学重新起步,1957年开始,图书馆学家们的研究成果通过《图书馆学通讯》《中国科学院图书馆通讯》《图书馆》等为数不多的几种刊物公开发表。几代图书馆学家一起登上理论舞台,学术刊物上初现理论繁荣。其中,彭斐章、黄宗忠等第二代学者,都是学术舞台上活跃一时的人物。他们在此期间对图书馆学基础研究、联合目录研究、图书分类的研究等一直为业界所称道。

到了20世纪80年代,图书馆学理论重建持续。从此时开始,第三代图书馆学家逐渐在这样特殊的学术环境中成长并成熟起来,他们对中国图书馆学的贡献与前代学者既具有师承的一面,又具有创新和完善的一面。如果说以沈祖荣、杜定友、刘国钧等为代表的第一代图书馆学家是中国近代图书馆学的开创者和拓荒者,以周文骏、吴慰慈、彭斐章、黄宗忠、张琪玉、黄俊贵等为代表的第二代图书馆学家则是中国现代图书馆学体系构筑者和扩充者,第三代图书馆学家在前辈们的基础上,不断完善图书馆学体系,在网络

环境和民主政治环境下以新信息技术手段建造和奠定着现代图书馆学成熟学科的完整体系。第三代图书馆学家的阵容更加庞大，在现代图书馆学研究的各个领域，都涌现了一批实力雄厚的学术带头人。

作为一个新的学术群体，他们具有显著的时代特征，其卓著的学术成果正在证明他们是富有活力和拥有实力的一代，在他们手中将完成中国现代图书馆学体系建设。

首先，出现了学术多元化的理论格局。理论体系多元、理论形态多元、理论观点多元的学术多元格局是由第二代图书馆学家开创、第三代图书馆学家完成的。学科研究中的多元化是科学进步的推进器。多元化学术格局实际上主张的是在真理面前人人平等这样一种学术民主，能够有效打破一种学术观点一统天下的沉闷局面，使窒息的学术空气得到解放和自由。与第二代图书馆学家相比，新一代图书馆学家是党的十一届三中全会后加入学术队伍中来的，"学术无禁区""在学术面前人人平等"等理念是鼓励他们建设新图书馆学的理论旗帜。总体来说，第二代图书馆学家不具备这样的环境和条件，从20世纪50年代到20世纪80年代的漫长岁月，政治和学术纠缠不清，许多人在"以阶级斗争为纲"的年代因学术问题挨批挨斗，声犹在耳，伤疤未愈，另一些人则已经习惯了学术一统的格局。尽管学术多元化不是第二代图书馆学家的整体特征，但周文骏的图书情报交流理论、宓浩的文献交流理论、彭修义的知识学派等在20世纪80年代已有较大影响，为新一代图书馆学家树立了榜样，鼓舞着他们树立学术多元化旗帜，创造具有时代特征的多元化理论格局。在新一代图书馆学者的共同努力下，形成诸多理论学派，从大的方面来说，有以张晓林、杨巧英等为代表的技术图书馆学派，以范并思等为代表的新图书馆原理学派，以李国新等为代表的图书馆自由学派，以陈传夫等为代表的知识产权学派，以王子舟为代表的知识集合学派，以杨文祥、蒋永福等为代表的人文图书馆学学派，以程焕文为代表的图书馆精神学派，以梁灿兴为代表的可获得性论学派，以霍国庆等为代表的知识管理学派，以叶继元等为代表的科学文献计量评价学派，以刘兹恒、肖希明等为代表的文献信息资源建设学派以及以王余光等为代表的古代文献学派等。学术多元化使得图书馆学体系精彩纷呈，学术气氛活跃，新的学术成果不断涌现。学者们具有继承与创新的学术品格、理论与实践相结合的学术作风以及无所畏惧的批判精神、学术道德和职业良心，反映出新一代图书馆学家不断挑战自我，开辟新的研究领域的信心和能力。

其次，以新信息技术、计算机技术为核心的技术领域的飞速发展，使人类社会迈入了一个新的时代——信息时代，在这个新时代，图书馆传统的服务手段发生了革命性变化，这必然导致整个图书馆学的变革。人类社会每一次重大的技术革新都曾对图书馆和图书馆学产生过重大影响。与文献有关的科学技术的每一次重大发展，都促进了图书馆（包括藏书楼）和图书馆学的发展。近年来，信息技术、计算机技术、网络技术和多媒体技术的发展已迅速改变了图书馆的面貌，全面更新了图书馆的服务手段。网上信息传输使图书馆的服务越来越人性化。我国图书馆学素有重视应用、重视技术研究的优良传统，当前图书馆的科学精神与技术情结有与人文精神融合的趋势，技术和人文的这种融合将使图书馆的服务更趋人性化，而图书馆人性化服务是图书馆人的理想，这种人文理想只有在现代高技术手段的支持下才可能变为现实。图书馆个性化信息服务在现代图书馆广泛推行证明了这一点，越是技术的，就越是人文的。新一代图书馆学家正在促进技术和人文的融合，以期让图书馆的人文理想在现代技术的支持下早日实现。

科学技术和政治文明建设为新一代图书馆学家登上属于他们这一代的历史舞台创造了得天独厚的条件。有才华、有学养和有社会正义感的新一代图书馆学家一定会不辱时代使命，创造出包括技术图书馆学、制度图书馆学和人文图书馆学的完整图书馆学新体系，推动我国的图书馆事业飞得更高，走得更远。

孟广均

孟广均，河北阜平县人，1934年2月出生于北京。1954年毕业于中国人民解放军外国语学院英语系，1958年到中国科学院图书馆（现中国科学院文献情报中心）工作。1960年毕业于中国科技大学情报系图书馆学专修科。1984年至1985年在美国罗莎里大学图书馆学情报学研究院做访问学者。曾担任的主要职务有国际图书馆协会和机构联合会（IFLA）图书馆杂志主编圆桌会议常委、美国全国科学促进协会会员，《中国大百科全书·图书馆学情报学档案学》卷图书馆学编委，图书馆服务、图书馆事业分支副主编，中国科学院图书采访部副主任、编辑出版部主任，国务院学位委员会图书馆学情报学科第一、二、三届评议组成员，全国哲学社会科学规划领导小组图书馆、情报与文献学科规划、评审小组成员，中国科学院科技情报研究会理事，中国未来研究会理事，中国科学院文献情报中心研究员，《图书情报工作》杂志主编，硕士研究生导师，博士生导师。孟广均被中国科技大学、北京大学、武汉大学、中国科技大学、南京大学、山西大学、郑州大学等学校聘为兼职教授。

孟广均主要从事一次、二次、三次文献情报的编辑出版和教学科研工作，研究涉足图书馆学、情报学、未来学等多个领域，管理服务、人才培养思想贯穿其学术活动的始终。"管理是核心、服务是根本、人才是保证"是其学术思想的集中体现。他曾主持院级课题"中国科学院文献资源合理布局研究",并获院科技进步二等奖以及国家科技进步二等奖。孟广均主要著作有《图书情报工作概论》《图书馆学引论》《孟广均论文选》《中国科学院文献资源合理布局研究》《信息资源管理》《国际信息技术与信息服务研讨会论文集》(英文卷)等10多部,译校著作有《计算机化图书馆系统引论》《未来学入门》《未来的冲击》等10多部,发表有关图书馆学、情报学、未来学等文章200多篇,先后3次获国家级奖项,6次获中国科学院院级奖项,5次获全国性学会奖。他被英国剑桥传记中心出版的《国际传记词典》以及美国传记学会《5000国际知名人士》收录。

一、幼时的思想启蒙教育

孟广均出生在一个军人家庭,他的父亲是同盟会会员、保定军校二期毕业生,国民党中将军官,因不满军阀混战归隐赋闲,1937年复出加入冯玉祥部抗日,1948年与同事共同率部起义,归入陈毅的第三野战军。孟父一生追求进步,清廉正直,谦虚谨慎,能带兵打仗又好舞文弄墨,被人称为"夫子""儒将"。孟母是一位善良、勤劳、淳朴的贤妻良母。典型的严父慈母式家庭的启蒙教育,给予了孟广均一生受用无穷的精神财富。

1. 知书达理,严以修身

父亲在孟广均的心目中是很威严的,他经常身在前方,一年只回家一两个月,在家的这段时间里,孟广均须天天规规矩矩地垂立在他身旁接受训导,上"修身"课。父亲引经据典讲古训,指定阅读文史哲典籍,给幼小的孟广均灌输传统的道德观。孟广均说他一生不敢有任何非分之想,总是小心谨慎,循规蹈矩,甚至连烟酒也不沾,父亲对他的教育影响之大可见一斑。孟广均的父亲对孩子们的学业抓得很紧,在孟广均和妹妹上小学时,父亲经常耐心细致、一丝不苟地对各门功课进行认真辅导。语文逐字逐句地核对,算数逐

项逐题地检查。他还教孩子们练字，要求必须字体规整、书写美观等。孟广均的人生一开始就被父亲这样的师傅领进门真是一大幸事，父亲对其一对一的调教，为孟广均的学习打下了一个良好的基础。

2. 艰苦朴素，忧国忧民

孟广均的父亲所在部队属非蒋嫡系，收入少，待遇低。他在前方抗日时，家留在北平，在日军铁蹄下度日，因无接济，生活非常困苦，母亲常带孟广均和妹妹去北海门外摘野菜就着混合面吃。1941年，孟广均的父亲派人扮成商人接他们辗转逃难到河南邓县张坡村，后来在日军的追逼下又辗转逃难到湖北竹山县田家坝，因此童年的孟广均总是和处在社会底层的贫穷农民生活在一起。父亲一贯有意让孩子们与平民百姓共患难，抗日战争胜利后，全家迁到徐州市，仍是住在贫民区的土房子里，夏天得露天睡在院子里才凉快些。孟广均由于在童年和少年时期亲身经历了国破家败的苦难时代，目睹了民不聊生的凄惨景象，从小胸中很自然就饱含着忧国忧民的爱国心、同情心和正义感。

3. 追求进步、向往自由

孟广均的父亲的一生就是反帝制建共和、反日寇救中国、反蒋帮求解放的进步的一生。他选择让年幼的孟广均先后就读纪念张自忠将军的自忠小学和自忠中学，更表明了他的理念和态度。学生们都勤奋好学，遵守纪律，思想活跃，团结友爱，孟广均从小就受到了革命思想的启蒙。当时，师生们公开发表进步言论，揭露国统区的黑暗，读革命书刊，出革命墙报，演革命戏剧，唱革命歌曲，一些高年级同学甚至加入了地下党，奔向了解放区，其他同学后来几乎也都成了共产党员。这样的环境很自然就成了孟广均以后参军、入团、入党的巨大动力。

1951年，孟广均出于爱国之心的响应号召，离开了一流的上海中学，投笔从戎，被分配到军干校军事情报专业，最后进入张家口军委外院（现南京解放军国际关系学院的前身）工作。尽管他当年是品学兼优的学生，但经过几次政审，最后还是因为父亲曾为国民党高级军官的背景而被认为不适合从事军情工作。再加上在枪炮实弹演习中耳膜被震穿孔，虽经过北京中苏友谊医院检查治疗，但收效甚微，孟广均因此奉命于1954年转业。

二、步入工作岗位

转业到地方后不久，孟广均赶上了"向文化大进军"的运动，他觉得自己还年轻，可以再学个专业。经过一段时间的准备，他于1957年报考了北京外国语学院（现为北京外国语大学）德、法语系，并且以优异成绩被录取。他入校后才知道，学校没完全按志愿分配，而是将一批英语基础较好的"拔尖"学生编为英语特别班。可是当时因英语内容孟广均很多都已学过，一年后他向学校有关负责人表示想提前出去工作。最后学校推荐他去中国科学院图书馆，说该馆正需要"学英语的好学生"，孟广均爽快地答应了。

对于在图书馆工作，孟广均是有一定思想基础的。孟广均从小就爱书、爱读书，早在在自忠中学上学时，看到图书馆馆长刘锡九先生将图书馆办得井井有条、温馨舒适，孟广均印象就很深，很敬佩他，从而对图书馆也有了好印象。1953年，在中苏友好医院住院的两个月内，孟广均抓紧时间读了二十几本相关的经典著作，眼界大开，对事物的认识有了很大提高。来到中国科学院图书馆以后，在领导的热心培养下，他又读了图书馆学大专，随后就潜下心来认真工作，这一干就是50年。

1958年的暑期，孟广均来到中国科学院图书馆。最初孟广均在服务部门工作，具体做复制资料工作，处理从全国各地甚至国外寄来的要求复制的资料申请单。在老同志的指导下，孟广均很快就独立工作了。他每天都要处理大批申请单，每份申请单都列有几十条甚至上百条题录，涉及中、俄、西、日等不同语种，书、刊、会议录、科技报告、政府出版物、古籍、专利特许、标准等不同类型馆藏，这些馆藏又分散在城内外的不同地点。"文革"后，

领导先是抽调孟广均参与全院图书情报系统的恢复和全院图书情报工作会议的筹备工作、全院100多所图书馆的现况调查工作、全院图书情报工作条例职称评定条例的制定工作以及"图书情报一体化""两个一部分"（图书馆工作是科研工作的一部分，图书馆工作人员是科研人员的一部分）工作等，随后又让他到总馆的改革办公室，参与总馆本身的全面改革工作，包括机构设置、干部选聘、职称评定等。当时孟广均又兼做图书馆情报学刊物编辑工作，曾参与创办四份刊物——《图书情报工作动态》《国外图书情报工作》《图书情报工作》《科技新书报道》，并担任后三者的主编或副主编。孟广均还主持院级、国家级课题的科学研究，并在中国科学院管理干部学院图专和中国科学技术大学情报系兼教，在馆内带硕士生、博士生。他的工作得到了领导和同事们的一致肯定。

20世纪80年代，孟广均曾经在美国芝加哥郊区的罗莎里大学（Rosary College，即玫瑰园大学，现为Dominican University，即多米尼加大学）图书馆学情报学研究生院做访问学者。该研究院是这所精致华美的私立教会大学的品牌之一，当时以培养公共图书馆馆长为主要目标，现在已经成立了知识管理研究中心。该院还培养博士生，研究生毕业后多去竞争公共图书馆馆长的职位。在研究生院院长、美籍华人图书馆员协会首任会长Dr. RichardLi（李志钟教授）的关照下，孟广均在该院可免费听教授讲课，与教授们交流请教，参加师生研讨，参加一些学术会议，利用学校的图书馆搜集资料，研读、撰写文章，访问芝加哥和附近几个州不同类型的图书馆，同时作为自费公派者可依法每周在图书馆打工20小时来维持生活。孟广均当时虽对美国图书馆界的情况有所了解，但到美国实地一看，还是感到很吃惊。美国图书馆各方面给他的震撼很大，例如：免费服务、方便舒适、开馆时长、手续简便、开架借阅、免费借阅、借不限量、注重细节，等等。他感到美国图书馆的所有工作都大有法可依，小有章可循，一切都是井井有条的。各类专业人员、技术人员、事务人员都是人人有职有责有权，各司其职，各尽所责，各用其权，充分体现了"最少的管理是最好的管理"理念。

三、学术思想成就硕果累累

1. 积极引进先进研究成果

在不断的学习思考中，孟广均充分认识到要想在图书情报学领域有所成就，就必须紧密追踪国外最新研究成果，将国内的研究融入国外的研究领域，与国外接轨。他深厚的理论功底、敏锐的学科意识和良好的外语水平，使他始终能站在国内图书情报学研究的最前沿。

关于信息业（情报业），孟广均早在1980年《情报科学》中的《目前国外关于几个情报理论问题的讨论》一文中就予以介绍了，他应属于我国最早介绍国外图书馆学情报学的传播者之一。他一直以其深厚的外语功力、孜孜不倦的精神紧盯着国外的最新进展，随时将其引进国内，引导人们开阔视野，学习研究国际先进经验和学术思想。1972年，他创办了《国外图书馆学参考资料》，介绍国外计算机应用、缩微品、COM、CIM、科技情报系统等情况。从1980年起，他先后参与翻译、通校，组织出版了一批有影响力的国外论著：《西德的情报文献工作》《计算机化图书馆系统引论》《美国文献情报资源建设》《收费信息服务》《信息资源管理》《情报科学史》等，开国内同类译著之先河。1982年，他又创办了《国外图书情报工作》杂志，大量介绍国外图书馆学情报学的理论与方法，为引导和繁荣国内学术研究做出了很大的贡献。

注重国内外比较研究，是孟广均学术生涯的一个显著特点。他在广泛介绍国外图书馆与情报工作概况和发展趋势的基础上，结合我国图书情报工作进行了深入的比较分析。他在与辛希孟教授合著的《图书情报工作概论》等书和一些文章中，比较研究了国内外图书情报管理体制、图书情报基础工作、标准化、人员培养、科学研究、新技术应用等领域，并在此基础上提出了我

国图书情报工作现代化的方针和任务。他在两种版本的《图书馆学引论》中撰写的"国外图书馆学研究"和"当代世界图书馆学的现状和发展趋势"等章节中，充分展示了他的逻辑思考能力和分析比较能力。孟广均不仅自己擅长比较研究，而且严格要求研究生大量阅读最新外文文献，他为研究生选择的研究课题多是国外研究的热点和前景甚为广阔的领域。他的这种比较研究的风格已成功地带动国内图书情报界形成"重视比较"的学术空气。

在引进国外学术新观点、新理论、新思想的同时，孟广均也积极地向海外输出能代表国内学术界一流水准的论文。他的数篇分量颇重的论文在美国的几家国际刊物上发表，数篇文章登载在台湾出版的图书情报刊物上；他还在几次国际会议上用流利的英语宣读自己的论文……李志钟、李华伟、沈宝环、胡述兆、G.E.Gorman、J.Koeing 等海外业内名家均盛赞孟广均的学术成就。

2. 信息资源管理理论

孟广均一直认为，图书情报事业的根本在于管理，通过管理，对由人、物（文献、信息）、事等组成的整个文献信息系统的运动和发展进行有目的、有意义的控制，使整个环境和所有对象有序化、确定化、科学化。正是基于这种认识，孟广均在 1981 年提出，现代图书馆是由管理部门将采访、组织、服务三个互相关联、互相依赖的部分组成的一个系统，图书馆学就是研究图书馆的组织和管理的理论、活动与方法的科学。在"交流说"盛行的年代，这种"管理说"为人们提供了另外一种思考、审视问题的方法和角度。资源共享是孟广均管理观的另一个具体体现。在主持、领导"中国科学院文献资源合理布局"研究项目的基础上，孟广均强调应通过制定全国图书馆法和全国文献资源共享法，成立全国宏观管理职能机构，组织、监督全国文献资源的建设、合理布局，实现资源的共享；通过有效的协调与管理，保证以网络为基础的、多种共享方式并存的、大规模的文献资源共享成为现实。信息资源管理可以说是孟广均管理思想发展的一个必然结果，也是其管理观的集中体现。《信息资源管理导论》一书全面反映了孟广均的管理观,其主要内容如下。

(1)信息资源管理是管理科学发展到高级阶段的产物

信息资源管理思想是伴随着管理思想而出现和发展的,管理本身就是一个信息资源的开发和利用过程,计划、组织、指挥、控制和创新等任何一个环节都离不开信息资源的支持。可以说,管理思想史就是一部信息资源开发、应用、再开发和再应用的历史,管理思想基本上是沿着物的管理、人的管理、信息资源管理(知识管理)的发展轨迹进化的。

(2)信息资源管理是一个人类参与其中的过程

信息资源管理的前提是获取信息资源,为此,需要分析人们的信息需求并通过信息采集、转换、组织、存储、检索、开发和传递等环节,最终满足人们的信息需求,这个过程自始至终都离不开人类的参与。

(3)信息资源管理是信息功能集成化的结果

信息资源管理强调对资源、过程、机构、事业实行集成化的管理,从而确保信息资源的有效开发和利用。信息资源管理体制包括四个要素。一是信息法律与政策,这是信息资源管理体制建立的法律依据。从国家和政府信息的公开,到个人信息隐私的保护,都要通过信息政策和法律来规范。二是信息资源的组织架构,这是信息资源管理体制的组织基础。为了最大限度提高信息资源的投入产出比,实现信息资源的广泛共享,需要统一和集成信息资源的管理机构,如之前流行的 CIO 体制。三是信息技术体系,是信息资源管理体制的技术基础。通过互联网、客户关系管理系统、办公自动化系统等实现信息资源的共享。四是信息资源管理理论。主要为信息资源管理体制的设计、实施、维护和变革等提供理论基础。这些体系相互统合为一个有机的信息功能系统。

(4)信息资源管理强化了战略管理的理念

任何组织的战略管理实质上是围绕着信息资源的开发和利用而展开的,

因此信息资源管理强化了战略管理的理念，上升到了建设组织信息文化的层面。信息文化的核心是确立信息价值观和建立信息规范，信息价值观就是肯定信息的价值和重要性，确立信息资源观念，切实发挥信息在组织运行、管理和发展过程中的特殊作用。信息规范是指组织在运行和发展过程中形成的控制、调整、干预信息行为的包括信息法律、信息政策、信息标准和信息制度在内的各种手段。培育和提倡信息资源管理理念有利于激发员工的创新思维和学习意识，造就学习型组织，确保组织的可持续发展。正是基于管理为本的思想，孟广均提出：中国图书情报事业要取得发展，首先要正确认识图书情报机构在社会中的重要地位和作用，接受现代图书情报思想，加强图书情报机构管理；其次要建设图书情报系统，从整体上把握信息资源建设，全力以赴做好工作，积极提供优质信息产品和服务。只有这样才能取得发展，永远立于不败之地。

3. 图书情报学的相关理论

孟广均曾全面从事过图书馆基础工作以及二次、三次文献工作。在中国科学院图书馆的最初 5 年，他一直工作在图书馆第一线，从事借阅、典藏、参考咨询、读者辅导等一线服务。正是由于这种直接和用户打交道的工作经历，使得孟广均始终坚持：图书情报机构生存的根本在于用户，管理的目的是为了更好地为用户服务，只有千方百计地使用户真正感到满意，甚至满足，图书情报机构才能生存与发展。由此，他具体提出了自己的观点。

（1）服务性与学术性同是图书情报机构的基本属性

20 世纪 80 年代，在一些图书情报机构还存在着重藏轻用的观念时，孟广均就在多篇文章中强调，服务性是图书情报机构区别于其他学术性机构的重要标志，失掉了服务性，图书情报机构也就失去了其存在的意义和价值。

（2）图书情报服务一体化

孟广均认为，为了方便用户，也为了提高图书情报工作的效益，应该走图书情报一体化的道路。图书馆的服务侧重于管理，主要是提供原始文献；

情报工作侧重于加工,主要提供检索服务;情报调研侧重研究,主要任务是咨询服务。它们虽然有层次和性质之分,但主要目的都是帮助用户获得所需资料。因此,图书情报工作应实现一体化。这种撇开服务的具体方式,依据服务目标处理相互关系的做法,有效地解决了图书情报的差异性和共性问题。

(3)图书情报机构应遵循用户第一的原则

图书情报机构应一切为了用户,为用户提供一切可能的帮助,正是在为用户服务中图书情报机构履行了其职能。因此,图书馆不能再只满足于以图书馆为中心,将信息作为一种物件使用户获得,而应做一个范式转变,转向以用户为主体,图书馆主动为他们提供个性化服务。

(4)开展用户研究

正是因为将用户放在图书情报工作的第一位,所以,孟广均反复强调,应对用户的实际需要进行调查研究,并将此作为一项重要的研究课题。通过深入了解用户查找信息、利用信息的习惯和方式,设计出更符合用户需要的查找、检索和显示信息的系统。图书情报人员还必须在组织、标引、展示快速增长的信息、让用户了解不同类型的信息和信息之间的关系以及利用这些信息的工具、了解图书情报机构能够提供的信息和获得途径等方面做大量的研发工作。

孟广均认为,只有办好图书情报学教育,并在实践中锻炼、培养出大批人才,才能更科学地、高质量地进行管理和服务,图书情报事业才能取得发展,因为图书情报机构的一切业务都是由图书情报人员运作的,图书情报事业成败的关键在于图书情报工作者。因此,他针对20世纪90年代以来图书情报学教育的发展和变革,提出了许多具有远见卓识的观点。

其一,正确认识图书情报学的定位。20世纪90年代,高校图书情报学系出现改名风潮。作为图书情报界的一位知名学者,孟广均对此极为关注。他发表了《从改名说开去》《关于学科建设和名称设置之我见》《再议图书馆与情报学学科建设——为文献信息管理学鼓与呼》等一系列文章,以科学

的态度严肃指出：虽然用图书馆这类机构名称作为学科名称不够妥当，但在未找到正确的解决方法前，不能一哄而上，什么时髦改什么。在信息环境中，只有冷静、正确地评估图书情报学的价值，才能找到它的位置。

其二，图书情报学的学科建设。关于图书情报学的发展，孟广均认为，目前应该做好两件事：一是重视发展二级学科，办好图书馆学、情报学等，不能"淡化图书馆学情报学专业"，更不能把它们融化到信息管理中，用信息管理等取而代之，砍掉它们；二是科学定名一级学科，将一级学科定名为"信息资源管理学"，这样既可以揭示学科的本质特性，拓宽学生的知识面，按宽口径培养学生，使学生的知识结构、能力结构更趋合理，也可适应社会的信息需求，为图书馆、情报机构和其他信息服务机构培养人才。对于情报学，孟广均特别指出：情报学主要研究如何控制信息洪流，如何对信息进行过滤以筛选出所需的信息即情报。因此，可以百花齐放地在大图书馆学、大情报学、图书馆与情报学、传播学、信息管理学以及知识管理学6种框架下发展情报学。情报学应该走发展学科情报的道路，为学科专业服务，以学科为单元建设学科文献数据库，向用户提供信息推送服务，在网上建立学科门户、知识导航等，也可以为政府和行业提供信息化服务，为专门的信息产业服务。

其三，图书情报学的人才培养。孟广均认为，在信息时代的背景下，图书情报学教育的目标应是培养信息时代的全能型图书情报人员，既是"学识渊博的文化传播者"，又是"信息工作人员"。同时，应该根据社会需求和工作需要，培养各有所长、各具特色的图书情报人才。在设置基础学科的同时，也应该加入新的知识，以适应社会和工作发展的需要。他特别提到了博士生的培养问题，认为对于博士生的培养，专业不宜过细过窄，学科范围不宜限制过死，最好让学生跟踪整个图书情报学的发展趋势，充分注意新概念、新思想、新理论、新方法、新动向。此外，博士生的培养过程不宜封闭，不应局限在一个导师的小天地里，最好设置导师组对学生进行指导，使学生拓宽知识结构，增强独立能力，勇于大胆创新。

其四，图书情报学的课程设置。随着图书情报学研究领域的扩大，新的课题、理论、思想不断涌现，核心课程的设置也相应发生了根本性变革。孟广均认为，确定核心课程的指导思想应该是有利于实现培养目标，推动学科建设；有利于提高教育质量，适应社会需求；有利于对外开放与交流；有利于学科面向 21 世纪的发展。据此，他提出确定核心课程的原则：应具有本学科的专业独特性，应保持相对的稳定性，应不断更新教学内容，应有明确的层次概念。在研究生教育上，孟广均提出：研究生的研究方向和核心课程在一定时期应相对固定，研究方向的定名宜规范化，本专业的"看家"的基本课程、核心课程内容应不断更新，但不宜被削弱或转移。同时，他还鼓励与海外相关大学院系联合办学，以更快提高教学质量和师生素质。

其五，利用刊物促进人才成长。学术刊物是图书情报人才成长的一块重要土壤。由孟广均担任主编的《图书情报工作》除了在推动图书情报工作探索、理论研究、经验交流等方面一直起着主导作用外，还积极发掘、扶植新人，发表新人新作，促进了许多图书情报人才的成长。因此，他深深体会到办刊的重大意义，并因此更加坚定了从事编辑工作的事业心，增强了办好刊物的责任感。

孟广均从 1958 年起在中国科学院图书馆（中国科学院文献情报中心）工作，将人生中最宝贵的岁月毫无保留地献给了中国图书情报事业。尽管取得了巨大成就，获得如潮好评，但他一直十分谦逊，称自己的作品是"雕虫小技"，几十年来废寝忘食的学习研究，也只不过是"离地三尺三"。长期以来，他担负着繁重的科研、工作、教学压力，但从不抱怨，始终勤勤恳恳，忘我工作。正如爱因斯坦在评价居里夫人时所说，第一流人物对于时代和历史进程的意义，在道德方面，也许比单纯的才智成就还要大。孟广均的杰出贡献使他当之无愧地成为中国图书情报界的领军人物。

吴慰慈

吴慰慈，1937年生，安徽省安庆市枞阳县人。1961年7月毕业于北京大学图书馆学系。曾任北京大学信息管理系主任，信息传播研究所所长，北京大学信息管理系教授，图书馆学专业博士生导师，兼任国家教育部高等院校图书馆学学科教学指导委员会主任委员，国务院学位委员会图书馆、情报与档案管理学科评议组第一召集人，中国图书馆学会第一、二届学术委员会委员，中国图书馆学会"建国40周年征文及优秀科研成果"评委会副主任，《当代中国的图书馆事业》丛书编委会委员、编样部副主任，《中国大百科全书·图书馆学》卷的综合分支编委、副主编，《中国图书馆学情报学档案学人物大辞典》编委会委员，《全国文献资源调查与布局研究》课题组顾问，《全国文献资源调查与布局研究成果汇编》编委会委员，中国图书馆学会学术研究委员会常务副主任、图书馆学基础理论研究组组长，《中国图书馆学报》副主编，国际图联第62届大会论文评选委员会委员，全国高等学校和科研院所学位与研究生教育评估所特约专家等。吴慰慈还是《中国图书馆学报》《大学图书馆学报》《情报学报》《情报科学》等核心期刊的编委、编辑委员会副主任委员。他还被聘任为南京大学、南开大学、吉林大学、中山大学的兼职教授。

吴慰慈长期从事图书馆学基础理论的教学和研究工作，是全国高校图书馆学基础课程的主要设计者之一,也是第一部图书馆学基础教学大纲的主要执笔者和第一部示范性教材《图书馆学基础》(1981年)的主要参与者。他曾多次参加国际和国内主要的学术会议做学术演讲,还多次参加中美图书馆界高层论坛并担任组委会副主席。吴慰慈出版的著作有十余部,发表学术论文280余篇。据南京大学中国社会科学研究评价中心(CSSCI)的统计,在"图书馆、情报与档案管理"一级学科中吴慰慈的论著被引率名列前茅。

吴慰慈对中国图书馆学的贡献,主要集中在图书馆学基础理论、文献资源建设、图书馆事业和图书馆藏书研究等方面。

一、个人思想研究成就简述

早在20世纪50年代,吴慰慈他在北京大学上学时,就对图书馆学基础理论产生了兴趣,并意识到基础理论是构建图书馆学整个体系的根基,失去理论,图书馆学也就成了无源之水、无本之木。基于这种考虑,吴慰慈在中国图书馆学领域里辛勤耕耘30余载,取得了丰硕的成果和令人瞩目的成就。纵观吴慰慈的教学和研究成果,可以清晰地看出,他在图书馆学基础理论、文献资源建设、文献信息理论、图书馆事业发展战略以及图书馆管理等领域均有建树。从研究课题看,他既坚持理论对实践的指导作用,又注重实践经验的总结并进行理论上的升华;从研究方法上看,他既注意引进吸收相关学科的理论与方法,又着力开发图书馆学内部的横断分支学科的研究。他认为,图书馆学不能停留在经验描述、总结的水平上,必须通过理性思维,对实践过程中的诸多现象进行归纳、演绎,找出其中的固有规律,从而形成一个既源于实践又能指导实践的理论体系。

吴先生在《图书馆学概论》一书中提出,图书馆的基本属性是中介性,中介性对图书馆的存在起着决定性作用。图书馆是中介性机构,它在文献交流的过程中处于中介物的地位,是联系文献与读者的中间环节。图书馆是联

系文献与读者、读者与知识、信息以及知识生产者与知识利用者之间的纽带,图书馆在精神生产过程中和转换文献信息与实现文献价值过程中起到中介作用。中介性反映了图书馆活动的实质,是图书馆的其他属性起着制约和决定的作用。

吴先生提出,图书馆学的研究对象是图书馆事业及其相关因素。研究知识、信息、交流等问题,是图书馆学在微观对象上的深入;研究图书馆事业,则是图书馆学在宏观对象上的发展。图书馆学的研究对象必须包括与图书馆事业有关的因素,特别是要通过图书馆去研究人类的信息交流及其特点,才能克服其研究对象自身的局限。在信息时代,图书馆学的注意力必将移向文献、文献信息和文献交流,同时,也将更多地涉及知识的产生、存储、利用、交流等问题,所用方法也将随之综合化。

吴先生进一步指出,文献信息交流是人际知识交流的一种重要方式。知识交流可以分为直接交流和间接交流。直接交流受时间和空间的限制,于是人们不得不利用文献等中介物来进行间接交流。因此,他在《图书馆学简明教程》一书中主张,从文献信息交流的角度来寻求图书馆的理论基础,把研究范围扩大到整个社会的文献信息交流系统。图书馆学是研究文献信息交流理论和方法的学科,不仅要研究图书馆自身的结构,还要研究它在社会文献信息交流系统中的地位与作用以及它的作用机制。

在图书馆职能问题上,吴先生概述了4点:社会文献流整序、传递文献信息、开发智力资源与进行社会教育、搜集和保存文化遗产。他认为,图书馆的基本职能是保存文献和传递文献信息。保存文献和传递文献信息是图书馆的中介性所规定的。传递文献是对图书馆传递职能形式上的概括,传递科技信息是对图书馆传递职能在内容上的概括。传递科技信息是通过传递文献实现的,不能离开文献传递孤立地讲信息传递。文献是人类思想信息的载体,图书馆对文献的传送,实质上就是传递寓于文献中的思想信息(或者称为内容信息),这是图书馆活动的根本目的。

在对图书馆学学科体系的划分上,吴先生吸收借鉴了他人的成果,提出了图书馆学学科体系的"四分法":理论图书馆学、专门图书馆学、比较图书馆学、应用图书馆学。与其他划分最大的不同是,吴先生将比较图书馆学提高到与理论图书馆学等其他公认的分支学科并列的地位。吴先生指出,每一门学科领域研究课题的扩大和知识总量的增长,都会导致本学科的逐步分化,出现新的研究领域,产生新的分支学科。比较图书馆学就是图书馆学体系中的一个新的分支。"四分法"的提出,使人们在认识图书馆学的学科体系时更加科学、合理。

在图书馆学方法论问题上,吴先生认为,图书馆学的研究方法问题,是个理论性和实用性都很强的问题。进而提出了图书馆学方法论的"哲学方法——一般科学方法——专门方法"体系。

吴先生非常注意针对当前中国图书馆事业的现状和存在的问题开展研究。他认为,与实践分离的理论研究是毫无生命力的,因而,他以敏锐的眼光在20世纪80年代中期,就充分肯定了"宏观现实问题"的提法,认为研究图书馆事业发展中的"宏观现实问题"应成为图书馆学基础理论的研究重点。他本人历来重视图书馆事业的研究,就中国图书馆事业发展中存在的问题不断地提出自己的见解,在20世纪80年代,先后发表了10多篇关于这方面的科学论文。

图书馆学理论建设的根本目的,就是指导图书馆事业建设。图书馆事业的繁荣,是为了最大限度地满足读者的需求。读者需求满足的后盾就是图书馆的馆藏文献资源。因此,吴先生的研究领域除了图书馆学基础理论之外,另一方面主要就是文献资源建设。吴先生认为,图书馆藏书是以图书馆的类型、任务和读者需求为依据,经过系统收集和长期积累而形成的具有不同学科内容、不同水平及不同载体的各种文献资源的综合体系。藏书建设是藏书形成与发展过程中各构成部分及其相互关系的总和,是文献的生产发行、文献的流通使用和图书馆工作技术的结合过程。吴先生概括它的基本内容为藏

书体系基本模式规划、藏书选择与补充、藏书组织管理、藏书协作协调、藏书建设基本理论与方法的研究。

针对图书馆界普遍存在的经费不足的问题，吴先生认为，图书馆经费总是有限的，这就必须利用经济性原则来处理选书问题。选书经济性原则应体现在最大效用、边际效用、均等效用、剩余效用等方面。吴先生还明确提出了控制藏书数量增长的思想。他认为，藏书无限制地发展，超过了图书馆的容量，会同设备、人员、管理和利用产生尖锐的矛盾。尤其是大型图书馆，藏书膨胀导致了工作负担的加重，会使各项工作失去平衡。因此他主张，图书馆的藏书量应该有一个限度，不能无限地增长，更应防止由此而形成内容庞杂、功能低劣的藏书体系。

吴先生针对文献剔除问题提出，图书馆藏书作为一个发展着的有机体系，本身应该不断地进行着新陈代谢，藏书复选正是促进这种新陈代谢的重要手段。藏书中的一部分失去了现实意义和参考、使用价值，就需要通过复选予以别除。文献老化数据是开展书刊别旧的重要依据。对于一个学科来说，文献老化速度即半衰期是不易改变的，文献老化规律具有长期守恒性趋势，因而在确定文献收藏年限时，可用已经获得的有关学科的半衰期数据来衡量。除了文献老化数据以外，许多文献计量指标，如载文量、引文量、流通数据、读者反馈数据等，都可以作为藏书剔旧的依据。

20世纪90年代以来，吴慰慈开始注意从宏观角度来考察全国图书馆的馆藏建设，发表了数十篇论文，针对文献资源的布局要求、原则和文献资源保障体制等都提出过许多颇有见地的见解。

总之，从吴慰慈的整个学术思想体系来看，求实创新，理论联系实际是其学术活动的重要特点。

二、孜孜以求、奋斗不息的学者

吴慰慈在图书馆学领域中所取得的成就,与其童年时受到的严格、良好的教育是分不开的。另外,他在大学毕业后,做了10多年的图书馆工作,积累了一定的实践经验,这也为他后来研究图书馆学奠定了坚实的基础。

1937年夏天,吴慰慈出生在安徽枞阳县。枞阳在中华人民共和国成立前隶属于旧桐城。"天下文章其在桐城乎。"这是清朝乾隆年间世人对桐城文章的赞誉。这里的桐城包括今天的枞阳。生于斯,长于斯的吴慰慈,耳濡目染。他的成长有着得天独厚的土壤。

吴慰慈的父亲是一位中学教员,教授英语,后来还在大学教过课。这个虽然清苦但其乐融融的家庭,在吴慰慈3岁那年,遇到了一个晴天霹雳:父亲溘然长逝。从此,母亲带着小小的吴慰慈艰难度日。也许正是生活的遭遇,磨炼了他的意志,从小吴慰慈就格外懂事。他刻苦求学,发愤读书,又加上天生聪颖,学习成绩一直优秀。虽然常常交不起学费,但吴慰慈坚信,通过自己的勤奋一定会改变命运。12岁时,他以优异的成绩考入安庆地区浮山中学。该校学习风气甚浓,教学质量很好。吴慰慈早上3点钟就起来,在菜油灯下读两个半到三个小时的英语。然后才去吃早饭,接着是一天的课程和晚自习。因为学校离家10多千米,所以他寄宿在校。他的生活费一个月6块钱,吃饭根本见不到肉。功夫不负有心人,吴慰慈中学时英语成绩一直第一。在校6年中,吴慰慈勤奋好学、刻苦钻研,各门功课的成绩在班里均名列前茅,并先后担任校学生会学习部长、社教部长、秘书长、副主席等职。1957年,吴慰慈以优异的成绩考上北京大学图书馆学系。那一年,枞阳县考上北大的就他一个人。为此,县长特地祝贺他"为家乡争了光"。

吴慰慈报的志愿是北京大学图书馆学系,现在信息管理系的前身。图书馆学系成立于1947年,由我国著名的敦煌学家、文献学家王重民开创。吴

慰慈说:"当初选择这个专业,只有一个很简单的想法。"因为他自己很喜欢读书,觉得将来要是能在图书馆工作,看书会很方便。没想到,他与图书馆学的缘分来得如此自然,这自然的一牵手,便是一辈子。年轻的学子,徜徉于美丽的燕园,遨游在知识的海洋中。在大学4期间,吴慰慈深受刘国钧、王重民、陈鸿舜、邓衍林、周文骏等名师的影响,对图书馆学产生了浓厚的兴趣。他继续保持幼时养成的良好的学习习惯,凭借北京大学雄厚的学科优势,广泛猎取各门学科知识,构建自己丰富的知识结构。可是,在那个特殊的年代,等待着他的是更多的考验。那时候的年轻人都要下乡劳动改造,吴慰慈便想方设法挤时间学习。他的外语学的是俄文,常常自己找些苏联的专业文章来读。正是凭着这股子"不罢休"的刻苦劲头,吴慰慈孜孜以求,在图书馆学领域成绩斐然。

1961年7月,吴慰慈从北大图书馆学系毕业,到天津市图书馆担任了一名普通馆员。在天津图书馆工作的10多年,是吴慰慈重要的一段人生历程。在这段时间里,吴慰慈一方面投身于图书馆一线工作,从具体业务工作做起,虚心向老馆员请教,摸索工作新路子,总结业务经验,对区、县图书馆进行业务辅导;另一方面,为了解决实践中产生的问题,他认识到,有必要加强理论上的学习与研究。在这段时间里,吴慰慈不但为自己将来从事理论研究打下了坚实的基础,而且还养成了理论联系实际的研究方法。他结合工作实际,在《天津科技情报工作》《天津工人报》《天津日报》等报刊上发表多篇文章,编写出《图书馆学基本理论纲要》《小型图书馆分类表》《区、县图书馆图书分类范例举要》《图书馆藏书建设概要》《图书馆藏书清点法》《马克思主义哲学思想宣传辅导纲目》等。

1973年10月,吴慰慈被调回北京大学图书馆学系任教。从此,他真正开始了自己的学术苦旅,在研究图书馆学的道路上苦苦求索,艰辛地跋涉着。吴慰慈在北京大学图书馆学系任教至今,由讲师至副教授、由副教授到教授、由教授到博士生导师,道路艰辛而漫长。其间,吴慰慈付出了多少心血,熬过了多少个不眠之夜，只有他自己才晓得。吴慰慈的家没有住在北大校园里，离学校仅半个小时的路程，但为了排除干扰，让自己得以潜心研究，已过不惑之年的吴慰慈常住在学校的集体宿舍里。与吴慰慈同楼的年轻老师也都非常佩服他那坚韧不拔的性格和刻苦钻研的精神。他们都知道，吴慰慈宿舍的灯每天黑得最晚，亮得最早。走进吴慰慈的宿舍，最引人注目的便是他的书架上和床上都摆放着整整齐齐的书籍和专业资料，还有几个大目录盒，里面装满了资料卡片。他说，开展研究工作需要充足的资料做后盾，如果资料存放得乱七八糟，寻找起来着实不易，也浪费时间。吴先生积累卡片已经30多年了，他在平时的学习、研究过程中，随时将有价值的信息用目录卡片记录下来，分门别类地排放在目录盒中，以备查考。

吴慰慈在图书馆学领域辛勤耕耘的30多年中，时刻关注着本学科发展的最新动态，加之他虚心向本专业或外专业研究人员学习，借鉴他们的研究方法及最新研究成果，所以总使自己的研究课题和方向保持着强劲的生命力。吴慰慈在中学学了6年英语，但随着研究的深入与范围的拓展，他深感进一步提高英语水平的必要性，竟然以顽强的毅力，坚持上英语"高级班""强化班"，努力提高用英语阅读专业文献的能力，从而不断地吸取国外图书馆学的理论和方法。在吴慰慈的案头，摆放着许多国内外最新的图书馆学研究资料。吴慰慈在图书馆学诸多领域中能够提出自己的见解，还与他善于吸收相关学科的理论和方法有紧密的联系。在他的许多著述中，均能看出他扎实、深厚的哲学功底。例如，他在《图书馆学概论》和《图书馆学简明教程》中均认为，图书馆的基本属性是"中介性"。这一论断的提出，就是受赵红洲所写的《从"中介世界"看图书情报》这篇文章的启发而得出的结论。

三、甘为人梯的师者

吴慰慈治学严谨。他在指导硕士学位论文时，总是要求学生做到数据

有出处、论据有来源。他对学生说:"准确注明引用数据与事实的出处,是开展研究活动的科学态度,是培养学生养成诚实、严谨学风的基本要求;同时,也是对其他研究人员的敬重,这是我们每一个科研工作者最起码的职业道德。"对学生们文章中标明的每一个脚注,他在审阅时总是一个一个地给予校证,不允许有半点不实。对学生们文章中的各种英文缩略语,他也总是一个字母一个字母地校对,找出其原始的词汇。对学生们文章中的每一个错别字,他总是一一予以纠正。学生们每次完成论文,得到的已不仅仅是一份研究成果,更主要的是获得了诚实、严谨的研究态度的教益。

  长期以来,吴慰慈始终坚持在教学第一线。他每年都亲自授课,既为本科生主讲《图书馆学概论》《图书馆藏书》等基础课,还为研究生开设了《文献资源建设专论》《图书馆学情报学文献源》等专业课。北京大学图书馆学专业的学生接触的第一门专业基础课,就是吴慰慈讲授的《图书馆学概论》。对图书馆学知识,学生们从无知到了解,从了解到拥有,都是吴慰慈认真执教的结果。他讲课联系实际紧密,学术思想活跃,分析精辟透彻,深受广大学生的欢迎。每逢问及他的几十年教学经验,他总是十分谦逊,没有一、二、三、四地罗列出他的经验之谈,而是娓娓动听地讲一些他的亲身体验。他认为,要想真正成为一名好教师,必须对自己执教的专业有极大的兴趣。兴趣是深入研究的前提,只有自己研究得深,才能把课讲得充实生动。比如,《图书馆学概论》这门课,内容比较广泛,如果讲得过于抽象,必然会使同学们失去兴趣,而吴慰慈讲授这门课的一大特点便是"研究为了应用,理论和实际相结合"。他把授课中的一些抽象问题和图书情报工作实践相结合,使同学们觉得他们不是在学天书,而的确是学有所用。正是他在课堂上的那种从经验到理论,再由理论到实践的深入讲解和透彻的分析,使得学生们的图书馆学知识逐渐丰富起来,并潜移默化地渗透到学生们的头脑中。在教学过程中,吴慰慈最喜欢学生提问题。"教学相长"是他的宗旨。他指出,这种师生交流是非常重要的,既可以检验教师的教学效果,也提高了同学们的学习积极性。所以，吴慰慈总是到同学中间去和他们一起讨论、回答他们提出的各式各样的问题。吴慰慈教学多年，但每学年备课仍旧非常认真。"常改常新"是他的座右铭。他说，时代在发展，一定要把新东西融入授课之中。这些年，他总共写了数十本教学讲稿，他的一些著作就是在教学讲稿的基础上经过加工整理而成的。吴慰慈非常重视教材建设。为了满足本系教学需要，在他的积极组织与倡导下，先后编写并正式出版了10多种质量较高的教材和专著，其中有几种获得了国家教委优秀教材奖和北京大学优秀著作奖。他还应国家教委考试管理中心的邀请，与他人合作编辑出版了《图书馆学概论》的教学大纲与考试参考书，为全国高等成人教育图书馆学专业的教材建设做出了积极的贡献。

作为一名执教40多年的教师，吴慰慈桃李满天下。虽然从1994年起他就不带硕士生，但还是培养了26名硕士和10多名博士。吴慰慈对学生要求严格，培养学生也有自己的一套方法，尤其注意培养学生的研究方法和创新思维。他还鼓励学生进行科研，"如果有优秀的论文，我们会帮着推荐给相关学术期刊"。

吴慰慈博采众长，著书立说，身体力行，善于将深邃的学术思想、开放的创新意识融入图书馆学人才的培养之中；他虚怀若谷，甘为人梯，为中国图书馆界培养了一大批优秀人才。半个多世纪以来，我国图书馆学研究范畴一直处于不断的拓展和更新之中，吴慰慈先生始终密切跟踪世界图书馆事业的发展，关注新技术革命给图书馆事业带来的冲击、挑战和机遇，坚持理论联系实际的工作方法，以其对事业的执着、对新的信息环境的敏感、对图书馆实践中出现问题的敏锐洞察力，关注着图书馆学基础理论研究的前沿，恪守着"当代图书馆学人的学术责任"，成为我国图书馆学基础理论研究的一代宗师。因此，学界任何一个从事图书馆学研究的人，都会不假思索地把吴慰慈先生与图书馆学基础理论研究联系起来，这也许就是吴先生的学术成就之所在。

四、高瞻远瞩的图书馆学基础理论体系

吴慰慈先生是北京大学信息管理系资深教授,他长期从事图书馆学基础理论的教育、教学、研究和管理工作,曾任中国图书馆学会学术研究委员会主任、国家教育部高等院校图书馆学学科教学指导委员会主任委员兼国务院学位委员会图书馆情报与档案管理学科评议组第一召集人,是引领我国图书馆学基础理论研究持续创新的著名学者和领军人物。1957 年,吴慰慈先生牵手图林,半个多世纪以来,以"创新的思维、坚实的基础、严谨的作风、勤奋的工作"赢得了学界的称誉。他倾力参与了中国图书馆学基础理论的研究,见证了我国图书馆学专业教育的发展,亲历了我国图书馆学学科体系的构筑、发展和不断创新,被学界尊为"图林泰斗"。他高瞻远瞩、笔耕不辍、著作等身,引领中国图书馆学基础理论研究的不断创新,指导着我国图书馆学理论研究的方向。

吴慰慈的学术思想可谓博大精深,囊括了从文献资源建设到信息资源建设,从信息资源管理到知识管理,图书馆网的建设,图书馆资源共享,图书馆事业管理,中国图书馆事业战略研究,图书馆业务辅导,图书馆职业资格认证制度,信息时代的著作权保护与图书馆合理使用问题,图书馆学研究的继承与发展转型与过渡持续创新和本土化问题,丰富的图书馆学教育思想等。如果你潜心拜读他的著作就能强烈体会其博大精深的学术思想,感悟他睿智的洞察力和超前的预见性。

在我国图书馆学研究史上有过两次西学东渐,一次发生在 20 世纪 20 年代,另一次发生于 20 世纪 80 年代。从德国学者施莱廷格首次使用"图书馆学"的概念到武昌文华图专的创办,"图书馆学""图书馆学教育"传入我国经历了一个多世纪。那时候,源自西方的传统图书馆学还仅仅是基于文献信息的收集、标引、整序、存储和提供的科学。20 世纪 80 年代,当欧美等国的图书馆学思想以全新的姿态伴随着中国的改革开放大潮扑面而来的时候，我国图书馆界正面临着图书馆事业停滞10年后的拨乱反正。柯平等学者认为，从那以后的30年来，我国图书馆学基础理论研究的发展可以归纳为一次"建立在时代断层上的经验主义传承"和两次关于研究范式及研究重心的重大转折。因此，在构筑图书馆学完整的理论体系的艰难过程中，中国图书馆学的研究长期呈现百家争鸣的局面也是历史的必然。研究和评价吴慰慈先生的图书馆学学术思想，也必须以那段特定的历史为背景。

1. 理论联系实际的思想精髓

20世纪80年代，图书馆学仍处于前学科状态，同蓬勃发展的图书馆事业相比，图书馆学理论研究显得很落后。1988年，吴慰慈先生在第三届全国中青年图书馆学情报学学术讨论会上做了《关于图书馆学基础理论研究的思考》的发言，深度概括了20世纪80年代以来我国图书馆学基础理论研究领域的内容（十大问题）、研究问题的角度（已摆脱对图书馆具体工作的解释、说明、描述的局限，冲破了只在图书馆内部进行考察的束缚，站在新的高度上审视图书馆的内外环境，并将其置于整个社会交流系统中予以考察）。针对当时我国图书馆学研究领域的新特点（大量引进其他学科的理论与方法；脱离实际的空洞说理的观点多，解决实际问题的观点少），吴先生提出了自己的忧虑，明确指出"图书馆学是一门应用性、技术性很强的学科，目前仍处于前学科状态。理论研究应该建立在辩证唯物主义基础之上，研究方向要转向解决实际问题，研究的重点应是宏观现实问题"的论断。1991年5月，在浙江省和杭州市图书馆学会报告会上，吴慰慈先生做了题为"八十年代我国图书馆学研究的进展情况"的报告。该报告从基础理论研究、图书馆事业发展战略研究、藏书建设研究、文献分类研究、文献编目研究、情报检索语言研究6个方面，全面回顾了20世纪80年代以来我国图书馆学研究的进展。同时，他指出，在当代，图书馆学发展趋势与其他科学一样既高度分化又高度综合，由于图书馆学研究对象的复杂性和多变性，靠传统的单一学科或几个学科是远远不够的，还需要图书馆学诸分支学科和相关学科形成的学科群来联合攻关，协同作战。同时，吴慰慈先生客观地指出："同蓬勃发展的图书馆事业相比，图书馆学理论研究显得很落后，具体表现为：运用现有科学理论对图书馆改革实践的指导不够；对图书馆改革和发展实践中取得的丰富经验，缺乏系统的整理研究和从理论的高度加以概括总结。"这一精辟论断不仅为20世纪90年代我国图书馆学的研究指明了方向，而且也体现了吴先生积极倡导图书馆学研究要理论联系实际的思想精髓。

2. 新的信息环境变化的预测与研究

20世纪90年代，网络环境下，现代信息技术正改变着传统的图书馆工作模式，同时也把图书馆学研究推向了信息资源管理的新阶段。图书馆学是社会科学的范畴，它的存在和发展时刻离不开外部环境，具有鲜明的时代特色。进入20世纪90年代，我国社会进行了社会主义市场经济的转轨，继而我国高等教育进行了面向市场的大众化改革。与此同时，信息技术以不可阻挡之势向图书馆领域渗透。当图书馆实践采取了新的技术手段来获取、处理、存贮和传递信息以后，就会给尚未成熟的图书馆学研究提出新的问题，图书馆学理论研究的不确定性和滞后性更加凸显，面对所谓的"低谷论"，寻找新的知识生长点便成为图书馆学研究的自觉行为。世纪之交，吴慰慈敏锐地洞悉"网络环境下，现代信息技术正改变着传统的图书馆工作模式，同时也把图书馆学研究推向信息资源管理新阶段"，并据此科学地提出了7个学科生长点：网络信息资源的组织与管理；数据存储、压缩、转换技术与方法；全文检索技术；信息技术应用对用户研究的影响；电子出版物的标引；电子图书馆的技术手段、方法、质量控制与效益研究；电子图书馆与传统图书馆的比较研究。吴慰慈身体力行，逐渐将主要精力放在"对新的信息环境的变化的预测与研究""图书情报学研究的创新与发展""当代图书馆学情报学前沿探寻"等方面的研究中，著述颇多，前瞻性极强，对当代图书馆学、图书馆事业、图书馆学教育都有极强的现实指导意义。

3. 建设面向 21 世纪的图书馆学学科体系

回眸历史，展望未来，世纪之交，中国图书馆学研究呈现出综述性、总结性研究成果大量涌现并逐渐成熟的迹象。这是"当代图书馆学研究从传统图书馆学向现代图书馆学转型与过渡时期所必然呈现的历史性特性"。1997 年 7 月 30 日至 8 月 1 日，中国图书馆学会第 5 次会员代表大会在昆明举行。吴慰慈先生撰文《回顾过去展望未来开拓前进——建设面向 21 世纪的图书馆学学科体系》，深刻总结了 20 世纪 90 年代以来我国图书馆学术研究的三大变化，即把图书馆学的研究空间从文献信息管理和知识交流拓展到了信息、信息产业和信息服务业的领域，并由此带来了一系列理念和观念上的新变化；大量把信息技术，主要是计算机技术、远程通信技术、多媒体技术、高密度储存技术应用于图书馆的实践，开展电子图书馆的研究，使得图书馆现代化技术研究从自动化管理领域向数字化、网络化、虚拟化方向推进了一步；在研究图书馆事业宏观现实问题方面着重研究了图书馆如何深化改革，适应信息化社会和社会主义市场经济的需求等问题。他还进一步指出，图书馆学是一门实践性很强的学科，是一门致用的科学，建设面向 21 世纪的图书馆学学科体系是时代的呼唤。

4. 探寻发现学科新的知识生长点

《图书情报工作》2001 年第 1 期开辟专栏，约请图书馆学界多位知名学者围绕新世纪图书馆学领域的焦点问题撰文，吴慰慈先生发表了《21 世纪图书馆学情报学的研究方向》一文，列举了元数据研究、数字图书馆研究、知识管理研究、信息资源网络建设研究、网络传输的版权问题等 5 个方面的内容，在学界起到了纲领性作用。回顾 21 世纪的前 10 年，我国图书馆界的理论和实践都是沿着吴慰慈指引的方向开展工作的。2002 年 5 月，教育部高等学校图书馆学学科教学指导委员会成立，这是我国图书馆学学科建设的重要里程碑，吴慰慈任主任委员。此后的 10 年，他不仅为具有中国特色的、具有时代气息的中国图书馆学教育事业倾注了心血，而且通过对图书馆学学

术研究的持续关注,不断探寻和发现图书馆学学科新的知识生长点。

2005年,吴慰慈先生从"历史与现实,理论与实践的辩证关系"出发撰写了《图书馆学基础理论研究述评(1995—2004年)》一文,对1995—2004年我国图书馆学基础理论研究进行了全方位的回顾性总结,将跨世纪的10年间我国图书馆学基础研究领域概括为8个方面:图书馆哲学研究,西方图书馆学流派与学说评论,图书馆学发展研究,对图书馆学本土化的讨论,信息文化对中国图书馆学的影响,什么是虚拟图书馆,信息资源说的诞生,知识集合论与知识管理论。吴慰慈的深度概括无疑为图书馆学基础理论研究指明了方向。此后,吴慰慈对该领域进行了持续关注,连续5年在《图书馆论坛》撰文,对2004—2010年间我国图书馆学学术进展进行了年度综述,将"数字资源的长期保存研究""信息资源共享与图书馆联盟研究""图书馆核心价值""图书馆2.0""拥有与存取""图书馆全面质量管理与服务绩效评估""馆藏格""复合图书馆""图书馆上空的'云'""3G与图书馆""RFID在图书馆的应用""以人为书的LivingLibrary""图书馆立法"等图书馆学研究的热点呈现出来,受到学界和业界的广泛关注。

五、博采众长的图书馆学教育思想

1973年10月,吴慰慈先生重返北大,开始了近40年的图书馆学教育、教学生涯。他善于将图书馆学的新理念和自己独特的思考融入教学当中,同时也善于从教学实际中发现课程体系、教材教法、培养目标、培养层次等方面的不足,潜心研究,不断探索,著述颇丰,为我国图书馆学教育事业写下诸多极具指导意义的篇章。《二十二年教学工作回顾》是吴慰慈先生22年间(1973—1996年)教学工作的阶段性总结,从中我们可以感受到先生在教学教法上可贵的思考和大胆创新。此间,他的图书馆学教育教学的思想归纳起来有以下5点:"教学内容必须反映当代图书馆学发展的潮流,努力促成由方法描述到理性思维的过渡，重视图书馆学基本理论和基本知识的教学""图书馆学是一门实践性很强的学科，单纯依赖课堂教学，难以保证教学效果，要重视实践环节""我国的图书馆学专业教育应该从单一的办学模式中解脱出来，各个学校间实行统筹安排，合理分工，逐渐形成各自的办学风格和特点""图书馆学教育结构、改革的目标应是在我国建成多层次、多规格、布局合理的具有中国特色的图书馆学教育体系""信息化社会背景下，图书馆学教育要不断拓宽专业范围，充实教学内容，培养信息产业所需要的专门人才"。

世纪之交，图书馆学"专才教育"遭遇了来自就业市场的严峻挑战，吴慰慈先生对面向21世纪的图书馆学专业课程进行了探讨，认为在市场经济体制下，专才培养模式已经不适应当前我国的就业形势，"通才教育"符合我国国情，是未来图书馆学教育，乃至整个高等教育的发展方向。鉴于图书馆学教育是针对特定机构设计的窄口径专业，毕业生就业渠道窄，社会需求不足的现实，吴慰慈提出了"加强图书馆学职业培训"和"强化硕士、博士高端教育"的设想。

2002年5月国家教育部高等院校图书馆学学科教学指导委员会成立，标志着我国图书馆学学科体系基本建立，吴慰慈先生任主任委员。吴慰慈老当益壮，为我国图书馆学学科体系的建设发展和不断创新殚精竭虑。他关心信息环境下图书馆事业的变革和持续发展，及时梳理并不断探寻图书馆学学科新的研究热点，时刻关注着图书馆学情报学人才培养的质量。

胡昌平

胡昌平，教授，博士生导师，1946年生，湖北枝江人。1995—2005年，先后任武汉大学原图书情报学院副院长、原传播与信息学院副院长，信息管理学院副院长、学术委员会主任、武汉大学学术委员会委员；现任教育部人文社会科学重点研究基地武汉大学信息资源研究中心副主任，国家"985工程"哲学社会科学创新基地——武汉大学信息资源研究创新基地项目负责人，兼任中国信息协会经贸专业委员会常务理事、国家社会科学基金"图书馆、情报与文献学"学科评审组成员，《情报科学》《情报杂志》等学术期刊编委，湘潭大学、上海大学等校的兼职教授。胡昌平是国务院颁发的政府特殊津贴享受者，1999年被评为湖北省有突出贡献中青年专家。

1981年以来，胡昌平从事情报学、信息管理与信息系统专业教学和科研工作，在情报学专业和相关领域出版专著、教材和译著18部，发表学术论文120余篇；其专著《信息服务与用户研究》（武汉大学出版社，1993）、《信息管理科学导论》（高等教育出版社，2002）、《管理学基础》（武汉大学出版社，2002）、《信息服务管理》（科学出版社，2003）、《信息社会学》（江西科学技术出版社，1990）和《情报控制论基础》（书目文献出版社，1988），被同行专家、学者誉为我国该领域研究的代表性成果。他所提出的"以信息需求与利用为导向的信息管理理论"，被认为是一种新的学科理论取向，其研究在多方面得到应用。1985年以来,胡昌平完成了由原国家教委和教育部审批的3部本科生教材和1部研究生教学用书的编著,其教材被全国高等院校本学科专业广泛采用。1992—1994年,他受中国信息协会经贸专业委员会和中国科技情报学会教育委员会委托,主编的《中国企业信息工作丛书》正式出版,为促进我国企业信息工作的发展做出了积极的贡献。

胡昌平主持完成了国家自然科学基金项目、社会科学基金重点项目、教育部和其他省部(委)项目成果以及论著获奖多项,如:1995年全国普通高等学校人文社会科学研究成果二等奖,1995年湖北省首届社会科学研究优秀成果二等奖,1996年湖北省科技进步三等奖,1998年湖北省科技进步二等奖,2000年湖北省社会科学优秀成果二等奖,2002年湖北省自然科学优秀学术论文一等奖;2004年教育部人文社会科学优秀成果三等奖,2004年湖北省社会科学优秀成果三等奖等。在对外学术交往中,他多次出席国际学术会议,曾应邀赴美国肯特州大学等做学术访问、合作研究,曾参与英、美两所大学的研究生指导工作。他的许多研究论文被国际性文摘期刊摘录,其研究成果引起国外同行的关注和高度评价。1996年,作为博士生导师,胡昌平创设了新的研究方向,为发展图书馆学、情报学与档案管理博士教育做出了突出的贡献。

胡昌平认为,图书馆学、情报学与档案管理专业博士培养定位,是创建学科点必须考虑的首要问题。我国这些科学的博士点的创建相对较晚。1978年我国恢复研究生教育之时,图书馆、情报与档案管理硕士生同期招生,硕士教育与大多数学科同步。然而,博士点的创建和博士招生都滞后了5年以上,这一时期的高层次人才是通过硕士教育和访问学者教育等形式来实现的。显然,这种滞后与国家信息化建设、知识经济发展和社会化信息与知识服务中的人才需求不相适应。博士学科点的建设和高层次人才培养体系的完善,与学科理论发展和面向社会、经济发展的科学研究具有密切的关系。面对历史赋予的使命,当时,以彭斐章教授为院长的学院领导坚持在探索中创新,

在面向社会的发展中深化学科内涵，拓展研究领域。在兄弟高校和图书情报实际工作部门的共同努力下，本学科博士学科点于20世纪90年代初得以创立。胡昌平作为情报学梯队的成员，参加了严怡民教授负责的我国第一个情报学博士点的创建工作。

胡昌平在武汉大学信息管理学院负责信息资源管理学科点的建设，当时的时代背景是科学技术的高速发展导致了社会生产力的迅速提升和社会经济的加速增长，社会的信息化与知识化发展致使信息资源的充分开发和合理利用成为国家创新和社会进步的一大关键。面对信息管理的现代模式的形成和互联网条件下的信息资源开发利用等重大课题，图书情报与档案界、管理部门和企业界从不同角度对"信息资源"问题展开了研究，以求建立完整的理论体系。

文献信息资源一直是图书馆、情报、档案管理的核心对象，但在现代社会中，人们还需要对各种非文献形态的社会信息资源进行管理。现代条件下的信息资源管理，一是图书馆、情报与档案部门关于文献信息资源管理的沿革和发展，其特征是传统文献向数字化文献的发展；二是基于社会知识化、信息化发展中的企业、研发机构、政府和公众对社会化信息资源的需求以及面向企业、部门、公众和政府的数字化信息管理的发展。这说明，在传统文献信息资源管理基础上形成的信息资源管理有了质的飞跃，即不仅包括了对各种信息载体、信息系统的管理，而且还将信息设备和信息网络纳入管理体系。因此可以说，信息资源管理是文献资源管理的拓展与深化。

信息资源管理学科建设要求在信息学科和图书情报与档案学科基础上进行融合，与此同时保持学科发展上的特色。在国家信息化战略发展中，强化信息资源管理已成为现阶段推进信息化建设不可回避的重大问题。由此可见，信息资源管理科学必须对信息化进程中出现的新问题进行探索与研究，如国家信息资源规划、电子政务与电子商务信息管理、基于企业价值链的信息流程重构、信息内容产业与信息产品链的形成等。从理论与现实问题的分析中可以看出，关于是否将"图书馆、情报与档案管理"一级学科改为"信息资源管理"的问题，胡昌平认为可以在学科发展中自然解决。当前，"信息资源管理"内涵和外延仍处于不断深化和拓展之中，图书馆学、情报学与档案管理学也发生了很大的变化。目前的一级学科名称并不影响学科基于创新的发展，因此，应保持学科建设上的连续性。我们的认识是，现阶段中可将信息资源管理作为二级学科来建设。在学位教育中，进行培养目标、课程设置、教学内容、教学方法、教材使用等诸多方面的系统研究，以不断完善学科教育体系。

胡昌平主管学院科研工作十余年，是教育部人文社会科学重点基地武汉大学信息资源研究中心的主要创建者和"信息资源研究创新基地"985项目负责人之一。胡教授认为科学研究与学科建设和研究生教育的关系总体说来，二者具有不可分割的有机联系。他曾主管过一段时间的学科建设工作，体会到科学研究是学科建设的基础，没有科学研究的成果和面向社会的实际应用，就不可能凝炼研究方向，建设学科点。同时，学科点又是组织更高层次和水平的科学研究的依托，有了理论依托、人才依托和学科关系的依托，才可能实现科学研究的可持续发展。武汉大学信息管理学院和信息资源研究中心，长期以来将国家重点学科建设和重点基地建设作为一体来对待。这一点在出人才、出成果方面，做出了突出的贡献。胡昌平从1981年开始关注这一问题，承担了一些项目，发表了一些成果，提出了以用户需求为导向，以信息资源开发为基础，以服务的社会化组织为依托，以技术为条件的信息管理学科为理论导向。一些学者将其称为用户导向的学科理论。

胡昌平长期从事信息服务与用户研究，相关的高质量成果非常丰富。1987年出版了专著《情报用户研究》，后来又有《信息服务与用户》《信息服务管理》等系列专著问世，创建了用户导向的学科理论。

胡昌平认为用户研究在情报学研究中所处的位置包含以下两方面：一方面，包括图书馆、情报与档案部门在内的信息机构所进行的信息资源搜集、

组织、管理和开发等活动,最终必须面向用户,以能够在一定的时间、空间范围内为其提供所需的服务,可以说"用户与服务"是这些机构业务活动的核心;另一方面,从理论上看,用户既是信息的利用者,又是信息的创造者和传播者,即信息以"用户"为中心产生,同时,基于用户的各种正式与非正式关系传递,且在用户使用中体现价值。用户与服务问题,随着社会的知识化、信息化和创新发展机制的形成,变得日益突出。如果说,20 世纪 70 年代以前"用户与服务"并没有得到业界足够重视的话,那么此后一段时期直至现在,这个问题已十分关键。在理论上,任何回避用户的理论都不是一个完整而成熟的理论;在实践上,不研究"用户与服务",机构则难以生存和发展。

2004 年,胡昌平的《现代信息管理机制研究》纳入武汉大学学术丛书出版。这是一部考虑从"机制"入手对信息管理进行全面剖析的国内的一部代表性理论专著,力求研究图书馆学、情报学、档案学等学科共同面对的社会信息规律、机制与信息管理原理问题。在信息管理理论研究中,我们强调"机制"研究,旨在从社会运行中的信息作用和社会信息产生、传递、组织、利用出发,探索信息管理的社会组织原理和信息服务的基本模式,以使从观察描述和实践总结为基础的信息管理进入社会信息源、信息流和信息社会作用的本质揭示层次,从而深化理论研究,以适应现代社会发展中的信息管理实践需要。结合这一思想,《现代信息管理机制研究》着重研究了现代信息管理体制、体系,信息数字化、网络化组织机制,信息技术推进与管理机制,面向用户的信息服务业务拓展和国家信息政策、法律保障机制等内容。

胡昌平的《信息管理科学导论》一书被教育部遴选为研究生教学用书,和其他著作相比,这在国内是较早的。该书出版后能够通过国务院学位委员会本学科评议组和跨学科评审两轮筛选。入选教育部研究生工作办公室推荐的研究生教学用书,作为包括文、理、工所有学科在内的第一批 88 本中的一本和本学科第一本研究生推荐用书。对于该书,孟广均教授在有关专著中做了扼要评价,认为这是我国信息资源管理研究的代表性成果,它标志着我国情报学研究已开始走出科技情报的固有范围而面向社会信息这个更广阔的天地了。胡昌平坦言,该书出版时间较早,有些方面只是提出了问题,对于许多微观问题,将随着社会、技术的发展而不断深化。

胡昌平的《国家可持续发展的图书情报事业战略》一书作为国家社会科学基金重点项目的成果已经出版。该书从国家可持续发展中的图书情报事业战略地位分析出发,研究保证国家可持续发展的图书情报事业战略理论,总结战略实践,建立战略模型和探索科学的战略方法。在此基础上进行图书情报事业战略目标选择与定位,研究图书情报事业的社会化组织战略、图书情报服务战略以及国家创新战略中的图书情报事业良性发展战略模式,解决可持续发展中的图书情报战略实施与管理问题。该书在研究中以国家可持续发展中的用户需求与服务为导向,进行战略研究。同时,注重图书情报事业与社会可持续发展的互动关系,确立其良性发展体制,以此出发探索可持续发展中的图书情报事业战略制定与实施。在研究中,该书突出了两方面:其一,进行从图书情报部门化组织和局部发展战略到社会化组织和全局发展战略转变的研究,以解决国家可持续发展中的图书情报社会化发展战略;其二,提出有别于传统图书情报事业的战略管理理论,旨在解决图书情报事业与信息服务产业的互动发展问题,建立以用户需求和服务为导向的图书情报事业发展战略模型,寻求科学的事业发展对策。该项目的研究成果,目前已得到应用。

胡昌平带领的团队成功中标国家社科基金重大项目"建设创新型国家的信息服务体制与信息保障体系研究"。该项目是国家社科重大项目实行招标评审以来,本学科领域的第一个,课题意义非常重大。该项目的申请和批准,在一定程度上体现了图书馆学、情报学与档案学在国家发展中的作用。国家社会科学重大项目的设立和招标评审,并不针对某一个或几个学科,而是围绕重大问题组织的。而该项目获得批准,一是体现了社会信息化、知识化、创新发展对本科研究的需要;二是在项目组织中,胡昌平带领的团队进行了

以信息管理为基础的跨学科、跨部门的团队整合，适应了围绕重大问题研究的环境。关于创新型国家建设与信息保障问题，胡昌平从1999年起开始关注，陆续承担了一些项目，其研究起点与国际同步。项目研究的主要问题集中在以下几方面：建立创新型国家的信息服务体制；构建面向自主创新的信息保障体系；建立面向国家创新的信息资源配置与投入控制的动态模型；进行创新发展的信息服务行业规划，实现行业管理；建设国家创新发展的信息保障平台；提出信息服务与创新产业发展互动对策。项目的预期成果内容包括国家转型发展的信息作用机制与规律，形成创新型国家信息服务与保障理论和应用成果。除理论成果外，该项目为国家决策服务，为行业、实际工作部门所用。与该项目同期，胡昌平任首席专家的团队还通过招标评审程序，获得了2006年度教育部哲学社会科学重大课题攻关项目"创新型国家的知识信息服务体系研究"。这一项目与国家重大项目协同进行，集中对知识信息服务的组织和业务推进进行了研究，形成了应用成果。两个重大项目开题后，均按计划进行，取得了巨大成功。

胡昌平是一位兢兢业业的教师，尤其在本科生课程教学和指导中，成效显著。胡昌平始终认为，本科生教育处于基础性地位，本科生数量大，是业界的未来主体骨干；另外，本科教育也直接关系到研究生教育水平的提高。在本科生教育中，他一直关注两个方面的问题：一是高度重视课程建设，努力提高教学质量，胡昌平主讲的《信息服务与用户》正作为国家精品课来建设；二是坚持教学改革，实现教学、研究与实践互动，建立开放式教学体系。胡昌平用自己有限的精力，为我国图书馆学的教育及理论发展做出了巨大贡献。

马费成

马费成，男，1947年8月生，我国著名情报学家、信息经济学和信息资源管理学者，原武汉大学信息管理学院（原图书情报学院）院长、博士生导师。马费成于1975年开始从事情报研究工作，1980年考入武汉大学科技情报专业，攻读硕士学位。1983年研究生毕业留校至今，长期从事情报学理论方法、信息资源管理等领域的教学科研工作。1988年晋升为副教授，1989年破格晋升为教授，1994年享受国务院颁发的政府特殊津贴。他曾任武汉大学信息管理学院院长，教育部人文社会科学重点基地武汉大学信息资源研究中心主任，国务院学位委员会图书馆、情报与档案管理学科评议组召集人，教育部社会科学委员会委员，教育部管理科学与工程教学指导委员会副主任，国家社会科学基金图书馆、情报与文献学评审组副组长，国家自然科学管理科学部评审组成员，中国科技情报学会副理事长，中国信息经济学会副理事长，国际信息系统学会（AIS）中国分会（CNAIS）副主席，国际权威杂志《信息科学学报》编委，《图书情报知识》杂志主编，《情报科学》杂志编委、副主任，《情报学报》《情报杂志》《情报探索》《中国科技资源导刊》等杂志编委。马费成的主要研究方向为信息经济、信息资源管理与规划以及情报学理论方法。

1990年至1991年，马费成在德国国家信息中心从事科学计量学的合作

研究工作，利用 LISA 和 ISA 数据库对世界科学计量学和文献计量学的关系及发展趋势进行定量研究，撰写的研究报告被德国政府采用，他被聘为德国信息中心高级研究员。同时，他还到法国、荷兰、比利时等国的 10 多所大学访问讲学，访问了设在巴黎的联合国教科文世界科技情报系统，就发展中国家科技情报管理提出了建议，被《世界综合情报计划》采纳。

1994 年至 1995 年，马费成在美国肯特州立大学访问讲学并开展合作研究，同时访问了匹兹堡大学、伊利诺大学、哈佛大学、哥伦比亚大学、密西根大学、OCLC、CA、ISI、DIALOG 等著名的图书馆学情报学教学与研究机构，建立了广泛的国际学术联系。他还是联合国教科文组织和美国信息资源管理协会聘请的国际信息素养特别会议专家和国际数字人文网络亚太区学术代表。

马费成担任首席科学家，先后承担教育部哲学社会科学重大攻关项目、国家自然科学基金重点项目等国家及省部级科研项目 20 余项，取得突出成果，具有广泛影响。他先后出版《网络信息序化原理——Web2.0 机制》《IRM-KM 范式与情报学发展研究》等著作十余部，在国内外重要的学术期刊上发表论文 100 余篇，获教育部人文社会科学研究优秀成果奖一、二等奖，湖北省社会科学优秀科研成果一等奖、国家教学成果奖等国家及省部级教学科研成果奖十余项。他 1997 年被评为湖北省有突出贡献的中青年专家，1998 年获宝钢优秀教师奖，2007 年被评为全国教学名师，获宝钢优秀教师特等奖。他指导的一篇博士学位论文获全国百篇优秀博士论文。2012 年 12 月，马费成当选为武汉大学人文社会科学资深教授。他的简传入选《世界成功者》。

马费成不仅是中国信息管理科学、情报学界的知名专家，还是全国教学名师，也是信息管理学院学术带头人，半个世纪痴心于情报学理论方法和信息管理领域的探索，引领该院产出了大量成果，得到国内外同行认可。

第三章 现当代图书馆学家

一、开创信息时代情报学新理论

早在20世纪80年代初期,马费成就伴着一张书桌、一盏孤灯以及三尺讲台,开始引进介绍国外有影响的情报学理论研究成果,包括英国著名情报学家B.C.布鲁克斯的情报学基本理论,美国著名情报学家M.C.约维兹的决策情报理论、文献情报流的规律等。这些成果一经他介绍,很快就被国内学术界广泛引用。而他通过系统梳理,概括提炼出的文献情报流规律,早已成为我国文献计量学和信息计量学研究的基础。这对于"文化大革命"结束后中国图书情报界了解国外有代表性的学术流派及其成果,恢复、推动我国情报学的发展起到了积极作用。浩如烟海的情报、单调枯燥的数据,马费成却把这些当成了干事创业的黄金宝地。在新信息环境下情报学的发展受到巨大挑战之时,他却在其论文《情报学的进展与深化》中,系统总结了情报学发展历程,提出情报学取得突破的两大关键课题。他的观点再次迅速被许多学者认同。

马费成获得国家自然科学基金项目资助,对科学信息离散分布规律进行研究,证明了情报学中经典的布拉德福定律不仅在宏观的文献层次是正确的,而且在微观层次的内容单元上也符合。该定律所揭示的现象被认为是社会科学领域中普遍存在的马太效应。基于此,他于2001年进一步通过网络数据证明了布拉德福定律的存在性和正确性,这一结论为布氏定律作为情报学基本定律提供了充分的依据,受到了美国情报学会前任主席、加州大学伯克利分校MichaelBurcland教授的高度评价。故纸堆里的老学问,被马费成他们迅速做成了现代新学科的增长点。之后,他引入概念地图对知识进行分析评价,用实验和实证方法实现了评价过程和系统原形。这一创造性成果,得到业内人士的高度评价,并于2009年获得教育部普通高校人文社会科学优秀科研成果一等奖。马费成还敏锐地意识到情报学与其他学科越来越多地交叉融合。

他进一步开展知识网络演化及知识网络中的群体行为、热点趋势探测，系列论文3篇发表在国内权威杂志上，被中国人民大学报刊复印资料在一期上全部转载；2篇被本学科领域国际顶级杂志采纳。《情报学的进展与深化》被认为是20世纪90年代我国情报学研究的一篇经典文献。

马费成通过自己的长期积累，提炼出情报学的6个基本原理，其成果主要反映在论文《论情报学的基本原理及理论体系构建》和专著《IRM-KM范式与情报学发展研究》中，为情报学理论大厦的构建提供了理论基础和研究路径。这些成果产生了较大影响并被广泛引用，获教育部普通高校人文社会科学优秀成果二等奖。马费成说情报学和信息管理是他的生命，他这辈子干了一件自己喜欢干的事。

二、让信息资源服务大众

20世纪90年代，中国经济发展面的貌日新月异，马费成决心进一步探索信息服务的正能量，使其为经济发展服务。他提出，研究信息经济学信息应当从经济机制和经济规律的一种形态转换为另一种形态，而不仅仅是不完全信息和非对称信息的研究。于是他开始对信息商品的价格、信息市场运行机制、信息产业形成和发展规律以及信息经济效益评价进行了开创性研究。

马费成自喻自己就是一个"信息人"。在信息资源管理与规划领域，通过对国外复杂纷纭成果的考察分析，马费成区分出企业、政府、图书情报界的不同研究范式和共同特征，总结出信息资源管理沿革发展的历史过程。他强调在以技术作为信息资源管理基本手段的同时，要重视社会、人文、经济手段的综合运用，并认为这是净化当代信息环境，克服信息爆炸的有效途径。马费成负责的"面向高速信息网络的信息资源管理"项目于2000年获得湖北省社会科学优秀科研成果一等奖。

"数字信息资源规划、管理和利用研究"于2004年入选教育部哲学社会科学重大课题攻关项目,"数字信息资源的深度开发和管理机制研究"于2008年获国家自然科学基金项目重点项目资助,最终成果反映在2012年出版的《数字信息资源规划、管理和利用研究》《网络信息序化原理》等专著中。

马费成曾为科技部制定国家科技成果信息服务平台相关标准规范,为教育部社科司制定人文社会科学特色数据库标准。他为深圳出版集团、汇海科技有限公司、湖北省科协、发改委等提供的有关信息化解决方案和决策性咨询报告也被采纳。

三、引领信息管理学科发展

武汉大学信息管理学院是我国历史最悠久、规模最大的信息管理教育与研究重镇。中国的档案教育事业始于1934年,缘于湖北武昌城。1920年,被黎元洪称为"中国现代图书馆运动之皇后"的美国图书馆学家韦棣华女士和中国学者沈祖荣先生在武昌创建了文华图书专科学校。这便是现在图书档案专业的前身。文华图专不仅是我国第一所培养图书馆学专门人才的学校,而且是我国第一个开办档案教育、培养档案学专门人才的学校。沈祖荣开创了中国近现代档案教育的先河。多年来,文华图专顺应时代需要,采取多种形式的办学方式,先后为档案部门输送了数百名档案专门人才。

1984年,经教育部批准扩充更名为武汉大学图书情报学院,并恢复了档案学专业的招生。此时,4个专业存于一体,相互交叉、相互融合,给档案学专业的发展带来了新的生机与活力。2000年,新的武汉大学重组成功。经过几十年的发展,武汉大学的档案专业逐步建成较为完整的学科体系。

身为武汉大学信息管理学院的院长、教授、博士生导师,马费成十分尊崇宗师韦棣华女士和沈祖荣先生缔造的文华精神——世代相传的智慧与服务精神。中华人民共和国成立后,尤其是改革开放以来,武汉大学以崭新的姿态走上创新之路,用文华精神造就了一代代学子。无论是信息管理学院的诞生还是档案专业的设置,都以坚持改革、顺应时代为原则,按照新时期档案事业的需求,培养和造就档案学优秀人才。

20世纪90年代,档案学专业着重向电子档案管理发展,档案学与其他学科不断交叉渗透,出现了新的综合——信息管理学,并形成图书情报档案一体化。在马费成的指导下,武汉大学信息管理学院在不断的进取、改革、借鉴、实践中,信息管理学专业建设、学科体系和教学内容不断得到完善和深化。

身为国家社会科学基金图书情报与文献学科组评审专家,马费成十分重视围绕学位课程组织编写研究生教材,开展科学研究等学科建设。他与同志们四处奔走、呼吁、论证,终于使档案管理学科在"八五"教育部人文社会科学基金中首次立项。近10年来,信息管理学院教师共计承担教育部人文社会科学规划基金等项目几十项,出版著作300多部,发表学术论文1000多篇并多次获奖,大大促进了学科建设和发展。多年来,档案专业培养出的毕业生具有扎实的专业基础理论、系统深入的专门知识和较为广博的相关学科知识、较强的实践动手能力和适应能力、较高的综合素质以及较强的协作精神和沟通能力。他们就业于政府机关、大型企业的行政或档案部门以及各地国家档案馆等事业单位,并很快成为主要业务骨干。

自1992年担任武汉大学图书情报学院即现在的信息管理学院院长,到2005年4月退居二线,马费成引领该学院历时12年。他亲切地把学院称作"一生的邀请"。在任职期间,他率领领导班子制定了学院的发展规划,明确了学科建设的方向、目标和任务。在该规划框架下,学院花大气力对学科结构进行调整,明确了各二级学科建设的主攻方向,并以此为基础,对学院队伍和资源进行重组配置。学院无论是科研课题的申报与选择,还是在教学体系的确立与教学内容组织中,都以规划确定的方向为基础。就是这些措施,确保了信息管理学院的学科始终与时代同步,使其在国内处于领先地位,在国际上也有一定的影响力。

10多年来，信息管理学院无论在教学科研还是社会服务方面，都产出了大量的成果，得到了全国同行的认可。该学院在1999年申报获得图书馆、情报与档案管理一级学科博士点，2003年与经济管理学院合作申报获得管理科学与工程一级学科博士点。2000年获准建立国家人文社会科学重点研究基地——武汉大学信息资源研究中心，在信息产业部的支持下建立了国家信息资源管理武汉研究基地。图书馆学和情报学在2002年双双获批国家重点学科。图书情报与档案管理在两次学科评估中排名全国第一。

作为教育部人文社会科学研究基地武汉大学信息资源研究中心主任，马费成按教育部提出的五大标准进行基地建设，在教育部组织的两次评估中被评为优秀基地。图书馆建设获得国家"211工程"项目资助，并在国家"985工程"项目资助下，建立了信息资源管理的创新基地。这些成果的取得和创新平台的建立为信息管理学院的进一步发展奠定了坚实基础。

作为国务院学位委员会图书情报与档案管理学科评议组的召集人以及国家社会科学基金图书情报与文献学评审组副组长和管理科学与工程教学指导委员会副主任，马费成主持并参与了这些学科培养规范的制定和咨询工作，起草了相关研究报告，对我国图书情报学科和信息管理与信息系统学科的建设与发展做出了积极贡献。

四、培养信息管理人才

作为一名大学教师，马费成明白，要教出本行业的领军人物，只有爱生爱岗之情是远远不够的，还必须拥有广阔的学术视野和高水平的教学经验。为此，一留校任教他便与同事们一道对欧美同专业的办学模式进行了大量调研，通过比较研究，借鉴他们在课程设置、教学内容方面的成功经验。

培养学生，就要培养有用之才。社会需要什么样的信息人才？他又和同事们一道对本系毕业生和用人单位进行全面调查，研究综合大学科技情报专

业和相关专业的特点，制定全新的教学方案，大大改善了这个传统专业的学生的知识结构和可转移的智慧。他在主讲信息管理学基础、信息资源规划和信息经济学时，注重加强教材体系建设，更新教学内容，加强现代化教学手段的研制与开发，研究与后续课程的整合与衔接。功夫不负有心人，该课程随后被评为国家级精品课程。他领导的"图书情报核心课程教学团队"入选首批国家级教学团队。马费成指导的1篇博士学位论文获全国百篇优秀博士论文；1名博士生获得全国百篇优秀博士论文提名奖，5名获湖北省优秀博士论文奖；指导的硕士生2次获得"挑战杯"大学生课外学术科技作品竞赛湖北省特等奖和全国银奖，1名本科生获得湖北省一等奖。马费成2007年被评为全国教学名师，获宝钢优秀教师特等奖。

第三章　现当代图书馆学家

邱均平

　　邱均平，字承思，1947年11月出生，湖南省涟源市人。1969年毕业于武汉大学化学系，被分配到湖北省通城计划委员会工作。1978年考入武汉大学科技情报专业学习，1981年毕业后留校任教至今。1998年，作为高级访问学者和高级研究学者应邀访问了美国俄亥俄大学，开展国际合作研究，并参加国际馆长交流计划，获得国际培训合格证书；同期还访问了美国国会图书馆、美国科学情报研究所（ISI）、美国哈佛大学图书馆等14个著名图书情报机构。2000年应邀赴美国西东大学访问并进行合作研究。该校曾在网上对邱均平做了专门报道。他还被吸收为"美国信息科学与技术学会"（ASIST）理事。邱均平曾任国家科委武汉大学科技信息培训中心主任、武汉大学图书馆学情报学研究所所长；现任武汉大学信息管理学院教授、博士生导师、中国科学评价研究中心主任、《评价与管理》杂志主编、《图书情报知识》杂志副主编；兼任中国管理科学研究院、浙江大学、南京理工大学等多个单位的研究员、教授或博士生导师、中国科学学与科技政策研究会常务理事兼科学计量学委员会副主任、中国竞争情报研究会常务理事、中国科技情报学会理事、中国社科信息学会常务理事、中国索引学会常务理事、中国图书馆学会编译出版委员会委员、期刊委员会副主任、中国社会科学研究评价中心常务委员会委员以及《情报学报》《图书情报工作》《情报科学》等14种杂

志的编委,并被评为湖北省有突出贡献的中青年专家和享受国务院特殊津贴专家。

邱均平是著名的情报学家和评价专家,是我国文献计量学和科学计量学的主要奠基人之一。他的研究领域涉及广泛,主要集中在文献计量学与科学计量学、信息管理与知识管理、经济信息与竞争情报、网络计量学、科研评价与大学评价等方面。邱均平一贯勤奋学习、敢于创新,不断开创新的专业领域,其开创性的研究为图书情报学和信息管理学科的发展做出了重要贡献。

邱均平主持并完成国家和省部级课题24项,出版著作30部。其代表性著作有《文献计量学》《信息计量学》《网络数据分析》《知识管理学》《大学评价与科研评价》等。其中,专著《文献计量学》首次创立了理论、方法和应用三结合的学科体系,对我国情报学研究和教育的积极贡献,具有开创性意义,其被引率名列第一,是该领域的奠基之作,被选为"教育部面向21世纪教材"。《知识管理学》则是国内第一本以该学科命名的开创性奠基之作,被评为教育部"十一五规划教材"。

邱均平教授在《Scientometrics》《情报学报》《中国图书馆学报》等国内外重要期刊上发表论文300多篇,其中有70余篇获奖或被《新华文摘》《人大报刊复印资料》全文转载。他还获湖北省社科研究优秀成果省级一等奖和国家教委科技进步奖等36项学术奖励。近几年来,他研发的"中国大学及学科专业评价系统"被省级鉴定为"国内领先"成果,连续5年公布的"中国与世界大学排行榜"以及每年在科学出版社出版的《中国大学及学科专业评价报告》《中国研究生教育评价报告》《中国学术期刊评价报告》和《世界一流大学与科研机构评价报告》等4种评价报告得到广泛认可和好评,在国内外影响很大。

邱均平的研究成果中,《我国图书馆学情报学研究主题趋势的定量分析》获省级一等奖,《信息资源网络化对经济和社会发展的影响及对策》获省级一等奖,《中国文献计量学、科学计量学教育的兴起和发展》获省级三等奖。

1996年9月，他作为大会秘书长，主持召开了"96信息资源与社会发展国际学术研讨会"；2004年9月，作为组委会常务副主席兼秘书长主持召开了"第四届大学评价与科研评价国际学术研讨会"并主编两个会议的论文集（中、英文），在国内外学术界产生了广泛影响，被誉为"我国文献计量学和科学计量学的主要奠基人""著名情报学家"和"著名评价专家"。20多年来，邱均平多次被评为优秀教师、优秀导师和优秀共产党员，其学术成就和业绩被载入《世界名人录》《中华科技精英大典》《中国百科学者传略》《中国100所高等学校中、青年社科教授概览》等21部大型权威辞书中，其重要贡献受到学术界的广泛称赞和社会公认。

邱均平教授1969年从武汉大学化学系毕业。1972年在湖北省通城计划委员会工作。4年之后，中国社会发生巨大转折的同时，也改变了邱均平个人的命运。1978年，当他听说母校武汉大学准备吸纳一批新的师资力量时，毫不犹豫地做出选择，考入武汉大学科技情报专业学习，从此与情报科学结下了不解之缘。自1981年留校任教30多年来，邱均平教授一直就在这一领域辛勤耕耘，不仅推动了文献计量学在情报学、图书馆学、科学学等学科领域及其定量管理等方面的具体应用，而且在网络计量学、信息管理与知识管理、经济信息学与竞争情报、大学评价与科研评价等领域的教学与科研方面做了大量开创性的研究。

一、对文献计量学的突出贡献

我国的情报学研究，随着国家整个情报事业的发展取得了长足的进步。特别是进入20世纪80年代以来，社会信息化和信息社会化已成为这个时代最为突出的标志，科技文献数量每年呈几何级数爆炸式地增长，科技文献的使用和处理也出现了新的特点和规律。与此同时，情报学研究无论在广度上还是在深度上，也都有了新的进展，引进了许多相关学科知识和国外情报学

的研究成果，既推动了相关学科的发展，也创造性地提出了自己的理论和方法。正是在这种背景下，邱均平教授决定从基础研究开始，从情报学分支学科和专业的纵向角度出发，全面系统地论述科技情报源的产生、分布和结构，来进一步阐明科技文献的加工、控制、交流和利用的机理，从而使之成为一门系统而完整的分支学科。这不仅有助于图书情报部门迅速地进行文献信息的加工与整理，使之有序化并及时实施有效传递，最大限度地满足社会的需求，而且有助于教学，使情报专业的学生能够真正获得系统的文献情报知识，培养和训练他们识别、检索与处理文献信息的能力，以适应现代图书情报工作的需要。他留校任教以后的短短5年时间，第一部凝聚着他的心血的个人专著《生物科学文献情报指南》问世了，紧接着他又出版了《文献计量学》《科技文献学》《生物学与生物技术情报检索》等一批著作。《科技文献学》是由邱均平和同事胡昌平执笔，在原有《化学化工文献学》和《物理文献学》两部著作的基础上写成的。该书作为教材使用仅一年，就被列入原国家教委高等学校文科教材选编计划，不久便由国家教委组织的《科技文献学》教材审稿会一致通过，并由武汉大学出版社正式出版发行。参加审稿会的专家、教授和学者一致认为，它是国内第一部完整性、系统性和实用性较强的文献学教材，作为专门著作无疑对我国文献学研究及其理论建设做出了重要贡献，是科技文献领域的开拓之作。

邱均平教授治学勤奋，在不断探索与总结的基础上，其代表作《文献计量学》于1988年由科学技术文献出版社出版。在这部专著中，他首次创立了理论、方法和应用三结合的学科体系，以智者的笔墨，深入浅出，用简练而概括的语言把文献学用量化的方法，即用数学公式和数学语言加以描述，并运用大量有趣的、来自于科学统计与科学试验的实例，系统而全面地阐述了文献计量学的基本定律、基本理论和方法。该书不仅详尽地介绍了科学文献的增长规律和老化规律，布拉德福、齐普夫和洛特卡三大定律以及文献统计分析法、数学模型分析法和引文分析法，而且还对文献计量学在图书情报管理与研究、科技管理与预测中的应用进行了具体的分析与研究，为我国图书情报领域从定性分析研究到定性与定量相结合做出了重要的贡献。他的这部著作不仅获优秀著作奖、优秀教材奖，入选教育部"面向21世纪教材"，而且被认为是"对我国情报学教育和研究的积极贡献，具有开创性意义"，在同类著作中被引率排在第一位，是该学科的奠基之作。早在1983年，武汉大学图书情报学院就率先把"文献计量学"列入教学计划，为情报学、图书馆学专业的本、专科生和研究生等各个层次的学生开设了文献计量学、情报计量学研究课程。武汉大学目前也是国内唯一设立信息计量学与科学评价博士生专业方向的学校。邱均平则成为最早从事文献计量学和情报计量学研究、教学活动的教师。30多年来，他将教学与研究相结合，理论与应用并重，为我国文献计量学和科学计量学的发展培养了大量专门人才。

著名科学计量学家蒋国华在《科学计量学与情报计量学：今天和明天》一文中高度称赞他，利用灰色系统理论及建模方法提出了我国图书出版发展数量模型；在我国科学文献的时序分布和老化研究过程中，首次提出了"引文半衰期"和"文献半衰期"的不同概念；早在20世纪80年代，就对我国《中文自然科学引文索引》进行了较为系统的文献计量学研究，其研究论文获得湖北省自然科学优秀论文二等奖；在文献计量学的开拓方面，做出了很重要的贡献。

二、对网络信息计量学的有力探索

随着社会信息化进程的加快以及信息技术日新月异的发展，国际文献计量学获得迅速发展，已成为图书情报领域最活跃的一个分支学科，代表着情报科学的主流方向和学科发展趋势，并朝着信息化、科学化和网络化方向发展。借助文献计量学的原理和方法，邱均平教授在信息计量学、科学计量学和网络计量学领域做了有力的探索。2004年，邱均平先生及几位年轻博士共

同撰著的《网络数据分析》,是北京大学出版社隆重推出的《网络传播丛书》系列作品之一,同时也是国家自然科学基金资助项目和教育部"十五"规划项目的重要研究成果之一。该书思路清晰、内容丰富,并创造性地将信息计量学和科学计量学的最新理论与定量的方法引入网络数据分析和网络传播研究,是网络传播与网络信息计量学研究方面的难得之作。

邱均平认为,信息计量学是应用数学方法研究,描述信息过程、现象与规律的一门学科。它的主要内容是应用数学方法分析和处理信息传递的种种矛盾,从定量的角度分析和研究信息的动态特性,并找出其中的内在规律。信息计量学的产生和发展过程表明,它是在传统的文献计量学及科学计量学的基础上演变过来的。从这3门计量学科的研究对象来看,它们之间的关系是信息计量学包括文献计量学和科学计量学,文献计量学和科学计量学是交叉关系。其次,由于这3门计量学科都要以文献作为自己的研究对象,从而决定了它们在研究方法、研究内容方面也有重合之处。当然,我们也可以根据这3门计量学学科在研究对象、研究目的等方面的特定属性或侧重点,将其区别开来。

邱均平通过对网络信息计量学研究现状与其发展趋势的分析,认为网络信息计量学是采用数学、统计学等各种定量研究方法,对网上信息的组织、存贮、分布、传递、相互引证和开发利用等进行定量描述和统计分析,以便揭示其数量特征和内在规律的一门新兴分支学科。它不仅涉及网络技术、网络管理、信息资源管理与信息计量学等,也是信息计量学的一个新的发展方向和重要的研究领域。邱均平教授在对这门新兴的边缘学科进行大量研究的基础上,首次提出将其研究对象归结为3个层次:一是网上信息的直接计量问题,如对集文字、图像、声音为一体的多媒体数字信息的计量方法研究,对以字节为单位的信息量和流量的计量研究等;二是网上文献、文献信息及其相关特征信息的计量问题,如网上电子期刊、论文、图书、报告等各种类型的文献以及文献的分布结构、学科主题、关键词、著者信息、出版信息等的计量,既涉及网上一次文献的计量问题,又涉及网上二次文献、三次文献的计量问题;三是网络结构单元的信息计量问题,网络结构单元包括站点、布告栏、聊天室、讨论组、电子邮件等,对以上网络结构单元中的信息增长、信息老化、学科分布、信息传递以及各单元之间的相互引证和联系等的计量研究。在此基础上,他根据网络环境的特殊性,创造性地将文献计量学和科学计量学中得到广泛应用的文献信息统计分析法、数学模型分析法、引文分析法、书目分析法、系统分析法等定量方法应用到网络信息计量学研究中,对网络信息计量学及其应用进行了许多开拓性的研究,包括:网络文献内容增长规律的实证研究、网络链接分析方法及其网络信息计量学意义研究、网络文献的引用和著录问题的探讨、网络用户使用记录计量分析研究、中国大学网站链接分析及网络影响因子的探讨、中文期刊影响因子与网络影响因子和外部链接数的关系的研究、中美学术型网站链接特征的比较研究等,为我国文献计量学与科学计量学在网络上的应用进行了大量探索性的研究。

三、对信息管理的研究与"知识管理学"的构建

"信息管理"这个术语的出现是在 20 世纪 70 年代,是为解决社会信息现象的复杂性、多样性、无序性与人类需求的特定性之间的矛盾而产生的。随着社会信息化进程的加快,其使用频率也越来越高,"信息管理"一词也已为人们所熟知。虽然如此,但在理论和实践领域,人们对信息管理内涵的理解还存在颇多歧义,一直未能达成共识。这在科学发展过程中虽属正常,但势必会导致人们对其学科性质和归属等问题在认识上的混乱,对有关的学科建设、专业教育和事业发展产生不良影响。为此,邱均平教授系统地讨论了"信息管理"的概念,分析了其多义性形成的具体原因,认为主要来自 3 个方面:第一是元概念的多义性;第二是信息管理概念的来源不同;第三是人们认识能力和水平的差异。在此基础上,他对信息管理学的性质、地位、

与相邻学科的关系以及专业设置等进行了探讨，深入剖析了信息管理与信息资源管理、管理信息系统、信息系统管理、信息产业管理和信息管理学等相关概念及其之间的关系，明确界定和规范了这些学科概念或工作领域，对学术研究和实际工作起到了很好的指导作用。

与此同时，邱均平教授在信息管理专业人才的评价以及人才评价与信息管理教育改革之间的关系等方面也做了开创性的研究，构建了以品德素质、科学文化素质、专业素质、身心素质、创新素质和沟通素质为基本要素的信息管理人才综合素质评价指标体系，提出了以人才素质为导向的信息管理教育改革对策，填补了我国在专门的信息管理人才评价研究方面的空白。知识管理的核心问题在于强调知识创新，由此而形成整个知识管理的思想体系，而信息管理的一切问题都是围绕信息的组织控制和利用展开的。在这一领域，邱均平教授率先发表了一系列具有创新性的研究论文，如《论知识管理》《论知识管理与知识创新》《论知识管理与信息管理》《论国家创新体系建设与知识产权保护》《论知识管理与竞争情报》《论数字图书馆的知识管理》《论知识管理与企业重组》《论知识管理与图书情报学的变革》等，这些论文后来被人们广为引用，在学术界产生了广泛而深远的影响。通过对两者的对比分析研究，邱均平教授认为，知识管理与信息管理在产生背景、内涵、研究对象和内容、研究者知识背景等方面都存在着较大的差异，但从广义的知识管理而言，信息管理又作为交叉的研究内容而存在，因而两者之间也存在着密切的联系，不能简单地认为知识管理是信息管理单方面的继承与发展，也不能将二者作为毫无联系的对象来考察。信息管理是知识管理的基础，而知识管理又是信息管理的拓展和延伸，这似乎已经成为大多数人较为一致的共识。邱均平认为，知识管理产生于知识经济的大环境，是新经济增长理论在管理领域的相应产物。信息管理与知识管理两者之间不仅具有相同的作用，都对信息与信息技术予以高度的重视，而且知识管理研究与信息管理研究又相互促进。信息管理研究理论和实践中的重大突破为知识管理的研究提供新思路、新方法；反之，知识管理对信息管理及其所属学科也具有促进与启示作用。在知识管理与图书情报学的创新研究中，邱均平指出，"知识"是图书情报学的主要研究对象和核心概念，是革新其概念体系和理论内容的基本出发点；图书情报事业是社会知识管理的重要组成部分；知识管理的发展有利于提高图书情报学的学科地位和社会影响；从文献采访过渡到知识采集、从文献组织过渡到知识组织、从文献服务过渡到知识服务的研究是基于知识管理的图书情报学研究的重点和发展的关键；数字图书馆的知识管理和知识产权保护是当前图书情报学的研究热点和发展方向；知识管理与图书情报学是相辅相成的、互相促进的互动关系。知识管理已渗透到各行各业，对图书情报学、企业竞争情报、管理学和经济学等领域的变革产生了重大影响。邱均平教授与时俱进，带领他的弟子们不断探索，不仅揭示了知识管理在知识经济这一新的经济形态中的核心地位，而且针对如何在知识经济中实施知识管理提出了具体措施。他们完成的《知识管理学》是国内第一部以知识管理学命名的教材，首次全面、系统地构建了知识管理学的学科体系，是这一学科领域的开山之作。

四、对经济信息学及竞争情报的独特见解

经济信息学是利用信息学的原理和方法，研究经济信息现象、过程和规律的学问，是信息学与经济学广泛交叉、渗透和融合而成的一门新兴的边缘学科。在我国，有关的经济信息工作始于 20 世纪 80 年代初期。20 世纪 90 年代初，邱均平教授就开始指导和培养国际经济信息管理方向的硕士生，后来学院又增设了市场经济信息学的博士生专业方向。他先后以经济信息研究与预测、市场经济信息学、经济信息管理与利用为题，主讲了研究生和本科生课程。长期的教学和研究工作，使得邱均平对经济信息学研究有着许多独到的见解。

首先，邱均平教授站在学科建设的角度，对经济信息学的概念从狭义与广义两个角度进行了规范，认为狭义的经济信息学是研究经济信息现象的过程和规律的学科，是关于经济信息的学问，仅涉及经济信息和经济信息活动问题；而广义的经济信息学则是从信息学的角度研究经济领域中的信息现象、过程和规律的学科，不仅研究经济信息，而且还涉及用于经济活动并能产生直接或间接影响的其他类信息。

其次，邱均平以市场经济为背景，从理论、技术和应用3个部分创立了科学的经济信息学体系。在此之前，许多有关经济信息学的研究都是以计划经济体制为背景，甚至有的还停留在对经济信息工作的经验描述阶段，并没有真正将其作为一门学科来研究。而他能够追踪时代热点，广泛吸收信息学、经济学、管理科学、计算机科学、管理信息系统等学科的理论和方法，特别是对网络经济信息资源、电子商务信息系统以及计算机信息管理等新领域、新技术和新方法均做了全面、深入的研究，将"经济学"引入"信息学"范畴，使之与信息学结合成为有机整体。

再次，邱均平创造性地将经济信息学研究内容归纳为8个方面：关于经济信息学学科建设中基本问题的研究；关于经济信息的研究；关于经济信息规律的研究；关于经济信息活动过程的研究；关于经济信息系统和网络的研究；关于经济信息市场和服务的研究；关于经济信息事业管理的研究；关于经济信息环境的研究。总体上为人们把握经济信息学的学科体系提供了一个清晰的构架。

竞争情报是一种动态、目的性情报，其研究是近年来情报学发展中的一个具有突破性、创新性的新领域。邱均平教授一直为研究生开设经济信息与竞争情报课程，对竞争情报的各个方面都进行过探索，而且成果颇丰，在学术界和企业界有着广泛影响。

五、对科研评价与大学评价的新发展和"评价学"的新构想

文献计量学、信息计量学与科学计量学(以下简称"三计学")都属于信息学及信息管理领域新兴的边缘学科,是学科交叉发展的产物。目前又在更大的范围内与管理科学、科学学与科技管理、教育学与教育管理、政策学、预测学、领导与决策以及计算机科学与技术等许多学科广泛交叉与渗透,正在形成一门崭新的横断学科——评价学和一个涉及面十分广泛的评价与管理领域。在我国尽快构建和发展评价学是邱均平教授当前研究工作的重点之一。在国际上,利用"三计学"的理论、原理和方法进行科研评价与大学排序是目前的普遍做法和趋势,在我国也开始受到学术界、科教界、企业界以及有关政府管理部门的高度重视,正在形成一种广泛而迫切的社会需求。在这样的现实背景下,2002年12月,由邱均平教授倡导并主持创办的中国科学评价研究中心(以下简称"评价中心")正式成立。它是一个文理交叉和跨学科的研究机构,是我国高等院校中第一个综合性的科学评价研究中心,集科学研究、人才培养和评价咨询服务为一体。在邱均平教授的领导下,评价中心利用SCI、SSCI、A & HCI、JCR、ISTP、ISSHP、EI、中国科学引文数据库、中国人文社会科学引文数据库、中国科技论文与引文数据库等国内外的权威学术数据库,采用定性与定量相结合的综合集成方法,通过信息计量(包括文献计量、科学计量等)等多种途径对各个学科领域或行业进行综合性的定量研究和评价,为政府部门、高等院校、企业等单位和个人开展诊断式评价和咨询业务,为有关管理、决策部门和广大社会成员提供"大学诊断"、科研评价、项目论证、信息化建设、人才培养与专业设置、大学排序、综合竞争力、课题查新、科学技术或社会科学的发展评价等服务。2004年,邱均平教授作为大会组委会常务副主席兼秘书长主持召开了第四届大学评价与科研评价国际学术研讨会,并合作主持了前三届科研评价与大学评价国际研讨会,

完成了国家自然科学基金、社会科学基金以及教育部人文社会科学重点研究基地重大项目的多个研究课题，在国内外学术界产生了广泛影响。2004年3月底，中国科学评价研究中心与中国青年报社共同开展大学评价系列研究工作，共同推出了《中国高校科研竞争力评价报告》和《中国高校综合竞争力评价》，引起社会的极大关注，并得到了广泛的肯定与支持。2005年，评价中心又在国内第一次推出了民办高校的排行榜。

邱均平教授指出，分类评价是任何大学评价都必须遵循的一个最基本的原则，这是由高校的多样性、层次性、地区性和复杂性所决定的，如果不加区别地用相同的标准和指标评价不同学科或不同类型的大学及其科研活动，就会导致事与愿违的评价结果，影响高等教育发展的价值取向和高等院校的正常发展。为了贯彻落实分类评价原则，不断提高大学评价的针对性、科学性和社会公信度，他从3个方面进行了探索和尝试：一是在国内第一次区分"重点大学"与"一般大学"两个层次类型，分别对高校进行了较为全面、系统的综合评价；二是从科研活动的规律和特点出发，第一次以投入、产出、效益为主线，将高校的科学研究分为"科学技术"（含自然科学和工程技术）与"人文社会科学"两个不同的领域，采用不同的数据、指标和权重，分别对高校的科技创新竞争力和人文社会科学研究竞争力进行了评价；三是在区分重点大学、一般大学与民办院校理科与文科科研竞争力评价的基础上，分别按8种类型学校的评价得分进行排序，此外，还按省、市、自治区对高校进行了分地区的排序，充分体现了"同类比较，分类评价"的原则。在评价研究中，他还特别注意处理好管理导向与市场导向、数量与质量、规模与效益、投入与产出等方面的关系，兼顾各方面的利益和要求，以保证评价结果能够获得较大的公信度。

邱均平教授治学严谨，洞察敏锐，站在学术的最前沿，辛勤耕耘，奋力开拓。除了科学研究外，他还希望在有生之年完成他自己的"百人工程"计划。到目前为止，邱均平教授培养的研究生，包括已毕业的和在校的已超过60人。

许多已迅速成长为本学科领域的学术骨干或带头人,其中有一位博士生的学位论文还获得全国百篇优秀博士论文提名奖,邱均平教授也因此获得"优秀博士生导师"称号。长期以来,他对学生严格要求,言传身教,教书育人,尽心尽责,特别注重在科研实践中培养创新型人才,为我国图书情报学、信息管理学和科学评价领域的专业教育和人才培养做出了突出贡献。

韩继章

韩继章,男,1947年10月出生于河北省馆陶县。1982年毕业于湖南大学图书馆学专业,获学士学位。同年入湖南图书馆工作。1985年任《图书馆》副主编,主持编辑部工作。韩继章的主要研究领域为图书馆学理论、图书馆事业,曾任中国图书馆学术委员会委员、湖南省图书馆学术委员会副主任、《图书馆》杂志执行主编等。由他主编的《图书馆》先后被评为全国中文核心期刊、图书馆学优秀期刊、CSSCI来源期刊。

一、呕心沥血创办好刊

学术期刊是学科的重要建制,是学术交流和成果展示的重要平台,更是学科建设的重要基础支撑,传承学科学术、推动学术创新、促进学科建设是学术期刊产生和发展的历史使命。办好期刊有两个基本条件:一是拥有主体性策划能力强的编辑和运筹帷幄的主编;二是拥有坚持创新的理论。学术期刊主编(常务副主编)是学术期刊的经营者、管理者、代言人、总审稿人、总策划师等,在学术期刊中扮演着极其重要的角色。一本期刊从封面设计到编排格式,从办刊宗旨到期刊定位,从读者对象到影响范围,从学术层次到采录标准等,无不体现着主编的办刊思想。主编的风格决定刊物的风格,主编的素养决定了期刊的学术水准和质量。《图书馆》于 1973 年创办，为内部刊物，名称先后为《图书馆工作》《湘图通讯》。1983 年更名为《图书馆》并公开发行。韩继章 1982 年大学毕业就来到湖南图书馆，起初在研究辅导部工作，1985 年转到《图书馆》编辑部，担任副主编并主持编辑部工作，一直到 2010 年退休。《图书馆》虽不是韩继章亲手创办的，但是在他主持编辑部工作期间，《图书馆》连续被评为中文核心期刊、CSSCI 来源期刊、中国人文社科核心期刊、RCCSE 核心期刊、中国图书馆学优秀期刊，在我国目前大约 38 种图书馆学专业期刊（其中包含 9 种图书情报两栖类但不含情报信息类期刊，公开发行 30 种，内部发行但 CNKI 可搜检的期刊 8 种，核心期刊 12 种）中，《图书馆》无疑是学科专业深有影响的学术刊物之一。正是他近 30 年呕心打造、艰辛开拓才有《图书馆》这样的发展，由内刊转为公开发行，并从偏居一隅的地方小刊成长为专业领域深有影响的学术大刊，从一个实践性工作性刊物发展成为学术性很强、兼具理论与实践的综合性期刊，从专业知识的一般性普及到着力基础理论的探索和构建，在学科建设和方向引领上都发挥了积极的导向作用。一些学者的文献计量分析结果显示，《图书馆》在内容质量、外在形式特征上都达到了较高的质量标准，具有较高的学术影响力。

二、树立正确的学术导向

学术导向是指学术期刊在一定的宗旨、目标指导下，对学术研究的选题重点、研究方向、研究层次、研究方法、研究行为规范、学术风气等方面进行指导性、启发性、创新性、引领性、规范性的学术引导和学术调控。简言之就是将学术研究引向哪里、导向何方。《图书馆》之所以在学界深有影响，能为学术研究提供思想借鉴和启发，能够获得社会和同行专业学术认可，正是缘于《图书馆》在坚持学术性的基础上突出基础研究的正确导向，编发了

一批高质量、有影响力的基础理论研究的重头文章。作为《图书馆》的总设计师，韩继章非常重视刊物的导向作用，认为办好一个杂志最重要的一点就是杂志要有导向作用，要以学术栏目建设和基础理论研究重头文章的编发为主抓手，突出刊物的学术和理论导向。

韩继章首先着力抓学术栏目建设，突出以品牌栏目建设为指向、以推出基础研究的精品力作为重点。韩继章擅长根据学科和事业发展的新形势、新任务、新变化、新要求，不断推出新栏目，通过栏目增加和调整，努力使每一位读者都能从中找到自己需要阅读的文章，使学科和事业发展的新情况、新问题、新理念、新思维、新趋向都能及时有所体现，引导更多人关注学科和事业。在坚持综合性办刊方向的同时，坚持理论与实践，学术性与实用性、普及与提高并重，突出刊物的学术性导向和理论导向。知网统计工具显示，《图书馆》栏目总数已达51个，应该说栏目结构完整，设置科学规范，较好地体现了该刊的学术性、实践性、知识性和可读性。《图书馆》栏目虽然较多，但根据CNKI文献量的分布情况看，主要集中在"专题研究""工作研究""学术论坛""新理念新思潮新视野""实证研究""国外图书馆""综述""基层图书馆工作""书林清话"等相对稳定的栏目上；从栏目的专属性上看，"专题研究""基层图书馆工作""书林清话""封面人物"是《图书馆》的特色栏目；从栏目定位和所刊发的文章性质上看，《图书馆》从整体上看学术性非常鲜明，除了"基层图书馆工作"为一般工作性、普及性栏目外，其他全部是学术性栏目。"专题研究"主要刊发一些相对具体性的、对象性、主题性的问题研究文章，"学术论坛""综述"主要是研究报告和综合评述等理论性、研究性的文章，"新理念、新思潮、新视野论坛"则刊发专、深、新的学术论文，"实证研究"主要刊发通过调查研究、数据分析、典型案例等方法研究现实问题的文章，"图书馆史"和"书林清话"是从历史和文化的视野研究学科事业的深厚历史和文化底蕴，"封面人物"虽不是学术文章，但都是学术研究名家和新锐。从学术层次和学术影响力上看，"学术论坛""新理念、新思潮、新视野""青年图书馆学家论坛"以及阶段性的"新世纪新视点三人谈"等无疑是以品牌栏目建设为指向、以基础理论研究为依托的重点学术栏目。决定专业学术刊物影响力的最核心因素是学术创新，而基础研究是学术创新的牛鼻子，执学科牛耳者当是具有思想先锋、理论旗帜、创新风范的学术刊物，真正能够推动学科和事业发展，能成为学科理论体系和学科思想史材料的是具有思想性、学术性、创新性的理论文章而非其他。以刊发理论精品力作为指向的品牌栏目则是学术期刊形象的标志，是学术期刊的核心竞争力。从学术角度讲，理论研究的精品力作应该是与学科和事业存在和发展最本质、最攸关的基础性课题，应该是具有科学和人文价值、学术水准和学术影响力很高的成果。

韩继章同时着力抓基础理论研究的重头文章的编发，突出刊物的学术品位和学术影响力。他十分注重理论图书馆学的研究和发展，注重新的学术观点和学派的生长和发展，对学科和事业发展重大理论和现实问题总是表现出非凡的敏锐嗅觉和捕捉能力，发现学术新人、捕捉学术热点是人们对《图书馆》的一致评价。韩继章善于通过基础研究重头文章的征组稿，引导学者关注学科热点、重点和重大基础问题研究，不断推出高质量的学术力作，突出刊物的基础理论导向，发挥基础研究在学科建设上的引领作用。图书馆学基础研究主要包括基础理论研究、基础应用研究两大领域以及四大方面：科学理性为基础的科学构建、以人文理性为基础的人文构建、以制度理性为基础的制度构建、以价值理性为基础的价值构建。从基础研究的文章征组稿上看，从20世纪80年代以来，《图书馆》先后组织了多次征文、组稿活动，包括20世纪80年代中期组织的图书馆事业发展战略研究征文活动，2005—2006年21世纪新图书馆运动征文活动，2008—2009年的新理念、新思潮、新视野论坛征文活动以及21世纪初的新世纪新视点三人谈系列组稿等非常引人注目，在学界产生了广泛而深远的影响。从基础研究重头文章的学术主题上看，涵盖了这两大层次和四大方面，包括基础理论研究（如黄纯元的论芝加

哥学派、刘迅和范并思的世纪之交的思考系列、刘洪波的知识组织理论、王子舟的"知识集合论"、梁灿兴的可获得性研究系列文章及基础理论研究的其他重要文章、基础理论研究的综述及反思批判文章等）、图书馆精神研究（包括图书馆精神、图书馆人文精神、公共图书馆精神等）、图书馆人文研究（人文精神、人文传统、人文服务、人文关怀、人文趋向）、图书馆价值研究（图书馆科学价值、人文价值、核心价值）、图书馆制度研究（公共图书馆运动、公共图书馆法、免费服务、信息公平、知识自由、阅读权利等）、图书馆管理思想研究、图书馆发展研究等。

三、高瞻远瞩感知敏锐

韩继章的理论思维品格主要表现在两个方面：一是理论洞察力，二是理论思维能力。韩继章对学科和事业发展过程中所隐现、显现的现象和问题总是表现出敏锐的感知力和非凡的洞察力，这与他对学科历史和现实的全面感知、基础前沿的持续专注、重大理论和现实问题的深刻洞见、学科和事业发展方向的科学把握以及"科学—人文—制度"视角的理性思维分不开的，总能在学科和事业发展的关键时刻抓住前沿问题、热点问题、重大问题，总能以学科和事业的建设和发展需要为本位，前瞻性地意识到基础研究重大问题（如图书馆学基础理论、图书馆发展战略、图书馆精神、图书馆人文关怀、公共图书馆价值理念如平等服务、免费服务、知识自由、核心价值观等）在图书馆学研究中的重要性，通过刊物导向、选题方向、栏目策划、栏目征文、专题组稿、理论重头文章编发等形式推动基础研究，促进学术繁荣和理论创新。编辑的学术洞察能力越强，学术期刊的学术水平就越高，其社会价值也就越大。《图书馆》之所以能够在不断发展的潮流中抓住机遇，获得长足发展并获得学界的关注和认可，与韩建章的理论洞察力和理论思维能力有着直接的关系。韩继章一直致力于图书馆学基础研究，对图书馆学基础研究做出了较大的理论贡献，他对一些重大理论问题具有独到的见解和深刻的洞见，在图书馆学基础研究中展示出了其良好的理论素养和理论思维能力。

韩继章将图书馆精神概括为四点。一是体现在图书馆事业中的人文精神，二是体现在图书馆在整个社会中作用的公共图书馆精神。这种认识高度概括了图书馆作为个体的存在和社会的存在、作为自身的存在和作为外部的联系、作为历史的和现实的存在、作为人文传统和现代文明进步的存在，所应该具有的价值观念、道德要求和精神境界，是历史的辩证的统一。三是关于图书馆人文化发展问题。21世纪之初，韩继章通过对中西方文化背景、中西方图书馆人文观的考察和理性分析，认为中国图书馆的人文化发展显得甚为迟缓，但伴随着改革开放和思想解放运动的深入，国门洞开、国际文化交流增加，图书馆人文化趋势日益显现并明显显示出良好态势，这体现了韩继章的理性分析能力和敏锐洞察力。而随后图书馆人文精神从理论走向实践的事实以及制度图书馆学、公共图书馆价值理念、图书馆阅读推广、公共文化服务体系建设、公民基本阅读权利的保障、弱势群体阅读权利的关注、公共文化服务均等化等研究的发展进一步印证了图书馆人文化趋势的发展和深化。四是关于图书馆思想史研究问题。图书馆思想史是学习和研究图书馆学的基础入门知识，也是学科建设和发展的基础。韩继章在图书思想史研究上颇有建树，其发表在《图书馆》2006年第1期上的《中国图书馆百年史中的三次思想启蒙》一文在学界产生了较大反响。此文从中国近现代历史文化和经济社会发展的宏观背景，考察和检视中国图书馆发展的百年历程，认为随着中国历史的演进，中国图书馆经历了三次重要的思想启蒙，并重点从价值观和文化视域探讨了三次思想启蒙产生的社会原因、时代特点以及深层原因。

四、高擎图书馆事业旗帜

图书馆事业是一项古老而圣洁的事业，在保存和传播人类文化知识、促

进经济社会发展和文明进步中发挥着极其重要的作用，所以人们用最美好的隐喻（如知识宝库、人类百科全书、没有围墙的大学等）赞美它。但从20世纪90年代始，随着网络信息技术的飞速发展和新兴信息服务业的快速崛起，世界范围内的图书馆事业都面临着前所未有的挑战，传统图书馆功能削弱，中心地位被排挤并有进一步边缘化的趋势。伴随图书馆事业的衰微，图书馆学科建设和专业教育也面临着困境和危机。面对学科和事业发展的当代境遇，学术界存在一些不良心态和表现：大多数人保持沉默，消极观望，不思进取，不为形势所动；有部分人跟风赶潮，削足适履，改旗易帜，去图书馆化，去中心化；少数人选择逃离，逃离难出成果、难有建树且易遭质疑和责难的基础研究，转向能快出成果、新鲜又时髦的技术应用研究，或是干脆逃离社会地位低下、不为社会认同和尊重的学科和事业，转向社会地位和社会认同度高、既有面子又有里子的其他学科和行业。这些是弱势事业和弱小学科境遇下的小国寡民心态，本质上都是缺乏学术自信、学术良知、学术责任的消极表现，学界并非整体不自信、集体失语，还是有不少具有学术良知和担当、甘于寂寞清贫而执着坚守、不懈探索的学者。

　　面对急剧变化的学科和事业的当代境遇，韩继章始终矢志不渝地高擎图书馆大旗，坚守学科阵地，在期刊编辑和学术研究上始终把"图书馆"三个大字书写在学术旗帜上，始终是学科和事业的执着守望者、艰辛探索者、默默奉献者。

　　作为主编，韩继章思想观念开放、学术视野开阔、思维理性活跃，紧跟时代潮流不落伍，紧盯学术前沿不落后，紧密联系实际不盲从，人文社科研究的新理论、新思潮、新理念都能够在刊物中有所体现，但并没有被外源性学术因素牵着鼻子转，不热衷于追风赶潮，不攀附强势，不改名易帜，始终不偏离图书馆这个中心，保持着《图书馆》独立的价值取向和办刊风格，坚守图书馆阵地，坚持图书馆学科立场，努力从科学、人文、制度三大维度上致力于学科建设，从新理念、新思维、新技术的推广上推动事业发展。无论学科和事业发展的外部环境如何变化，无论是在学科和事业发展的高涨期还是低潮期，韩继章始终不受世俗观念所摆布，不为一己之利所驱使，不放弃学科追求和学科信仰，不忘初心，勇于担当，潜心学问，不懈创新，为图书馆学奉献了大量有学术价值和思想价值的研究成果。

作为学者，韩继章在做好本职工作的同时，不断加强图书馆学研究，一直潜心耕耘，笔耕不辍，共发表署名文章100余篇，同时利用《图书馆》平台，充分发挥刊物在专业学术研究上的导向作用、学术人才的培养作用、研究资源上的聚集作用，推动图书馆学术研究，把图书馆学理论创新不断引向深入，把图书馆学的理论建设持续地推向前进。他即便退休了也没有停止对学科和事业的思考和研究。韩继章最早研究的是目录学，但20世纪90年代后由于《图书馆》杂志研究领域的需要和自己兴趣的变化，研究逐渐向图书馆事业和图书馆思想发展这方面转移，研究成果基本属于基础理论研究和基础应用研究范畴，包括理论文章、理论综述、回顾反思、学术对话、编研散忆、图书馆学名家印象素描和追忆缅怀等，在图书馆基础理论研究的述评、图书馆精神研究、图书馆人文研究、图书馆管理研究、图书馆制度研究、图书馆事业发展研究等方面颇有建树。

五、师者情怀培养才俊

历史证明，任何事业赢得青年，就赢得了未来；失去青年，就是去了未来。学科如此，刊物亦如是。青年学者大多接受了良好的专业教育，他们思想活跃、思维敏捷，接受新鲜事物能力强，敢于突破，不乏锐气和创造力，他们的一些观点不乏真知灼见和思想见地，但青年学者也有其自身的弱点和不足，比如研究成果可能略显稚嫩，或片面偏激，或积累不足，难免粗糙，这就需要良师去发现和雕琢。虽然发现、培养、扶持学术青年，帮助有才华、有潜力的青年作者脱颖而出，乃刊物职责所在，但当今不少学术刊物存在学

术偏见、学术造假、有偿发文等不良倾向,学术青年的学术研究处境尴尬、成长成才之路比较艰难。实际上刊物发展更需要学术接班人、学术先锋和充满思想锋芒的创新成果,关注青年、培养青年、扶植青年是刊物发展的一条有效途径。《新青年》之所以成为中国近代思想文化的旗帜和源头,产生划时代意义和重大思想启蒙影响,与以陈独秀为核心的一批具有先进、进步思想的文化精英组成的强大作者群是分不开的。正如陈誉教授所言:任何事业的继承和发展都离不开对青年人才的发现、培养与扶持,没有人才的发现、人才的培养和人才的扶持,就没有接班人的成长,也就不会有社会的发展,图书馆学与图书馆事业也同样如此。

《图书馆》之所以在业界深有影响,与韩继章善于发现、培养学术青年有着密切的关系。韩继章不仅是专业学术界名编、名家,而且还是一位受人敬佩的名师。韩继章从不以人取文,既重视名家名流又不轻薄新人新秀,既高看院校及科研机构的学者专家也不轻视来自实践部门甚至基层的图情工作者,当然底线是"要言之有物,而不是人云亦云",拒绝平庸之作。韩继章对青年人的学术研究悉心关照,对有才华的青年学者爱护有加,对青年人的理论热情全力支持,从不以个人研究兴趣、学术偏好、门阀偏见取舍文章,对青年学者的重要理论文章一般都是亲自回复,且常用毛笔竖行书写,大多是鼓励和褒奖,不足之处含蓄点到,饱蘸重学之心和爱才之情;对青年才俊论题重大的理论文章即便思想尖锐甚至有可商榷之处,也慎用刀斧,不避锋芒,保持其思想的完整性,不吝版面全文照发;对学术新锐的约稿,既没有过多的条条框框束缚,也没有时间、篇幅上的硬性限制,以便让青年人充分、自由发挥,从容面对。韩继章虽然不在三尺讲台上传道授业解惑,却称得上是慧眼识英的伯乐、倾心育才的良师、青年学者的知己和导师。他的学生可谓桃李满天下,不少青年才俊都是在他的精心培育下成为专业学术领域的名家,所以业内专家王波趣封他为"造星大腕"。

韩继章认为,图书馆学术研究的繁荣需要一批年轻的学术带头人,《图书馆》应当成为对这群青年学者富有吸引力的学术期刊。韩继章不仅在办刊思想上和文章采录上关照学术青年，同时开辟专栏为学术青年提供展示才华的舞台。1986年开辟的"青年图书馆学家论坛"既体现了韩继章注重培养学术青年之心，也体现了韩继章的勇气、魄力。"青年图书馆学家论坛"创办30多年，既为图书馆学奉献了大量高质量的理论文章，也使程焕文、柴纯青、肖希明等一大批青年图书馆学家脱颖而出，而学界专家也认为"青年图书馆学家论坛"栏目是图情学界难得的一个始终坚持质量标准而又确有较高质量水平的栏目。2008年开辟的"新理念、新思潮、新视野论坛"栏目，目的还是为了进一步加强我国青年图书馆学者的培养，期望"论坛"涌现出更多的世纪新星。

《图书馆》在20世纪80年代后期就以锐意创新活跃在图书馆舞台，无论是在图书馆学理论和图书馆事业发展的高潮或低谷，始终与学术青年一起执着地为学术和事业而思考、论辩、呼吁，永葆学术青春，成为业界创新意识最强的学术期刊之一，使一大批学术青年聚集在其麾下。这既为《图书馆》积蓄了大批稳定的作者群体和较高质量的稿源，又为学术研究增添了大量新生力量，更为重要的是使一大批年轻有为的学术青年成长为继往开来的学术传承者和学术带头人，是青年学者成就了《图书馆》，亦可说是《图书馆》成就了青年学者。作为编辑的韩继章善于在编审稿过程中以及与作者交流中，发现有理论潜质、思想锋芒的学术青年。韩继章还主动走出去，通过全国性的学术会议发现学术新人。1986年武汉首届中青会，他派编辑唐宝康、编委张克科参会，结识了青年学者刘迅、范并思、黄纯元、刘烈等人，这些人后来都成为了《图书馆》的核心作者，为《图书馆》贡献了不少学术力作。

五、淡泊一生一心志业

韩继章工作经历比较单一，虽然早期在工厂短暂工作过，但大学毕业直

到退休的全部时间和精力都是从事《图书馆》的编辑和图书馆学术研究，工作单位没离开过湖南图书馆，本职工作没离开过《图书馆》编辑部，思考和研究的视野没离开过图书馆领域，简单的阅历却书写了丰富的内涵，做出了不平凡的贡献。最难能可贵的是，面对这种单调的生活、弱势的学科，韩继章始终保持专一的坚守、满腔的热情、奋进的姿态，几十年如一日，呕心办刊、倾心育才、潜心学术、一心事业，退休后依然志向不改、热情不减，还是一如既往地心系期刊建设、心系学术研究，和当下众多学者将学术研究作为一种职业，韩继章是将学术研究当作自己的人生志业，对学问怀有宗教般的虔诚和敬畏，将学术研究视为上帝或其他至高无上的力量在召唤他去毕其一生、全心全意投入进去，并依靠内在的召唤力、激情和不懈的工作来获得启示，从而在平庸的环境中坚持下去。可以说，韩继章是以刊物为舞台、以学术为生命、以学科为志业，实现着自己的人生价值和理想追求。

范并思

范并思，1953 年生，华东师范大学商学院信息学系教授、系主任、硕士生导师，上海市图书馆学会常务理事、学术委员会主任，中国社会科学信息学会常务理事，中国索引学会常务理事，中国图书馆学会理事、学术委员会委员，教育部图书馆学教学指导委员会委员，《图书馆杂志》副主编，《中国图书馆学报》《大学图书馆学报》《情报资料工作》《图书情报知识》《图书馆建设》《图书馆学刊》等刊物编委。他的研究领域包括图书馆学基础、公共图书馆、社会科学情报、情报政策、文献计量学等。其主持的项目主要有图书馆资源的公平利用的基本理论、现状与对策研究，图书馆核心价值再认识，大型公共图书馆的管理等。他先后主持两个国家社会科学项目——"中国社会交流机制与情报服务研究"和"公共图书馆数字资源建设与共享研究"，两个教育部社科项目——"20 世纪的图书馆学人物、文献、事件的德尔菲法测评"和"图书馆资源公平利用：基本理论、现状与对策研究"，一个上海市社会科学项目——"转型时期的社会科学"以及一批来自中国图书馆学会、基层政府部门的横向课题。

范并思是我国图书馆学研究中长期坚守理论阵地的学者，尤其是 21 世纪的 10 多年中，他倡导的公共图书馆制度、公共图书馆精神、图书馆核心价值等理念研究为图书馆学业内所重。

范并思是湖南大学图书馆专业 1978 级学生。湖南大学是一所以工科为主的学校，因而图书馆专业的学生大多是以理科招来的，然而也有一些文科学生，范并思就是文科生，但一开始他就显露出数学才华。因为他的父亲是湖南大学的数学教授，所以范并思一直对数学有着特殊的偏好。上数学课时他显得很活跃，经常在数学课上和老师讨论一些问题。

范并思毕业分配在湖南师范学院图书馆工作。之前范并思曾经在农村插了几年队，所以读大学后很珍惜学习机会，努力争取更多的机会学习，因而 1985 年获准考研时就拼命读书备考，并如愿以偿考取了华东师范大学图书情报学系，师从陈誉教授攻读社会科学情报专业。当时华东师大图情系的科研在全国是比较突出的，系里也鼓励学生积极参与科研。1986 年、1987 年《图书馆》举办图书馆事业发展战略研究征文活动，评奖时，华东师大图情系的师生几乎囊括了奖项的一半。在华师大读研期间，浓厚的学术氛围和团队优势极大地激发了范并思学习和研究的热情，这段时间，他完成了大量论文，内容涉及图书馆学基础理论和社科情报学等方面，其中影响较大的是 1987 年发表在《图书馆》的《新时期十年的图书馆学——理论与思潮》。这篇文章回顾和梳理了改革开放 10 年来图书馆学经历的发展和变革。这段时间图书馆学根本的变化是理论的滋生和发展。

1984 年杭州图书馆学基础理论研讨会前后，出现了知识交流理论等理论流派，周文骏、宓浩、彭修义等是"交流论"和"知识论"理论的代表。这对原有的以阶级斗争工具论为基础，在形式上图解分类、编目等工作过程的图书馆学而言是一种革新。显然，这种理论的革新是时代的产物，是改革开放所触发的图书馆学的变革。改革开放后大学重新开始招生，新走入大学课堂的图书馆专业的学生，显然并不满意他们学习的教材，而这些"交流"理论则更对他们的胃口，因为这些新东西多少有了一些"学术"的味道。1984 年的杭州图书馆学基础理论讨论会，对于图书馆学理论变革起到了促进作用。之后两年，这种理论变革注意了与实践的接轨，1986 年 5 月在武汉大学举办的首届中青年图书馆学情报学研讨会促进了这种接轨。在这次会上，人们开始大谈理论的发展。参会的张克科当时身为湖南省文化厅图书馆处的干部，亲历了湖南省公共图书馆的快速发展，认为快速发展的图书馆实践需要理论的指导，而张克科的主张正好与参会的黄纯元的文章《我国图书馆事业发展战略的几个问题》不谋而合，因而，研究图书馆宏观发展政策被认为是一种理论与实践结合的较好选择。在这一思想指导下，会上提出并讨论了"图书馆事业发展战略"问题。这一领域的研究在这次会议之后立即火了起来，湖南省、全国高校系统、中国科学院系统等在下半年举办了图书馆事业发展战略研讨会，科学院系统的研讨取得了实质性收获，促成了系统内图书情报一体化。

1986年，图书馆界还有一次与武汉大学中青会一样重要和相似的会议——南宁文献资源布局研讨会。这次会议也是理论与实践结合得很好的会议。范并思的文章很好地对这个时期的图书馆学变革做了概括，而且文章写得大气，有磅礴之势，使得这种文体受到一些后来者的青睐，亦有模仿者模仿其模式和语言，由此可见范文的影响。范并思将此文发表在《图书馆》的"青年图书馆学家论坛"栏目，自文章在此栏目刊出后，此栏目延续了数年，鉴于栏目的"品味"考虑，对刊出的文章要求颇高，几年来亦不过刊出七八篇文章。20世纪80年代末，图书馆事业步入低谷，图书馆学研究亦不景气，"青年图书馆学论坛"栏目再未刊出大文章。直到2008年，在范并思的建议下，重新起用了这个栏目，几年下来，这个栏目又发表了不少新人文章。

20世纪80年代后期，范并思已成为图书馆学理论研究中颇引人注目的人物。这段时期，他的两篇文章较为重要，一篇是发表于《图书馆通讯》的《关于当代建设式图书馆学的思考》，一篇是发表于《图书馆》的《确立以效益为核心的理论价值观》。前一篇文章概括了当时图书馆学研究中的一些现象，如图书馆事业发展战略研究、文献资源布局和共建共享研究，这些研究皆是以图书馆宏观建设为基础的，是我国图书馆学研究中一种新模式，应

予以提倡。后一篇文章则从价值观上分析了当时的图书馆学研究,指出不论是文献资源研究还是事业发展研究,文献检索的研究,其目的都在于提高效率。从这两篇文章的立意来看,范并思作为一位应用图书馆学学者,其思想在20世纪80年代就已经奠定了。

20世纪90年代是中国图书馆走入低谷的一段时期,图书馆事业出现萎缩的迹象,但这段时期又是中国图书馆自动化的前夜。在这段时期,图书馆学研究开始远离喧闹,进入沉静的思考,在研究中未出现大的突破,但学者们的思考,无疑对于21世纪图书馆学的勃发奠定了基础。这一时期,范并思由于过度劳累染上了肺结核,疾病给了他不小的打击,使他的价值观有了一些变化。他开始认识到健康的重要性,有了健康的身体才可以做更多的事情。为此他戒了烟,生活中也特别注意工作和生活节奏。20世纪90年代,范并思的图书馆学研究给人留下了较深印象的文章,其中包括一篇纪念杭州会议的文章、一组与刘迅的学术对话录以及后期的与肖自力的关于文献资源建设的讨论。纪念杭州会议10周年的文章题目是《告别杭州会议时代》,题目颇耐人寻味。这是一篇对图书馆学学术发展进行规律性概括的文章。文章认为,杭州会议时代是我国图书馆学迅速发展的时代,它包括1984年杭州会议前后,包括1986年首届中青会和南宁会议前后。范并思认为,这一时期图书馆学基础理论的发展是由于当时中国社会处于转型期,是社会转型促进了图书馆学基础理论的发展,到了20世纪90年代,这种转型不再那么激烈,因而图书馆学基础理论趋于平静,而图书馆学中的应用层面的研究,诸如编目、分类、检索方面的研究为人所重视。范并思的这一概括应当说是基本正确的,如果拿后来21世纪图书馆学的发展来检测这种概括,亦能证明这个理论的正确性。但是,这里有一点小问题,在范并思的概括中,图书馆学基础理论显得过于笼统,如果将基础理论换为应用图书馆学理论,则似乎更确切些。

范并思感到20世纪90年代临近世纪之末,对一个世纪图书馆学的发展进行梳理和回顾很重要，于是建议《图书馆》增设一个"世纪回眸"栏目，吸引一些理论性强的回顾文章。这个栏目推出后曾刊出刘洪波等名家的重要文章。范并思未在此栏发表文章，但他与刘迅先生的一组对话，在图书馆学理论领域曾产生过一定影响。与刘迅的学术对话录是在庐山基础理论讨论会之后，这次会议是20世纪90年代比较重要的一次，参会的人可以说是老中青三代专家学者济济一堂，老一辈有吴慰慈等名家，中年学者有刘迅、葛民等，青年学者有刘洪波、柴纯青等。这次会议范并思由于学校赴会名额所限未能来，但他在华东师大的学术伙伴柴纯青来了，会后柴纯青把会上讨论的世纪图书馆学回顾的主题和大家讨论的主题以及讨论的情况告诉了范并思，这就有了范并思与刘迅关于图书馆学研究的学术对话录。对话分三组在《图书馆》刊出，在对话中他们描绘了图书馆学学科地图，讨论了时下图书馆学研究中的一些问题，对新世纪图书馆学的发展做了展望。

20世纪90年代后期，已经到了信息社会临近的时期，信息和网络给图书馆带来了一些新的变化。这时，范并思参加了上海市图书情报委员会举办的一项文献信息共建共享的调查，经过调查分析，范并思在发表的文章中提出了关于文献信息资源共建共享的一些新理念，如面对已经到来的信息社会，图书馆如何处理"存取"和"拥有"的关系。传统的文献资源建设重视文献的收藏，随着网络文献信息资源的开放越来越多，许多文献信息的获得已经不再是唯一的馆藏，因而虚拟馆藏的概念逐渐进入人们的视野。范并思与肖自力的讨论反映了信息技术、网络技术对图书馆工作的深刻影响。可以说，网络极大地改变了图书馆工作的格局。从文献资源宏观建设来看，20世纪80年代曾提出全国的三级布局方案，但是由于远距离文献传递的成本太高，方案并未实行。网络普及后，文献资源共建共享的方式发生了一些变化，其中一个重要的变化就是目标的变化，即文献资源协作协调由原来的单一为科研服务，发展到为科学研究服务和为大众服务，2000年上海中心图书馆的成立很好地说明了这一点。上海中心图书馆的成员单位不但包括研究型图书馆，也包括基层图书馆,如街道图书馆、社区图书馆。这样的变化可以说是基于前面的调查和讨论。

范并思长期致力于图书馆学研究,在图书馆学研究领域有着丰富的思想积累,这些积累在 21 世纪初我国社会重要的转型期而勃发,形成范并思图书馆学思想的主体。可以说,这些得力于世纪之交范并思对一个图书馆史课题的研究。此前,范并思的研究多贴近现实,离史则稍远。这次范并思竟然对史有了兴趣,而且研究中运用了计量的方法,使研究的结论具有可信性。2005 年,范并思的新著《20 世纪西方与中国的图书馆学——基于德尔斐测评的理论史纲》问世,这本书是一本较为特别的史书,书中史论重于史料,从这些史论中可以窥见作者的图书馆学理论功力。范并思在 21 世纪初发表的许多文章、许多思想都能在这本书中找到一些影子。21 世纪以来,范并思图书馆学思想的主体是公共图书馆问题,他围绕公共图书馆发展历史、公共图书馆性质和功能,阐发了一系列新理念,如公共图书馆制度理论、公共图书馆精神理念、免费服务理念、平等服务理念、图书馆核心价值理念等,其中,公共图书馆制度的阐释是这些理念的基础,免费服务、平等服务是范并思大力宣传的重要理念。

2000 年,范并思在《图书馆》上发表《论加强公共图书馆问题研究》。2002 年,范并思在《图书馆杂志》上发表纪念曼彻斯特图书馆 150 周年的长篇文章。当时这两篇文章均未引起人们的注意,这时人们的注意力多集中在网络技术和逐渐兴起的人文精神方面,对于公共图书馆愈演愈烈的侵犯读者权益的现象似乎已见怪不怪。但是,2002 年在平静中却孕育着即将到来的一次风潮,在理论上的体现是范并思在《纪念曼彻斯特图书馆》一文中首次提出了公共图书馆制度这一重要理论,论述了公共图书馆制度对于社会进步的重要作用,并且说这个制度已被许多国家的图书馆发展史证明是有效的。2002 年发生的重要事件是深圳图书馆之城建设的规划和启动,但是当时人们并不知道深圳的这一重要举措,直到 2004 年年末《中国文化报》以长篇文章介绍深圳图书馆之城的建设经验，才深深震撼了图书馆界。2004年是范并思的公共图书馆思想集中喷发的一年。前述公共图书馆制度是一种像现代教育制度一样的旨在促使社会信息获取公平的制度，为了实现这样的制度需要几方面的努力——作为政府应当保障图书馆正常运行的财政供给；作为公共图书馆行业应当树立一种精神，实行无偿服务和平等服务，以保障制度的实施。这种精神就是范并思倡导的公共图书馆精神。2004年上半年，范并思发表了《公共图书馆精神的时代辩护》《建设一个信息公平和保障的制度——纪念中国近代图书馆百年》两篇文章。2004年7月在苏州中图学会年会上，范并思做了《寻找失落的图书馆精神》的演讲，获得极大的成功。后来梁灿兴对苏州会议的介绍和评价在网上引起热评。梁灿兴认为，苏州会议是中国图书馆人重续公共图书馆精神的历史链条的重要会议，显然，范并思的演讲在会上起到了激励的作用。

综观范并思的图书馆学思想，尤其在21世纪之初所体现的思想，可以见到新理念的重要作用。21世纪初我国图书馆发展的深刻变化，理念从中起着重要作用。范并思在一篇文章中强调了理念的重要作用，2002年他发表文章《新世纪，图书馆学基础研究什么？》一文，强调了面临社会转型期图书馆学从现实出发研究影响图书馆发展的重要理念的重要性。8年后的2010年，范并思又发表《新世纪10年我国图书馆学基础理论的光荣与梦想》，全面阐述了理念体系研究和实践所取得的丰硕成果。至此，可以说范并思走过了一条以倡导新理念为核心的应用图书馆之路，这些新理念与国家推进民主政治、建设和谐社会的大背景相吻合，与图书馆界人文图书馆学、制度图书馆学研究相呼应。黄宗忠教授曾在一篇文章中论及21世纪初图书馆学时曾说，21世纪初图书馆学的主要成绩在应用图书馆学，由于这些新理念的倡导和实践，正在逐渐改变着图书馆的服务和管理。当人们回首21世纪之初图书馆的思想变革时，会自然记起范并思这个名字以及与之相联系的那些文章。

范并思在2002年发表的《维护公共图书馆的基础体制与核心能力——

纪念曼彻斯特公共图书馆创建150周年》一文中曾经提出，公共图书馆不但是一种社会机构，而且是一种社会制度，是维护社会信息公平的一种制度。当前我国图书馆界免费开放政策的推行便很好地体现了他的这一观点。

自2000年起，范并思的研究领域逐步由图书馆学基础转向公共图书馆。这个研究过程大致分3个阶段：2000年提出应该加强公共图书馆研究；2002年提出公共图书馆是一种社会制度的观点；2004年系统阐述公共图书馆精神及公共图书馆对民主社会的促进。其中，2002年的《公共图书馆的基础体系与核心能力》为公共图书馆的公益性进行法理辩护，正式启动了我国公共图书馆制度的研究。该文力图从历史的和政治经济学的角度证明"维持了150年的公共图书馆制度仍是唯一合理的制度"，并就公共图书馆作为一种制度的命题进行了详尽的阐述："从社会的角度看，其他类型的图书馆只是一种单纯的社会机构……而公共图书馆不但是一种社会机构，而且是一种社会制度……公共图书馆的出现代表了一种社会信息保障制度的形成。"公共图书馆的存在"使社会中每一个公民获得了自由获取知识或信息的权利"。文章的结论是"公共图书馆代表的是一种社会用以调节知识或信息分配，以实现社会知识或信息保障的制度。公共图书馆制度能够保障社会信息利用机会的平等，保障公民求知的自由与求知的权利，从而从知识、信息的角度维护了社会的公正"。上述这些话语在过去10年中被人反复引用或转引，并成为过去10年公共图书馆理论高潮和服务变革的支撑性理论之一。虽然这种理论要义早已出现在国际图书馆人的论著中，但直到今天，该文对于"公共图书馆作为一种社会制度"这一命题的阐述，仍是这一领域中最为完整与准确的表述。

2004年，《公共图书馆精神的时代辩护》发表，这篇文章的核心观点仍沿用上述观点，但由于国内"图书馆精神"研究成为热点，且该文发表在图书馆学核心期刊《中国图书馆学报》上，因而影响更大。这些研究产生过不少争议，遭遇了很多不理解，但总体上看，这些研究对于我国2004年至

2010年间公共图书馆理论的进步和公共图书馆免费开放的实践起到了一定的推动作用。

范并思表示，一名学者最幸运的事莫过于赶上一个时代，这个时代的发展能够证明他的理论研究或能够吻合他的研究。范并思所研究并倡导的公共图书馆服务理论，不仅仅是被越来越多的图书馆人所认可，而且成为许多图书馆管理者的行动依据，与后来的国家公共文化服务理念契合。如果不是正好遇上那么多优秀的图书馆管理者，正好赶上国家公共文化服务政策的大转变，这些研究也许就永远只是"研究"，而无法成为政策与行动的理论源头。

作为我国图书馆界专家志愿者行动的发起人之一，范并思和数位专家多年来在这一领域中全力投入，躬身亲为，"志愿者行动"在图书馆界蓬勃发展，已成星火燎原之势。范并思认为，志愿者服务是当前图书馆服务的主要形式，各地各类型图书馆有很多很多的志愿者。但在过去很长一段时间，中国图书馆人讲到"志愿者行动"或"志愿者服务"，几乎都是特指中国图书馆学会于2006—2010年间举办的基层公共图书馆馆长培训专家志愿者行动。这次志愿者行动的规模之大、规格之高、覆盖面之广、持续时间之长，均超过了中国图书馆历史上所有志愿者活动，在国际图书馆界也极为罕见。这一志愿者行动也先后获得文化部创新奖和美国图书馆协会国际创新奖。

对于这次志愿行动的发起，业界有不同说法。2005年年底在杭州举办的中国图书馆学会学术委员会会议期间，一次晚餐时，范并思和于良芝教授同席。当他们聊到公共图书馆服务问题时，具有深深人文情怀的于教授说，假如我们有志愿者到基层讲图书馆服务，她本人很愿意参加。听到这句话的范教授很兴奋，立即找来李国新教授讲了于教授的设想，并建议由学会来组织这件事。李教授一听也非常兴奋，又找来汤更生秘书长……于是这件事在学会秘书处和学术委员会层面顺利推进，培训计划、首批培训地点、专家招募、大纲编制、课程课件等相关事项逐步完成。到2006年7月的昆明年会，所有准备工作全部完成，年会闭幕式上，詹福瑞理事长宣布志愿者行动开始。

餐桌上的几句闲聊成就了一场国内外罕见的大规模"志愿者行动",看似是一种偶然,但实际却是中国图书馆事业发展大趋势下的必然。2004年,中国图书馆界纪念中国近现代图书馆100年引发了理论界对于图书馆精神的反思和公共图书馆服务理念的高度关注。2005年年初开始,许多刊物推出如"21世纪新图书馆运动""走进权利时代""职业精神与核心能力"一类的专栏,推动并普及公共图书馆精神。2005年,中国学会的"百县馆长论坛"和李国新教授的衡阳调查,引发图书馆人对于基层图书馆现状的忧思,并激发了图书馆人自强、自救的雄心。《国家"十一五"文化发展规划纲要》的出台,标志着国家公共文化管理理念的根本性转变,意味着图书馆人的努力得到了来自政府层面的支持。所有这一切构成了一种大的趋势,就是中国公共图书馆的管理与服务回归公益性的公共服务。

持续5年的志愿者行动,顺应了新世纪中国公共图书馆的发展趋势,也推动了这一趋势。这次志愿者行动是研究21世纪初的中国图书馆事业怎么也绕不过去的事件,是怎么高度评价也不会过分的事件,同时也是一个至今还没有得到充分研究的事件。

2013年10月16日,范并思应邀来到辽宁省图书馆,为全体馆员做了题为《公共图书馆服务的理论问题》的专题学术讲座。理论研究是一门学科发展的基石,尤其是对图书馆学这门正在生长着的年轻学科来说,如何在当前理论研究多元演进的格局中正本清源,为图书馆理论创新和服务创新提供助力,推动图书馆事业在21世纪扬帆远航。这是范教授多年来致力研究的命题。

2014年问世的《图书馆资源公平利用》一书是范并思2005年以来围绕图书馆资源公平利用进行研究而陆续形成的成果,也是他对当前社会公平体系下图书馆公平的最新诠释。该书理论框架完整缜密,理论剖析深刻详尽,注重理论创新,彰显学术魅力的同时也展现了其内在的社会价值,给读者带来了思考。全书围绕图书馆资源公平利用这个中心进行论述,从内容划分到理论体系构架体现出了学术著作的周密与严谨。范并思首先条分缕析地介绍了图书馆的资源与服务，其次论述了图书馆的核心价值与公平，最后从现实出发阐述了图书馆人追求图书馆公平的努力、图书馆管理与服务中遇到的问题及图书馆公平的社会意义。全书多角度、多层次的渲染铺陈和阐释，淋漓尽致地表达了作者丰富的思想内涵。作为一部专业论著，该书在阐释学术思想的同时也让读者感受到了其内在的社会价值。

1. 解读图书馆核心价值观

理论创新和突破是学术研究的本质追求之一。作者在阐述图书馆学要素一节中首次提出了"图书馆六要素"学说。这一学说是在国内流行的刘国钧先生"图书馆五要素"的基础上进行拓展的，提出了第六要素图书馆服务，并就本书研究的"图书馆资源"与"图书馆服务"涵盖的要素做了说明。由此引申，作者进一步论述了图书馆行业的核心价值、观图书馆资源的公平利用及图书馆公平服务的理念。公平享用图书馆资源与服务是每一位读者应有的权利。资源的公平利用是公平服务的前提和基础，而公平利用又通过公平服务得以实现，两者相辅相成，是图书馆公平内涵的重要体现。作者还高屋建瓴地阐述了国内"图书馆核心价值"研究的重要性和紧迫性，以其特有的职业敏感站在全局的角度考虑问题，秉承资源公平利用的原则，强调图书馆的服务理念，尤其强调服务的方向和方式要以深入满足读者需求为导向，体现图书馆服务中的人文精神。这种思考问题的方式和角度给人以很多启发：信息环境下先进技术的学习和发展固然重要，但科学的管理和服务理念更应该是我们工作中的重中之重。图书馆的服务与管理不能以图书馆管理为唯一出发点，而必须以维护公民基本文化权利为出发点。印度图书馆学家阮冈纳赞强调图书馆是一个成长着的有机体，而一个生生不息的图书馆就应在不断回应和满足用户需求中持续地自我调节和发展。

2. 诠释图书馆的社会责任

范并思治学严谨，思想表述准确清晰。他在书中对"公平""图书馆资

源""信息""权利""图书馆核心价值""图书馆社会责任"等用语均做了明确的定义和翔实的解释,并引用丰富灵活的史料对其进行理论辨析与中肯的评判。近年来,有关图书馆社会责任的争论颇多,形成了一股争议热潮。在众多有关图书馆社会责任的论文中,范并思的阐释更显得科学有力。他在引介西方管理学界对组织社会责任和国内图书馆界对图书馆社会责任的研究与讨论后明确指出,图书馆社会责任主要指图书馆自身责任之外的责任。虽然从事文献信息服务和慈善事业看上去都是图书馆所承担的社会责任,但如果仅仅讨论文献信息服务,我们完全不必要使用"图书馆社会责任"这个术语。在图书馆学中,更多的是使用"社会职能"来描述自身应做的事。作者以精准的论述为读者明辨了图书馆"自身责任"与"社会责任"的本质区别,从而为各类图书馆在职责分工上提供了一定的借鉴。伴随着图书馆社会责任的争议热潮,高校图书馆对外开放的议题也被推上了风口浪尖。2002年2月教育部颁发的《普通高等学校图书馆规程(修订)》在第二十一条中明文规定,有条件的高等学校图书馆应尽可能地向社会读者和社区读者开放。2005年7月,来自全国50多所高校的图书馆人联合发表了《图书馆合作与信息资源共享武汉宣言》,宣言指出,"大学图书馆的资源应在满足本校读者需求的前提下,努力向社会开放"。现实中,社会公众对高校图书馆对外开放的呼声不绝于耳,而高校图书馆又面临着场地及设备资源匮乏、校外读者挤占校内资源的困境。对于这一争议,作者没有一味地呼吁高校图书馆对全社会普遍开放,他在借鉴西方国家大学和研究图书馆对外普遍服务模式的同时,综观本国实情,从理论和实践角度辩证分析,科学地阐明了对此问题的立场。从理论上说,图书馆对全社会普遍开放,应该是社会的图书馆体系对全社会的普遍开放,而不是这个体系内所有的图书馆不分专长不论层次地对全社会普遍开放。具体地说,应该是发展公共图书馆服务,形成就近便捷的公共图书馆服务体系,保障社区居民的一般需求,同时大学和专业图书馆应向本部门之外的有特定信息需求的居民开放,满足他们因科学研究和专业兴趣对知识和信息的需求。作者的深刻剖析为大学和专业图书馆对社会公众的有序开放提出了颇具见地的认识，一定程度上也为各级各类图书馆进一步的合作奠定了理论基础。

3. 梳理图书馆学发展历史

熟悉一门学科还应了解该学科的历史发展过程，《图书馆资源公平利用》同时也是一部中西方图书馆学的发展简史。作者在本书的理论体系中不失时机地为读者穿插介绍了中西方图书馆学的发展历史，如图书馆的发展、图书馆的类型、图书馆核心价值、图书馆的权利与公平、图书馆人追求公平的努力等，分析视角从古至今、学贯中西，思路清晰，表述详尽。在图书馆的权利与公平章节中，作者回顾了图书馆权利理念在中西方的传播与发展，深入解读了美国图书馆协会《图书馆权利宣言》，综合分析了由此引发的我国图书馆界有关图书馆权利的讨论和深入研究。在论述图书馆人追求公平的努力时，全面介绍了国际图联《公共图书馆宣言》自1949年发布以来，在经历多次修改的过程中不朽的发展历程和美好的发展前景，促进了读者对公共图书馆的了解，明确了公共图书馆的目标和基本职能。在此基础上，作者系统阐述了国内图书馆公平服务理念从启蒙、确立、深化到推广的艰难历程，着重梳理了中国图书馆学会为普及图书馆公平服务理念精心组织的各种学术活动，向全社会展示了中国图书馆学会为引导图书馆界理论研究，推动社会公益事业发展和文化事业繁荣所做出的不懈努力。

4. 分析我国图书馆界面临的现实问题

优秀理论在传道解惑的同时，还能启迪读者对相关问题进行思索和探讨。图书馆公平理论为图书馆如何开展服务工作指明了方向，也为读者公平利用图书馆的资源与服务提供了理论依据，但同时也应看到，我国图书馆界正面临着许多现实问题，制约了图书馆公平理念的推广实施。

随着公民文化权利意识的提高和图书馆事业的发展，图书馆公平的理念逐渐得到普及。公共图书馆的存在代表了知识和信息的公平分配，使社会中每一位公民获得了自由获取知识和信息的权利，但我国是一个发展中国家，社会经济发展的地域不平衡导致图书馆整体发展呈现东西部地区两极分化的趋势，西部欠发达地区的公民对图书馆推进社会公平的认知度还不高，图书馆资源的利用率相对较低，图书馆开展的公平服务程度也不深。这些需要我们更大程度地宣传推广图书馆公平理念。

《中华人民共和国公共图书馆法》是规范和保障图书馆事业良性发展的法律依据。综观国外图书馆事业发达国家，其相关法律制定起步较早，且比较健全，如英国议会 1850 年制定了公共图书馆相关法律，美国有各州公共图书馆法，而我国至今还没有一部完整的图书馆法。改革开放以来，在国际组织的引领和推动下，国内图书馆界对图书馆相关制度进行了全面深入的探讨，图书馆公平的理念逐步进入国家和地方政府图书馆政策文件。2006 年 6 月，杭州图书馆界联盟发布了《杭州地区公共图书馆服务公约》。该公约倡导杭州地区各公共图书馆以《浙江省公共图书馆管理办法》为依据，以联合国《公共图书馆宣言》为准则，发挥公益性服务机构的社会功能，尊重读者利用图书馆资源与服务的权利，图书馆的公共性、无障碍原则得到了充分体现。2008 年 10 月，中国图书馆学会正式发布了《图书馆服务宣言》(以下简称《宣言》)。这是中国图书馆界的第一个行业宣言，是全体图书馆员向全社会的庄严承诺，标志着中国图书馆界正式接受现代图书馆理念，步入了行业自觉的新时代。《宣言》的要义在于倡导执着的职业精神，同时强化了公益原则、读者权利和平等服务的人文关怀意识。《宣言》还首次明确告知社会公众，图书馆在提供优质、高效、专业的信息和知识服务的同时，承担着实现和保障公民文化权利、缩小社会信息鸿沟的历史使命。2012 年 1 月《公共图书馆服务规范》的批准发布填补了当前我国图书馆规范体系中服务类标准规范的空白，为检验公共图书馆服务效能与管理提供了依据，同时在推动我国公共图书馆事业健康有序发展，加快建设覆盖全社会的公共文化服务体系，有效保障社会公众的基本文化权益方面发挥了积极作用。这些成果促进了图书馆事业的发展，也为图书馆法的制定起到了良好的借鉴与铺垫作用。我国图书馆法的制定工作启动已久，我们期待国家加快立法进程，尽早出台图书馆相关法律，以保障全体公民公平利用图书馆的资源与服务的权利，为规范各级各类图书馆及与图书馆相关的管理者和操作者的专业行为提供法理依据。

现代图书馆是保障公民平等获取知识信息的一种制度安排，维护了社会的公平和民主。图书馆人的所有努力正是对这种制度的维护，对图书馆职业精神的维护，同时也是考量图书馆能否在信息社会中得以持久良好发展的重要依据。信息化的冲击、"图书馆消亡论"等不良舆论给图书馆带来了越来越多的压力，同时也警醒图书馆人对图书馆工作的重新认识与定位。图书馆人如何依托法律和制度的保障，通过学术影响和自身服务建设的加强，群策群力提升图书馆核心竞争力，改变和完善图书馆的处境和发展前景，真正承担起保障社会信息公平、消弭数字鸿沟的时代使命，是我们图书馆人应该审慎思考的问题。

范并思重视公共图书馆精神，呼吁图书馆的人文关怀，提倡图书馆资源的公平利用，维护社会信息的公平获取。范并思在他的一系列文章及博客、访谈录、发言稿中，一直以高度的社会责任感和忧患意识一次次为社会弱势群体呼吁和呐喊，弘扬公共图书馆精神，为图书馆公平做理论辩护。《图书馆资源公平利用》一书的出版，为他将近10年的探索与呼喊添上了强劲有力的一笔，丰富了图书馆公平理论的内涵，有助于进一步完善图书馆公平理论体系。通读全书，"人文关怀"的思想始终贯穿其中，让读者深刻感受到了作者对图书馆公平强烈的愿望与追求。

综观全书，作者以交织的视野审视了图书馆领域学界和业界共同的经验和成果，从理论层面分析并解释了图书馆公平的理念，对实践中的操作策略进行了总结与提炼，为相关人员的实际工作与学术研究提供了有价值的参考。

刘兹恒

刘兹恒,男,1955年出生于重庆市,1978年考入北京大学图书馆学系,先后获文学学士、文学硕士和管理学博士学位。1984年研究生毕业后留校任教,曾任北京大学信息管理系教授、博士生导师。历任中国图书馆学会理事、中国图书馆学会编译出版委员会副主任、中国图书馆学会图书馆学理论专业委员会主任,教育部高等学校图书馆学学科教学指导委员会副主任兼秘书长、中国高校人文社会科学文献中心专家委员会委员,西南大学、华南师范大学、重庆师范大学客座教授、重庆图书馆顾问。长期从事图书馆学基础理论、文献资源建设、图书馆管理等方面的教学与研究。1992—1993年在美国夏威夷大学图书馆学情报学研究生院做访问者。2005—2006年在美国南康州大学信息与图书馆学院做高级研究学者。他曾主持过两项国家社科基金研究项目、一项教育部信息媒体及其采集社科基金研究项目以及若干横向科研项目。代表著作有《信息媒体及其采集(第二版)》《图书馆学研究的本土化思考》《非书资料采访工作手册》等。

1978年国家恢复高考制度以后,北京大学图书馆学系迎来了一批来自于祖国四面八方、有着各种不同经历的大学生。他们学习刻苦、善于思考、思想比较成熟,给正在拨乱反正中的图书馆系教学、科研工作带来了崭新的气象。在那些比较活跃的学生中,刘兹恒便是其中的一位,他对图书馆学基础理论的独到见解,给老师们留下了很深的印象。读研期间,刘兹恒师从张树华、肖自力教授。他思维敏捷、勤奋好学,有较强的分析问题、解决问题的科研能力，是图书馆学领域有发展潜力的学者型人才。于是，在他硕士研究生毕业前夕，导师们向系里力荐，将他留在系里，使他成了北京大学图书馆学情报学系的一名教师。30多年来，他一直在图书馆学的教学和科研岗位上兢兢业业努力工作，取得了许多成就，现已成为我国图书馆学界有一定影响力的学术带头人。

刘兹恒是一位笔耕不辍的学者，30多年来，他出版了5部学术著作（教材），发表了90多篇学术论文，内容大多侧重在图书馆学基础理论和文献资源建设方面。他的论文很有见地，独树一帜。

在《试论我国图书情报资源整体布局的原则》一文中，他不仅阐明了文献资源整体布局的确切含义，还对文献资源地理配置的均衡性提出了质疑。他认为，图书情报资源在全国应该均衡布局，但这种均衡只能是相对的，不均衡才是绝对的。我国经济、文化、教育、科学发展不平衡的特点，实际上在各个地区已形成了情报需求的差异，即情报需求梯度——有的地区需要"尖端"科学技术情报，有的地区需要"中间"科学技术情报，有的地区则只需要"传统"科学技术情报。在整体布局全国的图书情报资源时，如果忽视这种情报需求的差异，期望一下子就把全世界最新的图书情报资料在全国均衡配置，使各地区、各部门的情报资源建设齐头并进，是不明智的做法。因此，在整个图书情报资源布局过程中的某一个时期，加强某一地区、某一部门的情报资源建设，是应当允许的，是符合经济规律的。这样的认识从当今网络时代的角度来看，无疑是正确的。

在《论图书馆意识》一文中，他针对传统图书馆学理论关于影响图书馆事业发展的因素主要是社会生产力发展水平和教育、科学、文化发展水平的认识，提出了自己的观点。图书馆来源于社会需要，当然离不开社会经济发展的影响，但是我们更强调图书馆意识在图书馆事业发展中的作用。一个社会愿不愿意发展图书馆事业，并不完全取决于社会的经济实力，更多地是取决于社会对图书馆的认识和价值观念。在一定条件下，图书馆的发展受社会

图书馆意识的影响比其受经济发展水平的影响更严重；社会的图书馆意识作为社会对图书馆总体的认识结果，是图书馆赖以生存和发展的动力；一个图书馆意识不强的社会是不可能花大量的人力、财力、物力去兴办图书馆的。为此，刘兹恒提出应该从加强图书馆自我宣传、开展广泛的读者培训、改革图书馆管理方式等方面入手，不断提高社会的图书馆意识，使人们在有了信息需求时，能够有意识地想到图书馆，进而自觉、主动地利用图书馆。而图书馆的社会价值，也只能在社会的图书馆意识中得到充分的体现。这一观点在我们今天建设公民社会、弘扬公共图书馆精神的背景下，仍然具有十分重要的意义。

刘兹恒还是一位对自己要求很严格的人。为了鞭策自己在学术上不断进取，他从2001年开始，跟着北大著名学者吴慰慈先生攻读博士学位。在读博期间，他没有以自己已经获得了教授职称并已取得了较多研究成果而自傲，相反，他和其他博士生（其中有些曾经是他教过的学生）一样，仍然踏踏实实地对待每一门功课，认认真真地完成导师交给他的任务，因此他也是吴慰慈先生所带的最锐意进取的博士生之一。他的博士论文选题《20世纪中国图书馆学本土化研究》难度较大，但他克服各种困难，终于圆满地完成了写作任务，让外界再次见证了他严谨治学的态度。这篇有创意的博士论文可以看作是他长期以来对中国图书馆学发展历程的系统思考，具有较大的理论意义和学术价值。他出版的《刘兹恒论文集》共收入他自1986年以来的26篇论文，体现出他善于独立思考、勇于提出自己观点的精神，不但有知，而且有识，充分反映了刘兹恒对图书馆学的见解，并且入选《中国当代图书馆学文库》。从他的图书馆学论文集中我们可以看出，刘兹恒的论文不是闭门造车的产物，没有那种故弄玄虚、堆砌辞藻的弊病，而是实实在在地从图书馆实践中选题，语言朴实无华，说理清晰透彻，这种文风正是我们的图书馆学研究所需要的文风。

刘兹恒先生自从研究"图书馆学本土化"这一课题以来，在"图书馆学本土化"概念的界定、目的与特征、本土化与国际化的关系以及研究者的主体意识等4个方面取得了一系列成果，为中国图书馆事业做出了重要的贡献。刘兹恒教授的《图书馆学研究的本土化思考》对本土化问题做了深刻的研究与论述，它围绕着什么是本土化、如何实现本土化这一主线展开，是一部创新之作，有助于我们加深对于图书馆学及其中国图书馆学本土化的认识，对于创建中国图书馆学知识体系具有启发意义，其研究深度与广度在现阶段是其他研究者无法比拟的。

正是由于"西学东渐"，西方的图书馆学理论和技术才进入了中国，促成了中国近代图书馆的产生，为中国图书馆事业的发展奠定了基础。然而，刘兹恒先生认为，我国在学习西方的同时，应该首先实实在在地搞好本土情况的研究，要研究中国读者，研究信息市场，研究图书馆行业的实力，才能将西方的成功经验成功地融入中国的本土。刘兹恒先生对图书馆界"西学东渐"的反思，既是他学习我国图书馆界前辈思想产生的共鸣，也是其着手研究图书馆学本土化（TheLibrary Science Indigenization，简称LSI）这一课题的开端。

刘兹恒先生研究LSI这一课题主要是出于两方面的原因。首先，20世纪初，沈祖荣、李小缘、杜定友、刘国钧等第一代学者既受欧风美雨的栉沐，又有着深厚的国学基础，他们完成了现代图书馆学的草创，较好地对接了新知（西方图书馆学）与旧学（传统校雠学）。他们早就深刻地认识到研究LSI的必要性。刘兹恒先生受这些前辈学者观点的影响很大，他非常赞同他们的学术观点。这应该是刘兹恒先生立志研究LSI这一课题最为基础的历史原因。其次，吴慰慈先生站在学科定位的高度，对即将进入21世纪的图书馆学，尤其是中国图书馆学的学科定位和未来发展进行了深入的思考。他曾指出，在发展中国图书馆学的过程中，我们无疑需要努力借鉴和吸收西方图书馆学的理论、方法和研究成果。但是在这个过程中，我们必须立足于本土社会的实际，最终的目的是建立一个自立于世界民族之林的中国学派，为

中国人在国际学术界争得一席之地。在吴慰慈先生的倡导下,我国图书馆界迅速掀起了 LSI 的研究热潮,刘兹恒先生更是深受启发,将自己的博士论文定为《20 世纪中国的图书馆学本土化研究》,并将这一课题作为今后的重点研究项目。可见,吴慰慈先生对图书馆学本土化的提倡是刘兹恒先生沉下心来着力研究该领域的直接原因,也是时代原因。

刘兹恒先生 LSI 研究主要有如下理论重要成果。

1. LSI 概念的界定

在中国图书馆界,一直以来都是以美国为首的西方图书馆学理论占据着主导地位,如何合理利用这些西方理论来发展本国的图书馆学理论与实践,同时又能摆脱西方中心主义的束缚,是 LSI 研究的主要问题。所以,当吴慰慈先生提出立足中国本土社会的实际,最终的目的是建立一个自立于世界民族之林的中国学派的观点后,得到了图书馆界的热烈响应。2004 年,刘兹恒先生发表《对图书馆学本土化的思考》一文。他在继承前辈成果的基础上,从正反两方面阐释了 LSI 命题的科学性;又从理论形态、时代感、民族性等三个方面揭示了该命题的科学含义。他认为,图书馆学本土化就是要根据中国的国情,将西方图书馆学体系,通过引进、消化、改造、创新,变为适合中国文化环境的图书馆学,并建立起一个区域性的中国图书馆学流派,也就是建立起根植于中国社会这一特殊土壤之中具有中国特色的图书馆学体系。他希望今后在三方面做出努力:第一,建立起一整套能够反映中国文化特性的特殊馆学概念;第二,确立图书馆学在中国社会生活中的地位;第三,扩大中国图书馆学区域流派在世界图书馆界的影响。此后不久,刘先生对 LSI 做了全面的界定:图书馆学本土化是使来源于西方国家的图书馆学中的合理成分同本土社会的实际相结合,以增强图书馆学对本土图书馆现象的认识和在本土图书馆实践中的应用,形成具有本土特色的图书馆学理论、方法的一种学术活动和学术取向。在这一定义里,他特别强调图书馆学本土化是学术活动而不是政治运动,是学术思想上的交流,是中西文化间的融合,是要实现西方图书馆学的合理成分与本土社会的实际相结合。业内专家白君礼先生曾撰文对《图书馆学研究的本土化思考》一文给予了高度的评价，认为其研究深度与广度在现阶段是其他研究者无法比拟的，尤其是对 LSI 的界定深表赞同，认为其具有较高的学术价值。

2. LSI 的目的与特征

LSI 研究，是指本土学者以本土现象为主要研究对象，通过各种学术方法阐释、构建科学理论的一种创造性研究活动，这种研究活动的过程及其结果，张扬着本土学者的自主意识，带有鲜明的本土特点。

刘兹恒先生在《试论图书馆学本土化的目的与特征》一文中用发展的眼光认真地阐释了研究 LSI 的目的与特征。他认为有 4 个基本目的：第一，图书馆学本土化是为了增进图书馆学对本土图书馆现象的认识；第二，图书馆学本土化是为了增进图书馆学在本土图书馆事业发展中的应用；第三，图书馆学本土化是要形成具有本土特色的图书馆学方法体系；第四，图书馆学本土化是要形成具有本土特色的图书馆学理论。而第三个基本目的与第四个基本目的合在一起，构成了图书馆学本土化的根本目的。这些目的一旦形成，就会对本土特色的图书馆学理论形成助力，从而进一步对认识和研究本土图书馆现象具有指导意义，其本身也可能具有直接或间接的应用价值。LSI 作为一种学术活动，刘兹恒先生认为其同样具有 4 个明显的特征，即学科发展的反思性、理论与实践的协调性、本土化活动的世界性以及本土化内容的丰富性。

3. LSI 与国际化的关系

在 LSI 建设中，我们必须处理好本土化与国际化的关系，使图书馆学既深深扎根于我国的特殊土壤中，同时又不背离人类社会共同的图书馆学普遍原理。立足于中国的现实，根据我国具体的政治、经济、文化和历史环境，研究我国的图书馆问题，使图书馆学研究带有中国特色，这是我国图书馆学发展的前提条件。同时，我国的图书馆学研究应当在立足本国的基础上走向

国际化,其概念、分析框架、知识基础、逻辑结构、研究方法和理论体系都应当与国际图书馆学接轨,使中国图书馆学成为国际图书馆学不可或缺的组成部分。

所以,刘兹恒先生在认真分析了发展中国家和地区图书馆学国际化的现状后,认为本土化与国际化的关系不应该是相互排斥的,而是互为前提、互为补充的。他具体指出,首先,只有充分认识"国际化",才有可能做到"本土化";其次,只有熟悉西方图书馆学的概念、理论和方法,才能与之进行学术对话;再次,图书馆学本土化,并不在于标新立异,有意要和西方不同,去创造另类的"中国图书馆学"。刘先生的认识很有见地,极具普适意义。如果说,越是民族的,越是世界的,那么图书馆学只有真正本土化了,才有可能真正国际化。

4. LSI 研究者的主体意识

2005 年,刘兹恒先生在《图书馆论坛》第六期发表《强化图书馆学研究者的主体意识》一文,他认为,图书馆学研究要坚持学术的自主性,不是被动地跟着别人走,而是要以我为主,研究自己的问题,创建自己的理论。他在延续自己 LSI 研究的同时,又进一步推进了中国图书馆学研究本土化,强调在当今时代,必须强化图书馆学研究者在学术研究中的主体意识。刘兹恒认为有 4 种主体意识:第一,反省和批判意识,就是要通过对中国传统藏书思想和国外图书馆学理论与方法的学术反省,批判地吸收其合理的成分;第二,责任意识,就是要增强图书馆学研究者所具有的服务于我国信息化建设和图书馆事业建设的责任感、使命感,提高图书馆学研究同社会的关联性;第三,竞争和发展意识,就是要在对中国图书馆现象的研究中以国际图书馆学界公认的高标准来要求自己,努力取得高水平的研究成果,并参与图书馆学的国际交流,与各国的图书馆学研究者竞争,使图书馆学研究的本土化与国际化结合起来;第四,学术创新意识,就是要在吸收国外图书馆学的合理成分和中国图书馆学优秀传统的基础上,以实事求是的态度,用科学的方法去研究各种图书馆现象，创造性地提出不同于他人的新观点、新思想和新理论，建构起具有中国特色的且具有大国风度的本土图书馆学体系，并为中国图书馆事业的改革发展提供有效的理论指导。

2009年，刘兹恒在《图书与情报》第三期中发表了题为《20世纪初我国图书馆学家在图书馆学本土化中的贡献》的文章。该文既是他对中国早期图书学家在LSI研究的总结，更是其本人的LSI理论的一次历史性溯源与阶段性总结。20世纪初，我国图书馆学家在中国图书馆学本土化中的贡献留下了宝贵的历史遗产，为我们今后加快建设中国的图书馆学树立了良好的榜样。

对于图书馆精神与社会公平的辩证解读，刘兹恒教授通过论文《图书馆权利观》阐述了自己的观点。文章论述的主题不仅仅是"权利"，论文最重要的内容应该在于作者关于当代图书馆活动与社会公平实践相互关系的科学辩证解读。当代中国社会的急剧转型伴随着外来文化、观念的大量涌入，冲击并改变着人们习惯的思考模式，与此同时，外来文化、观念与现实生活的冲突也无可避免地发生着。如何认识这样的观念与现实的矛盾，需要科学的理性的以及辩证的思考，刘兹恒教授的论述是一个良好范例。

图书馆活动"保存并向社会成员公平、平等、自由地提供知识信息所做的各种努力，归根结底是为了实现知识自由，保障社会成员的知识权利"，这是一个现实的课题，也使当代图书馆学界形成不同的思考。作为社会文化活动的一个领域，图书馆事业在整体上必须为文献信息的全社会公平获取提供保障，这是终极的理想，也是图书馆活动在社会发展进程中的使命所在。但是，简单地把"图书馆事业的整体使命"直接当作每一个具体图书馆都按此执行的操作规范，无疑是一种形而上学的思想方法。刘兹恒教授关于"图书馆事业的整体职责"与"各个图书馆的具体职责"的辩证研究表述，为我们破除"公平迷信"打开了一条科学的认识通道。

当代中国图书馆事业依然被社会经济发展的不充分、不平衡现状严重制约着，这不是依靠个人良好愿望可以改变的。能够激励图书馆工作者有效地

运用能够掌控的所有资源,为社会提供最大限度的文献信息服务,这是图书馆活动的科学起点,同样是图书馆人的职业精神基础。让有限的社会资源真正用到"刀刃"上,产生最大的社会效益,或许就是图书馆活动的社会价值所在。

我们尚处在刚刚脱贫的社会发展阶段,公共资源极其有限,极端的公平理想、简单的平均主义思潮,只能造成有限的社会发展资源的浪费。中国图书馆精神,首先需要科学和理性,这也是现代文明建设的基础。

刘兹恒1978年就考入了北京大学图书馆学系(现信息管理系),1984年研究生毕业。那个时期的图书馆学专业比较热门,全国高考中许多文科高分学生都选择了这门专业,而北京大学、武汉大学图书馆学系的毕业生那时也很抢手,很多人被分配到中央党政军机关或国内的大型公共图书馆、重点高校图书馆、科学院图书馆工作,现在大都成了各级图书情报机构的负责人。刘兹恒则在研究生毕业后留校任教,至今已经从事图书馆学基础理论和文献资源建设的教学、研究30余年,是个"完全"的理论派。经过多年的潜心研究,刘兹恒对图书馆市场形成了自己的一套理论观点。

刘兹恒对图书馆市场,特别是图书馆采购的现状及发展趋势有着自己的观点和建议。刘兹恒认为,随着现代通信技术和网络技术的发展,图书馆采购必须注重电子资源与纸质资源的协调。图书馆采购的对象已经不仅仅局限于原来的纸质书刊,不能无视电子资源的存在,采购的范围正在扩大。但电子资源往往价格昂贵,现在有些图书馆,不顾自己的条件,为了追求所谓的现代化、电子化,将本来就很紧张的经费大量用在电子资源的建设上,使得传统文献资源建设出现了滑坡或倒退。由于电子期刊具有便于检索和全文阅读的优势,受到读者的欢迎。一般来说,由于国内电子期刊价格相对便宜,图书馆可以有选择地购买,同时仍继续保留常用的核心期刊印刷版;但对于国外期刊,两者都买可能就不合适了,因为国外期刊无论是印刷版还是电子版,价格都比较昂贵,且通常读者使用率也不是很高,这就需要协调。对于大多数图书馆来说,不能够搞内容上的重复建设。在选择期刊的电子版或印刷版的时候,必须考虑用户的实际需要和两种资源的性价比(信息含量/价格),择优订购。如果图书馆决定要订购国外的期刊全文数据库,最好能够和其他有同样需求的图书馆一起,组成集团采购。像中国高等教育文献保障体系(CALIS)出面组织的一些集团采购活动,就取得了很好的效果。

图书馆采购的对象包括两种:一种是实体信息资源,也就是传统的文献资源,包括纸张、缩微、视听、电子型的实体文献;另一种是虚拟信息资源,包括网络信息资源及通过网络可以远程获取的数据库资源等,也包括可以通过文献传递服务获得的属于其他图书馆的实体文献资源。过去,图书馆信息资源建设的对象主要是实体馆藏,属于"拥有",但一个图书馆单靠自己的现实物理馆藏已经无法满足目前读者的需求,所以还需要由网络上的信息资源构成虚拟馆藏,即"存取"。但天下没有白吃的午餐,"存取"其实是购买别人"拥有"资源的使用权,其实也是一种采购行为。信息资源建设的目标是资源共享,这在以前很难完全实现,但计算机网络技术的普及让这一目标的实现成为可能。但随即出现的问题是,在文献资源建设的理论研究和实践中,越来越多的人将远程获取馆外文献作为馆藏发展策略的一部分,提出了"存取"重于"拥有",用"存取"取代"拥有"的观点,认为这是馆藏发展的趋势。刘兹恒对这种看法提出了质疑,认为"存取"与"拥有"是互相辅助、长期共存、缺一不可的,并且是互动的关系。"存取"与"拥有"是图书馆信息资源建设的两种方式,在图书馆的发展中,信息资源建设会随时代发展和技术进步而不断发展变化。但无论怎样变化,都是为了更好地向读者提供文献信息服务。因此,只要是能够有效满足读者需求的方式,都应该认为是合理的。一定要论证哪一种方式更好,或者一定要分出一个高低,把其中一种方式凌驾于另外一种方式之上,或者要取而代之,不是实事求是的态度。

刘兹恒认为,为了实现资源共享的目标,图书馆之间需要在"存取"与

"拥有"之间做适当的协调，否则谁也不愿意"拥有"，谁都想更多地利用"存取"，这样势必会造成图书馆整体信息资源的缺失，最终导致"存取"失去来源。而文献资源作为国家的战略资源，从战略的高度看，对于那些重要的文献，图书馆必须要拥有。特别是那些大型图书馆，如国家图书馆、北京大学图书馆等，必须承担国家信息资源的拥有任务。其他图书馆也应该根据自己的性质、任务，拥有自己的特色资源。

刘兹恒认为，信息资源建设是图书馆核心能力的基础，应加大文献资源建设的资金投入。对于有学者提出的图书馆应该放弃以资源为基础的发展，解除图书馆与实际资源的"捆绑"，而通过动态搜寻、链接、组织网上资源来提供知识服务这一观点，刘兹恒持反对态度。他认为，图书馆的确可以利用自己组织、提供信息的优势，从网上搜集到更多的动态信息，但搜索引擎上的动态信息是远远超过图书馆的。图书馆通过对网上信息的检索、传递，确实能够满足一部分读者的需要，但我们同时也不能否认，网上许多有用的信息本身就是图书馆建设起来的，而且对网上信息的检索、组织也不是图书馆的专利。一些商业性、学术性的机构在这方面甚至做得比图书馆更好。信息存储技术发展了，图书馆向社会提供信息服务的工作本质并没有改变，图书馆作为社会文献信息管理机构对各种文献进行搜集、整序的基本任务也没有改变。现在国外已经开始了对网络信息资源的保存研究和实践，而在关于由谁来进行保存的讨论中，人们仍倾向性地认为，应该由图书馆来承担这一任务。这也进一步证明，信息资源建设将永远是图书馆的基本任务。所以，随着图书馆承担的信息资源建设任务日趋繁重，我们必须加大对它的资金投入。如果仅仅看到图书馆可以通过网上信息的存取来满足用户的部分需求而减少对信息资源建设的投入，甚至放弃自身的信息资源建设，那绝对是错误的。刘兹恒指出，随着图书发行体制改革的深入，图书馆采购的确有了很多便利，选择的途径更加多元化，尤其是近年来科研院所图书馆、大型公共图书馆和重点大学图书馆的采购经费增加了很多，成为图书市场的大买家，引起了书业各方尤其是图书发行商的充分重视。但部分发行商没有按照图书发行的正常规律，对图书馆客户片面实行高折扣、低价格的策略，表面上取得了较大的销量，实际上维持不了多久。而对于有些发行商开展的对图书馆采访附加服务方式，刘兹恒很是赞同。他说，价格战是不会取得真正双赢的，应该注重给图书馆提供文献采访之外的附加服务，给图书馆信息资源建设提供更方便的条件，如代图书馆加工文献，提供编目数据等。这就要求发行商多了解图书馆的实际需求，最好能够学习一些图书馆学的专业知识。如果你的服务做得好，节省了图书馆的人力物力，图书馆就会对你满意，就会对你产生依赖，你的市场就能进一步做大。

刘兹恒同时也提醒图书馆采购人员不要只注重发行商给出的高折扣、低价格，因为高折扣并不等于高质量。采购低价格图书的结果，可能会导致图书质量的下降，期刊可能残缺不齐，甚至盗版书也可能进入图书馆。所以采购人员首先应该看供应商的信誉，考察他们对所订图书、期刊的到货时间和到货率，考察他们能否按图书馆的要求对所采购的文献提供附加的加工服务以及加工的质量等。他认为，虽然现在许多图书馆的文献采购实行了政府招标采购，然而这种方式有利也有弊。但不管怎样，图书馆的采购人员必须全程参与，千万不能放弃自己对每一种到馆文献的选择和鉴定责任。

从目前实际进行招标采购的情况看，在他的调查中，有相当数量的图书馆对这一做法的效果并不满意，而不少发行商也对这种采购方式多有抱怨：图书馆不满意实行招标采购以后，中标书商未完全履行投标时的承诺，使图书馆藏书的质量得不到保证，损害了图书馆的利益；而书商们则抱怨图书馆过分苛求，不仅使他们无利可图，有时还要向图书馆"倒贴"，甚至发出了"不中标要死，中了标更要死"的哀叹。面对这种书商和图书馆"双不赢"的局面，目前已有一些学者开始呼吁停止图书馆文献的政府招标采购。

招标采购能否成功，关键是书刊发行商的选择。在通常的图书馆文献招标采购过程中，相当多的情况是，图书馆误以为招标采购的主要目的在于压

低书商向图书馆供应书刊的价格，价格越低越好，于是在书商们竞相给出较低的书刊报价后，其中的最低报价者往往成为最后的中标书商。这是非常片面的。图书馆采购的书刊品种多、复本少，且在大多数情况下没有确定标的物，图书馆只能以自己的购书经费总额进行集中招标，即对承担书刊供应的书商招"资格标"，而书商们竞标时给出的折扣价格也只能是均价。但在实际操作中，作为书刊市场上的中间商，书刊发行商也需要从上游出版商那里拿书。当有些出版商给出的折扣本身较高，发行商若以中标时的平均价格再供应给图书馆时，就获得了相应利润，对这些书刊，书商们通常愿意保证提供相应的服务；而当有些出版商给出的折扣较小，特别是对一些印数少的专业图书给出的折扣更小时，书刊发行商就不得不考虑自身利益，很难再以均价将这些书刊配送给图书馆。这就必然会造成图书馆所需文献的缺藏，从而直接影响图书馆文献资源建设的质量。显然，书商折扣给得越多，对图书馆所需文献的到货率影响就越大，图书馆采购质量就越难得到保证。所以，当价格作为图书馆招标采购中发行商选择的重要标准或唯一标准时，这种图书馆、书商对招标采购均不满意的状况的出现，可以说是必然的。

为了避免图书馆文献招标采购中价格"一票胜出"的弊端，刘兹恒认为，一是要对图书馆文献招标委员会人员的构成进行规范，二是要有一个科学的评标标准。图书馆文献招标采购首先应在上级集中采购管理部门的指导下，成立由图书馆和上级相关职能部门（如集中采购中心、财务、纪检、审计等）人员组成的文献招标采购委员会，负责确定各类文献应该采取的集中采购方式及基本操作方法，组建文献招标评标小组或谈判（询价）小组。而在文献招标采购委员会中，一定要改变图书馆专业人员只占少数的局面，要让懂得文献采购规律的图书馆员占到委员会人数的半数以上，以充分表达图书馆的实际需求。

刘兹恒认为，对于小型图书馆来说，采购应该注意避免形式主义。现在文献资源数字化的说法比较热，导致一些小型的图书馆，如一些区县图书馆，不考虑经济实力，盲目追求电子化。他们把本来就十分有限的经费用于购买电子书刊，却并没有满足读者的真正需要，最后可能会让读者觉得无书可看，图书馆也就失去了吸引力。所以，对于这种类型的图书馆，要走实用路线，切切实实采购老百姓喜欢的图书就可以。

关于图书馆界面临的问题，刘兹恒认为基本上还是老问题，都没有得到很好的解决。比如，"存取"和"拥有"的关系，尚需进一步厘清。像电子资源的引进，只是起到了桥梁的作用，而非拥有。针对各地目前搞的图书馆的馆藏数字化，他认为，没必要自己去做，除非是特殊的馆藏。因为图书馆不是主要的信息生产者，而是购买者、拥有者和使用者。图书馆应该把社会信息资源馆藏化，而对馆藏资源数字化需慎重。因此，图书馆如果放弃了文献采购工作，片面强调那种脱离了实际信息资源为后盾的单纯网络信息的存取能力，图书馆将丧失其特性，最终失去自己的核心能力。他认为，要求图书馆放弃以资源为基础的发展，解除图书馆与实际资源的"捆绑"，通过动态搜寻、链接、组织网上资源来提供知识服务，即将"存取"能力作为图书馆的核心能力加以发展，是不切实际的。但同时，网络提供了存取图书馆以外各种信息资源的便利条件，图书馆也没有必要再去追求对各种类型及形态的文献信息的全部"拥有"，而应该把从图书馆外部"存取"信息也作为文献采购和资源建设的一部分，使图书馆文献采购和信息资源建设的内容变成"拥有"加"存取"。

图书馆面临的是多元化的信息载体，既有传统纸质文献，也有数字化的电子文献，更有网络上的虚拟文献，这就使图书馆信息资源建设比以往更加复杂、更加困难。为此，他认为在新情况下，要制定新的文献采购策略。

首先，应该做到传统纸质文献采购与电子文献采购两手同时抓，不可偏废。其次，要调整传统文献与电子文献采购比例，逐步加大电子文献的经费投入和采购力度。再次，要调整传统文献的采购策略。对电子文献的投入比例增加必然会使传统文献采购经费减少，这就需要调整传统文献的采购策略，

即在保证品种的基础上,减少复本量,或者增加品种,控制复本。

　　随之而来的便是文献采购机构的整合。新的条件下,文献载体形态所呈现的多元化、采访方式和采访手段的不断变革、网上信息资源的筛选和采集、虚拟馆藏的建设等,使得原有的图书馆组织结构难以适应复合型图书馆业务发展和内部管理的需要。因此,图书馆的组织机构必须进行一定的重组与整合,其中自然也包括采购部门的整合。传统图书馆文献采购机构的设置主要有三种模式:一是单独设立文献采购部,全面负责图书、期刊等的采购业务;二是文献采购与文献编目合二为一,但采购与编目各成体系;三是图书采购与期刊采购、电子文献采购分开,图书采购设置采购部,期刊采购由独立的期刊部负责,电子文献采购由电子阅览室负责,而相当数量的联网数据库等网络型电子资源采购则一般由信息服务部门或网络部门负责。文献载体形态多样化,直接导致了文献内容的相互重复与交叉。这种按文献载体形态划分采购责任的做法显然不能解决文献采购中的重复和遗漏问题。因此,在书刊经费十分紧张的情况下,图书馆的文献采购必须统筹规划,将图书、期刊、电子文献、数据库等各种信息资源的采购由采购部门进行全盘考虑,实现文献信息采购一体化,最大限度地提高经费的使用效率,确保馆藏文献整体结构的合理性。

第三章 现当代图书馆学家

肖希明

　　肖希明，男，1955年11月出生于湖南省武冈县，1983年毕业于武汉大学图书馆学专业，毕业后留图书馆学系任教。1992年9月至1995年6月在武汉大学图书情报学院攻读博士研究生，获理学博士学位。1996年2月至9月在美国俄亥俄州肯特州立大学做访问学者。1999年4月至2004年11月应聘任佛山科技学院图书馆馆长。武汉大学信息管理学院图书馆学系主任，博士生导师。社会兼职有教育部高等学校图书馆学教学指导委员会委员、中国图书馆学会理事、中国图书馆学会学术研究委员会副主任、中国图书馆学会资源建设与共享专业委员会主任、湖北省图书馆学会常务理事。其主要研究领域为信息资源建设、图书馆管理等。2006年以来，他先后承担了教育部哲学社会科学研究重大课题攻关项目"数字信息资源的规划、管理与利用研究"，教育部人文社会科学研究项目"国家信息化发展战略中的信息资源建设政策研究"，教育部人文社会科学重点研究基地重大项目"数字信息环境下的图书馆管理研究"和"school运动发展趋势及其对国内外信息领域的影响"以及国家社会科学基金项目《文献资源共享系统绩效评估研究》等科研项目。

　　肖希明教授的博士学位论文《文献资源共享：系统、环境与模式研究》1998年获湖北省优秀博士学位论文奖；参与编著的普通高等教育"九五"国家级重点教材《书目情报需求与服务组织》2002年获全国普通高等学校优秀教材一等奖;参与撰写的专著《科学研究与开发中的信息保障》2003年获第三届中国高校人文社会科学研究优秀成果三等奖;专著《中国图书馆藏书发展政策研究》2005年获武汉大学第十届人文社会科学研究优秀成果一等奖;信息资源建设2008年获评国家级精品课程;系列论文《我国图书馆学专业教育与职业需求的调查与分析》2011年2月获第七届湖北省社会科学优秀成果三等奖。

一、信息资源共建共享理论研究

信息资源是知识经济时代国家和社会重要的战略资源。2005年5月,中共中央办公厅和国务院办公厅下发了《关于加强信息资源开发利用工作的若干意见》,表明党和政府对信息资源的开发、利用和建设的高度重视。而信息资源共建共享也是21世纪的前几年以来图书馆学理论界和实践中都十分关注的问题。于是,在2005年7月武汉大学信息管理学院举办的第三届中美图书馆员高级研究班期间,与会的馆长们探讨数字时代大学图书馆合作与信息资源共享问题,大家都认为有必要利用这一契机,向图书馆及社会各界发出强有力的声音,宣示当今中国大学图书馆馆长们关于信息资源共建共享的基本理念、原则立场、行动决心和政策建议。就是在这样的背景下,2005年7月8日,中国大学图书馆馆长论坛在武汉大学举行,论坛发表了《图书馆合作与信息资源共享武汉宣言》(以下简称《宣言》),在图书馆界引起了较大反响。而肖希明教授作为《宣言》诞生的见证者,详细阐述了《宣言》的核心理念。

《宣言》的核心理念主要体现在4个方面。

1. 昭示了信息资源和图书馆事业在国民经济和社会协调发展中的不可替代作用

信息资源是国家和社会重要的战略资源。图书馆作为信息资源的搜集、组织、保存和提供利用的社会机构历史悠久。在今天信息化格局中，图书馆信息资源建设，是国家信息化发展战略的重要组成部分。

2. 昭示了现代图书馆的基本理念——向全体社会成员提供服务

在文明社会中，自由、平等地获取信息资源，是宪法赋予每个公民的基本权利。但由于受经济、政治、文化等各种因素的影响，信息公共获取仍然存在着许多障碍，成为诸多社会问题的重要诱因。因此，《宣言》特别强调，图书馆是国家和政府为保障公民自由、平等地获取信息和知识而进行的制度安排。最大限度地满足每一位公民（读者）对信息和知识的需求，是图书馆义不容辞的责任。

3. 昭示了图书馆业态的变化对变革的要求

20世纪70年代以来，现代信息技术的迅速发展，极大地改变了信息的生产、存储、传递和利用的方式，形成了一个全新的图书馆业态环境。信息数量的急剧增长以及用户对信息资源的无限需求与图书馆对信息载体的有限收集和处理能力之间的矛盾日益突出，信息资源共建共享是图书馆变革做出的理性选择。

4. 信息资源共享既是崇高目标也是现实过程

人们将信息资源共享的最终目标概括为"使任何人在任何时候、任何地点，均可以获得任何图书馆的任何资源"。这是一种理想的境界，也是一个崇高的目标。虽然这种理想和目标的实现是非常遥远的，但又是实实在在存在于人类实践中的，是一个现实的过程。从早期的馆际互借，到后来的合作采购、合作加工、合作贮存，再到今天在网络环境下的信息资源协调采购、联机合作编目、联机书目查询、馆际互借、文献传递、网上联合咨询等，信息资源共享活动的这些进展，是活生生地存在于现实之中的。只要每一个图书馆都能够切实参与信息资源共享的现实活动，就能够一步一步地接近信息资源共享的最终目标。

二、信息资源建设研究

从 1991 年肖希明与沈继武老师合著《文献资源建设》，到 2002 年《中国图书馆藏书发展政策研究》出版，2006 年《信息资源建设》一书的面世，充分显示了肖希明对我国图书馆资源建设的关注。

信息资源共建共享是信息资源建设的重要内容。21 世纪以来，我国信息资源共建共享活动取得了突破性进展。除了国家级的信息资源共建共享工程，如中国高等教育文献保障系统（简称 CALIS）、国家科技图书文献中心（简称 NSTL）、全国文化信息资源共享工程等取得了重要发展外，各地区、系统的信息资源共建共享工程也在如火如荼地开展着。这些实质性的进展，已使人们真切感受到信息资源共建共享所产生的巨大经济效益和社会效益。但是当时，处于 21 世纪前 10 年的我国信息资源共建共享事业仍面临很多障碍。这些障碍主要不是来自技术层面的，而是由一些社会因素引起的。

1. 管理体制问题

多年来，不断有人提出在国务院下设立一个行政职能部门统管全国各类图书情报机构，来解决我国图书馆事业管理条块分割、各自为政、缺乏统筹规划和宏观调控等问题，但在目前我国进行经济体制改革和行政管理体制改革的大背景下，设立这样一种部门是不可能的。我们寻求建立的应该是具有较强宏观调控功能的横向协调组织，既可以是国家不同层次的图书馆及其他信息机构的横向协调与合作，如 CALIS 等，也可以是地区性的馆际互借合作网络，还可以是地区范围内不同类型图书情报机构的合作。需要指出的是，强调横向合作的重要性，并不否认纵向合作的重要性，而是要在现有纵向合作的基础上横向扩展，打破系统、行业界限，形成纵横交错的信息资源保障体系。

2. 运行机制问题

利益平衡机制是信息资源保障体系重要的运行机制。过去很长一段时间，我国信息资源保障体系建设之所以没有取得实质性的进展，除了技术原因外，一个重要的因素就是在管理上缺乏利益平衡机制。一般来说，规模大、基础好的图书情报机构在资源共享中"输出"多、"输入"少。在缺乏利益平衡机制的情况下，这些机构的投入得不到应有的回报和补偿，就会对资源共建共享持消极态度。所以，必须建立一种利益平衡机制，使参加资源共建共享网络的各成员之间，能够依据他们的投入和贡献，获得相应的利益，这样的信息资源共建共享才有长久的活力。

3. 政策体系问题

要解决管理体制、运行机制存在的问题，需要加强共建共享政策体系建设来提供保障。另外，在信息资源共享过程中还存着在许多复杂的矛盾，如信息资源共享与知识产权保护之间的矛盾，信息自由、信息公开与信息安全、信息保密之间的矛盾，等等。这些矛盾的解决，也是需要建立共享政策体系来协调各种相互关联而又相互矛盾的因素，使之在系统中和谐相处。当前，信息资源共建共享正在成为当代信息领域的世界性潮流。信息资源共建共享是一项系统工程，涉及面广，影响因素多，它们之间相互联系、相互作用，形成了一个复杂的体系。所以，现阶段信息资源建设研究的课题，就是要不断地从实践中找出问题、解决问题，推进我国信息资源共建共享建设的健康发展。

三、提倡科学精神与人文精神并重

多年来，人们主要偏重于对图书馆技术方面的研究。可是自从 2000 年起，肖希明教授潜心致力于图书馆信息资源建设方面的研究，在一系列研究成果中显露出对图书馆人文精神的重视，阐述了在图书馆工作中应注意科学精神与人文精神的融合，在图书馆学研究中要寻求工具理性与价值理性整合的思想。

图书馆和图书馆学的发展面临着许多亟待解决的问题。肖希明教授认为，

至关重要的是，图书馆的发展需要寻找强大的精神动力，这种精神动力就是经过融合的科学精神和人文精神；图书馆学的发展需要寻找正确的方向，而这一方向就是工具理性与价值理性的整合。科学精神和人文精神都是人类精神必不可少的组成部分。对于图书馆来说，科学精神就是崇尚和尊重科学，积极研究并利用先进技术设备与手段提高图书馆的工作效率；而人文精神则是在图书馆理论与实践中以人为本，以满足人的需求、实现人的价值、追求人的发展、创造美与和谐作为图书馆活动的宗旨。科学精神与人文精神是不能分离的。两种精神融合在一起，图书馆才能健康地向前发展。近半个世纪以来，技术的广泛应用极大地促进了生产力的发展，图书馆的发展也受到了深刻的影响。尤其是近10年来，图书馆的科学精神受到了极大的推崇，甚至有人认为，现代科技的应用可以解决图书馆的一切问题。在图书馆学研究和教育中，技术也是极受推崇的，成为炙手可热的领域，以至于有人认为图书馆学也应建立在"键盘操作"之上。与此同时，图书馆的人文精神却在不断滑落。于是，图书馆出现了一些耐人寻味的现象：工作人员操作电脑十分娴熟，对读者却冷若冰霜；管理系统不断升级换代，而文献的利用率并未上升等。在现代科学技术如此深刻地改变着图书馆面貌的今天，忽视对科学精神的追求无疑是十分愚蠢的，图书馆科学精神与人文精神的失衡与分离应该得到关注。应该说，图书馆与图书馆学是有很深厚的人文主义传统的。巴特勒·谢拉早就强调了图书馆学的人文性质，阮冈纳赞的《图书馆学五定律》中的前四条都与人文有关。这些例子说明，图书馆界的有识之士是重视图书馆的人文精神的。今天，图书馆确实需要发扬科学精神，但这并不意味着图书馆可以抛弃人文精神。可以说，在当今图书馆，离开了科学精神的人文精神不是真正意义上的人文精神，而离开了人文精神的科学精神也不能促进图书馆的发展，反而有悖于图书馆的真正目的。至于工具理性和价值理性，也是图书馆学研究中不可分离的两个层面。工具理性主要表现为把图书馆学纯粹作为工具来研究，像研究机器一样研究图书馆的组织、协调、控制和管理；

价值理性主要表现为追求图书馆终极价值目标，研究如何在图书馆现实活动中，用"人的尺度"去引导、把握"物的尺度"，用重视情感、道德、审美的价值观和人性化的技术手段指导图书馆的实践活动。但这两个层面并不总是协调发展的，甚至可以说，图书馆学自诞生之日起就向工具理性倾斜。现代技术的广泛应用加剧了图书馆学工具理性的膨胀和蔓延，而图书馆学的价值理性却在萎缩。工具理性与价值理性的失衡带来的消极后果引起了很多学者的关注。一系列高扬价值理性、遏止工具理性肆意蔓延的研究成果问世，试图拨正图书馆学的发展方向，寻求图书馆学工具理性和价值理性的整合。这种整合既符合当今社会的发展趋势，也是图书馆学发展的自身要求。应该肯定的是，图书馆学有工具性、技术性的一面，图书馆学研究技术问题以提高图书馆的工作效率是无可非议的，但图书馆学不能把技术问题作为研究的中心或全部内容。图书馆学要研究图书馆的发展问题，而图书馆的发展显然不是一个单纯的技术范畴，它涉及价值观念、管理体制、政策法律、社会的信息需求，乃至图书馆人的道德规范等。这些都是单靠技术无法解决，却和图书馆的终极价值目标密切相关的。由此可见，图书馆学的工具理性和价值理性是不能分离的，两者的失衡不仅不能促进图书馆的发展，而且还会背离图书馆学本来的目的。

所以说，工具理性和价值理性的整合应该是图书馆学研究正确的发展方向。而作为一名图书馆学教育者和理论研究者，肖希明教授觉得实现图书馆学工具理性和价值理性的整合是个重大课题。有的学者对中国哲学中关于工具理性与价值理性的整合进行了研究，认为"以人为本，以德为主，以行为机，以合为思"是这种整合的特征。借鉴这一研究成果，肖希明教授认为这也是图书馆学工具理性与价值理性整合的实现途径，并给出了自己的阐释。

1. 以人为本

图书馆学工具理性和价值理性整合的出发点和制高点都是人，整合是为了满足人对知识信息的需求。以人为本的理念，体现在图书馆学价值理性上，

就是以人为价值主体,以满足人的需求,实现人的价值,追求人的发展为价值取向,以充满人文关怀,体现美与和谐的形式来开展图书馆活动;体现在工具理性上,则要以能给人类带来现实的方便、利益、功效为选择工具的准则。

2. 以德为主

在整合过程中,道德价值应处于主导地位,而工具理性则处于从属地位。体现"以德为主"要求图书馆首先要正确处理规章制度与服务的关系,读者服务在图书馆中始终处于主导地位;其次,在内部管理中要正确处理以德育人和以制度管人的关系,在建立一套严格的规章制度的同时,图书馆还应加强工作人员的职业价值观教育。

3. 以行为机

实现图书馆学工具理性与价值理性的整合,就是要加强对图书馆现实问题的研究,并且,不能将这类研究局限于纯操作性或技术层面的问题,而是要对图书馆事业发展中的现实问题从理论上进行探讨。但反对片面强调图书馆学的技术性、工具性以及经验描述式的图书馆学研究,同时,肖希明也不认同那些脱离图书馆现实问题而追求纯理论的研究。

4. 以合为思

"合"即把不同因素统一、结合起来,形成一个有内在联系的整体。图书馆学工具理性与价值理性之"合"主要应注意以下方面的统一:目的和手段、理论与实践、认识论与方法论。正是这些辩证统一,才能够将图书馆学不同因素统一、结合起来,促使工具理性和价值理性的整合。

四、图书馆学教育理论

图书馆学教育这个题目一直是国内外很多学者热切关注和积极探讨的课题。肖希明教授从事图书馆学教学工作多年,又当了几年高校图书馆馆长,可以说是亲身体验了图书馆学教育和图书馆职业中的酸甜苦辣,也清楚地明白它们之间千丝万缕的联系。因而,对图书馆学教育,肖希明教授有着独特的视角和成熟的观点。

1. 图书馆学教育体制要进行大的改革

我国图书馆学专业教育体制是一个"专科—本科—硕士—博士"的体系,但这个体系的结构并不是金字塔形的,而是呈"橄榄形",即"中间大"——本科教育规模庞大,"两头小"——专科教育和研究生教育规模较小。肖希明教授认为,我国图书馆学教育目前存在的很多问题与这个体系结构有很大关系。因此,必须对它进行改革。改革思路可以概括为三点:积极兴办高等职业技术教育;稳定本科教育规模;大力发展研究生教育。从我国目前乃至今后相当长的一段时间看,图书馆仍然需要大量有较高(大专以上)文化水平、掌握图书馆学基本知识和较为熟练的图书馆工作技能的工作人员。对这一层次人才的培养,可由为数众多的职业技术学院进行。同时,随着图书馆自动化、网络化、数字化的发展,也需要越来越多从事知识信息组织和服务的人才。这类人才应该具有各种不同的学科背景,具有扎实的图书馆学情报学的理论,能熟练掌握计算机、网络及其相关信息技术,能够获取、分析、评价、组织、管理和提供知识信息。对这一知识层次人才的培养,应该由研究生教育来完成。至于本科生的培养,从长远看,肖希明不太主张大力发展本科教育。图书馆学本科生到图书馆工作有点高不成低不就。当然,在现阶段,

图书馆学的本科仍然是图书馆学研究生教育的主要生源,因此还不宜压缩。但随着高等教育大众化的发展和图书馆事业的发展,必然会有越来越多的非图书馆学专业的本科生进入图书馆学研究生队伍。在当前的过渡时期,肖希明认为,可以采取这种方式:有图书馆学专业的重点大学大力发展研究生教育,一般本科院校继续招收本科生,为研究生教育提供稳定的生源。

2. 以增强学生职业竞争力为导向,调整和改革图书馆学专业本科课程设置和教学内容

提升学生的职业竞争力,是市场经济条件下图书馆学教育必须面对的问

题。而课程设置与教学内容对职业竞争力有直接的影响。前些年，肖希明教授和他的学生共同进行了一个主题为"图书馆学教育对图书馆员职业竞争力的影响"的调查。调查结果显示，计算机和网络知识最受重视，说明现代图书馆工作越来越依靠计算机和网络，没有过硬的计算机和网络知识很难胜任图书馆工作。图书馆学专业知识位居第二，有87.5%的人认为它非常重要或重要，说明它仍然是图书馆馆员职业竞争的优势所在。值得指出的是，当今图书馆学的专业知识，有许多是与计算机和网络融为一体的。所以两者谁更重要是很难区分的。当时的情况是，不少学校的图书馆学专业积极进行课程体系改革，这是应该肯定的。但这种改革呈现出非理性状态。有些教学点课程设置非常随意，什么课时髦就开什么课，财政金融学、国际贸易学、广告学、会计学等都进入了图书馆学专业课程，而图书馆学真正的专业核心课程却完全被边缘化了。这样做的初衷或许是为了增强学生的职业竞争力，但事实恰恰却是削弱了学生的职业竞争力。因为，学生失去了本专业独特的优势，而学到的只是其他学科知识的一点皮毛，这样的学生还有什么职业竞争力可言呢？在调查中，有90%的受访者认为"不断获取新知识的能力"是图书馆馆员最有职业竞争力的要素。现代教育的重要特征之一，就是更加注重培养学生不断获取新知识的能力，而不是向学生灌输现成的知识，即所谓"授人以鱼不如授人以渔"。图书馆学教育是一种高等教育而不是职业培训。图书馆学教育也必须遵循教育规律，把培养学生获取新知识的能力作为首要目标。我们可以将图书馆学教育视为"人才生产者"，将图书馆则视为"人才消费者"。作为"人才消费者"的图书馆在用人时也应该有长远的眼光，不要把是否在刚参加工作时就有熟练的操作能力作为衡量人才的主要标准，而应该考察一个人的综合素质和创造潜能。

3.要注意培养学生正确的职业价值观

正确的职业价值观也是职业竞争力的重要组成部分。职业价值观与所从事的职业相一致才能促使图书馆员不断地学习新知识和新技能。图书馆专业教育对培养图书馆专业人才的正确职业价值观具有很重要的作用。以前的专业教育中忽略了这个问题。

图书馆学专业的学生在多年的专业学习中形成的专业思维,对图书馆核心理念、图书馆精神的感悟比非专业人士要强得多,比较容易形成正确的图书馆职业价值观。目前,国内很多优秀的图书馆馆长主政的图书馆,无论是公共图书馆、高校图书馆还是科学专业图书馆,都办得非常出色。他们都有图书馆学专业的背景,但是他们的真正优势不在于他们掌握了多么先进的技术,而在于他们有很先进的图书馆理念。所以,那种认为图书馆学专业毕业的学生从事图书馆工作不如非图书馆学专业毕业的学生更有竞争力的看法是片面的。

4.专业教师要在图书馆学教育与图书馆实践的连接中起主导作用

在调查中有一个值得注意的数据,有76.25%的受访者希望教师有"图书馆工作实践经验"。这是因为图书馆学是一门实践性很强的学科,无论是图书馆学理论课程还是方法课程,都与图书馆实践存在着密切的联系。在国外和台湾地区,图书馆学专业教师一般都有从事图书馆工作的经历,他们既是杰出的教育工作者和理论研究者,也是实践领域的专家。但目前,国内很多图书馆学专业的教师还缺乏对图书馆实际工作的了解,教学内容往往容易与实际脱节。应该建立这样一种机制,让搞教学和理论研究的专业教师能在教学科研和图书馆工作岗位之间自由流动,这对图书馆事业和图书馆教育都是有利的。今天,图书馆学教育工作者总是试图通过更改课程设置和教学内容或采取其他方式将学生理论学习和课外实践联系起来。殊不知,在教学中处理理论与实践关系时,专业教师的作用才是关键。因此,图书馆学的专业教师应积极接触实际工作,及时调整角色的变化。

叶继元

叶继元，男，安徽太平人，1955年12月出生于南京。1969年9月考入金陵中学。1972年至1978年在南京钢铁厂工作。1981年毕业于南京大学信息管理系图书馆学专业，1991年7月获史学硕士学位，1992年12月破格晋升为副研究员，1996年4月破格晋升为研究员。20多年来，叶继元一直致力于期刊文献情报收集、标引和检索、文献（情报）计量学、核心期刊、引文分析、电子期刊等的研究。1999年9月至2000年9月，他在美国堪萨斯大学做访问学者，进行访问研究和讲学，研究课题为网络条件下报刊情报（信息）的管理；讲学题目为中国的传媒与广告，完成《国外期刊价格现状与走向》（已发表），与美方学者合作完成《全球网上中文人文社会科学期刊的现状与趋势》（为第一作者，2001年4月发表）。美方对其教学和研究工作给予了较高评价，认为他"富有创造思想"。2006年7月至10月，他在美国Drexel大学做讲座教授、高级访问学者。叶继元现任南京大学信息管理系教授、博士生导师，南京大学中国人文社会科学评价国家创新基地副主任，兼任国务院学位委员会第五届学科评议组（图书情报学）成员，教育部首届、第二届社会科学委员会委员，江苏省哲学社科研究规划专家组成员，全国高校图书馆期刊工作研究会副主任兼首席专家，中国索引学会副理事长。他是1995年南京大学中青年学术骨干，1997年首批江苏省"333人才工程"入选者，美国《历史文摘》（Historical Abstracts）编辑顾问（1991—1997），国家教育部《大学图书馆学报》等数十种学术期刊的编委，南开大学信息资源管理系兼职教授、华南大学、中南大学、南京师范大学文学院、南京航天航空大学兼职教授等。

至21世纪初，叶继元已发表图书情报学论文25篇，其中核心期刊的论文20篇，其中10篇是本学科一流权威期刊的论文；专著1部，主编或合作主编的大型工具书2部，教材1部，全国学术论文集3部，参加撰写词条的大型工具书1部，主编会刊《期刊管理与研究》8期。其著作《核心期刊概论》于1998年12月获国家教育部第二届人文社会科学优秀研究成果二等奖，另获南京大学人文社科优秀研究成果二等奖，江苏省哲学社科优秀研究成果三等奖，论文《全国报刊联机合作编目的宏观思考》于1999年10月获江苏省第六次哲学社会科学优秀研究成果三等奖。论文《外文电子期刊收集策略初探》被人大《图书馆学信息科学》1999年第2期全文收录。论文《论文评价与期刊评价》2001年获南京大学社会科学优秀研究成果二等奖。论文《国内外主要期刊数据库系统之比较研究》《市场经济条件下外文期刊订购若干新变化的分析》被俄国著名检索期刊《文摘杂志·情报学》收录。与北大合编的大型工具书《国外人文社会科学核心期刊总览》被我国著名图书情报学家组成的鉴定委员会评价为是"填补图书情报领域空白的科研成果"。

1992年1月5日，《南京日报》刊登消息：美国著名大型文摘检索期刊《历史文摘》编辑部近日正式聘请南京大学图书馆期刊部副主任叶继元为该刊编辑顾问委员会委员。他是入选该委员会的第一个中国人。"随后，《江苏图书馆学报》等纷纷报道这一消息。叶继元为南京大学，为我国期刊界赢得了荣誉，他的名字也被全国的同行所瞩目。

自1665年1月5日法国的《学者杂志》和同年3月6日英国的《哲学汇刊》出版以来，期刊经历了300多年的历史。在这300多年中，期刊以它广泛高效地传播新思想、新知识的特征获得了巨大的发展，数量、品种与日俱增。

众多学者都在期刊管理领域勤勤恳恳地工作,南京大学的叶继元教授就是其中的一名学者。

叶继元1955年生于南京,1978年考入南京大学,从此与图书馆学结下了不解之缘。1981年毕业后,他作为校图书馆丁廷消先生的助手,整理、修订、编撰了厚达1100页的精装本《南京大学图书馆馆藏西文报刊目录》。该目录资料完整,条理清晰,得到了同行及读者们的称赞。1984年,南京大学图书馆派他到广州中山大学文献情报学系专攻期刊管理课程。在那里,他撰写的《连续出版物与连续性出版物概念之思考》,在期刊学界产生了广泛影响。从广州归来,他担任了期刊部的副主任,同时给南京大学文献情报学系、河海大学管理系、江苏省高校图工委举办的培训班开设期刊工作课程,培养了几百名期刊工作的骨干。同时,他还在职攻读中国近现代史专业硕士学位,并通过了论文答辩。图书馆学是文理交叉的综合性学科,实践性较强。作为一名合格的图书情报专家,既要有广博的知识面,又要具备一定的图书馆学专业知识、外文水平和文字能力;同时还要勤于实践,在实践的基础上总结、概括出理论,反过来用理论指导实践。叶继元始终以这些条件来要求、衡量自己。他不把自己限于烦琐的事务圈子,在科研上也取得了成果。他译著的《学习技巧》被《畅销书摘》收录,另有多篇英文文章发表于英国、美国期刊研究会会刊serials、Serialsi Lbariran以及Historeal Abstraet Newsleffer上,为他日后走向全国及国际期刊界奠定了基础。1988年6月,全国高校图书情报工作委员会委托西安交通大学图书馆举办中英期刊研讨会。在会上,他提出,为了提高我国期刊和管理水平和研究水平,提高效益,全国期刊工作者有必要组织起来,建立专业性的学术团体。次年5月,叶继元多年的愿望实现了——全国高校期刊研究会在南京大学召开成立大会。1993年5月,这位年轻的副研究馆员被选为该会秘书长。

美国《历史文摘》是现代世界性的大型检索工具,1955年创刊。它收录了85个国家、约40种语言、近2200种史学以及社会科学、人文科学的期刊，信息量大，检索途径多样，在国际史学界享有盛誉。《历史文摘》主动邀叶继元写了《中国史学研究和史学期刊》。该刊主编罗杰·W·戴维斯先生阅后大为赞赏，并且邀请他担任该刊编辑顾问。而在这之前还没有一个中国学者担任此职。叶继元的主要专著与论文等计100余部（篇），涉及期刊领域的占70%，其中最能代表他主要学术成就的，是他对期刊领域中资源共建共享和核心期刊的研究。这些研究成果为学术界、图书馆界的发展做出了积极贡献，叶继元也因此被称为是期刊领域的权威专家。叶继元谦逊地把成绩归于南京大学图书馆的领导和同事。他说，没有好的领导、好的同事，他会一事无成。他还把担任顾问的报酬——美方赠送的《历史文摘》捐送给了图书馆。

一、期刊领域的基本问题及业务探究

叶继元教授的学术研究出发点基于期刊领域的基本问题及业务探究方面。在步入工作岗位后，叶教授发现期刊领域很多基本概念尚未搞清，这给期刊工作带来了一系列混乱，因此叶教授提出"术语规范化并非无关紧要之事"的理论，并积极投身于对基本概念的探讨之中。早期的概念研究为他系统完整地了解期刊领域的各个问题，为他今后形成自己的学术研究方法奠定了坚实的基础。叶教授在吸收以往有关期刊及连续出版物定义的合理内核，对国外有关期刊的术语及我国对应的翻译做了辨析和说明的基础上，认为"对期刊的定义应抓住其出版形式的特殊性而非从内容上找特点"，弄清期刊定义的主要问题在于弄清"连续出版物中的一部分即非刊连续性出版物（丛书丛刊）如何与期刊区分"，从而进一步提出"期刊是有一定名称，并在其名称下连续编号，每年至少出一期（包括一期）的连续出版物"这一定义。同时，他认为"连续出版物"和"连续性出版物"实属同义，不宜分为上下位概念，且赞成使用"连续出版物"来表示 Serial 这一文献类型群。在探究基本概念

的同时，叶教授也不忘对业务工作的钻研。他从期刊目录的著录和刊名排序两方面撰文，阐述了如何编制高质量的期刊目录，同时参编了收录近万种西文报刊的《南京大学图书馆馆藏西文报刊目录》的工作。

二、期刊管理研究

自1989年5月全国高校图书馆期刊工作研究会成立后，随着常务工作和学术研究的深入，叶继元越加感受到在国家经济不断发展之时，尽管各行业的期刊、检索期刊大为增加，但与发达国家期刊业相比，我国期刊还存在着出版布局不甚合理，价格上涨，发行渠道不通畅，编辑规范化、标准化尚需完善，时滞较长等突出的管理问题。于是，他提出"期刊越多越需要管理，而越注重管理则越需要研究"的观点。大约从20世纪90年代开始，叶继元就投入期刊管理的研究领域中去。期刊管理研究需从采、编、流三方面入手，叶继元曾言："全国高校重点学科外刊收集决策模式之研究，全国报刊联机合作编目之研究，全国报刊快速传递网络之研究，这三大任务会对我国图书馆期刊工作产生根本性的改变，会把期刊事业推向一个崭新的发展阶段。"面对重任，时任期刊工作研究会秘书长的叶继元在学术研究上对这三方面都有涉及，其论文《全国报刊联机合作编目的宏观思考》在1999年10月获江苏省第六次哲学社会科学优秀研究成果三等奖；《国内外主要期刊数据库系统之比较研究》被俄国著名检索期刊《文摘杂志·情报学》收录。叶继元将大部分精力放在研究外文期刊的收集方面。在他发表的研究期刊领域的论文中，涉及外刊资源收集策略的文章占25%，这一方面可以说是叶教授学术研究的重点。由于外刊很贵，一种期刊的价格就是中文期刊的数十倍，且20世纪90年代以来价格不断高涨，面对我国外文期刊种数偏少、复本过多、保障率低的严峻形势，为更好地解决我国外刊收藏与利用不足的矛盾，叶继元授列举亲身收集的各类数据，总结国外先进经验技术，指出建立和完善我国外文期刊保障体系的重要性。

他的研究涉及以下几个问题。

1. 对外刊现状形势的讨论

叶继元认为要使人信服,就需要有真实可靠的数据,因此他亲力亲为,积极收集有关外刊现状的数据资料加以详析,得出富有说服力的观点。如根据调查我国各大图书馆外刊(包括西文、日文、俄文刊等)的藏刊量,他认为 20 世纪 90 年代许多论著反复提及"我国引进 2.7 万种外刊"的说法是不确切的;根据列举美国 2000 年各学科期刊(包括数学、化学、教育等 27 类期刊)的平均价格及我国重点高校图书馆 1999 年度及 2002 年度的书刊、期刊、外刊经费和种数的情况,有力说明了目前各馆外刊经费的增长远远落后于外刊价格的涨幅的状况。叶继元对我国各大图书馆的藏刊量、期刊种数、期刊总经费,外刊经费及世界的总体期刊量,世界名校的藏刊量、购刊经费都进行过调查,力求以真实丰富的数据说明我国的外刊现状,使人们正视外刊面临的危机。

2. 对国外先进技术经验的讨论

古语有云:"兼听则明。"为更好地找到解决问题的办法,叶继元不断深入调查分析国内外一些机构的做法策略,如详细介绍了英国图书馆文献供应中心(BritishLi-braryDocumentSupplyCentre)和美国关于建立正规的全国期刊系统的计划,总结出"集中国家力量以统筹解决全国的期刊收藏与利用"的观点,并据此提出建立全国期刊中心的策略。他还根据芬兰 Jyvaskyla 大学等图书馆电子期刊收集的实际情况,提出了相关启示。

3. 对建立全国或者地区期刊中心的讨论

在调研了我国外刊收藏与利用存在的问题后,叶继元通过借鉴英美国家集中国家力量统筹解决的办法,首次提出我国拟可以建立地区性或全国性的期刊中心,来指导外刊问题的解决方案,并对期刊中心的大致轮廓进行了一些构想。

在国家教委高校图书情报工作委员会及南京大学的大力支持下,1994

年 6 月，全国高校期刊协调网成立。自成立以来，为高校图书馆节省了巨额的订刊经费，为在外文期刊协调共享方面做了大量卓有成效的工作，但仍有不足。鉴于此，1995 年叶继元又撰文通过对全国高校期刊网、国家教委文科文献情报中心和其他一些学者提出的期刊资源的布局模式和实施办法进行介绍、分析和比对，进一步提出了构建三级期刊资源布局模式，并探讨了期刊布局的实施办法。根据多年的工作实践，他于 2003 年在总结了前两篇文章的基础上，主持研讨了期刊资源共建共享的现状及具体实施办法，与其他学者共同成文《全国高校重点学科外刊资源共建共享方案研究》，对期刊资源建设的研究进行了阶段性总结。与此同时，由于外刊价格的猛涨，一方面使购书经费本来就紧张的收藏机构已不能保证教学科研的核心期刊的需要，另一方面，教育、公共、科研三大系统对协调订购外刊的需要也越来越迫切，因此在研究外刊收集策略的同时，叶继元把核心期刊作为一个重要的研究方向，之后又扩展到学术评价领域。

叶继元是我国核心期刊研究的启蒙学者之一。1995 年，《核心期刊概论》一书成为国内第一本系统介绍核心期刊理论的专著。叶继元立足于布拉德福定律和加菲尔德的引文率，在论著中明确指出核心期刊实际是指某学科文献密度大，文摘率、引文率及利用率相对较高，代表该学科现有水平和发展方向的期刊。在当时他就针对人们过于迷信核心期刊的倾向，指出核心期刊中的论文优于非核心期刊中的论文，但并非所有好文章全在核心期刊上。由于各种原因，非核心期刊上也有高质量文章，这在文科期刊上表现得更为明显。在期刊质量与期刊论文质量不一致时，应首先注重论文的质量。之后叶教授还撰写多篇论文，继续辨析了核心期刊与重要期刊、优秀期刊等的关系；阐述了中文核心期刊的研究现状、进展与不足；探讨了核心期刊与 SCI 期刊的关系，核心期刊中的引文法和文摘法是如何测定、评判的，如何联合编制核心期刊目录等工具书的问题。其中，与北京大学合编的大型工具书《国外人文社会科学核心期刊总览》被我国图书情报专家鉴定为"填补图书情报领域空白的科研成果"。

随着核心期刊的发展,其作用却在某些单位出现了异化,社会上不少部门将论文是否被核心期刊刊登作为衡量个人水平和工作考核的指标,随之带来的负面效应便是科研人员纷纷重视期刊级别而忽视论文质量。这种以期刊级别决定论文质量的现象强烈冲击着学术界的研究风气,以致某些学人讥称"核心期刊"为"臭豆腐",是"罪魁祸首"。但叶继元对核心期刊的研究持乐观态度,他认为问题出现时我们不能一味归罪于"肇事者"本身,应透过现象去了解事物的本质。面对愈演愈烈的"核心期刊现象",他义无反顾地投身研究学术评价的领域中去。其实早在1996年,叶继元就谈道:"若是SCI期刊评估体系是科学的,那么要建立我国合理的学术评估体系,首先就要建立和完善《中国科学引文索引》,并创建《中国人文社会科学引文索引》,为评价期刊和论文提供可靠详细的数据。"2000年,以研制《中文社会科学引文索引》(CSSCI)为主要任务的南京大学社会科学研究评价中心成立。CSSCI是从引文角度来编制的新型检索数据库,它通过引文分析来描述人文社会科学的发展,定时跟踪科研动态,同时也为人文社科的学术评价提供参考和帮助。目前,叶继元一方面任教于南京大学信息管理系,另一方面供职于CSSCI,正积极进行着引文分析的研究,努力为构建国内健康有序的学术评价体系贡献自己的一份力量。

叶继元经过多年对期刊领域的研究,已形成了具有自己鲜明特点的学术风格和研究方法,他在很多问题上并不满足于已有的资料,而是从问题的争议点出发,锲而不舍地钻研前人未曾涉及或研究不够的地方,进一步提出自己的观点和解决问题的策略。叶继元的研究特点主要有以下四点。

1. 从辨析概念入手,层层深入,掌握整个知识系统

全面系统及逻辑性强是叶继元论著的鲜明特点,这与他注重对概念的研究是分不开的。先是期刊与连续出版物的定义、性质,再后来扩展到核心期刊、学术评价、引文分析、学术规范的基础理论,这些都有助于他形成对待问题

由浅入深、由表及里，得出结论必经过严密论证的学术研究风格和方法。

2.结合大量调查数据，以事实说话

叶继元认为，搞研究对数据要敏感，要做到"心中有数"，因此，他在研究的实践中从不忽视对数据的搜集和分析。这些数据有些是参考别人的论著统计的，有些是根据数据库、各种目录、文摘等工具书统计而来的，还有许多是他亲自拟调查表、发放、回收、统计的。叶继元在此方面的诸多努力以及他严谨、认真地搜集和考证资料的方法，对他的学术观点的形成起着不可或缺的作用。

3.吸收国外先进经验，为我所用

在许多问题的研究上，叶教授立足于基本事实，不囿于某一地区或某一具体事务。他先后两次赴美，就研究重点与同行探讨交流。他积极调研国外先进技术，与本国实际问题做纵深比较研究，并时刻留意是否适合本国实际，从而提出切实可行的策略。

4.治学严谨，讲求规范，活跃于期刊领域的前沿

从全国期刊中心的建立到如今的核心期刊现象，叶继元一直活跃在期刊领域的前沿，积极为我国期刊领域的研究贡献着自己的力量。正如他在《期刊管理研究的过去、现状与未来》中说的，我国期刊管理研究水平与国外相比仍比较落后，尤其在计算机、光盘、缩微技术的应用，协作协调，期刊的评价、选择和利用，新研究方法的利用等方面。为了尽快赶上国际水平，适应我国飞跃发展的形势，一方面要扎实苦干，一方面还要坚持理论与实际结合，积极研究探索，一步一个脚印地前进。

三、学术评价和学术规范研究

学术评价和学术规范是当下学术界的两大焦点话题，不仅吸引了学界的关注，更聚焦了社会、管理领域的目光。科学、健康、有序的学术生态并非

一朝一夕就能建设完成，需要各界共同努力。叶继元就是为营造良好的学术生态而努力奋斗的众多成员中的一员。

叶继元在大学所学的专业是图书馆学，为此很多人都感到好奇："你一个学图书馆学的，怎么跨界搞评价呢？"他大学毕业后，曾有过20多年的图书馆工作经历，主要从事信息资源建设工作。20世纪八九十年代，由于经费短缺、文献资源数量快速增加等原因，图书馆在资源采购时需要对资源进行评价，优先选择核心期刊、保障重点图书、外文期刊等，为此，他将图书馆实践经验进行总结、提升，于1996年推出了国内第一部《核心期刊概论》。图书馆资源评价主要针对的是学术资源，通过多年的积累，叶继元逐渐由学术资源评价拓展到对学术评价的研究与实践。

2010年，针对人文社会科学评价普遍存在着定性、定量等二元对立的思维定式以及缺乏系统的理论概括，叶继元基于多年研究及实践，创造性地提出了"全评价"理论框架。所谓的"全评价"，包括形式评价、内容评价和效用评价三个层面，评价主体、评价客体、评价目的、评价标准、评价指标、评价方法以及评价制度六大要素。其中，学术共同体是评价主体中的主力，成果和人员评价是评价客体中的重点，而评价目的是龙头和动因，评价标准与指标是核心，评价方法是手段，评价制度是保障。

"全评价"理论框架的提出，为解释当下不少评价问题提供了重要的理论支撑。如当下很多评价之所以为人诟病，主要是因为其停留在最低的形式评价层面，重数量形式而忽略了内容及效用的评价；又如很多评价因为评价目的不明确，简单的评价复杂化，需要复杂评价的又简单化。现实中的这些评价活动，用"全评价"的框架分析都能发现其不足，而这些不足正是为他人诟病之处。

学术评价离不开各种数据支撑，数据样本越大、数据质量越高，越有利于节约同行专家的精力，也越有助于保障评价的科学性。1991年，叶继元被聘为美国《历史文摘》编辑顾问，将我国重要的史学、文科综合性期刊20

多种推介进入国外期刊论文数据库，这一工作使他逐渐意识到数据库的重要价值。1993年，叶继元在《文科"学术榜"与核心期刊刍议》一文中率先提出"就国内而言，首先要创办社会科学和人文科学的'引文索引'"。不久之后，他又撰写了《编制引文索引库的计划书》，交送当时的南京大学图书馆和学校领导。此种"创意"和方案，对1998年"中文社会科学引文索引"（CSSCI）的研究起到了重要作用。2003年，叶继元担任CSSCI中心的领导工作。不久，叶继元敏锐地意识到了图书引文索引的重要性，经过研究及摸索，他在2006年指导建立了学术集刊示范引文数据库，2010年又指导博士生正式研制出了"中文图书引文索引"（CBKCI）示范库。CBKCI以精选学术图书作为来源文献（统计源），统计、分析图书作者引用图书、期刊论文、报告等文献资料的情况。该数据库的推出，不仅填补了国内在图书引文领域的空白，促进了学术图书出版质量的提升，而且有助于图书馆进行图书采购，精选馆藏，为学术评价提供坚实的基础。CBKCI推出后也得到了国际同行的赞赏，图书情报领域著名的《Scientometrics》（《科学计量学》杂志）报道了这一研究成果。

要建立科学权威、公开透明的学术评价体系，除了建立科学的评价数据支撑体系外，另一项基础工作便是加强学术规范的引导。叶继元之所以对学术规范感兴趣，也是源于图书馆实践工作。信息检索是图书馆学重要的研究领域，叶继元在从事信息检索的教学、研究过程中，切身体会到了规范的检索词、著录项目对于提高检索查全率与查准率的重要性，由此逐渐从信息检索规范文档延伸至学术规范的研究。由于较早地关注学术规范问题，所以在1998年6月，他参与了南京大学《关于科学研究行为规范的管理办法》的起草工作，并于同年承担了南京大学校级研究项目"人文社会科学学术规范与评价系统研究"。

2001年，经过答辩和专家评审，叶继元又承担了教育部"高等学校哲学社会科学研究学术规范"的研究项目，并于2003年7月提交了《高等学校哲学社会科学研究学术规范》的初稿，经教育部组织有关专家学者的多次商讨、修订，该初稿被分为两部分，一为宏观的《高等学校哲学社会科学研究学术规范》，二为比较具体的《高等学校哲学社会科学研究学术规范实施细则》。其中，《高等学校哲学社会科学研究学术规范》经教育部社科委讨论后，于 2004 年 8 月正式对外颁布。

在多年的学术研究基础上，叶继元于 2005 年推出了国内第一部学术规范研究专著《学术规范通论》。2011 年，鉴于叶继元在学术规范领域所做出的成绩，他承担了教育部人文社科研究科研诚信和学风建设专项任务重大课题"学术规范和学科方法论研究"，主持编写面向青年研究人员及未有基础学术训练学者的"学术规范和学科方法论研究的教育丛书"，丛书涉及哲学、经济学、法学、文学、历史学等 16 个学科。目前，该套丛书中的《哲学学术规范与方法论研究》《法学学术规范与方法论研究》等已经出版。

对于学术规范的研究，很多人会片面地理解为"制定规范"，其实不然，叶继元也多次强调学术规范的研究是对已有的学术共同体中形成的术语、概念、规则、惯例等进行总结与概括，其目的是促进"学术积累与学术创新"，倡导做真学问。因为，真学问的精髓便是创新，而创新又必须有规矩、规则或规范，必须建立在前人和他人成果的基础上。当需要突破原有规范才能创新时，新的规范的出现就是创新的标志，因此科学、合理的学术规范不仅不会阻碍学术创新，而且能更好地促进创新。

"路漫漫其修远兮"，科学、合理的学术生态的营造是一项艰巨的、系统性的任务，需要学界、科研管理部门及社会各界共同努力，更需要像叶继元这类的学者不断探索。

中国图书馆人物

王余光

  王余光，男，1959年生，安徽无为人。1983年毕业于北京大学图书馆学系（现信息管理系），后师从华中师范大学历史文献学研究所张舜徽先生，获历史学博士学位。1993年任教授，1995年兼任武汉大学图书情报学院副院长，1996年起担任博士生导师，现任北京大学信息管理系教授兼系主任。此外，他还兼任教育部高等学校图书馆学学科教学指导委员会主任、安徽大学管理学院特聘兼职教授、中国图书馆学会副理事长以及全国古籍保护工作专家委员会委员。

  王余光的专业研究领域为文献学、阅读文化与现代出版业研究，主要个人著作有《中国历史文献学》《中国文献史》（第一卷）、《中国文字与典籍：揭开文明的篇章》《中国新图书出版业初探》《名著的阅读》《读书随记》《文献与文献学家》；与他人合作的著作有《影响中国历史的三十本书》（主编）、《中国读书大辞典》（第一主编）、《中国名著导读》（第一作者）、《读书四观》（第一作者）、《藏书四记》（主编）、《中国读者理想藏书》（主编）、《中国阅读文化史论》（第一作者）和《中国出版通史·民国卷》（第一作者）。

  "力学如力耕，勤惰尔自知。但使书种多，会有岁稔时。"如今担任着北京大学信息管理系主任、中国图书馆学会副理事长兼科普与阅读委员会主任的王余光教授的阅读学研究，是由其在中国历史文献学领域的"力耕"起步，并终获其成的。

早在1988年，王余光就结撰了一部《中国历史文献学》，由武汉大学出版社出版。该书一经问世，被许多学者评为叙述翔实、引证丰富、有创新，是历史文献学理论研究中的一个突破，对中国历史文献学的建立与发展起到了积极的推动作用。在4编19章的篇幅里，他系统地介绍了中国历代编年体史书、典制体史书、纪传体史书和甲骨、金文、简牍、帛书、方志、档案、敦煌遗书、少数民族史料等历史文献，并在对中国历史文献进行宏观思辨的基础上，铺论了自己关于中国历史文献及其整理历史的认识。《中国历史文献学》教材是1983年年底开始规划的。当时这方面的参考书很少，比较多的是史料介绍与史料学方面的著作。王余光教授认为，历史文献学与史料学不同，但什么是历史文献学，还没有人把它说清楚。《中国历史文献学》的出版，首次比较系统地开展了对中国历史文献学的讨论。中国历史文献学，作为一个学科的理论探讨是从20世纪80年代开始的。此前学者们对历史文献的整理与研究为历史文献学的建立奠定了坚实的基础。近20年来，中国历史文献学的研究成果很丰富，出现了多部专门著述。同时，一些小的分支课题独立出来，并有一些专著问世，丰富和加深了历史文献学的研究，如正史学、通鉴学、档案文献学等，已逐步受到人们的重视。中国历史文献学，作为高校中的一门专业基础课和一个博士学位授予点，其建设受到众多学人的关注，该领域的学术队伍比较壮大，为学科发展打下了坚实的基础。

王余光教授在1993年出版的《中国文献史》（第一卷），学术界给予了高度评价。作者认为研究中国文献史，应从这些角度入手：第一，界定文献史的分期；第二，廓清文献史的内容；第三，总结历史上文献史研究的成果。以前，学者们对中国文献的主体部分图书发展的历史阶段划分依据基本上是以图书的物质形态作为主要标志的，而著者认为图书物质形态的变化不能从实质上表明图书的发展，文献著作量的变化是文献发展阶段性划分的主要依据，某一

433

时期文献著作量的增损则是这一时期文献是否发展的主要标志。作者认为中国文献史的研究内容包括：文献的发展过程、影响文献发展的各种因素、文献在社会进步过程中所发生的作用与影响、文献发展过程中的文献整理与揭示以及文献发展的阶段性与规律性。研究中国文献史，应注重中国文献中各种民族文献的构成，还必须总结历史上文献史研究的成果。虽然迄今为止，在中国文献史研究领域中，还没有一部系统的、总结性的作品问世，但在历史上积累了许多文献整理与研究的成果，将成为后来研究者的必然起点和基础。

20世纪90年代前期，王余光与人合著并任主编的第一部以"读书"为主题的百科辞典《中国读书大辞典》（南京大学出版社1993年版）问世，标志着我国的阅读研究进入了社会学与文化学领域，从而把中国的文献研究、图书史研究、阅读的研究推向了一个新的阶段。王余光与另一位主编因此为曾祥芹、韩雪屏等教授关注，于1997年夏揽入中国阅读学研究，成会为骨干。

作为"人类进步阶梯"的先哲们的思想文化结晶——图书，在人类生存发展的漫漫历史长河里，曾经起过怎样的驱动作用？20世纪以来，颇有一些学者对此进行过独到的探究。遴选对历史最有影响的代表性书目（在目录学意义上，或称之为"影响书目"）便是其一。

1945年，英国作家HaraceShipp在世界书史范围内精选了最重要的10部书，即《圣经》《共和国》《上帝之城》《可兰经》《神曲》《莎士比亚戏剧集》《天路历程》《请愿》《物种起源》和《资本论》，这就是世人所乐道的"震撼世界的书"。无独有偶，美国图书馆学家Dr·RobertB·Downs也在上起文艺复兴、下迄20世纪中叶的时间区间里，以对历史、经济、文化、文明和科学思想发生有全面深刻影响为标准，选取了16部书，即世称的"改变历史的书"。这两份书目，以其别具一格的历史进步观和科学立场，对世界学术史产生了重要的影响。

在有着悠久文明史的中国，先贤大儒们更是创造了众多文化典籍，既裨益当世，又鞠育来者，构筑着中华民族由先民进步到现代人的文明阶梯。不可否认,在这浩如烟海的图书中,真正对中国文明发产过全面深刻影响的典籍是有数的,今人要纵览全部文化遗产也是不可能的,为此,武汉大学出版社在1989年出版了《影响中国历史的30本书》(武汉大学出版社1989年初版)。该书主编王余光先生和他的合作者们认为,应当"从中国历代文献中提炼出一批最能代表中国文化特色并对中国历史进程产生过重大影响的图书",系统地给予学术性的讲析和评论,俾使世人借以领略中国历史文化及其主体精神(《后记》)。这无疑是一种有益的尝试。众所周知,美国的Downs博士除了甄选"改变历史的16本书"以外,还曾经发表过一份包含有25本"在美国历史上直接间接曾发生重大影响的书籍"的目录,在美国社会引起过热烈的反响。这25本书,就是世称的"改变美国的书"。

在中国,百余年来也先后有曾国藩、章太炎、梁启超、胡适、钱穆、傅熊湘、汤济沧、蔡尚思、严耕望等知名学者,先后针对不同的对象,在不同的范围内,做出过遴选代表性的、最有影响的国学书目的尝试(如章氏、胡氏所选各为39种,梁氏所选为26种,钱氏为7种)。王余光主编的《影响中国历史的30本书》,既以"影响中国历史"的图书为旨,又时近20世纪90年代,其选评结果自应有与前人不同的地方。首先引起我们注意的,是该书编者试图以中国学者的33种典籍来勾勒中国几千年文化的开源、发展和变迁史的轮廓。无论总集、别集,也不受时代和主题的限制,远如《尚书》《周易》,近如李达、毛泽东的作品均有入选。因此,入选这个书目中的典籍文献,也堪称是"震撼中国的书"或者说是"改变中国的书"。其次,编者的这个书目是以"根源篇"(11种,另附3种)、"创变篇"(9种)和"维新篇"(10种)来部次的。这个体系,实际上反映出编者对中国文化历程的一种解析。至于该书正文部分对入选典籍的介绍,则是以学术评论的方式来进行的。由于撰稿人大都是国内高等学府的青年学者,颇善处理承启之间、今古之间乃至述评之间的关系,所以该书论说活泼新颖,颇为晓畅可读,不失为一部难得的中国文化至要典籍的导读著作。彭歌曾经在《改变历史的书》一书的卷首说:

"书籍绝不是无声无感的东西,而常常是具有'动力'的,足以转变历史进行的方向——有时候是往好处变,有时候是朝坏处变。"而经他汉译后的美国唐斯博士的《改变历史的书》,由林海音女士主持的台北纯文学出版社印行后,竟然在短短的5年间,累计印次22次,印数达到4万余册,成为台湾出版业界的奇迹之一。然而,包括唐斯博士在内的西方学者们,往往在遴选此类书目时,持"西方文化中心论"的观点,对于东方文化学术对世界文明所发挥的巨大而有益的影响,常常视而不见。因此,自20世纪80年代以来,中国学者有鉴于此,编选了《影响中国历史的30本书》(王余光主编)和《影响历史进程的100本书》(苏浙生编著)等,希图对此状况有所改变。由武汉大学出版社1997年出版的120万字本的《塑造中华文明的200本书》(王余光、宁浩主编),代表了这方面的最新成就。

《塑造中华文明的200本书》分为8篇:文明的初始与华夏文明的形成时期、华夏文明的变异与中部地域文明的成长时期、中华文明的形成时期、中华文明的变异与周边地域文明的成长时期、中华文明的兴盛时期、中华文明的融合与大中华文明圈的形成时期、中华文明的成熟与停滞时期和中华文明的再变异时期。时间下限迄于1949年。王余光在卷首的长篇引论《书与中华文明》,是对中国典籍与中华文明之间互为影响的关系的全面论述。文中提出:"每一种文明、每一个民族的形成和发展,都有着自己独特的路径和历史。影响一种文明、一个民族形成和发展的因素是多样复杂的,在这多样复杂的因素中,书,尤其是经典性的书,无疑发挥着举足轻重的作用。中华民族在其漫长的历史进程中,其民族性格、民族思想、民族特色的形成,整个民族文化传统的传承,都与书有着不可分割的联系。完全可以这样说,中国古代经典和近现代名著,既是民族心灵、思想与智慧的浓缩,也是民族成长的精神力量和思想的源泉;既是中华文明特色的重要标志,也是中华文明进程的生动写照。正是这些不朽的典籍,塑造出了灿烂的中华文明;又正是这些伟大的书,影响着我们民族的历史,并且还将影响着这个民族的未来。"

开列代表性书目并做出相应的导读，历来是一项有益读者而又易于诱发学界争议的工作。然而正如台湾知名作家、出版家子敏所曾撰文指出的那样，"选书活动"是值得提倡的。"书单子"很能刺激读书欲，很能培养爱书心。常读"书单子"的，早晚会成为一个爱书人，会喜欢跟知识和文学接近，成为"人中的大木"，成为"人中之兰草"……因为那是"另外一种书评"。

　　云南人民出版社于1999年夏出版了首辑《读好书文库》（王余光、程志方主编）。只有解决了书籍的价值标准问题，才有可能真正去指导读者读书，进而读好书。在知识经济时代，一个人要接受尽可能多的文化教育，这几乎已经不成为问题。但是，有关书籍的价值标准，中外知识人士的认识并不一致。苏联著名作家高尔基曾经说过："热爱书吧——这是知识的泉源！"而我国北宋时期的文学家苏东坡则认为："书富如海，百货皆有。"既然"百货皆有"，那么，读书之初，必先要下一番选书的功夫。作为"知识的泉源"，如今又恰逢市场经济的大潮汹涌而来，作为一个整体的"书海"的水质到底怎样，它有没有被污染？假如说没有被污染，那么其纯净度又究竟如何？由于眼下确实还没有一个可以量化的、被公认的书籍价值评判尺度，因此，看上去浩浩荡荡、澄澄净净的书海，往往细加鉴别就不难发现，其实是鱼龙混杂、泥沙俱下的。有鉴于此，读者在书海中取一瓢饮时，往往不能不先让它沉淀一下。英国著名文学家、批评家毛姆道："绝不让自己被说服去读那些刚出版两三年的畅销书，这件事实很叫人吃惊：许多非常受欢迎的书，我没有读它们，对我却一点也没有损失，因为一本书很可能由于涉及当时正巧使公众感兴趣的某个问题而畅销，它很可能错误百出，但还是使普通读者趋之若鹜。因为只有稍加澄清以后，才可加以感官的鉴别，否则是难免要被泥浆污嘴甚至被沙石碜牙的。为此，俄国著名文学批评家、哲学家别林斯基就说过，阅读一本不适合自己阅读的书，比不阅读还要坏，必须学会这样一种本领，选择最有价值、最适合自己的需要的读物。在这个意义上，王余光、程志方发起组织并主编《读好书文库》，便是一个弘扬"读好书"的高尚理念，

致力建设所谓的"书香社会"的积极举措。

《读好书文库》首辑 12 种,它以一部名著为一个单元,依次介绍名著的成书过程、内容梗概与学理价值及其对人类文化的影响,对读书人的作用;名著被学者整理、翻译、改编、评价的情况;名著的导读;名著精华的摘要等。该文库首先告诉人们的是应选读什么书。编者从 80 种中外名人推荐书目中,采取计量的方法,对这 80 种书目所推荐的 5274 种图书进行统计,以各书推荐次数的多少为序,进而选定 300 种中外名著为文库的选题,实际上是为中国人提供了一份选读中外名著的最佳推荐书目。其次,该文库又告诉读书人怎样去读好书。每本书的导读既概括了中外学者的研究成果和经验,也有作者自己的研读心得在内。作为《读好书文库》的"开卷之作",王余光、邓咏秋合作编著的《名著的选择》,通过组织武汉大学图书情报学院的硕士生,讨论对"书趣"和"借书"以及"读书与时间安排""荧屏时代怎样读书"等话题的体会,旨在帮助人们领略"买书之趣"和"读书之乐",使人们认识到"阅读是一个人精神生命的延续""读书要有一个时间表"和"再宏大的百科全书也代替不了一个成熟学者的书房"的至理,并呼吁世人要重视建立自己的"书香人生"。

从 20 世纪 90 年代开始,王余光带领其门下研究生,一直致力于中外阅读文化领域的研究。经过 10 年的探索和努力,取得了一系列成果,《中国阅读文化史论》便是其成果的集中体现。此书分为"阅读文化研究""阅读史研究""书的选择与阅读"以及"网络阅读研究"4 编,共收集了论文 30 篇。

十余年来,王余光及其学术群体的研究工作主要有三个阶段。

第一阶段:资料的准备与积累。

这一时期,大家着手对有关阅读文化方面的资料和知识进行系统化整理,一批有关阅读与社会阅读指导的书籍出版。其中有由众多专家历时 4 年编撰,中国书史上第一部以读书为主题的百科辞典《中国读书大辞典》(王余光、徐雁主编,南京大学出版社,1993 年)。这部读书辞典的编撰具有重要意义,它标志着中国的阅读研究进入社会学与文化学领域，把中国的文献研究、图书史研究、阅读的研究推向了一个新的阶段。《中国读书大辞典》问世之后，对中国古代阅读传统和文化进行整理的《把卷心醉》和《读书四观》以及对中国历代名人的阅读活动进行总结的"中国名人读书生涯"丛书10种相继出版。同时，为指导现代人阅读，构建"书香社会"，提升社会阅读风气，由王余光教授主编，云南人民出版社1999年、2001年出版了"读好书文库"两辑丛书，陕西师范大学出版社2001年推出了"世纪阅读文库"丛书，宁波出版社2000年出版了"书海导航"丛书等。这些编撰工作在社会上引起了不小的反响，让越来越多的人开始把目光投注在阅读问题上。这一时期，正是以上这些著作和丛书的编撰，为下一阶段对阅读文化的进一步研究做好了资料上的准备，同时也奠定了坚实的实践基础。

第二阶段：理论讨论与探索。

2000年，北京大学信息管理系的部分师生对阅读史和阅读文化举行了专门的讨论会，对阅读史与阅读文化、国外阅读史的研究状况及如何建设中国阅读史等问题进行了热烈讨论。后来，座谈纪要由李天英整理，以《开卷有益——阅读史与阅读文化座谈会纪要》为题，发表在《图书情报工作》2001年第1期上。在讨论中，不少学者认为在现代社会，如何选择信息、选择阅读是一个很重要的问题，虽然目前图书馆学、情报学里有类似的研究，但是对阅读直接的引导研究还是缺乏的，需要关注。另外，与会者还认为对多媒体并存时代产生的新的阅读方式也应进行深入的研究。因为阅读对人的思维方式、知识结构都会产生很大的影响，不同的阅读方式常常会有不同的作用。最后，通过这次讨论，大家对中国阅读史的构建提出了一些初步的设想。这次讨论会结束两年之后，王余光结合研究生课程中国文献史专题中的阅读史专题，召集选修这门课的博士和硕士研究生，展开了对加拿大作家阿尔维托·曼戈尔《阅读史》的翻译工作。在此期间，大家通过对该书的写作背景、内容特色以及社会反响等方面的讨论，对中西阅读传统进行了比较，对阅读

史有了更进一步的认识,获得了关于研究中国阅读史的启示。在这两次座谈会讨论的启发下,王余光着手从理论上对阅读文化问题进行总结和研究。在王余光教授的主持下,学者们把对阅读文化的建设与信息时代网络阅读问题的思考以专题的形式,相继刊发在杂志《图书情报知识》上。这些从理论上对阅读文化的思考和探索成为这一阶段在阅读文化研究上的主要着力点。

第三阶段:《中国阅读通史》的编撰。

近二三十年以来,欧美对西方阅读史的研究已经取得了不可小觑的成绩,甚至开始关注中国的阅读问题。但是,中国阅读史研究成果寥寥。虽然中国是一个有着悠久阅读历史的国家,但中国阅读史上的丰富遗产还没有受到人们足够的重视。因而,构建中国阅读史的研究内容,继承中国阅读史的优良传统,具有重要的开创意义。经过十几年来在中国阅读文化研究资料方面与理论上的准备和积淀,我们对中国阅读史的专门研究也提上了议事日程。2004年,王余光关于编撰一套多卷本《中国阅读通史》的倡议获得安徽教育出版社的支持。同年11月,由北京大学信息管理系和新闻传播学院部分师生以及来自南京大学、武汉大学等院校的研究者共同参与的《中国阅读通史》编撰会议在北京大学召开。《中国阅读通史》试图首次系统总结中国悠久的阅读传统,为当代中国阅读文化的构建奠定学术基础。该书问世以后,将与《中国藏书通史》《中国出版通史》两部巨著形成呼应和互动,从而为构成包括出版文化、藏书文化、阅读文化在内的中国图书文化史,提供一个较为完备的体系框架和思路。

2016年2月26日,国家出版基金规划办公室公布了2016年年度国家出版基金资助项目名单,安徽教育出版社申报的《中国阅读通史》(10卷)榜上有名。2017年3月,该项目顺利通过出版基金中期审核。另外,它还获得了安徽省文化强省建设专项资金的出版赞助,并将申报国家经典翻译工程基金。

身为历史学博士、博士生导师的王余光教授在阅读史研究领域耕耘多年,成绩斐然。他先后发表了《关于阅读史研究的几个问题》等论文数十篇,出版个人专著《中国历史文献学》《中国文献史》（第一卷）、《中国新图书出版业初探》《图书馆阅读推广研究》等相关图书十余种。上述著述为阅读史研究的系统展开奠定了坚实的基础。2003年，王余光教授承接了教育部人文社会科学研究项目"中国阅读史研究"。2004年，在王余光教授的倡议和组织下，《中国阅读通史》出版项目正式立项。

其后十几年里，王余光教授没有再承接任何大型研究项目，而是把自己最宝贵的学术研究时光都奉献给了这部著作。对此，王余光教授说，十余年来，该书的撰写，是他的一种自觉行为。中国曾经是世界上图书文化最发达的国家，从载体、用墨、印装到文字，均系自身发明，形成了非常有民族特色的图书文化，并对世界图书文化产生了重大影响，而阅读文化正是图书文化的重要一环，但中国迄今没有一部系统的阅读文化研究史，他深感作为这个领域的学者所肩负的民族使命和职责。

在王余光教授的真诚邀请下，全国各地在阅读学研究领域卓有成就的优秀专家学者先后加入《中国阅读通史》的编撰团队。这个团队云集了武汉大学图书情报学院、武汉大学图书馆、南京大学信息管理学院、苏州大学文学院、扬州大学文学院、北京大学信息管理学院、北京大学新闻传播学院、内蒙古师范大学历史文化学院、西南大学图书馆等一批活跃在中外阅读史研究领域的中青年专家。对于这个团队的努力和付出，王余光教授有着深深的感动，他说，所有学者都一样，十几年来没有申请其他研究项目，因为在这个团队中，大家已形成了一种默契，大家都有一个共同的信念，就是让这部追踪中华阅读文化史的作品早日问世，不管遇到什么困惑，大家都能尽快调整好心态，从不轻言放弃。十几年间，为了能保证套书的严谨性和权威性，各卷的编写经历了很多内容的变迁，所有卷次都在反复修改中不断完善，有的章节在不断补充最新的材料，有的章节几乎重新编写，各卷还在原来的基础上新增配图300多幅，这些图片大部分都是珍贵的史料图片。

除了核心的编写专家团队，这个项目的创作团队中还有一支年轻的学者

团队,他们主要由北京大学相关研究领域的博士生、研究生组成。他们专门负责对这套书的史料进行核实、查对,并对套书的注释、索引等进行梳理和规范。在这套书的编写过程中,有的成员已经从学生成长为各地知名学府的骨干教师,但仍然坚持做后续工作。王余光教授说,这群年轻人跟随他多年,已深深融入这个团队中,多年来为这个项目做了大量的辅助工作,大家为了一个共同的信念,没有人去计较个人得失。

在创作团队的共同努力下,这套书的编写经历了从中国阅读史模式的构建到各阶段阅读史史料的收集、整理、提炼,再到各卷的研究开展和完成。可以说,套书的编写和修改是一个艰难但不断推进的过程。由于这是中国阅读史研究的第一部学术专著,编写者们没有同类的研究成果可借鉴,很多东西都是在编写过程中反复查证和不断完善的。这部让众多学者十余年来为之呕心沥血的专著,被武汉大学图书馆馆长王新才教授和北京大学信息管理系主任王子舟教授等专家认为是中国阅读史研究领域的开山之作,是迄今为止本领域研究的一次"集大成之作",并在各项基金的申报推荐函中亲笔签名"予以力荐"。套书的引领和示范作用集中体现在"模式构建""文化视角""现实意义"等几个方面。

《中国阅读通史》创造性地构建了中国阅读史的叙述模式和研究范式,为今后阅读史的研究提供了重要参照和借鉴。王余光教授认为,影响阅读行为的因素分为"外在因素"与"内在因素"。外在因素主要包括社会环境与教育,社会意识与宗教,学术与知识体系,书籍出版、流传与收藏,文本变迁等。这些因素对阅读行为产生着重要影响。内在因素则包括谁在阅读、如何阅读、读什么、在何处读等因素。这些因素构成了个人的阅读史。这些论点成为阅读史研究模式构建的基点。同时,王余光教授根据阅读史在不同历史阶段呈现的不同特点,设计了《中国阅读通史》按8个历史阶段分卷撰写的基本框架。经过编写组反复讨论,这套书最后确定全书分10卷编写,首卷为《理论卷》,阐释阅读史研究的基本框架和一般问题;第十卷为《图录与索引》，对本书出现的专有名词逐一索引；其余8卷按秦汉、魏晋南北朝、隋唐五代两宋、辽西夏金元、明代、清代（上）、清代（下）、民国等8个历史时期划分，叙述各个历史时期的阅读史。

在撰写和研究的过程中，各分册编写者们注重理论与阅读实践相结合，在总结历朝历代阅读特点、方法和理论的同时，列举了大量古人读书的经典实例，力求学术性和可读性兼而有之。立足于这个研究模式，王余光教授带领团队继续深入探讨，尝试从文化视角对阅读史进行全景式的理论研究。通过反复讨论，编写组达成共识，套书总体上从几个大的关联中去分析研究阅读史的概貌和历史根源。其中"文本变迁与阅读"主要从"文字统一、载体变迁、制作方式变迁"等展开论述；而"社会环境和教育与阅读"包括"经济条件、出版、书籍流传与收藏、教育、推荐书目"等子目录；"社会意识、宗教与阅读"涵盖"政治意识、文化政策、禁书、群体意识、宗教信仰"等重要因素；"学术、知识体系与阅读"主要论述"注释、翻译、工具书、推荐书目"和阅读史的关系；"中国阅读传统"主要研究"书目、历代知识体系、注释与翻译、工具书、阅读推荐书目"等因素的重要影响；"个人阅读史"则从"书香世家、藏书楼、书房与读书处、阅读习惯、读书经历、思想生活"等内部因素来分析个人阅读史形成的过程和原因。各分册依据不同历史阶段的特点，研究重点又各不相同。如《秦汉卷》着重研究了"知识载体的变迁"以及"汉代知识体系的形成"等这个阶段的重要阅读现象；《隋唐五代两宋卷》则重点研究了"科举制度""社会阅读风尚""雕版印刷术"等对图书传播与阅读的影响；《明代卷》则选取了"学术文化思潮""宫廷读者群"及"女性读者群"等阅读现象来进行梳理和分析；《民国卷》则重点论述了"传统和现代的阅读体系及转型""报刊的阅读热潮""大众通俗读物的阅读与传播"等民国时期特有的阅读现象。各分册通过这样的细致梳理和深入探讨，共同还原了从先秦到民国不同历史时期国人阅读的特定景象，并关注了阅读活动与社会背景之间的关系，在此基础上总结了中国阅读传统的特色，揭示

了中国阅读思想、阅读方法的传承与演变。

在阅读学发展的过程中，专家学者们立足于心理学、语言学、教育学、文学等多种学科领域，从各自不同的视角，运用不同的方法对阅读进行了充分的研究，取得了比较丰硕的成果，但是从文化视角对阅读进行理论研究的还很少。在王余光教授看来，构建阅读史研究模式，对中华阅读文化进行深入的研究，不仅是一项学术研究活动，同时也是对阅读现实的反思和一些现实问题的理性回应。他认为，中国是一个有着悠久阅读历史的国家，但历史上的丰富遗产并没有得到充分的挖掘和利用，阅读传统也没有得到更好的传承。如何让阅读真正成为全民生活的一种常态、一种自觉，怎样认识阅读的本质、阅读传统和阅读文化以及未来的阅读发展趋势等，都将成为摆在国人面前亟待解决的问题。中华阅读文化需要多层面的传播，才能创造良好的氛围，形成良好的社会读书风气。促进全民阅读，推动书香社会的建立，不仅是设施的建设和完备，而且是通过学术的探讨和总结，为知识的传播提供便捷和可能，进而解决人们对读书和中华文化认知的问题，才能真正对国人阅读行为产生深远的影响。王余光教授甚至提出了策划《中国阅读通史》系列青少年读物的构想，这些想法的进一步实施将使《中国阅读通史》具有更深远的现实意义。

《中国阅读通史》填补了我国学界在阅读史研究领域的学术空白，创造性地构建了中国阅读史的研究模式，并首次从文化视角再现了不同历史时期中国阅读历史概貌，揭示了中国阅读思想、阅读方法的传承与演变。其研究方向和目前我国全面启动和推进的"促进全民阅读""建设书香社会"的各项举措高度契合，因此备受瞩目。这套书的主编兼《理论卷》的作者王余光教授，作为这个项目的灵魂人物，十几年前以其深厚的专业素养和前瞻的学术眼光提出了构建中国阅读史研究范式的设想，作为图书馆学界倡导经典阅读推广的第一人，他坚信"推广阅读，鼓励国人读书，将是中华民族发展繁荣最重要的战略"。

第三章　现当代图书馆学家

程焕文

程焕文，祖籍江西波阳，1961年生于湖北红安。1979年9月考入武汉大学信息管理学院，1983年7月图书馆学专业本科毕业并获文学学士学位；1983年9月考入武汉大学信息管理学院，1986年7月图书馆学专业研究生毕业并获文学硕士学位；1994年9月考入中山大学历史系；2003年9月中国近现代史专业研究生毕业并获历史学博士学位。

1986年7月武汉大学毕业后，程焕文被分配到中山大学资讯管理系任教，1992年10月至1993年10月，到美国加州大学洛杉矶分校（UCLA）图书馆学信息科学研究生院做访问学者，1998年8月至1999年1月，在美国伊利诺大学（UIUC）图书馆学信息科学研究生院做访问学者，2001年10月至2002年1月到美国哈佛大学哈佛燕京图书馆和哈佛燕京学社做访问学者。他历任系副主任、系主任、信息科学与技术学院副院长、网络教育学院院长、信息与网络中心主任等职；现任中山大学资讯管理系教授、图书馆学专业博士生导师、历史系历史文献学专业博士生导师、教育学院现代教育技术专业硕士生导师、中山大学图书馆馆长、图书馆与资讯科学研究所所长、传播与设计学院院长、现代教育技术研究所所长、中山大学学术委员会（文科）委员、中山大学学位评定委员会文科学位分委员会委员；兼任教育部高等学校图书馆学学科教学指导委员会委员、教育部中国高等学校文献资源保

障体系（CALIS）专家组成员、中国高校数字图书馆联盟（CADLA）副理事长、广东省高等学校图书情报工作委员会副主任委员、国际图书馆协会联合会（IFLA）图书馆史专业组执行委员等国内外学术职务。此外，他还是《中国图书馆学报》《大学图书馆学报》《图书情报工作》《图书馆杂志》《图书馆季刊》《图书馆与文化》《中山大学学报》等十余种专业学术期刊编委。

程焕文的学术专长是信息资源管理、目录学与书目控制、文献发展史与图书馆事业史等。他的研究领域主要有信息资源管理、图书馆基础理论、图书和图书馆史、目录学、文献学。他独立完成和主编《中国图书论集》《中国图书文化导论》《中国图书馆学教育之父——沈祖荣评传》《信息高速公路》《裘开明图书馆学论文选集》《广东图书馆学会40年》《晚清图书馆学术思想史》《世界图书馆学教育进展》《信息资源共享》《邹鲁校长治校文集》《图书馆精神》等学术著作，参与编写教材和著作多部，在美国、英国、法国、德国、荷兰、新西兰、马来西亚、中国发表中文、英文、法文学术论文150多篇，入选教育部"新世纪优秀人才支持计划"，获"享受国务院政府特殊津贴专家""南粤优秀教师"等各级教学和科研奖励30余项。

程焕文是我国图书馆学研究领域为数不多的身兼系主任、馆长数职的学者。多年来，程焕文笔耕不辍，先后主持课题20余项，出版学术专著20余部，在国内外专业期刊上发表学术论文150余篇。特别是21世纪以来，程焕文在图书馆精神和权利等领域的研究所产生的影响和掀起的波澜为业内所重。不仅如此，程焕文的学术研究涉及面还十分广阔，而且有些领域的研究既具有开创性和前瞻性，又特别精深，本文择其精要述略。

一、图书馆精神与图书馆权利

黑格尔曾经说过，没有什么比精神的力量更伟大。近20年来，程焕文一直致力于图书馆精神等图书馆普遍价值观的研究，成为图书馆精神学派的

第三章 现当代图书馆学家

领军人物。20世纪80年代，程焕文在研究沈祖荣等前辈的过程中发现了他们身上一种十分执着的东西，后来程焕文将其总结为图书馆精神，并最早发文提出："图书馆精神的实质即贯穿于图书馆事业和图书馆工作中的职业精神。"同年，程焕文发表《论图书馆人才的特征——关于"图书馆四代人"的探讨》，首次提出"图书馆四代人"的观点，指出："中国图书馆四代人具有许多高贵的心理品格，这种心理品格正是笔者所主张的'图书馆精神'，即强烈的民族自尊、自信与自强精神；强烈的自爱、自豪与牺牲精神；大胆的吸收、探索、改革与创新精神；读者至上精神；嗜书如命精神。"1992年在《图书馆人与图书馆精神》中，程焕文提出了人文图书馆学的概念，并将其特点做了五描述。程焕文认为，图书馆的全部历史实质上是图书馆人本身的历史。无论是在图书馆学理论研究中，还是在图书馆实践活动中，人的问题始终是一个重要的问题，忽视了对人的研究，忽视了人的作用，尤其是忽视了曾有所创造的人们的作用，实质上也就是抹杀了图书馆学术和图书馆业。他的文章发表后，国内围绕图书馆精神的讨论持续了一段时间，应该说在20世纪90年代初，图书馆人对图书馆事业的人文理想达到了一种认同。但是因为当时国内处于图书馆学发展的低迷时期，图书馆有的忙于"创收"，有的则对新信息技术倾注了更多的热情，所以程焕文主张的这种包含浓郁人文意蕴的图书馆精神并没有引起更多的关注。2000年前后，以发掘新图书馆运动时期图书馆前辈们的精神为主题，程焕文陆续发表了诸多论文，拓宽加深了对图书馆精神的理解。其中影响较大的是2001年发表在《图书馆建设》的《文华精神：在纪念文华图专成立80周年大会上的讲演》。这篇文章对什么是"创办人的精神、维持人的精神和学生的精神"做了诠释，并提出文华精神的本质就是"爱"，即"爱国、爱馆、爱书、爱人"。"四爱"精神也是现代图书馆职业精神的核心和基础。在其后的10多年间，此理论被中国图书馆界公认为图书馆精神的理论基础。2004年至2007年是中国图书馆史上一个值得纪念的时间段，业界关于人文和人文精神的讨论达到了一个高

峰,程焕文关于图书馆精神的思想也喷薄而发。2005年的《图书馆精神——体系结构与基本内容》对图书馆精神理论进行了系统的建构,深入分析图书馆精神的重要价值,提出图书馆精神应包含3个基本层次,图书馆的职业精神、事业精神和科学精神,并详细阐释了职业精神与事业精神的内容。同年,在苏州举行的中国图书馆学会年会上,"百年图书馆精神"作为第一分主题得到了与会者的热烈讨论。程焕文做大会主旨报告,对百年图书馆精神进行了系统的阐述,将图书馆精神研究推向高峰。从此,图书馆精神成为中国图书馆学的一个重要术语。

在2007年的《百年沧桑世纪华章——20世纪中国图书馆事业回顾与展望》一文中,程焕文又一次对百年中国图书馆事业和学术的发展历史进行了高瞻远瞩的总结和梳理,进而将百年事业的兴衰归结到对精神的再次弘扬和倡导之上——经过100年的发展,中国图书馆事业能够有今天的辉煌,是因为其中凝聚着一种图书馆精神。同年出版的《论图书馆精神》则是程焕文图书馆精神研究的集大成之作,也是迄今为止我国第一部专门研究图书馆精神的著述。

中国图书馆事业之所以能够发展到今天,除了政治、经济和文化等诸因素的作用以外,我们是不能忽视有关历史人物的。究竟是一种什么样的"内在动力"使前辈们献身于图书馆事业,并取得巨大成就呢?这种"内在动力"是有的,它就是图书馆精神。这种精神不仅在历史上起过作用,而且在今天仍是每个图书馆人所必须具备的最起码的职业精神。程焕文以图书馆精神的研究为主体,提出和实现保障信息公平、自由获取的相关研究,同时还相继提出了树立科学发展观,构建和谐社会,构建公共文化服务体系,建设社会主义新农村,进一步加强文化建设等一系列的方针、政策、决议和规划,证明了图书馆精神在当今图书馆事业发展中的重要作用。程焕文说:"图书馆精神始终是最重要的。图书馆精神就是图书馆思想和学术的闪光点,是图书馆人文性的体现,是网络环境下图书馆超越物质和技术的升华。"

伴随着图书馆精神而起，图书馆权利也成为 21 世纪初的理论研究热点之一。作为"图书馆权利"一词的创造者和倡导者，程焕文有自己独到的见解：图书馆权利是中国图书馆行业自律的四个方面之一，图书馆权利观念是未来中国图书馆事业的发展方向，保护知识产权、合理利用信息资源有利于维护公民的图书馆权利。他对"图书馆权利"的概念、定义有十分清晰、透明的解释：美国的《图书馆权利法案》源自福雷斯特·斯波尔丁起草的《图书馆权利法案》，它在采用英美通行的术语"权利法案"的基础上，加上了一个"图书馆"的限定词，由此中文意思应该是"图书馆颁布的权利法案"或者"在图书馆范围内的权利法案"，而不是"图书馆的权利法案"。程焕文认为，中文的"图书馆权利"一词源自对美国图书馆协会《图书馆权利法案》英文"LibraryBillofRights"的翻译，目前中国大陆图书馆界对"图书馆权利"的定义主要有民众权利论、图书馆员权利论、公民与图书馆权利论三种观点。"图书馆权利"应以"用户权利"为核心，即用户平等、自由地利用图书馆的权利。程焕文始终认为人人平等、人格不受歧视是最基本的图书馆执业理念，平等、开放、自由是公共图书馆国际通行的规则。作为国内图书馆权利研究领域的核心力量，程教授领导的研究团队 2005 年获国家社会科学基金立项——"图书馆权利研究"是我国第一个正式立项的有关图书馆权利的科学研究项目。其后出版的专著《图书馆权利研究》作为我国第一部关于图书馆权利的研究成果，提升了我国图书馆权利领域的研究水平，推进了我国图书馆学理论的研究进程，同时为我国制定图书馆权利的相关政策，建立图书馆权利的保障和维护机制提供理论依据和参考借鉴。图书馆精神与权利的讨论是 21 世纪的重要领域，当人们回首 21 世纪初我国图书馆发生的深刻变化时，自然会想起图书馆精神和权利的播扬者——程焕文。

二、图书馆史学观

作为国际图书馆协会联合会（IFLA）图书馆史专业委员会的委员、中国图书馆史研究专业委员会主任、著名的近代图书馆史专家，较同时期的图书馆学家，程焕文的很多兴趣体现在"史"上，一方面是由于其拥有丰厚的专业基础，即武汉大学中国图书馆事业史硕士毕业，中山大学中国近现代史专业历史学博士；另一方面是程焕文认为从事图书馆史学研究要有独立的意志和自由的精神，要用史料说明问题，有实事求是的治学态度。因此，程焕文的图书馆史研究，从一开始就是在有规划、有系统地进行着。通过对史料的收集和整理，程焕文从不同角度和不同层次展开研究，既有对某一时期图书馆学术发展整体的概括，也有对个体图书馆学家（如沈祖荣等）的专题研究。程焕文对于断代图书馆学术史的研究成果，集中体现在《民国时期图书馆事业的发展与评价》《中华民国时期图书馆学术史序说》《建国以来晚清图书馆学术史研究综述》等相关论文和专著《晚清图书馆学术思想史》中。中国图书馆学从晚清开始萌芽，到民国初年基本创立，因而关于晚清、民国时期图书馆学思想的研究对于我们弘扬科学的图书馆精神，推进21世纪图书馆学的发展、变革和创新，有着极为重要的价值。正如程焕文对晚清图书馆学术思想著作及图书馆学术发展的总体评价：在晚清时，中国并没有出现中国人自撰的图书馆学术著作，这也是晚清图书馆学术思想尚不足以构成一个新的学科体系的原因之一。中国人自撰的图书馆学术著作直到民国初期才开始出现，那时中国的图书馆学术又进入了一个新的时代。

2004年，程焕文在其博士论文基础上修改完成的专著《晚清图书馆学术思想史》由北京图书馆出版社出版，这是目前国内关于图书馆学术思想史研究的唯一的系统性学术著作。在占有大量一手材料的基础上，该书以西学东渐为经，以晚清图书馆的发展为纬，从西方图书馆观念与学术的流入、中国人翻译介绍与出国考察西方图书馆事业，到外国人和中国人在中国宣传和办理近代图书馆事业等多个方面，全方位、多角度地阐述了在社会发展剧烈动荡、社会思潮汹涌澎湃的晚清（1840—1911年）中国近代图书馆学术思想的产生、发展和演变过程，从而第一次完整而清晰地展示了中国近代图书馆学术思想的历史画卷。厚厚的书卷足以窥见程焕文的史学功底。

对杰出图书馆学家及其学术思想的研究，也是程焕文图书馆史学研究的重要组成部分。他先后对皮高品、沈祖荣、刘国钧、裘开明、林则徐、魏源、郑观应、刘光汉、周连宽等大师的学术思想进行研读。其中影响最大的是1997年由台湾学生书局出版的我国图书馆界第一部人物评传——《中国图书馆学教育之父——沈祖荣评传》。它将我国图书馆界史的研究推进了一个新的高潮。被誉为中国图书馆学教育之父和中国20世纪图书馆学宗师的沈祖荣创立了我国第一部中西混合制的图书分类法，并与韦棣华女士创办了我国第一所图书馆学教育机构——文华图专。遗憾的是，国内有关沈祖荣的史料极少。程焕文花费大量心血撰写的本书，首次全面介绍了沈公"为图书的一生"，同时书中展示的画面非常广阔，大量介绍了我国近代图书馆事业史中的重要事件和主要人物，是一部名副其实的近代图书馆史。程焕文的图书馆史研究，体现了程焕文学术研究的严谨：从寻"根"进而沿时代脉络顺"根"而上的研究进程，再到整理、归纳和总结，最后以古为鉴，用理论指导实践。

三、目录学理论与实践

目录学研究是我国图书馆学研究领域的重要分支，特别是随着信息社会的发展，传统的目录学面临着书目工具异化、二次文献概念模糊、书目情报数字化保存等诸多问题。作为出道于目录学领域并长期活跃在国内外目录学研讨会上的重要人物，程焕文在目录学基础理论、目录学思想、国外目录学研究等方面多有涉猎。对目录学概念、目录学研究方法、目录学学科地位等

诸多目录学基础理论研究一直是我国当代目录学研究的重点。20世纪80年代，对于"目录"一词的释疑，程焕文指出："录"应当作次第讲，所谓目录者，篇目之次第也，即刘向校书所奏"凡载在本书后面的目与叙叫录"。程焕文还认为"目录学"这一名称过于狭小，无法与其对象的义域相对应，主张站在世界书目控制的高度建立"二次文献学"，并具体勾画了相应的学科体系。就目录学理论基础研究中诸观点（如"体系说""综合体说""角度说""哲学说"），程焕文也表明了自己的看法：作为目录学的理论基础应该是一个经过合理建造的和发展的多元的多层次的综合体，或者说是一个系统。它包括除马克思主义哲学以外的与目录学研究对象有关的各种其他流派的哲学。随着科学的发展，它需要不断地吸取各门科学的成果，以不断地完善"自我"，达到它原有的目的。他指出："目录学研究不应理论与实践脱节，对于'辨章学术，考镜源流'这一传统目录学精髓的继承与扬弃的关键不在于进行新的诠释，而在于创新，提出扬弃'学术史''申明大道'的任务，革除传统目录学那种重'论''史'，轻'法'的痼疾，吸收传统书目工作的优良方法，把当代目录学建设成一门真正的科学，一门致用的科学。"从上述这些文章的立意来分析，程焕文作为目录学研究者，其思想在20世纪80年代末就基本奠定了。中国目录学既有悠久的历史传统和厚重的知识积累，又有批判性的继承和阶段性的发展。探索历史与现实、传统与创新，并通过借鉴国外先进经验与方法，促进我国目录学的建设与发展，是目录学研究领域学者们关注的问题。在这方面，程焕文的两篇文章较为重要。一篇是《美国当代著名目录学家谭瑟斯学术思想初论》，文章不是仅局限于以往的一般译介，而是对国外目录学史、目录学家、目录学理论与实践进行了学术性的分析与总结，在对比分析中，比较清晰地理解了异域目录学的学科体系、历史与现实状况。另一篇是《他山之石，可以攻玉——关于中西目录学的几点比较研究》，运用比较方法，较清晰地剖析了异域目录学的学科体系、历史与现实状况。程焕文在大胆和积极引进国际新理念的同时，也对引进的新理念进行了深入研究，体现了他不断挑战自我、开辟新研究领域的信心和能力。

作为图书馆学专家，程焕文的学术思想活跃而超前；而作为馆长，程焕文又是图书馆界为数不多的敢说真话、对于各种人和事件的态度都爱憎分明的图书馆管理者。他积极践行图书馆职业精神，以"智慧、服务"做支点，把中山大学图书馆办得风声水起，如在古旧书的收藏上，该图书馆的特色在业内尽人皆知；在实行平等服务、人性化服务、免费服务和成本服务方面，中山大学图书馆更是图书馆界学习的典范。作为中国图书馆职业精神的最强实践者，2008年汶川地震之后，程焕文以其个人无比的感召力发起的"图书馆家园：援助图书馆人计划"备受关注。作为时事评论员，程焕文的博客"程焕文＠竹帛斋博客"是图林博客界最富盛誉的理论性博客之一。作为第三代图书馆学人的代表之一、21世纪图书馆风云人物，程焕文是后来图书馆人的榜样。

陈传夫

　　陈传夫,男,1962年生,汉族,1979年考入武汉大学图书馆学专业,武汉大学图书馆学硕士,法学博士,武汉大学信息管理学院教授,武汉大学国际法研究所兼职教授,知识管理与知识产权方向博士研究生导师。现任武汉大学研究生院院长,武汉大学知识产权高级研究中心主任,图书馆法与知识产权委员会副主任委员;兼任教育部图书馆学科教学指导委员会副主任委员、中国图书馆学会研究与培训委员会主任委员、中国社会科学情报学会常务理事、学术委员会副主任委员、中国版权协会理事、湖北省图书馆学会学术委员会主任委员、武汉市知识产权研究会常务理事、武汉市专利鉴定委员会副主任委员。他还是中国科学院《图书情报工作》、中国社科情报学会学报《情报资料工作》的编委。他曾应邀以高级访问学者的身份赴美国华盛顿大学、法国巴黎十一大学法学院、英国东安哥利亚大学法学院从事研究工作。他曾主持完成国家自然科学基金、国家社会科学基金、欧盟中国高等教育合作知识产权项目5项,主持与伦敦大学知识产权研究所等合作的国际合作项目研究。他曾应邀出席数字图书馆:新世纪的挑战、科学、社会与因特网政策论坛(夏威夷)、国际数字鸿沟:国际现状与信息不平等(香港)等重要学术会议。其相关论文获湖北省自然科学论文二等奖以及湖北省人民政府社会科学优秀成果二等奖。陈传夫的著作《高新技术与知识产权法》被教育部研究生办公室遴选为全国研究生教学用书。他关于我国网上信息资源面临的知识产权问题与应采取的对策的研究成果被国家社会科学基金委选编入《成果要报》，报中央政治局常委等党和国家领导人内部参阅。

古往今来，图书馆被誉为知识的宝库、大学的心脏，在日益信息化的今天，正发挥着越来越重要的作用。研究图书馆事业的产生、发展及其管理规律的学科——图书馆学，吸引着无数中外学子。1982 年，一位年仅 20 岁的大学生，从科学结构学角度提出图书馆学体系螺旋式上升的进化路线和分支学科形成的规律，引起学术界注目。次年，他又发表《倡导创立中国式的比较图书馆学理论—比较图书馆学系初探》，受到图书馆界的重视。此后，他在发表一系列有创见的学术论文的基础之上，大胆地提出目录学的理论基础是由哲学、信息科学、文化学组成的整个体系。他的这一富有新意的观点被称为"体系说"，受到图书馆界的肯定。1993 年，他又出版了《著作权概论》，受到学采界的高度评价。他在而立之年被武汉大学破格晋升为教授，并兼任武汉大学图书馆情报学院目录学方向博士研究生考试委员会成员、武汉大学校务委员会委员。他就是中国图书馆学界最年轻的教授陈传夫。

1979 年，陈传夫考入我国历史最早、规模最大的图书馆学情报学教育机构——武汉大学图书情报学院。在那里，他有机会博览群书，广泛涉猎中外诸家学说，学术视野大为开阔。在掌握牢固的专业知识的基础上，他勇于探索，开始用比较方法探索图书馆学哲学这一国际学术界瞩目的前沿领域。还在本科学习阶段，他就积极倡导比较图书馆学研究，认为比较图书馆学研究有利于中国图书馆学走向世界，了解中外图书馆学的差异，开展中外学术交流。当我国在这方面的研究刚刚开始的时候，陈传夫发表了《国外比较图书馆学简述》一文，介绍国外的研究状况。1982 年，他发表重要学术论文《略论图书馆学体系的进化》，较早地采用比较方法对西方各国图书馆学体系进行评价，受到学术界的赞赏。1983 年，该文被《人大复印报刊资料》转载。1985 年，中国图书馆学会编辑出版的《图书馆学基础理论论文集》做了全文

收录。中国图书馆学会为庆祝中华人民共和国成立40周年精选出版的《中国图书馆学情报论文选丛（1949—1989）》（书目文献出版社1992年版）亦做了全文收录。

陈传夫大学毕业后，师从我国著名的图书情报教育家、目录学家彭斐章教授，攻读硕士学位。其间，他在武汉召开的首届全国青年图书馆学研讨会上，提出了建立"记录知识论"的构想，并从这一构想出发，努力建立新的图书馆学、目录学观。为此，他开展了大量有开创性的探索性研究。

他首先在中科院出版的《图书馆情报工作》杂志上提出了"主观信息"与"客观信息"这一对重要概念，主张以文献记载的知识结构为核心，探索目录学的理论问题。他认为，任何文献记载的信息均由三部分组成：一是文献的外部信息，如书名、作者、版本、年代等；二是文献的内容信息，如概念、主题、原因、过程、方法、结论等；三是启发信息，如收藏价值、参考价值、对科研思路的影响。前两者是客观事实，因而可称为客观信息；后者与认识主体的知识库相联系，因而可称为主观信息。从这一哲学观出发，他将目录学表达为关于书目情报的运动规律的科学，努力使图书馆学、目录学由传统的文献特征研究转向对二次知识的研究。

陈传夫先后在《武汉大学学报》《图书情报工作》等刊物上发表了《论目录学的概念体系》《论目录学原理体系》《论目录学的功能体系》《论目录学的理论基础》等一批有分量的专题学术论文。他的关于目录学的新概念被称为"体系说"，引起了学术界的争鸣。目录学前辈张遵俭教授指出，陈传夫的新目录学观"使目录学研究大大向前跨进了一步，有着重要的认识论意义"。青岛市图书馆馆长鲁海研究员著文评论该新观点把目录学研究提到了一个新的层次，使得目录学与信息化社会紧密相连，不再是游离在外。这是现代目录学的指导原则，是古典目录学在现代的巨大发展。（见《图书情报知识》1988年第二期）。陈传夫与彭斐章、乔好勤合著的《目录学》被中央电大采纳为教材，并荣获中国图书馆学会庆祝中华人民共和国成立40周年优秀著作奖。他还应中国大百科全书出版社之邀，担任《中国大百科全书》图书馆学、情报学、档案学、分卷目录学分支编写组成员，图书馆学、目录学两个分支的撰稿人。随着中国加入国际知识产权有关公约和中国知识主权制度的完善，陈传夫敏锐地注意到图书馆情报工作中的知识产权问题已成为迫切需要解决的关键问题。他注意到美国、加拿大、英国等许多有影响的图书馆情报学院，都开设了图书馆情报法律问题的课程。版权问题，不仅成为美国20世纪80年代图书馆界十大热门话题之一，而且受到参议员、众议员的关注，而中国对这方面的研究尚未开展。在武汉大学和国家版权局的支持下，他于1989年秋率先在武汉大学图书情报学院成功地开设了著作权控制课程，受到学生们的欢迎和图书馆学教育工作者的好评。他编著的《著作权控制》是国内图书情报界的第一种同类教科书。该书由武汉大学出版社正式出版后，不仅及时地填补了我国图书情报学教育领域中的一项空白，而且为图书情报著作权的研究奠定了良好的理论基础。

陈传夫学术根基厚实，思路敏捷而缜密。他注意理论联系实际，重视目录学的应用研究。例如，他将目录学的原理应用到具体书目情报服务工作中，与他人合著了《出版发行书目情报服务》（武汉大学出版社1990年版），参与编著了《中国图书情报工作实用大全》（科技文献出版社1991年版）、《中国读书大辞典》（南京大学出版社1992年版）和《世界名著大辞典》（山东教育出版社1992年版）。他还发表了《强化我国文献情报控制系统功能的建议与设想》（《湖北高校图书馆情报学刊》1988年第2期）等一大批具有真知灼见的学术论文。他发表的主要论文大都被《人大复印报刊资料》及其他检索刊物转载。

陈传夫教学任务繁重，但他热爱教学，一直在工作岗位上默默奉献着。1993年，他荣获武汉大学主干课一类课程奖。陈传夫出色的学术研究和成功的教学工作，为他赢得了多项荣誉。他多次被授予优秀青年教师、湖北省优秀青年教师等称号，并被收录进《中国当代中青年学者辞典》《中国100所

高校青年教授概览》。他还被英国剑桥国际传记中心提名收录于《国际传记辞典》第 23 版第 2 部分的《将成为 21 世纪的名人录》中。20 世纪 90 年代，陈传夫教授又致力于情报信息、高新技术与知识产权的交叉研究。他主持承担了河北省社会科学八五规划重点项目——河北省科技进步与信息市场开发研究。孜孜不倦的陈传夫教授，为我国方兴未艾的图书情报事业做出了巨大的贡献。

陈传夫教授长期从事高新技术与知识产权问题的研究与教学工作，并主持国家自然科学基金项目——高新技术知识产权及其对传统知识产权制度的影响的研究，更有《高新技术与知识产权法》在 2002 年被教育部遴选为全国研究生教学用书。

《高新技术与知识产权法》是陈传夫在一系列的研究基础上结合教学体会写成的。他研究的指导思想包括：一是密切注视 20 世纪 90 年代以来国际技术的变化和国际立法的进展，瞄准国际上正在兴起，竞争十分激烈的信息、生物、新材料等领域；二是立足于中国高新技术探索与产业化实际，尽管技术和科学并无国界之分，但是各国技术发展水平不同，对"高新技术"的界定标准也不同，选择的"关键技术领域"不相同，并且，知识产权具有较强的地域性；三是现代知识产权制度的最大特点是国际化，陈传夫教授认为，研究直接服务于国家对外开放政策，从条约法的角度推进中国知识产权制度的国际兼容，可以为中国加入世界贸易组织和批准有关国际条约提供理论工具；四是将信息技术知识产权作为研究重点，高新技术的核心是现代信息技术，就知识产权而言，对传统知识产权制度带来的最大挑战仍是信息技术，从国际上发达国家与发展中国家的争论以及欧美各国立法和理论研究动向来看，又主要集中于以计算机网络为核心的高新技术对现代版权制度的影响，为了与国际上的研究同步，他将这一问题作为研究的重点；五是将建立知识产权与社会公共利益，包括知识产权与图书馆、公共信息机构，教育与社会公众之间的利益平衡机制作为目标。美国有很多信息管理或图书馆与情报学院也开设了类似的课程,出版了教材。

传统知识产权研究主要有两个视角:一是法学的视角,强调制度的安全与秩序;另一个是经济学视角,强调制度的效力与效果。陈传夫主张从知识产权与图书馆、情报实践相结合的跨学科视角研究知识产权问题。他认为,知识产权制度既是一种法律制度,也是一种经济制度。从理论上讲,这项制度可以被优化设计以追求最大的社会效益。而知识产权的差异性,导致不同的利益团体在这个制度中分享到不同利益或受到不同程度的利益损害。但是,知识产权制度的最终价值是刺激知识的生产与创新,追求一种利益的平衡。由此,陈传夫提出知识产权制度的目标就是保护智力成果的创作者的精神权利与财产权,促进科技成果的应用,保护社会公众利益等。《高新技术与知识产权法》就是在上述研究的基础上写成的。这本书瞄准国际知识产权研究的前沿领域,密切注视20世纪90年代以来国际技术的变化和国际立法的进展,立足于中国高新技术探索与产业化实际,将信息技术知识产权作为研究重点,以建立知识产权与社会公共利益之间的利益平衡机制为目标,向读者展示了数字时代信息资源知识产权制度的现状和发展前景,对完善图书、情报学的研究有很大帮助。

陈传夫教授编著的《著作权概论》是国内图书馆学情报学界第一种关于知识产权方面的同类教科书。该书正式出版后及时地填补了我国图书情报学教育领域中的一项空白,由此可见陈传夫教授当时已经敏锐地认识到图书馆情报工作中的知识产权问题已经成为迫切需要解决的问题。这本书介绍了国外知识产权发展的现状。著作权制度自出现至今,已有200多年的历史。长久以来,图书馆与知识产权保护一直保持着良好的协调发展。直到最近的二三十年,有关著作权的问题随着科学技术的突飞猛进,才成为图书馆面临的"问题"。美国成立专门机构图书馆新技术应用版权委员会,负责调查分析复印等新技术将对图书馆业务产生的影响,从而促成了美国新版权法于1976年的正式出台。美国新版权法第一次清晰界定了合理使用的范畴。然而,

在版权问题刚取得初步解决后不久，随着计算机和网络技术的不断开发和广泛应用，人类社会很快进入了日新月异的高科技信息时代，版权问题变得更加复杂起来。在此时代背景下，我国图书馆情报工作中的知识产权问题，尤其是著作权问题也渐渐突显出来，成为迫切需要解决的问题。

我国《商标法》于 1982 年 8 月 23 日五届全国人大常务委员会 24 次会议通过，《专利法》于 1984 年 3 月 12 日六届全国人大常委会 4 次会议通过，《著作权法》于 1990 年 9 月 7 日七届全国人大常委会 15 次会议通过。这一系列法规的通过是我国信息资源知识产权法的部分渊源。陈教授非常谦逊低调地认为，结合国际知识产权法的研究，为谋求解决我国图书馆情报工作中出现的知识产权问题，作为一个图书馆情报研究工作者，把研究的视线投向知识产权法是很自然的事情。

而知识产权在当时已经成为图书情报领域的热门话题。陈传夫教授先后发表的《解决网络与数字图书馆知识产权问题应坚持什么立场》《重视数字时代的信息利益平衡》《防止知识产权对公共利益的伤害》《信息资源公共获取与知识产权》等文章选择了与许多学者不同的立场。

知识产权的问题早已得到了图书馆界的重视，这无疑将促进图书馆与信息事业的健康发展。然而，我们注意到，复制权、信息网络传播权等知识产权是私权的一种，代表的是个体利益，"无论其权利人是个人、法人还是其他意义不明确的第三人，知识产权作为个体的权利的性质不会发生改变"。首先，陈教授赞成保护知识产权，保护知识产权是党和国家的重要决策，从根本上符合中国的最大利益。其次，他认为，图书馆与科学、教育、文化与其他信息基础设施代表的是社会公共利益，在《解决网络与数字图书馆知识产权问题应坚持什么立场》一文中，陈教授提出应坚持公平与效率的统一、知识产权与公共利益的协调、保护知识产权与促进信息资源公共获取的统一、程序简单等原则。这基本上体现了陈教授的立场，那就是知识产权保护与公共利益协调发展。坚持这一立场是陈教授基于在研究中对国内外研究的观察与体会，尤其是他对图书馆事业发展实践基础的认识。

在知识产权研究的历史中，存在两种不同的价值观看待知识产权问题，即法学的价值观和经济学的价值观。法学家博登海默以"秩序与正义"这两个"基本概念"来分析法律制度。他的观点清楚地反映了法学家的价值观：社会正义、财产的安全与自然秩序。经济学价值观则更加强调市场价值和个体利益。当知识产权分别服从两个目的不同的命令时，它的价值观冲突就体现出来。两种研究方法和两个研究视角的优缺点是明显的。如果用法学的价值观来考察信息资源的知识产权问题，必然强调知识产权法的权威性，而不强调图书馆信息资源开发的特殊性。因为法律的职业思维强调"合法性优于客观性"，强调"形式合理优于实质合理""程序公正优于实体公正"。经济学的立场的研究更强调制度的效果和效率，而较少考虑社会公平的问题。比如，发达国家与发展中国家在信息资源拥有量方面差异极大，当一些国家和地区正在解决信息过量问题时，在一些发展中国家还在解决初级教育的识字课本的问题。在这种情况下，国际版权立法采用统一的标准将使发展中国家处于十分不利的地位。这些在国际谈判中很难作为理由能使发达国家在知识产权方面做出让步。

陈教授提出鼓励非营利性使用作品的政策，通过完善的政策实现版权保护与信息资源公共获取的统一。目前，人们对数字化知识产权问题有不同的态度。国内争议在于数字图书馆是否为公益机构，是否仍然享有传统图书馆的权利。一种观点认为数字图书馆不再是公益机构，例如有的研究者认为"对于图书馆的法律地位需要重新审视。图书馆一旦与出版商和销售商的功能合为一体，其在版权法中的特殊地位将消失，图书馆将不再作为一个非盈利的组织出现，其所承担的相应的权利义务将完全改变"。另一种观点则完全相反，认为中国数字图书馆的主要目的，是利用计算机网络技术，通过因特网传播渠道，服务全球的中文读者，以提高全民的科技文化素质，宣传中华文化。数字图书馆的定位应该是"完全公益性"。这说明在数字图书馆知识产

权理论研究中还存在一些误区，有些人不了解知识产权从其产生的那一天起就是为了保护公共利益，知识产权政策本身就是公共政策的一部分。强调知识产权制度的终极目标是为了公共利益，也是应实践的强烈要求。

中国加入世界贸易组织后，修改了《著作权法》，增加了"信息网络传播权""发行权""汇编权"法定赔偿措施之后，数字图书馆开发者更加迫切要求解决知识产权问题。而学术界研究信息资源建设与管理、信息资源知识产权保护的文献比较多，对数字图书馆如何利用知识产权保护公众的信息资源公共获取的理论还滞后于实践的要求。2001年8月，中共中央、国务院决定高规格地重新组建国家信息化领导小组后，提出了推进国家信息化必须遵循坚持面向市场、需要主导等方针。在2002年3月召开的九届全国人大5次会议和政协会议上，实现信息资源共享的呼声强烈。在2002年7月国家数字图书馆工程等机构召开的国际会议上，知识产权问题也受到特别关注，主办者设立知识产权分会场予以讨论。现代知识产权制度的核心应是促进社会的发展，知识产权不是对知识创造劳动的报酬，而是一种对知识创新的激励，其终极目标是为了公共利益。片面理解知识产权的私权性显然是有害的，权利的维护与实现依赖社会公众的合作与尊重。当这种权利关系是平衡的时候，公众就持支持的态度；相反，侵权现象就十分普遍，知识产权维护的成本也会随之增加。

陈传夫教授在图书情报界首先提出了信息资源公共获取的概念，并投入了很多精力开展这方面的研究。究其原因，陈传夫教授认为，知识产权已经成为网络与数字图书馆建设中迫切需要解决的问题。数字图书馆建设的关键是资源建设，没有资源，数字图书馆就是一个虚拟的空架子。数字图书馆也不可能自己创造资源，只能利用他人的作品、已经收藏的作品，或者他人已经建设了的数据库，而要利用这些资源必然受到现行知识产权法的制约。妥善解决知识产权问题是数字图书馆推动资源建设的必经之路，是无法回避的。信息资源共享是网络时代图书情报工作发展的根本出路，已经成为世界各国文献信息服务事业发展的一种潮流。除了良好的硬件设施，还必须有丰富的内容信息。在信息资源建设过程中遇到的知识产权问题，如信息转载引起的发表权问题、许可使用问题，信息包装引起的数据库利用问题等均对信息的公共获取产生了一定的影响。国家在制定解决这些问题的政策时必须考虑信息资源的公共获取问题。知识产权制度是调整作品的创作、生产与使用过程中各种社会关系的法律制度。不可否认，版权保护与信息资源共享的理念是相互矛盾的。知识产权在激励社会知识创新的同时，对知识成果的社会公共传播与使用也有一定的制约。为了保证图书馆实现为公共利益服务的社会使命，世界各国版权法都规定了图书馆的合理使用条款。文献资源共享与知识产权保护已成为当代情报信息领域两大世界性潮流，因此，图书情报工作的重要使命，就是既要使文献资源共享符合法律法规，维护知识产权，又要充分利用知识产权法的积极作用，促成文献资源共享。只有解决了知识产权问题，才能真正保障用户利用文献信息资源的权利。

　　陈传夫教授的《我国网络信息资源知识产权问题及对策建议》一文，已经作为党和国家重要决策的参考。他主持完成了科技部国家科技图书文献中心知识产权对策研究、中国科学院国家科学数字图书馆知识产权对策研究等课题，对图书馆知识产权问题的国际方面也比较了解。

　　对于知识产权问题，各国图书馆界都非常重视。国际上，信息资源领域的知识产权的矛盾与斗争异常尖锐，并成为20世纪90年代国际上的研究热点，受到知识产权当局、法律工作者、图书馆、出版商、科学家、教育家、数据库制作商、唱片制作人等的广泛关注，参加讨论的人很多，参与研究的机构和研究人员也十分广泛。欧洲与美国科学家正在致力于数字图书馆的研究与发展。尽管数字图书馆是全球性的，但是，这些研究者并未有机会在一起工作。美国与欧盟的科学家都认识到数字图书馆合作的重要性，双方科学家建立了数字图书馆国际行动计划，并在关键技术领域建立了5个工作组，定期召开会议。其中"知识产权经济"被确定为紧迫议题之一。国内外立法

不断抬高知识产权保护的门槛，使数字图书馆建设增加了更多不得不考虑的因素。在1996年12月的外交会议上，100多个国家达成了《WIPO版权条约》和《WIPO录制品条约》。欧洲图书馆界对这次外交会议给予了巨大压力，使图书馆获得了许多责任豁免。在国际上加强知识产权立法，特别是数字化信息知识产权保护的立法仍在加紧进行。并且，如国际图书馆协会联合会(IFLA)、欧洲图书馆等国际组织集中于数字化信息的合理使用问题，以便为数字图书馆责任豁免争取更多的权利。数字化技术对国际版权带来的影响是多方面的，围绕信息化建设中的知识产权的国际矛盾日益尖锐，引发了学者对传统知识产权制度，主要是版权制度的重新思考。在数字化时代，版权制度是否有效、版权制度如何改革等问题成为国际知识产权法学界激烈争论的问题。

《与贸易有关的知识产权协议》（TRIPS）签署后，有关数字化的版权与相关权问题的争论立即在日内瓦的世界知识产权组织（WIPO）外交会议上展开。后TRIPS时期面临的版权的核心问题是数字化问题。全球化给传统版权制度带来了挑战。信息化技术才刚刚开始，否认版权的价值，显然还缺乏法理论与技术上的根据，而要解决数字时代的版权问题，必须对传统版权制度进行变革。这种变革必须以版权的传统原则为基础。数字时代版权法则将更加关注市场力量。陈教授认为，在新信息环境下，传统的版权客体类型理论需要创新，为了保持版权法的健壮性，应采用"开放式定义"方法。版权纳入多边贸易的框架后，版权强化趋势加强。在数字时代，版权的权利内容应做新的解释，而不是不断扩张新的权利。增加新权利将会减少公众对信息获取的机会。在数字时代，政府可以采取公共政策调整的方式平衡版权人与社会个体利益的关系。网络环境下，文献资源共享与知识产权保护已成为当代情报信息领域的两大世界性潮流。因此，图书情报工作的重要使命，就是既要使文献资源共享符合法律法规，维护知识产权，又要充分利用知识产权法的积极作用，促进文献资源共享活动的顺利开展。

陈传夫教授觉得数字时代信息资源知识产权制度面临着新环境。知识产权是作者以及作品传播者利益的"私权"。私权代表的是个体（也可以是集体）的利益。科学、教育、图书馆等信息基础设施代表的是公共利益。公共利益并非私人或集体利益的简单相加，而是全体公众的共同利益，即社会利益。知识产权法则的价值在于充当知识产权占有者与社会公共利益的"平衡器"。

图书馆作为精神财富的收藏与传播机构，其主要社会功能是推动文化的发展，满足公众的精神需要，同时维护创作者的精神权利。然而，图书馆的这一功能不断遭到财产权论者的挑战。世界贸易组织的《知识产权协议》（TRIPS）就是这种力量的代表。TRIPS没有规定精神权利保护的强制义务，但是，规定世界贸组织成员须是《伯尔尼公约》规定的全部经济权利通过国内法授予其他成员的国民。《版权条约》和《录音制品条约》在网络空间强化了经济权利。在一些发达国家，网络空间中作者的精神权利被弱化的现象已经通过立法或正在通过国际立法予以确认。这些动向自然遭到国际作家组织等团体的批评。适度的财产权保护对知识生产是良性刺激，过度的保护将会造成对公共利益的损害。国际上，版权保护的标准不断提高，公共利益空间受到挤压。这方面的工作还在加紧进行。发展中国家与发达国家在信息设施方面的差距较大，贸易、金融和信息流动的全球化，更加大了贫困国家和地区迅速落伍的危险性。当一些国家和地区已经在解决信息过量问题时，一些发展中国家还在解决初级教育的课本问题。全球知识需求与供应的不平衡，主要表现为知识差距和信息问题。在这种情况下，国际版权立法采用统一的标准将使发展中国家处于十分不利的地位。目前，全球版权保护存在的不平衡和知识产权保护目标偏离对发展中国家的承诺已经被认识到了。

陈传夫认为，维系私人利益与公共利益的平衡应是数字时代版权规则的主要目标。信息社会的到来，一方面为社会公众有效获取信息创造了条件，另一方面又引发了一系列社会问题。获取信息是社会成员的权利，尤其是教育政策、法律、统计数据、气象、灾害、健康、新闻等信息。知识产权制度是调整知识产品的创作、生产与使用过程中各种社会关系的法律制度。不可

否认，版权保护与信息资源共享的理念是相矛盾的。信息资源共享代表了信息用户的利益，而知识产权则代表了创作或信息资源投资人的利益。版权制度是文明社会的标志，也是规范信息资源生产与传播行为必要的法律制度。没有版权保护，信息产业的发展是不可思议的。要解决好这些问题，关键是建立知识产权保护与信息资源共享之间的合理的平衡机制。

《国家信息化与知识产权》一书是陈传夫教授21世纪前10年心血的结晶，是他关于知识产权方面的又一力作。知识产权是国家信息化基础结构建设中的关键问题之一。20世纪90年代以来，世界各主要发达国家和一些发展中国家均开始了国家信息基础设施的建设。中国及时参与了这一全球性进程。数字图书馆是信息基础设施的重要组成部分，我国正在进行较大规模的数字图书馆建设，如中国科学院国家科学数字图书馆（CSDL）、国家科技图书文献中心（NSTL）等。这些数字图书馆是国家数字化信息支撑系统之一，将直接服务公众，产生不可估量的社会效益与经济效益。但是，数字图书馆能否产生预期效益，依赖于信息资源的有效开发与利用。国内外建设实践、司法判例和研究均充分证明，在技术创新加快和国家投资力度加大的情况下，知识产权问题已经成为制约数字图书馆取得成功的瓶颈。2004年8月，国内诸多数字图书馆被诉侵权，有些还导致停产、修改系统，说明了知识产权问题的重要性。

美国总统信息技术咨询委员会的报告指出，"知识产权的管理也将是数字图书馆面临的最为复杂和最具挑战性的问题之一"。国际上，数字图书馆的开发是十分重视解决知识产权问题的。国家信息化基础设施涉及原始信息的编码、包装、传输、使用，引发的知识产权问题十分复杂。在国内外信息基础设施建设实践中，技术层面须解决的问题包括：第一，信息的网络传输引起的发表权问题；第二，数字化技术与复制权术；第三，数据包装引起的数据库权问题；第四，下载、印出引起版权行使问题；第五，跨国信息流动引起的版权问题；第六，域名使用引起的问题。

知识产权保护对于信息产业的发展有特殊意义。然而，其保护效果又与本国知识产权制度完善程度具有密切关系。为了促进信息产业的建立，各国均不断调整既定的知识产权制度。知识产权制度既是一种法律制度，也是一种经济制度。从理论上讲，这项制度可以被优化设计，以追求最大的社会效益。知识产权的差异性，导致不同利益团体在这个制度中分享到不同利益或受到不同程度的利益损害。但是，知识产权制度的最终价值是刺激知识的生产与技术创新，追求一种利益的平衡。因此，它本身也可以看作以刺激知识生产为目的调节社会利益的平衡机制。

从上述观点出发，陈传夫认为有必要将知识产权制度看作由不同要素组成的一种社会法律制度。这个制度的5个构成要素是知识产权制度追求的目标；作为鼓励知识生产与创新的激励因素的权利；为达成知识产权制度目标和保障权利而设计的规则；为达成知识产权制度目标保证规则有效运行的机制以及该制度影响的利益团体的行动。知识产权制度的目标必须与社会、经济、文化目标一致。随着社会主义市场经济目标的确立，知识产权制度也要为这一目标服务。决定知识产权制度的目标的因素主要有政治制度、所有制形式、外交政策、国家技术水平等。

社会信息化引发了新的社会关系，为了调整这类新型的社会关系，传统的法律制度不得不做某些调整。知识产权制度就是这种新型法律制度的一种。传统的知识产权制度建立在工业时代，在信息化的新环境中，有些方面已经明显不适应。但是，信息化中知识产权问题的解决仍然应遵循传统知识产权制度的基本原则，例如版权制度的作者身份原则、独创性原则、合理使用原则，专利的新颖性、先进性与实用性原则。信息化知识产权制度的安排应遵循促进信息化建设、有利于信息技术的推广与应用（政府信息化、教育信息化、企业信息化、农业信息化、产业基地建设等）、平衡知识产权人社会公共利益的关系、国际接轨等原则。

陈传夫的这些观点，均为我国知识产权制度的建立和完善提供了有益的借鉴。

参考文献

第一部分

[1] 张燕婴译注. 论语 [M]. 北京：中华书局，2006.

[2] 李学勤. 春秋公羊注疏 [M]. 北京：北京大学出版社，1999.

[3] 来新夏等. 中国古代图书事业史 [M]. 上海：上海人民出版社，1990.

[4] 李瑞良. 私人藏书的出现——早期图书流通的直接产物 [J]. 出版科学，1999.

[5] 李瑞良. 早期图书流向何方——先秦图书流通的区域和网点 [J]. 出版科学，1999.

[6] 白奚. 论先秦黄老之学对百家之学的整合 [J]. 文史哲，2005.

[7] 任继愈. 中国藏书楼 [M]. 沈阳：辽宁人民出版社，2000.

[8] 傅璇琮，谢灼华. 中国藏书通史 [M]. 宁波：宁波出版社，2001.

[9] 徐凌志. 中国历代藏书史 [M]. 南昌：江西人民出社，2004.

[10] 董作宾. 殷墟文字甲编 [M]. 台北：商务印书馆，1948.

[11] 李零. 简帛古书与学术源流 [M]. 北京：三联书店，2004.

[12] 李零. 上博楚简三篇校读记 [M]. 北京：中国人民大学出版社，2007.

[13] 朱根. 先秦两汉时期私家藏书论析 [J]. 镇江师专学报，1999.

[14] 谢灼华. 中国图书和图书馆史 [M]. 武汉：武汉大学出版社.

[15] 周郁，蔡建国. 晚清书院藏书图书馆化述论 [J]. 高校图书馆工作，2008（2）.

［16］翟志宏.清末各地图书馆创建述略［J］.兰台世界，2008（10）.

［17］疏志芳.清末民初的公共图书馆事业［J］.安徽教育学院学报，2006（4）.

［18］周进.试论清代书院的兴衰及其学术活动［J］.中国农业大学学报（社科），2002（3）.

［19］王志勇.清代书院藏书的购置与分编著录［J］.山东教育学院学报，2008（4）.

［20］翟志宏.清末京师图书馆发展述略［J］.重庆文理学院学报（社科），2008（6）.

第二部分

［1］（日）松见弘道著，黄宗忠等译.中国图书与图书馆［M］.北京：书目文献出版社，1995.

［2］杨宝华等.中国省市图书馆概况（1919-1949）［M］.北京：书目文献出版社，1985.

［3］（清）林芳春.介石堂文抄［M］.清道光5年（1825）刻姚明达.中国目录学［M］.上海：上海古籍出版社，2002.80～81.

［4］柯平.数字目录学——当代目录学的发展方向［J］.图书情报知识，2005（6）：18～22.

［5］周原.钱存训先生与芝加哥大学东亚图书馆［J］.新世纪图书馆，2008（2）：77～78.

［6］蔡振翔.袁同礼的中国藏书史研究［J］.国家图书馆学刊，2015（2）：104～105.

［7］周旖.如何书史——评《中国图书馆发展史：自清末至抗战胜利》［J］.图书馆论坛，2015（1）：106～112.

［8］杜定友.西洋图书馆目录史略［J］.图书馆学季刊,1926,1(3):435~438.

［9］范凡.民国时期图书馆学著作出版与学术传承［M］.北京:国家图书馆出版社,2011:208.

［10］爱克斯(著).沈祖荣译.简明图书馆编目法［M］.武昌:文华图书科出版,1929.

［11］程焕文.中国图书馆学教育之父——沈祖荣评传［M］.台北:台湾学生书局,1997:168~169.

［12］王子舟.杜定友和中国图书馆学［M］.北京:北京图书馆出版社,2002:212~213.

［13］沈祖荣.民国十年之图书馆［J］.新教育,1922,5(4):796~797.

［14］天津图书馆学会之筹备［J］.中华图书馆协会会报,1931,6(4):11~12.

［15］金敏甫.中国现代图书馆概况［M］.广州:广州图书馆协会,1929:47.

［16］程焕文.晚清图书馆学术思想史［M］.北京:北京图书馆出版社,2004:337.

［17］费正清,费维恺.刘敬坤等译.剑桥中华民国史(1912—1949)［M］.北京:中国社会科学出版社,1994:413.

［18］黄爱平.中国历史文献学［M］.北京:人民大学出版社.

第三部分

［1］孟广均.图情46年［J］.图书馆论坛,2018,38(04):153~161.

［2］孟广均.我与《图书情报工作》的一世情缘［J］.图书情报工作，2016，60（08）：9～10.

［3］孟广均.国外图书馆与资讯学教育：调研与思考（上）［J］.吉首大学学报(社会科学版)，2008（01）：160～170.

［4］孟广均.国外图书馆与资讯学教育：调研与思考（下）［J］.吉首大学学报(社会科学版)，2008（03）：158～164.

［5］罗曼，司马敬敏，郭莉莉，钟德强.管理·服务·人才——图书情报学家孟广均先生学术思想研究［J］.图书馆工作与研究，2005（02）：17～19.

［6］吴仲强.论孟广均对中国图书馆事业的贡献［J］.情报杂志，1999（04）：108～110.

［7］韩淑举.体笔双健耕读人生——访中国科学院文献情报中心孟广均教授［J］.山东图书馆学刊，2011（06）：1～16.

［8］吴慰慈.图书馆学基础理论研究的走向［J］.图书情报工作，2017，61（16）：6～7.

［9］吴慰慈，陈源蒸.温故知新思未来——《20世纪中国图书馆学文库》代序［J］.中国图书馆学报，2013，39（01）：119～121.

［10］吴慰慈，谷秀洁，张久珍.2010年图书馆学学术进展［J］.图书馆论坛，2011，31（06）2～31.

［11］白玉静.吴慰慈：读书、治学、著述三位一体［N］.新华书目报，2018-01-12（004）.

［12］韩继章.图书馆学多元化发展中的吴慰慈教授［J］.高校图书馆工作，2017，37（04）：93～96.

［13］《20世纪中国图书馆学文库》［J］.图书馆建设，2013（09）98.

［14］祁兴兰.高屋建瓴的领军者与时俱进的攀登者——吴慰慈先生学

术思想概览[J].高校图书馆工作,2013,33(03):8~12.

[15]韩淑举.学养泽被图林慈心鞠育人才——访北京大学资深教授吴慰慈先生[J].山东图书馆学刊,2010(02):1~8.

[16]胡昌平,查梦娟,桑运鑫.网络知识社区中用户安全全面保障研究[J].图书馆学研究,2018(18):7~11.

[17]胡昌平,仇蓉蓉.虚拟社区用户隐私关注研究综述[J].情报理论与实践,2018(12):149~154.

[18]胡昌平,仇蓉蓉.云计算环境下国家学术资源信息安全保障联盟建设构想[J].图书情报工作,2017,61(23):51~57.

[19]胡昌平,吕美娇.云环境下国家学术信息资源安全保障组织研究现状与问题[J].情报理论与实践,2017,40(11):10~16.

[20]胡昌平,李昌云.新疆当代多民族文学的"地方性"问题[J].石河子大学学报(哲学社会科学版),2015,29(03):38~44.

[21]吴钢.博导系列访谈:胡昌平教授[J].高校图书馆工作,2007(05):13~15.

[22]梁孟华.图书馆知识信息服务综合评估研究[D].武汉大学,2010.

[23]李旭晖,秦书倩,吴燕秋,马费成.从计算角度看大规模数据中的知识组织[J].图书情报知识,2018(06):94~102.

[24]马费成,周利琴.面向智慧健康的知识管理与服务[J].中国图书馆学报,2018,44(05):4~19.

[25]张家年,马费成.总体国家安全观视角下新时代情报工作的新内涵、新挑战、新机遇和新功效[J].情报理论与实践,2018,41(07):1~6.

[26]王瑜超,马费成.强制情景下最终用户的采纳意愿研究[J].管理科学,2017,30(02):80~93.

[27]张家年,马费成.国家科技安全情报体系及建设[J].情报学报,

2016, 35(05): 483~491.

[28] 陈柏彤, 马费成. 学术机构引证中的中介关系[J]. 中国图书馆学报, 2016, 42(02): 52~65.

[29] 马费成, 陈柏彤. 我国人文社会科学学科多样性研究[J]. 情报科学, 2015, 33(01): 3~8.

[30] 裴雷. 山水兼程探新知——记信息管理与情报学家马费成[J]. 湖北社会科学, 2017(02): 2.

[31] 肖勇. 情报学(资讯学)史上的创新性力作——评马费成教授的专著《IRM-KM范式与情报学发展研究》[J]. 情报资料工作, 2012(06): 106~108.

[32] 邱均平, 祖文玲. 基于群策层次分析法的中国高校智库网络影响力评价分析[J]. 现代情报, 2018, 38(08): 99~106.

[33] 邱均平, 汤建民, 刘宁. 2018年中国研究生教育及学科专业评价报告的产生与分析[J]. 评价与管理, 2018, 16(02): 24~35.

[34] 邱均平, 汤建民, 刘宁, 陈梦玲. 2018年中国大学及学科专业评价的基本做法与结果分析[J]. 评价与管理, 2018, 16(01): 44~54.

[35] 邱均平, 董西露. 高校智库建设的困境与策略[J]. 重庆大学学报(社会科学版), 2017, 23(04): 64~69.

[36] 创新发展离不开期刊评价——访"中国期刊质量与发展大会"发起人和主持人邱均平教授[J]. 评价与管理, 2016, 14(04): 68~69.

[37] 苏新宁. 知识经济时代计量学的创新和发展——评邱均平教授新作《知识计量学》[J]. 情报理论与实践, 2016, 39(01): 143~144.

[38] 丁敬达, 朱梦月. 信息管理学科计量学研究的新突破——评邱均平教授等著的《知识计量学》[J]. 图书情报工作, 2014, 58(22): 146~148.

[39] 刘锦山, 崔凤雷. 邱均平: 开创中国学术期刊评价新格局[J].

评价与管理，2009，7（03）：68~71.

［40］范全青，郭维真，凤元杰.我国文献计量学研究30年之发展［J］.情报资料工作，2009（03）.

［41］文庭孝.网络传播与网络信息计量学研究的新突破——评邱均平教授等的《网络数据分析》［J］.图书情报工作，2005（06）：141~142.

［42］韩继章，余子牛，21世纪新图书馆运动回顾［J］.图书馆，2018（10）：6~10.

［43］韩继章.回顾几次图书馆"理论会"［J］.高校图书馆工作，2018，38（01）：87~88.

［44］韩继章.图书馆服务向中西部地区推进须注意一些问题［J］.高校图书馆工作，2014，34（04）：26~30.

［45］韩继章.十年磨一剑，如何［J］.高校图书馆工作，2014，34（02）：94~96.

［46］储流杰.韩继章先生印象［J］.图书馆，2017（01）：42~50.

［47］涂湘波.韩继章先生与他的图书馆［J］.高校图书馆工作，2012，32（04）：3~7.

［48］范并思.现有法律框架下的儿童阅读立法研究［J］.国家图书馆学刊，2018，27（05）：3~9.

［49］范并思.论图书馆阅读推广的理论体系［J］.图书馆建设，2018（04）：53~56.

［50］范并思.图书馆学理论道路的迷茫、艰辛与光荣——中国图书馆学暨《中国图书馆学报》六十年［J］.中国图书馆学报，2017，43（01）：4~16.

［51］范并思.阅读推广：理论如此年轻［J］.公共图书馆，2016（02）：2.

［52］沈占云，张彦文.中国图书馆学理论史诗(1986—2005年)——读范并思《图书馆学理论变革：观念与思潮》［J］.图书馆，2017（01）：101~103.

[53] 韩继章.那些岁月——那些人那些事[J].高校图书馆工作，2013，33（02）：93~96.

[54] 李武，王丹，黄丹俞，王政.图书馆阅读推广研究十年进展(2005-2015)[J].图书馆论坛，2016，36（12）：54~65.

[55] 范并思.现有法律框架下的儿童阅读立法研究[J].国家图书馆学刊，2018，27（05）：3~9.

[56] 凌美秀.新世纪十年范并思学术思想轨迹探寻[J].高校图书馆工作，2012，32（02）：3~10.

[57] 付雅慧.我国图书馆精神研究述评——学者思想传记[J].图书馆，2009（05）：13~15.

[58] 刘兹恒：图书馆培养读者创新意识的功能永远都不能缺少[J].西域图书馆论坛，2018（02）：55~56.

[59] 赵桂霞，罗立琴，马恒通.一部继往开来的图书馆管理之力作——读刘兹恒等主编的《现代图书馆管理》[J].图书馆，2013（06）：138~139.

[60] 张玲.刘兹恒先生与图书馆学本土化研究[J].高校图书馆工作，2012，32（02）：25~27.

[61] 白君礼.图书馆学本土化研究的新成果——评刘兹恒教授的《图书馆学研究的本土化思考》[J].图书馆杂志，2008（11）：13~16.

[62] 吴慰慈.《世纪之交的图书馆学研究：国际化的背景、本土化的思考》序——刘兹恒图书馆学论文集序[J].大学图书馆学报，2006（03）：103~104.

[63] 王宗义.图书馆精神与社会公平的辨证解读——刘兹恒教授的图书馆权利观阅读[J].图书馆杂志，2005（08）：6.

[64] 刘兹恒，宋天宇.近五年国外学术图书馆出版服务进展——基于《图书馆出版名录》（2015-2019）的研究[J/OL].

［65］刘兹恒，曾丽莹.美国学术图书馆参与数字出版的组织模式探究［J］.图书与情报，2018（03）：98～102.

［66］刘兹恒，苗美娟，刘雅琼.我国学术图书馆对开展数字出版服务的认知调查［J］.图书馆建设，2018（03）.

［67］苗美娟，刘兹恒.密歇根大学图书馆的出版服务及启示［J］.大学图书馆学报，2017，35（04）：65～72.

［68］刘兹恒，涂志芳.图书馆"创客空间"热中的冷思考［J］.图书馆建设，2017（02）：43～46.

［69］肖希明，倪萍.中国图书馆学教育史研究述评［J］.国家图书馆学刊，2018，27（04）：105～113.

［70］肖希明，尹彦力.服务于"双一流"建设的高校图书馆信息资源建设［J］.图书馆建设，2018（04）：79～84.

［71］肖希明.中国百年图书馆学教育与社会的互动发展［J］.中国图书馆学报，2017，43（03）：4～17.

［72］肖希明，完颜邓邓.我国公共图书馆均衡发展机制研究［J］.图书馆，2016（10）：2～7.

［73］肖希明.用户参与图书馆资源建设研究的开拓与引领——评《社会网络环境下用户参与的图书馆数字信息资源建设模式研究》［J］.新世纪图书馆，2016（05）：95～96.

［74］肖希明.馆藏文献质量存在的问题及其治理对策［N］.新华书目报，2018-07-20（004）.

［75］刘秀华."学"与"术"完美结合的信息资源建设新成果——评肖希明教授主编的《信息资源建设》［J］.图书馆，2009（06）：128～129.

［76］吕霞.博导系列访谈：肖希明教授［J］.高校图书馆工作，2006（06）：1～4.

［77］刘磊.信息资源共享研究的创新之作——评肖希明的《信息资源共享系统绩效评估研究》［J］.图书馆，2015（02）：107～108.

［78］柯平.信息资源共享研究的一个标杆——评肖希明教授的《信息资源共享系统绩效评估研究》［J］.情报资料工作，2014（03）：110～112.

［79］谢欢.叶继元：孜孜矻矻营造良好学术生态［N］.中国社会科学报，2017-07-31（008）.

［80］付雅慧.我国图书馆精神研究述评——学者思想传记［J］.图书馆，2009（05）：13～15.

［81］叶继元：人文社会科学学术质量评价切忌粗略化［J］.滨州学院学报，2009，25（04）：24.

［82］王岚.叶继元之期刊学术研究综述［J］.高校图书馆工作，2007（05）：19～21.

［83］唐承秀."有章可循"，做人、做学问的普世原则——评叶继元教授的《学术规范通论》［J］.图书馆杂志，2006（12）：53～55.

［84］孟广均.学成于思行贵于恒远——《叶继元图书馆学论文选集》序［J］.图书情报知识，2006（01）：112～113.

［85］宋歌.博导系列访谈：叶继元教授［J］.高校图书馆工作，2004（05）：7～11.

［86］叶继元.以学术规范促进学术创新［J/OL］.图书馆论坛，2019［2018-12-29］.http：//kns.cnki.net/kcms/detail/44.1306.G2.20180929.1640.002.html.

［87］叶继元.论我国图书馆事业发展的八大问题［J］.中国图书馆学报，2018，44（05）：20～33.

［88］叶继元，臧莉娟，吴林娟.非CSSCI来源期刊中高影响力论文分布状况之考察［J］.大学图书馆学报，2017，35（03）：87～92.

[89] 叶继元.凝聚共识释疑解惑引路领航[N].中国教育报,2016-04~18(012).

[90] 王余光."述往事,思来者"——《中国阅读通史》出版后记[J].图书馆论坛,2018,38(08):93~94.

[91] 王余光.阅读与图书馆阅读推广——《阅读推广人系列教材(第二辑)》出版引言[J].图书馆建设,2017(12):4~5.

[92] 王余光.略论阅读传统与书香社会建设[J].高校图书馆工作,2017,37(02):3~5.

[93] 王余光."全民阅读"与"诗书继世"——《全民阅读知识导航》序言[J].图书馆,2016(12):23~25.

[94] 王余光.试论中国图书馆学史研究中的几个问题[J].图书馆论坛,2015,35(04):9~12.

[95] 王余光.图书馆阅读推广研究的新进展[J].高校图书馆工作,2015,35(02):3~6.

[96] 王成玥,曹娟.构建阅读推广人队列,导航图书馆全民阅读——以王余光、霍瑞娟主编的《阅读推广人系列教材》为中心[J].图书馆,2016(12):26~31.

[97] 张丹丹.文献学及其未来发展方向研究——以王余光2005—2011年文献学文章为背景[J].科技情报开发与经济,2013,23(16):111~113.

[98] 曾飞舟.海天上飘着一片"书香的云"——王余光《阅读,与经典同行》等系列阅读推广读物概述[J].图书馆杂志,2012,31(12):106~107.

[99] 江凌.两种维度的出版历史书写——以王余光、吴永贵著《中国出版通史·民国卷》为例[J].图书情报知识,2010(04):108~111.

[100] 程焕文,曾文.国际图联的文化遗产保护理念与保护策略研

究[J/OL].图书馆建设:1-10[2018-12-29].http://kns.cnki.net/kcms/detail/23.1331.G2.20181218.1806.018.html.

[101]程焕文.浅谈高校图书馆发展趋势[J].图书馆论坛,2018,38(07):58~61.

[102]程焕文.新时代图书馆应该做什么[N].新华书目报,2017-11-10(004).

[103]程焕文.文献编目:图书馆的最后专业技术领地[J].国家图书馆学刊,2015,24(06):6~9.

[104]陈传夫,邓支青.完善科技成果信息发布主体制度的对策研究[J].中国科技论坛,2018(04):50~56.

[105]陈传夫.守正与出新[J].图书情报知识,2018(01):2.

[106]陈传夫,陈一.图书馆转型及其风险前瞻[J].中国图书馆学报,2017,43(04):32~50.

[107]陈传夫,陈一,司莉,冉从敬,冯昌扬.我国图书情报研究生学位授权"四个十年"研究[J].中国图书馆学报,2017,43(01):17~28.

[108]陈传夫,冯昌扬,陈一.面向全面小康的图书馆常态化转型发展模式探索[J].中国图书馆学报,2016,42(01):4~20.

[109]汪银霞.开拓创新与时俱进引领科研前沿——陈传夫教授学术品格探究[J].高校图书馆工作,2013,33(02):7~12.

[110]陈传夫.陈传夫:专业学位应面向宽广的图书情报职业需要[J].图书情报知识,2011(05):17~19.

[111]珞研.陈传夫出席国际科学论坛[J].图书馆建设,2004(01):115.

[112]宋和平.在图书馆学领域孜孜追求的青年人—记武汉大学图书情报学院陈传夫教授[J].图书馆论坛,1995(02):71~72.

[113] 吕霞, 陈传夫. 博导系列访谈: 陈传夫教授[J]. 高校图书馆工作, 2006（02）: 1~5.

[114] 储流杰. 韩继章先生印象[J]. 图书馆, 2017（01）: 42~50.

[115] 范并思. 论图书馆阅读推广的理论体系[J]. 图书馆建设, 2018（04）: 53~56.